企业志愿服务的
理论与实践

Corporate Volunteering:
Theory and Practice

陈咏媛 著

序　言

在努力实现中华民族伟大复兴的历史进程中，经济和社会的持续健康发展显得尤为重要。改革开放以来，中国经济和社会发展取得了巨大成就。社会生产力和人民生活水平都有了显著提升。这些成就的取得，归功于中国当时顺应历史、世界和社会人口环境的战略选择和制度改革。从世界环境和人口的角度来看，中国坚定地推行对外开放策略，恰逢全球经济重组的历史机遇，利用本国丰富的劳动力资源，吻合了发达国家劳动力成本上升及跨国公司全球资源配置的需求，从而为经济发展提供了强有力的外部动力。通过这些举措，中国不仅提高了生产力水平，而且极大地改善了人民的生活质量。这段历史表明，中国之所以能在经济和社会发展上取得如此巨大的成就，是因为它能够灵活适应变化多端的国际和国内环境，通过不断的结构性改革和制度创新来促进经济的持续健康发展。在新的发展阶段，中国正面临着不同于过去的新环境和新挑战，这要求我们继续坚持和发展习近平新时代中国特色社会主义思想，不断深化改革，提升经济发展的质量和效率，以实现高质量发展。

一　志愿服务事业迎来新的历史机遇

随着党的二十大提出“以中国式现代化全面推进中华民族伟大复兴”①，我们的志愿服务事业迎来了新的历史征程。这一战略布局全面绘制了实现“第二个百年奋斗目标”的路线图和时间表，为志愿服务事业的高质量发展提供了巨大的机遇和广阔的舞台。

这一判断的依据是显而易见的。首先，随着我国社会从以农村为主转

① 习近平：《高举中国特色社会主义伟大旗帜 为全面建设社会主义现代化国家而团结奋斗——在中国共产党第二十次全国代表大会上的报告》，人民出版社，2022，第21页。

变为以城镇为主，就业人口从工业部门向后工业部门转移，公民拥有了更多的闲暇时间。这一变化为志愿服务活动的全民参与奠定了坚实的社会基础，成为新时代的显著特色。其次，我国中等收入群体超过 4 亿人，这一群体受教育程度高、专业性强，成为现代志愿服务的主力军。最后，随着我国步入老龄化社会，老年人口的多元化需求迅速增长，这对志愿服务的供给和需求两端都提出了高质量的要求。

在中产阶层崛起的过程中，志愿服务迎来了重大的发展机遇。中产阶层不仅拥有较多的空闲时间，还具备专业素养，对志愿服务有着浓厚的兴趣。这促使我们能够充分挖掘“以家门口的服务满足家门口的需求”的志愿服务资源。

回顾近 30 年来的发展历程，我国的志愿服务事业从萌芽到兴盛，与中国社会的发展同步前进。青年志愿服务带动了全社会、各行业志愿服务的迅猛发展，涌现出社区帮扶、节庆庆典、巾帼志愿服务、助老、文艺以及扶贫等多样化的群众性志愿服务活动。自党的十八大以来，在以习近平同志为核心的党中央的坚强领导下，志愿服务事业发展取得了显著进步。制度层面对志愿服务的组织体系进行了系统化的顶层设计和整体布局，为志愿服务的组织化、专业化、法治化、常态化和社区化发展提供了坚实的制度保障。《关于支持和发展志愿服务组织的意见》与《志愿服务条例》的出台，以及新时代文明实践活动的广泛开展，推动了志愿者人数的快速增长。我国志愿服务事业呈现空前的良好发展态势。

值得指出的是，社会治理是国家治理的重要组成部分。为了实现共建共治共享的社会治理目标，我们必须在基层治理中强化志愿服务，畅通志愿服务参与社会治理的制度通道。新成立的中央社会工作部将志愿服务整体纳入社会治理体系，成为社会治理力量的重要组成部分。这必将持续推动志愿服务在参与社会治理的宏伟事业中发挥更加重要的作用。

二　企业志愿服务研究的三个关键问题

在新的历史条件下，我国志愿服务事业也面临着发展与困难同在、机遇与挑战并存的局面。在社会主要矛盾转化为人民日益增长的美好生活需要和不平衡不充分的发展之间的矛盾之后，人民群众对志愿服务提出了新的更高的要求。要满足这些要求，就必须实现志愿服务的高质量发展，而要实现高质量发展，就必须克服和解决当前制约志愿服务事业发展的体制性、机制性和认识性问题。在企业志愿服务的研究领域，包含三个关键问题。

（一）组织领导与管理机制

在我国迈向高质量发展的关键阶段，国家治理和社会治理面临着前所未有的复杂性和多样性挑战。在这一大背景下，企业志愿服务作为社会力量的重要组成部分，其组织领导与管理机制的有效性显得尤为突出。目前，一些企业在志愿服务中展现出“碎片化”的倾向，这主要体现在缺乏统一和协调的管理机制上。这种“碎片化”不仅可能导致企业志愿服务资源的分散，还可能降低其整体效率，甚至可能使企业志愿服务的初衷与实际效果之间出现偏差。企业志愿服务并不仅仅是企业展现社会责任的一种方式，更重要的是，它是推动社会进步、构建和谐社会的重要力量。企业的资源和能力在某些方面有着天然的优势，通过志愿服务，企业可以将这些优势转化为社会福祉，帮助解决一些社会问题，成为推动社会进步的重要力量。因此，企业志愿服务的研究需要回答如何构建一个有效的组织领导和管理机制的问题，确保企业志愿服务能够有目标、有计划、有步骤地推进，在广泛的志愿服务体系中找到自身定位，形成统一的力量，共同应对社会挑战。

（二）社区化志愿服务

社区化的志愿服务强调的本地根植和社区参与理念与企业志愿服务的趋势不谋而合。社区，作为社会治理的基本单元，其和谐稳定直接关系到国家的长治久安。因此，如何更好地进行社区治理，使其成为国家发展的稳固基石，已成为当下的重要议题。企业拥有丰富的资源和较强的专业能力。当它们进一步地参与到社区志愿服务中，不仅能为社区的发展提供有力的支持，更能深化与社区的联系，从而实现企业与社区的共同发展。例如，企业可以发挥其技术优势，帮助社区建立智能化的管理系统，提高社区治理的效率；或者利用其经济实力，资助社区的公共项目，提高社区的生活质量。通过这样的方式，企业不再是一个单纯的经济体，而是成为社区发展的重要推动者。这种企业与社区的深度合作模式，也为国家治理提供了新的思路。传统的治理模式往往依赖于政府的力量，而忽视了社会其他力量的作用。而社区化志愿服务则展示了企业、社区与政府三者之间的有机互动关系，使得治理更加的多元化和民主化。

（三）现代化转型的推动

在我国的现代化转型过程中，企业扮演的角色及其在志愿服务实践中的功能发生了深刻变革。企业不仅应继续强调传统的慈善捐赠和志愿活动，还应更多关注如何通过创新方法和策略融入更广泛的志愿服务网络。在社会进步和科技快速发展的背景下，单一的资金投入或传统志愿服务已无法满足社会多元化的需求。因此，企业被期望能够利用其独特资源、先进的技术和丰富的管理经验，更加高效、有针对性地解决社会问题，创造更大的社会价值。在新时代背景下，企业必须重新思考其志愿服务的定位和策略，将现代技术的应用作为不可或缺的一环。此外，为推动企业志愿服务现代化转型，创新管理方法也至关重要。企业需引入更科学、系统的管理方法，确保其志愿服务的高效、规范和可持续发展，从而更好地服务社会，实现共同富裕的目标。

本书中，陈咏媛强调了企业志愿服务发展的核心：关注“人”的主体性价值。她明确提出，在开展志愿服务时，企业应充分尊重并发挥人的主体作用。这意味着在志愿服务过程中，企业不仅要关注员工、合作伙伴、利益相关者，以及社会公众的需求和动机，还要关注他们的实际行动，并为他们提供多样化的参与及成长机会。在此基础上，作者提议企业应进一步完善其志愿服务的管理机制。这样的管理机制既要符合社会发展的需求，又要体现出人性化的关怀和尊重，使企业行动具有温度和深度。由于不同研究视角的差异和学科背景的多样性，以往的研究在关注重点上也有所不同。陈咏媛的新书为我们思考企业志愿服务未来的发展提供了全新视角。她对志愿服务研究中的一些共性问题提出了创新性的分析，这为我们提供了宝贵的思考素材。我很荣幸应作者邀请为本书作序，希望这本书能够促进社会治理问题的更广泛讨论，为相关领域带来新的启示。

中国社会科学院社会发展战略研究院党委书记、院长
中国社会科学院大学社会与民族学院副院长
中国社会学会会长
张　翼

前　言

一　研究背景

随着中国从高速增长阶段转向高质量发展阶段，满足人民对美好生活的向往、实现全体人民共同富裕成为中国社会发展的关键课题。“人民至上”反映了中国特色社会主义框架下国家和社会发展的基本导向和价值取向。在这一过程中，企业不但承担着推动经济增长的使命，也发挥着协调经济发展与社会需求、增进民生福祉的关键作用。

在习近平新时代中国特色社会主义思想的指引下，企业志愿服务作为公益实践的重要形式，在推动社会进步和实现共同富裕方面扮演着至关重要的角色。企业通过参与和支持教育、医疗卫生、住房、就业和社会保障等民生领域的工作，不仅有效满足了人民群众日益增长的多层次需求，也促进了社会整体福祉的提升。这种志愿服务的实践，完美体现了“人民至上”的核心价值，将企业对经济价值的追求与满足人民对美好生活的向往紧密结合，展现了企业在推动高质量发展和创造高品质生活方面的积极作用。同时，企业志愿服务的发展也日益聚焦于社会的可持续发展和资源的合理分配，这不仅符合习近平新时代中国特色社会主义思想对于经济和社会发展的双重要求，也是企业履行社会责任、促进国家治理体系和治理能力现代化的具体表现。此外，通过鼓励员工和公众参与社会公益活动，企业志愿服务不仅增强了社会公众的公共精神和社会责任感，还促进了不同社会群体之间的信任和理解，为构建社会主义和谐社会贡献了积极力量。这些实践和努力，无疑是在新时代背景下，企业积极响应和落实习近平新时代中国特色社会主义思想，特别是在高质量发展阶段践行“人民至上”理念的生动体现。

本书的创作源自笔者近年来的实地调研和深入观察。通过与众多企业高管和员工志愿者交流，笔者发现，尽管有许多企业积极开展志愿服务活动，但在如何规划、执行和评估这些活动方面仍然存在许多困扰和疑惑，也希望能让员工志愿服务得到进一步的发展，成为企业升级文化、彰显使命、弘扬价值观、推动社会发展的一种方式。然而，当前学界对企业志愿服务的研究还处在比较初步的阶段，尚有许多问题还没有被充分关注和解释。企业志愿服务有哪些独特而重要的价值？企业志愿服务的蓬勃发展，是否与高质量发展阶段个体、群体、社会层面的一些心态特征存在某种关联性？因此，笔者决定深入研究这一主题，从管理学、心理学、社会学、经济学的多重视角建构一个企业志愿服务主题的分析框架，探讨该主题之下的一些关键性问题。

二　内容概述

研究任何一个社会科学领域的问题，都需要建立一个分析框架。相同问题下，不同的出发点和视角可能导致学者们得出各异的结论，从而引发争议和误解。因此，分析框架的作用至关重要：一方面，它确保研究者在写作时能考虑到研究的系统性和整体性；另一方面，明确的研究框架及其线索有助于揭示各种理论的来源及其局限性，让读者能够建立更加全面的理解。企业志愿服务是一个跨学科、综合性的研究问题。因此，本书的第一章首先明确了企业志愿服务的概念范畴及核心特征，总结了研究企业志愿服务的关键分析维度，使读者能在较短的时间内全面、快速地了解企业志愿服务研究的核心问题。

在明确了研究的范畴和分析维度后，还需要有一个研究主线。在当前阶段开展企业志愿服务的研究，有着特殊的历史意义。新冠疫情之后，一个更加脆弱、更具风险的全球图景正逐步拉开序幕。在许多国家，经济发展正面临严峻的挑战，如经济复苏低于预期，通货膨胀，局部战争导致的能源和粮食供应紧张，国际贸易链的中断，以及新兴经济体的债务问题，等等。与此同时，大疫三年，也让经济不平等、劳动力减少、能源转型和可持续性发展等问题更加凸显了。面对社会发展中出现的各项挑战，个人、企业，大到整个社会，能否通过志愿服务获得一种解法，是本书最为关心的问题。

尽管企业公益的研究主要集中在组织层面，但这种组织行为受到所有分析层面（包括机构和个人层面）的影响，人的参与是企业志愿服务区别于其他企业公益形式的最大特点。企业志愿服务通过以“人”为主体的社会实践，将传统意义上的相关利益方——员工、合作者、顾客和社会公众以新的形式联结起来。因此，在每一个章节中，都包含一条明线和一条暗线。明线即每一章的研究主题，围绕企业志愿服务研究中的宏观和中观层面的问题展开；而暗线则聚焦于微观层面，关注其中人的需求、动机、认同、归因和信任等主题。

企业志愿服务由两个关键词构成——企业和志愿服务。企业是开展志愿服务的众多社会主体之一，那么，企业的动机是否与其他社会主体有所不同？除了履行社会责任之外，是否在宏观和中观层面还有一些更深层次的原因？另外，在企业开展的各种公益工作中，慈善捐赠、公益创投方式与企业的经营属性更加匹配，且直接的溢出价值更高，那么为何企业还会选择志愿服务呢？它会成为企业公益行动中的一种主流方式吗？为了回答这些问题，本书将在第二章系统阐述企业志愿服务的驱动力，包括在宏观层面的社会发展和制度变革，在中观层面企业对永续经营的考量，在微观层面企业领导者的公益信念和员工的个体性需求等。

第三章重点关注企业如何将志愿服务融入其日常运营，并讨论了企业在志愿服务中的角色、成长路径及面临的挑战。这一章特别强调了管理层在平衡商业目标与社会责任中的关键作用，以及对员工的动员和激励方式。

随着企业志愿服务的工作走上轨道，专业化成为很多企业进一步思考的重要问题。因此，第四章着重分析了企业志愿服务的专业化路径中的关键问题，包括志愿者的培养、机构设置的方式、项目管理的专业化及制度建设的重要性。

第五章揭示了企业志愿服务如何通过与政府、非营利组织等不同机构的合作，实现更大的社会影响。这一章深入讨论了合作伙伴间的联结机制、建立信任的过程以及协同工作面临的挑战。

随着企业对志愿服务工作的投入，企业的管理者会更加关注志愿服务工作创造的价值。笔者提出，这些价值生产主要体现在人力资源开发、商业化的收益以及落地企业文化三个方面，这些构成了第六章的主要内容。

第七章讨论了企业在志愿服务中应遵循的边界和责任，包括公益与商业的平衡、企业退出特定志愿服务工作的时机和策略、企业需要关注的合规风险三方面内容，为企业提供了实际的操作指南和风险预防建议。

最后，第八章围绕企业志愿服务在高质量发展阶段的新机遇和新挑战展开讨论，探讨企业志愿服务对于社会治理和可持续发展的影响，以及企业志愿服务者如何在这种影响力投资的理念下寻找新的发展机会。

整体而言，本书通过深刻的理论探讨与丰富的实践案例，展现了企业志愿服务在当代中国社会中的重要性和多样性。通过问题导向的深度分析，本书旨在为学术界提供丰富的研究素材，同时也为企业管理者提供一份全面的志愿服务指南，以促进企业志愿服务领域理论与实践的进一步发展。

三　写作特色

与其他围绕企业志愿服务的专著相比，本书的特色包括以下三个方面。

（一）跨学科结合

随着学术研究日益强调跨学科的整合和交融，本书亦进行了一些尝试。通过融合管理学、心理学和社会学的理论，笔者旨在构建一个全面的分析框架。从管理学的角度，笔者引入了组织行为、战略管理等领域的理论，以帮助读者理解企业如何通过志愿服务项目实现其社会责任，还探讨了这些活动如何影响企业的内部管理和外部声誉。心理学视角旨在提供一个微观分析的切面，便于读者深入了解企业志愿服务的相关主体的心理及行为反应的理论依据，包括员工志愿者的动机、态度和行为变化，管理者的决策过程及消费者的知觉等内容。社会学为分析企业志愿服务在社会结构和文化背景中的作用提供了重要的理论视角，让读者得以理解企业志愿服务如何塑造企业与社区的关系，以及这些服务活动如何反映并影响社会价值观和期望。综合这三个学科的理论，本书旨在提供一个深度整合的视角，不仅促进了对企业志愿服务复杂现象的全面理解，也为未来的跨学科研究提供了丰富的思路和新的方向。

（二）理论与实证结合

学术著作的价值不仅体现在提供理论知识方面，更重要的是其能够与实际问题相结合。在本书中，笔者深入探讨了企业志愿服务研究领域的前沿理论，旨在为读者构建一个全面且系统的知识框架。为了增强读者的阅读体验和深化理解，本书精心嵌入了一系列丰富的企业案例，贯穿全书。这些案例不仅生动地诠释了理论，也能作为桥梁引导读者将理论知识应用到实践中去。通过这种编排，笔者希望能够为读者提供一种更加流畅和深刻的阅读体验。

（三）当下与未来的结合

任何一个研究领域的发展和进步，都需要时刻观照当前的社会热点，并敏锐捕捉和提出新的、前沿的研究问题。笔者基于自身的调研体会，在第二章到第七章谈到了很多与实践相关的研究问题，并在第八章进一步分析了企业志愿服务与社会治理、可持续发展以及影响力投资等前沿议题的关联。这些问题在当前备受关注，具有时效性和前瞻性，也为学者和实践者提供了新的研究思路和实践方向。

四　阅读建议

本书不仅希望为学术界提供新的研究视角和方法，也旨在成为实践领域的参考资源，为各类组织——从初创企业、成熟的大型公司，到非政府组织和政府机构——更加有效地参与和推进志愿服务工作提供启发和借鉴。笔者衷心希望，这本书能够成为一个桥梁，连接理论和实践，以帮助各组织在志愿服务活动中实现最大化的社会和经济价值。对于不同的读者来说，本书的阅读重点有所不同。

（一）面向关注企业志愿服务的研究者

本书第一章中介绍了一个综合性的分析框架，可以为深入开展此领域的研究提供线索和参考。第二章到第七章依次介绍了企业志愿服务研究涉及的一些核心问题。另外书中还对企业志愿服务项目的实践策略、方法进行了详细描述，并对中国本土企业与跨国企业开展的志愿服务进行了比较，这些内容都为研究者提供了丰富的实证材料。最后，第八章对企业志愿服务与社会治理、可持续发展及影响力投资的比较和分析，有助于研究者提出新的问题，开展前沿性的研究。

（二）面向企业中管理和参与志愿服务的员工

本书的第三章到第五章提供了实施志愿服务项目的明确步骤和策略。企业可以根据自己的资源、目标和社会责任愿景，选择合适的志愿服务模式。第六章从企业的视角切入，介绍了企业志愿服务的价值生产机制及评价方式，解释了这项工作为何既能满足社会需求，也能为企业创造长期价值。第七章结合企业的经营管理，对志愿服务工作涉及的几类典型风险及管理方式进行了介绍。这些内容可以为企业的管理者进行战略部署提供依据。此外，相关章节介绍的案例研究，也可以帮助企业员工了解其他组织在各领域的成功经验和挑战，从而规避风险，并借鉴前人的成功要素。

（三）面向社会组织

本书深入探讨了与企业合作的多种模式和方法。书中的相关内容，有助于更好地理解企业的需求和期望，设计出更具吸引力的合作项目。并且，本书也强调了如何确保志愿服务活动真正符合受益群体的需求，确保其可持续性和有效性。此外，书中第三章到第七章的有关内容，也可以帮助各类社会组织更加科学地评估志愿服务项目，为选择合作伙伴、规划设计合作形式提供有利依据。

（四）面向政府机构

政府可以通过制定相关法规、提供税收优惠或资金支持，来激励更多的企业参与志愿服务活动，或开展与企业的合作项目，共同推进社会治理和可持续发展目标的实现。这些内容穿插在本书的各个章节中，如第五章中介绍的企业和政府部门的合作。在第八章中，笔者也提出了一些以志愿服务助推社会治理的政策建议。

总的来说，只有当企业、社会组织和政府机构共同努力时，志愿服务活动才能真正发挥其潜在的社会和经济价值，希望本书能为读者提供有价值的观点和工具，使得企业更好地履行其社会责任，同时推动整个社会朝着更加公正、和谐和可持续的方向发展。

目　录

第一章　企业志愿服务的定义和分析维度

企业必须将社会需求纳入其商业模式中，这不仅是道德的要求，也是实现持续竞争优势的机会。

——迈克尔·波特（Michael Porter）

在当今现代社会背景下，企业不仅在经济领域扮演着至关重要的角色，同时也肩负着重要的社会责任。企业志愿服务作为企业社会责任的一种重要实践方式，在近年来取得了前所未有的发展，对全球社会的经济和生活产生了深刻的影响。随着全球化不断深入和社会责任理念深入人心，企业志愿服务不再仅仅是一种简单的慈善行为，已然成为推动社会进步和企业可持续发展的关键力量。在过去的几十年里，企业志愿服务的研究逐渐演变为一个新兴的研究领域，受到了管理学、社会学、心理学等多个学科研究者的广泛关注。然而，不论是哪个学科或理论体系，在探讨这一问题时都存在一定的问题和局限性，过多关注细节而忽略整体视角。本章将首先对“企业志愿服务”的概念进行阐述和辨析，随后采用跨学科、综合性的研究视角，提炼出几个关键的分析维度，这些维度也构成了之后各章中的分析线索和框架。

第一节　概念辨析

一　企业志愿服务的定义

自20世纪80年代起，各个行业的公司对将志愿服务纳入商业实践的兴趣不断增长①，并提供各种类型的雇主支持，作为实践企业社会责任（Corporate Social Responsibility，CSR）策略和社区参与的重要手段之一。②在定义企业志愿服务之前，需要首先回顾志愿服务的定义。志愿服务是指“自愿付出时间参与有益于他人、团体或组织的任何活动，具有自愿性、计划性、长期性、组织性、非营利性、互动利他性六个核心特征”③。综合多位学者的观点④，本书将企业志愿服务广义地界定为企业鼓励和支持员工和其他的利益相关体（如合作伙伴、客户）在一项计划性任务中为外部的组织或个人贡献自己的时间、技能和知识，以促进社会和/或环境发展的公益行为。企业志愿服务在组织实践中包括时间投入、计划性和组织性三大要素：时间投入强调志愿者需要花费时间实地参与志愿服务项目；计划性指参与志愿服务项目是有事先计划的，而不是出于个人的一时冲动；组织性是指志愿者在参与过程中需要遵守一定的组织规范。⑤

企业志愿服务有多种组织形式。除了员工是企业志愿服务的核心力量，

---

① Tschirhart, Mary. “Employee Volunteer Programs”, in J. L. Brudney (ed.), *Emerging Areas of Volunteering*. (Indianapolis, IN: ARNOVA, 2005) , pp. 13–29; Dreesbach-Bundy, Suska, and Barbara Scheck. “Corporate Volunteering: A Bibliometric Analysis from 1990 to 2015”, *Business Ethics: A European Review*, Vol. 26, No. 3(2017) : 240–256; Skurak, Henrieta Hamilton, Sanna Malinen, and Joana C. Kuntz et al. “The Relevance of Self-Determination for Corporate Volunteering Intentions”, *VOLUNTAS: International Journal of Voluntary and Nonprofit Organizations*, Vol. 30, No. 5(2019) : 1054–1068.

② Basil, Debra Z., Mary S. Runte, M. Easwaramoorthy et al. “Company Support for Employee Volunteering: A National Survey of Companies in Canada”, *Journal of Business Ethics*, Vol. 85, No. 2 (2009) : 387–398; Jones, David A. “Does Serving the Community Also Serve the Company? Using Organizational Identification and Social Exchange Theories to Understand Employee Responses to a Volunteerism Programme”, *Journal of Occupational and Organizational Psychology*, Vol. 83, No. 4 (2010) : 857–878.

③ Wilson, John. “Volunteering.” *Annual Review of Sociology*, Vol. 26, No. 1(2000) : 215–240; Snyder, Mark, and Allen M. Omoto. “Volunteerism: Social Issues Perspectives and Social Policy Implications”, *Social Issues and Policy Review*, Vol. 2, No. 1(2008) : 1–36.

④ Dreesbach-Bundy, Suska, and Barbara Scheck. “Corporate Volunteering: A Bibliometric Analysis from 1990 to 2015”, *Business Ethics: A European Review*, Vol. 26, No. 3(2017) : 240–256; Grant, Adam M. “Giving Time, Time After Time: Work Design and Sustained Employee Participation in Corporate Volunteering”, *Academy of Management Review*, Vol. 37, No. 4(2012) : 589–615; Rodell, Jessica B, Heiko Breitsohl, Melanie Schröder et al. “Employee Volunteering: A Review and Framework for Future Research”, *Journal of Management*, Vol. 42, No. 1(2016) : 55–84.

⑤ Rodell, Jessica B. , Heiko Breitsohl, Melanie Schröder et al. “Employee Volunteering: A Review and Framework for Future Research”, *Journal of Management*, Vol. 42, No. 1(2016) : 55–84.

其他的志愿者还可以包括消费者、合作伙伴，以及合作的社会组织招募的志愿者。[①] 依据志愿服务的实施主体划分，企业志愿服务可分为组织外志愿服务（Extra-Organizational Volunteerism）、组织间志愿服务（Inter-Organizational Volunteerism）和组织内志愿服务（Intra-Organizational Volunteerism）三种形式。[②] 组织外志愿服务指员工在工作时间和工作场所之外自主开展或参与的志愿服务。这种志愿服务较少获得企业的额外支持，能给企业带来的间接收益最小。组织间志愿服务是指企业支持，但不一定完全符合企业发展战略的员工志愿服务，在这个类别中，员工的慈善目标优先于企业在社区参与方面的战略目标。组织内志愿服务是指企业从自身战略的角度进行策划，并征募员工参与的志愿服务。这类型的志愿服务项目通常会与企业所处的行业、企业发展战略和合作伙伴关系相关的企业社会责任目标密切相关。

基于以上分类，也有学者对企业志愿服务（Corporate/Company Volunteerism）和员工志愿服务（Employee Volunteerism）进行了区分，将组织外志愿服务和组织间志愿服务统称为员工志愿服务，强调员工的参与，聚焦员工在企业志愿服务中扮演的主导性角色，关注员工水平的个体变量与志愿服务之间的双向影响；将组织内志愿服务称为企业志愿服务，强调企业对活动本身的组织和策划[③]，关注企业有关志愿服务的安排和设置（如政策支持、雇主认可、资金保障）对志愿服务及企业发展的影响。

相较于企业社会责任的其他形式，以人为本是企业志愿服务的最核心特征，这体现在多个层次和维度上。企业志愿服务注重满足员工个人的需求和意见建议，许多企业在内部收集员工的志愿服务意向，了解员工的兴趣、专长和能力点。在此基础上，组织开展志愿服务活动，确保活动与员工的兴趣和能力相匹配。一些企业以志愿服务工作为契机，开设相应的培

---

① Cova, Bernard, Stefano Pace, and Per Skålén. “Brand Volunteering: Value Co-Creation with Unpaid Consumers”, *Marketing Theory*, Vol. 15, No. 4(2015): 465-485.

② Rodell, Jessica B., Heiko Breitsohl, Melanie Schröder et al. “Employee Volunteering: A Review and Framework for Future Research”, *Journal of Management*, Vol. 42, No. 1(2016): 55-84; Peloza, John, and Derek N. Hassay. “Intra-organizational Volunteerism: Good Soldiers, Good Deeds and Good Politics”, *Journal of Business Ethics*, Vol. 64, No. 4(2006): 357-379.

③ Grant, Adam M. “Giving Time, Time After Time: Work Design and Sustained Employee Participation in Corporate Volunteering”, *Academy of Management Review*, Vol. 37, No. 4(2012): 589-615; Rodell, Jessica B, Heiko Breitsohl, Melanie Schröder et al. “Employee Volunteering: A Review and Framework for Future Research”, *Journal of Management*, Vol. 42, No. 1(2016): 55-84.

训，帮助员工志愿者提升综合技能、拓宽视野，并为员工提供相关志愿服务资源支持，以帮助员工实现自我价值。

这些工作让员工在公益慈善领域的意愿与企业社会责任领域的工作有机融合。因此，员工/企业志愿服务也被视为一种微观层面的企业社会责任。[①]

针对志愿服务的受众，企业深入社区开展调研，通过与社区居民面对面交流、发放问卷、深入访谈，企业能够准确地了解社区存在的问题，从而有针对性地让志愿服务满足公众的真实需求。与此同时，这种互动方式也以志愿者和志愿服务为纽带，让企业更加了解受助者的心理和情感需求，为他们提供安全、舒适的环境，确保他们在志愿服务过程中感到安心和受到尊重。

总而言之，企业志愿服务不仅彰显了员工的个人价值和社会责任感，同时也体现了企业对于公益事业的积极投入与支持。在企业文化的熏陶下，员工们纷纷将志愿服务精神内化于心、外化于行，以实际行动回馈社会。而对于企业而言，鼓励并支持员工进行志愿工作，不仅有助于提升企业的凝聚力和向心力，更能将志愿服务正式化为组织实践中的一项计划性工作，从而推动企业的可持续发展与社会责任的履行。

二　几个相关概念

（一）企业慈善

企业慈善（Corporate Philanthropy）是指企业捐赠资金、商品或服务，以支持社会公益项目、慈善机构或非营利组织的行为。[②] 企业慈善可以视为企业社会责任（CSR）的一部分，但它更关注直接的财务或实物捐赠。企业慈善是个很大的概念范畴，只要企业社会实践的结果有利于大众并且不以营利为主要目的，我们就可以将其称为企业慈善。企业志愿服务可被视为

① Jones, David A., Chelsea R. Willness, and Ante Glavas. "When Corporate Social Responsibility (CSR) Meets Organizational Psychology: New Frontiers in Micro-CSR Research, and Fulfilling a Quid Pro Quo Through Multilevel Insights", *Frontiers in Psychology*, Vol. 8(2017): Article 242006.

② Gautier, Arthur, and Anne-Claire Pache. "Research on Corporate Philanthropy: A Review and Assessment", *Journal of Business Ethics*, Vol. 126, No. 3(2015): 343-369.

企业慈善的一种关联形式。例如，企业在向非营利组织捐赠资金的同时，支持和鼓励自己的员工义务参与非营利组织相关项目的管理和执行，后者就属于企业志愿服务的范畴。

相较于传统的慈善捐助形式，企业志愿服务有几个突出的特点。

在开展形式上，志愿服务是指在不求回报的情况下，为改善社会状态、促进社会进步而自愿付出个人的时间、精力及技能所做出的服务工作。简言之，志愿服务是一种“兼职性”的工作，即强调在员工的本职工作之外，在企业的核心商业范畴之外开展服务，更不容易被商业利益裹挟和倒逼。

在精神内核上，无私奉献是志愿精神的核心，是社会文明的标志，其道德属性更有利于树立正面的企业形象。而慈善捐赠常被诟病为出于减税等目的，时常产生道德性争议，影响企业开展公益活动的初衷及公众印象。

在社会功能上，以慈善捐赠为代表的公益行为主要解决的是财富再分配的问题，而企业志愿服务旨在对企业既有的人力资本和社会资本进行进一步的开发、整合及利用，创造出新的社会价值，同时也能为企业的可持续发展带来新的契机。志愿服务具有组织性和计划性，有明确的参与主体、服务对象和服务目标。因此，企业志愿服务更强调人本身的参与感和收获，无论是对企业员工、外部的协作方、受助者还是旁观者而言，都会有更强烈的情感和行为卷入。因此，在价值评估时除了可以考虑客观的指标外，需要从人的需求和感知层面来衡量。其他的慈善活动大多是以事件为中心，对参与者和受益对象没有清晰的要求，评价标准大多为单一的财务维度。

（二）企业社会责任

企业社会责任（CSR）是企业在经济、社会和环境方面对社会作出的持续责任承诺，这种承诺旨在超越法律所规定的最低标准，以推动更广泛的社会福祉提升。[①] 该定义着重强调企业应全面关注其运营对所在社区中的环境保护、公平贸易、良好劳动条件、社区扶持以及透明和道德行为的影响，并承担相应的社会责任。通过积极践行企业社会责任战略，企业不仅能够提升自身的品牌形象和社会声誉，还能够为长期的可持续发展奠定坚实基

① Moir, Lance. “What Do We Mean by Corporate Social Responsibility?” *Corporate Governance: The International Journal of Business in Society*, Vol. 1, No. 2(2001): 16-22.

础，并展现出对社会负责任的态度和切实行动。[①]

企业志愿服务作为实践企业社会责任的具体形式，主要通过组织员工参与社会公益活动，支持社区发展和环境保护等方式开展工作。不仅反映了企业对社会公益的关注和贡献，也促进了员工的个人成长和团队凝聚力的提升，同时提升了企业的社会形象和品牌价值。然而，企业志愿服务的范围相对有限，主要聚焦于对外的社会公益活动，而企业社会责任的范畴则更广，不仅包括对外的社会公益投入，还涵盖了企业在经营活动中对经济、环境、道德和社会各个层面的综合责任。

企业社会责任要求企业在追求经济效益的同时，也必须考虑到其活动对环境的影响，确保在生产和服务过程中的行为公平、道德性和合法性，以及积极参与社会公益活动。这包括但不限于采取环保措施减少污染和资源浪费、确保供应链的道德采购、提供公平的工作条件，以及通过各种形式的慈善捐赠和志愿服务项目来支持社区发展。通过这种全面的企业社会责任实践，企业不仅能够为社会带来积极的改变，也能在长期构建起更加稳固和积极的企业形象，实现可持续发展。

企业社会绩效（Corporate Social Performance，CSP）是从企业社会责任进一步发展形成的概念，它主要用于评价企业在满足社会期望，特别是在伦理和公共责任方面的成就。[②] 通过建立特定的长期伙伴关系或者借助员工的专业技能来优化志愿服务效果，企业不仅能够强化慈善事业与商业战略之间的联系，还能从其慈善活动中获得更多价值。[③]

企业志愿服务常被看作实现企业社会绩效的初级方式，尤其是当企业社会绩效的重点在于提升企业声誉和直接的经济收益时。然而，越来越多的研究指出，企业志愿服务在促进员工积极行为方面具有显著且持久的效果，企业志愿服务已经被接纳为企业社会绩效成熟阶段的实践形式。有研究发现，企业志愿服务是实现员工创业（Employee Entrepreneurship）的一种有效手段，

① Lu, Jintao, Li Cheng Ren, and Chong Zhang et al. "Corporate Social Responsibility and Employee Behavior: Evidence from Mediation and Moderation Analysis", *Corporate Social Responsibility and Environmental Management*, Vol. 27, No. 4(2020): 1719–1728.

② Wood, Donna J. "Corporate Social Performance Revisited", *Academy of Management Review*, Vol. 16, No. 4, (1991): 691–718.

③ Porter, Michael E., and Mark R. Kramer. "The Competitive Advantage of Corporate Philanthropy", *Harvard Business Review*, Vol. 80, No. 12(2002): 56–68.

有助于推动企业在现有组织框架中改进工作，或发展新的业务，创造企业和社会之间的共享价值。[①]

（三）企业社区参与

企业社区参与（Corporate Community Involvement，CCI）是指企业主动参与其所在社区的各种社会、环境及经济活动，以促进社区的可持续发展和企业长期利益的提升。[②] 企业社区参与可以通过多种形式实现，包括慈善捐赠、员工志愿服务、环境保护计划、教育和培训项目等。[③]

企业社区参与的概念源于 20 世纪，其基本观点是企业也是社会和环境的一部分，因此它们有责任对社区的福祉做出贡献。企业社区参与不仅基于对道德和社会责任的考虑，也基于对企业长期利益的战略考量。通过社区参与，企业可以在社区中建立积极的形象，提升其品牌价值，同时促进社区的可持续发展。

以往的研究发现，当企业社区参与项目与企业的主营业务相关联时，其影响力和效果更加显著，[④] 这种一致性不仅可以提高相关项目的效率和有效性，也可以确保企业资源的最优分配。

企业志愿服务更侧重于员工的直接参与和个人贡献，强调人力资源的利用和转化，服务对象可以是个人、特定群体，也可以是某项公共事业。这种服务方式旨在通过员工的直接参与，为社会带来积极影响。相比之下，企业社区参与的概念更为全面，除了志愿服务模式以外，它还涵盖企业财务支持、物资捐赠以及其他多种方式，是一种以点带面的改善策略。这种策略不仅有助于解决社区具体和紧迫的问题，也促进了企业与社区之间的互信和合作，有助于双方建立更为紧密的伙伴关系。

---

① Glińska-Neweś, Aldona and Beata Glinka. *Corporate Volunteering, Responsibility and Employee Entrepreneurship*(London ; New York: Routledge, 2021) , p. 78.

② 杨学儒、曾馨莹、李浩铭：《企业社区参与的研究进展、评析与启示》，《学术研究》2020 年第 8 期。

③ Lakin, Nick, and Veronica Scheubel. *Corporate Community Involvement: the Definitive Guide to Maximizing Your Business' Societal Engagement*(CA; Stanford University Press, 2010) , p. 5.

④ Seitanidi, Maria May, and Annmarie Ryan. "A Critical Review of Forms of Corporate Community Involvement: from Philanthropy to Partnerships", *International Journal of Nonprofit and Voluntary Sector Marketing*, Vol. 12, No. 3(2007) : 247-266.

(四) 企业社会投资

企业社会投资（Corporate Social Investment，CSI）是指企业为了满足社会需要而进行的策略性投资，其目的既包括履行社会责任，也包括获取商业回报。① 企业社会投资强调的是企业应考虑其长期利益，尤其是企业的商业目标。在该视角下，企业旨在寻找一个既可以满足社会需要，又能够为企业带来回报的平衡点。这可能涉及对社会问题的直接投资，例如教育、环保、医疗等领域，也可能涉及对企业运营相关领域的投资，例如提升企业供应链的可持续性、提高企业产品的社会价值等。企业社会投资的理念强调企业的社会责任不仅仅是一种道德责任，更是一种可以带来良好回报的战略性商业决策。通过社会投资，企业可以提升声誉，提高员工的士气，与社区建立更强的联系，以实现可持续发展。

企业志愿服务可以视为实施企业社会投资策略的一种方式，即通过员工的直接参与来实现社会投资的目标，同时加强企业文化建设并提升内部凝聚力。反过来，企业社会投资为企业志愿服务提供了广泛的平台和资源支持，使得志愿服务活动更加多样化、更具影响力，从而更有效地服务社会。本书的第八章将系统介绍一种新型的企业社会投资——影响力投资，并进一步剖析它的概念及其对企业志愿服务产生的影响。

第二节　关键分析维度

在展开全书的核心内容之前，笔者希望对本书采用的几个关键分析维度——内部和外部、效率和公平、联结和分割、长期和短期，以及各个分析维度下的研究问题进行提要性的介绍，作为读者阅读全书的引导。

一　内部和外部

企业志愿服务的发展既受到外部驱动力的影响，也是企业战略不断发展演化的结果。从外部来看，政府政策的引导、市场需求的推动以及社会

① Brammer, Stephen, and Stephen Pavelin. "Corporate Reputation and an Insurance Motivation for Corporate Social Investment", *Journal of Corporate Citizenship*, Vol. 20(2005): 39-51.

力量的参与共同构成了推动企业志愿服务发展的三大引擎。与此同时，管理者自身的道德动机、企业文化中的“向善”基因，员工参与公益慈善活动的个性化需求，都促使企业将开展志愿服务工作作为企业社会责任工作的一种实践形式。以往对这些问题的探讨因循不同的研究脉络，分散在企业社会责任、组织变革、领导力研究等多个研究主题之下，本书的第二章聚焦于“驱动力”这一概念的内涵，尝试用一种整合性视角进行详细的介绍。

在内外部驱动力共同作用下，企业一方面需要不断响应政策和市场的变化，积极与社会各界合作，以实现更广泛的社会效益，应对这些外部动力所带来的机遇和挑战；另一方面需要从内部着手，确立与企业的发展阶段相一致的目标和角色，建立一套权责明确的组织管理和资源分配机制，以及培养一种鼓励员工参与和创新的企业文化。本书的第三章介绍了企业内部在组织管理上的行动路径；第四章进一步分析了企业志愿服务迈向专业化进程中应该关注的几个重要面向，包括志愿者的培养、机构的设置、项目的管理运行和制度建设。这两章的内容从内部视角为企业社会责任和志愿服务的深化提供了全面的参考框架。

尽管企业志愿服务的发展离不开内外部力量的相互支撑，但两者之间也存在一定的张力和矛盾。例如，企业志愿服务的长期发展，有赖于建立员工参与志愿服务的动机与企业目标、外部需求之间的共同点。当员工知觉到自己对志愿服务工作的努力和投入与企业的核心价值观和目标高度一致时，他们的参与感和归属感也会极大提升。相反，如果外向型的企业志愿服务活动与企业的精神内核有所偏离，志愿服务工作就容易变得形式化，甚至引发员工对于企业进行形象工程的质疑，甚至，员工还可能因各种有形或无形的压力“被迫”参与，有违志愿服务的自愿性原则。

以往的研究者在关注这一问题时，普遍强调志愿服务中的工作设计，认为它对于激发员工的参与热情、满足其个人成长和社会贡献的渴望，以及实现企业的战略目标至关重要。这些研究关注任务类型、环境特征等外部性因素，但忽视了员工的自主性、能动性和适应性。本书的第三章和第六章借鉴吸收了变革型领导理论、工作塑造理论和工作设计理论中的一些前沿性观点，聚焦员工在志愿服务活动中的主动适应机制，尤其是员工对于参与志愿服务中任务特征与人际关系的认知、适应及重构过程，旨在提供一些深层心理观照。这些讨论对既有研究构成了重要补充，丰富了对员工在承担社会责任活动中的主动性与创造性角色的理解。

另外，鉴于企业资源（包括人力资本、财务资本和时间资源）的固有限制，平衡企业内部资源的分配与志愿服务项目的需求也是一项关键性任务。这不仅要求企业在组织结构设计和项目管理方面更加专业化，也面临着一系列制度性的挑战。本书第四章介绍了三项重要制度——志愿服务假制度、配捐制度以及议事制度。这些制度在一些志愿服务工作开展得较为成熟的企业中已逐渐建立，但执行效果受到多方面因素的影响，反映出企业在内部管理与外部环境适应之间的潜在矛盾和张力。

例如，志愿服务假制度的推行需要细致的人力资源规划，以确保志愿服务假制度不会影响到企业的日常运营效率。同时，也需要制定科学化的标准以准确地评估员工的志愿服务参与，确保志愿服务假制度在企业内部的公正性，以及避免外部需求对企业人力资源的裹挟。类似的，配捐制度和议事制度同样需要对外部社会需求和内部资源约束进行综合考量，在保证参与广泛性的同时，避免资源投入的“过密化”。事实上，这些管理工作也是对企业治理有效性的一个测试。

综合来看，这些挑战凸显了企业在推进志愿服务工作时需要在内部管理效率与外部社会贡献之间寻找平衡点。企业需要在组织行为和人力资源管理中采取创新措施，以提高内部协同和资源配置的灵活性，同时，也需在战略管理层面上，提升对外部合作伙伴和社区需求的敏感性和适应性，以提升其社会责任投入的综合效益。

二　效率和公平

企业在组织和参与志愿服务工作时，追求高效的管理与执行，期望能通过精确的资源配置和项目选择来最大化志愿服务的产出价值，然而，从本质而言，开展志愿服务就是希望展现企业对包容性的坚定承诺，以及对社会公正和平等的深刻理解。这种“效率”和“公平”的二重性将不可避免地带来一些潜在的冲突。

当志愿服务涉及多方利益相关者（如员工、社区、合作伙伴等），企业如何在高效的协同管理之余，尽可能满足不同方的期望和需求，以确保志愿服务活动的公平性？以“多重代理”问题为例，每个利益相关者都有其特定的期望和需求，立场与行动方式的差异很容易带来信息不对称、利益冲突和目标差异等挑战。这要求企业采用精细化的沟通策略、透明的决策过程和公正的资源分配机制，来解决潜在的利益对立，确保志愿服务活动不仅能产出价值，而且在公平性上得到广泛的认可。“中心化”指的是决策和资源分配的权力在企业内部的集中程度，它直接影响志愿服务工作的灵活性和对外部变化的响应速度。过度的中心化可能导致企业在面对社区和合作伙伴的具体需求时缺乏必要的适应性和灵活性，而“去中心化”则可能在一定程度上减弱对项目执行的控制力，从而影响到项目的效率和成果的质量。因此，企业需要在“中心化”和“去中心化”之间找到一个平衡点，以同时满足志愿服务工作的高效执行与社区需求的灵活响应。有关“多重代理”和“中心化”的讨论可参见本书第五章的第四节。

此外，无论是对效率还是对公平的考量，都需要一套明确的评价标准，以便客观、全面地分析企业在进行志愿服务活动时资源利用的效率和产出的社会价值。本书的第六章从理想员工、商业价值和企业文化三个角度对这一问题进行了深入的分析和讨论，并提出了一些具体的评价维度，以期为企业提供一个多维度、综合性的评估框架。衡量企业志愿服务是否有助于培养理想员工，评价标准包括员工的归属感、意义感、个人技能的发展和职业成长等具体内容。通过量化员工在参与志愿服务活动前后的变化，企业可以评估这些活动在人力资源管理中的效率和效果。在讨论商业价值时，评价维度可以扩展到对商业渠道、市场洞察和企业战略等多个面向。企业文化方面的评价标准则着眼于志愿服务如何反映和强化企业的核心价值观和行为准则。评价指标包括员工志愿服务的参与度、价值观内化与认同以及企业的文化氛围。

综合这三个角度的评价维度，不仅能够帮助企业全面审视志愿服务的内部效率和对外产出价值，还能够在效率与公平之间找到更加平衡的实践路径。企业能够更精准地定位其社会责任活动的强项和改进领域，进而在确保资源有效利用的同时，促进社会公平和正义。

三　联结和分割

在开展志愿服务的过程中，企业如何有效建立和维护跨组织之间的合作关系？不同类型的合作对象和联结机制对志愿服务项目的影响如何？跨组织合作中信任、沟通和文化差异如何影响联结的质量和持久性？

本书第五章对这些问题进行了详细的分析。志愿服务跨组织合作涵盖了政府、社会组织与企业之间形成的双边及三方合作机制。以往的研究从“政社联盟”“政企联盟”“公私合作伙伴关系”等视角进行过讨论。在这些研究的基础上，本书进一步结合志愿服务工作的具体场景和内容，阐述企业志愿服务合作网络中涉及的各个主体及合作模式，通过融入社会资本理论、资源依赖理论、新制度主义等学术视角，强化对于这些联结形式的学术性理解和分析。

尽管建立跨组织的联结是企业志愿服务工作中的重要一环，处理志愿服务活动与外部合作伙伴关系中的张力，保持活动的独立性和原则，同时有效利用外部资源和合作机会，对于增强服务效果和扩大影响范围也同样重要。那么在哪些情况下，组织之间的分割比联结更有利于志愿服务的目标实现？如何管理行动的边界，以保持自身的核心竞争力？本书的第七章对这些问题进行了回应。

企业在实施志愿服务的过程中，尝试将商业行为与公益活动区分开来，但实际操作中这种分离往往难以完全实现。企业在志愿服务启动之初，经常处于在追求商业收益与履行公益承诺之间寻求均衡的过程中。然而，商业机构的根本目标在于创造财务价值，当这个目标与公益活动相混合，便可能引发内在的矛盾和挑战。本书探讨了与之相关的两个重要问题——技术的应用与人力资源发展的微妙分界线，以及志愿服务与企业社会责任实践之间的契合程度，并指出必要的分割，而不是融合或联结，将更有利于保证企业志愿服务的可持续发展。

此外，过往研究多聚焦于企业在公益活动中的参与度，而对其退出策略的探讨相对缺乏。第七章提出了企业志愿服务项目的“产品化”视角，认为企业撤出特定公益活动领域是一个周期性的、不可避免的发展阶段，反映了外部环境变迁、资源再配置及策略重定向的多重关联。因此，企业的公益项目需在社会需求的演变、伙伴关系的变化以及企业自身目标的调整中，持续寻求新的均衡状态。通过将产品生命周期的分析框架应用于企业的公益退出决策，我们不仅能理解企业对市场与社会动向的适应性反应，还能看到这一决策如何成为企业战略规划和资源分配优化的一个关键环节。与此同时，企业也需要思考如何与政府机构协作，以免外部环境对企业慈善的过度依赖反而制约了社会福祉的提升。

设置边界以实现“分割”，不仅涉及企业战略的制定和执行，也涵盖了法律责任和伦理道德的考量，要求企业在规划和实施志愿服务项目时，既要充分展现社会责任感，又要确保所有活动均在法律允许的框架内进行。第七章第三节在介绍了各国志愿服务的法律框架后，提出了三个重要的合规性问题——志愿者的安全防护、数据安全与个人隐私维护，以及对第三方责任的管理。这不仅是对企业合规能力的考验，也是其与地方社区建立信任和有效沟通的基础。

四　长期和短期

企业在开展志愿服务活动时，如何平衡长期目标与短期成果的需求？在追求短期内快速见效的项目成果和长期的社会责任战略之间，企业应如何解决和应对可能出现的矛盾和挑战？本书的第八章聚焦于三个主题——社会治理、可持续发展和影响力投资，以此关注相关的长短期问题。

社会治理体现出的长短期目标之间的冲突，是现代社会治理复杂性的显著特征。因时制宜，因事而转，是企业参与社会治理时的重要行动策略。本书在介绍了企业参与社会治理的具体行动路径外，从几个方面探讨了企业需要关注的长期和短期挑战，包括：在技术驱动的治理模式下，技术有效性、法规完善性和民众可接纳度可能造成的影响；企业与其他合作伙伴的复杂协同中，应对持续变化的社会需求和政策环境，提升适应性和前瞻性的有关问题；企业在深化社会责任过程中对获得短期形象和信誉收益与长期战略收益的平衡，技术发展在数据隐私、数据鸿沟、信息决策等领域带来的治理风险和伦理挑战。

企业志愿服务推动实现可持续发展目标时，同样涉及长短期目标的博弈。短期内，企业可能更倾向于某个具体问题的解决，但从长期来看，可持续目标的实现，需要企业将其融入核心战略中，对志愿服务落地地区的各类合规性因素保持敏感性和适应性，并设计开发一套评估体系用于衡量企业志愿服务的投入在产出可持续价值上的具体表现。这些工作不仅涉及企业的内部决策，也需要企业与政府、非政府组织、社区以及其他利益相关方的协同合作，共同推动全球可持续发展议程。

最后，本书介绍了影响力投资的背景和概念。影响力投资作为一个前沿领域，正逐渐重塑企业志愿服务的策略焦点和实施途径，通过强调社会和环境效益的长期价值，为企业社会责任活动提供了新的视角和动力。这种以成果驱动的投资方式，激励企业在规划与执行志愿服务项目的过程中，更加重视创新、伙伴关系建立以及工作的持续性，以应对社会快速变化的需求。短期来看，虽然影响力投资在企业志愿服务领域的直接作用尚未广泛显现，但随着这种投资理念的进一步发展和深化，它对企业履行社会责任策略的影响力将不断提升，推动企业在促进社会价值提升和社会进步方面发挥更为重要的作用。

第二章　企业志愿服务的驱动力

在研究企业志愿服务的历史背景时，需将视角扩展至企业在社会中的角色和功能的演变。企业志愿服务的发展存在三股主要的驱动力量：结社运动、企业社会责任（CSR）的兴起，以及社会治理的转型。这三股驱动力不仅塑造了企业志愿服务在不同时期的特点，也构成了企业志愿服务研究的三个基本视角。自工业革命以来，企业逐渐成为经济增长的引擎，它们在社会结构中的地位也相应提升。结社运动，如各种慈善团体和社会组织的兴起，为企业提供了早期的社会参与路径。这些组织的活动促进了公众对社会责任的认知，为企业参与社会服务奠定了基础。从20世纪中叶起，随着公众意识的觉醒和社会运动的兴起，尤其是在环境保护、消费者权益和社会公正等议题上，企业的社会责任观念显著提升，企业成为社会变革的重要参与者。企业社会责任观的发展促进了企业志愿服务的形成，将企业从单纯的利润追求者转变为综合考虑相关者利益的参与者。进入21世纪，全球化的加速和信息时代的到来要求企业承担更复杂的社会责任。社会治理转型，即从政府主导型治理向多元主体参与型治理的转变，为企业志愿服务提供了新的契机。在这一过程中企业不仅扮演经济角色，还成为社会治理的积极参与者。同时，第三次分配政策的实施，即在政府和市场机制之外，通过社会组织和个人的自愿行为进行资源再分配，进一步丰富了企业在社会治理中的参与方式。在历史的纵轴上，这三个阶段串联起了企业志愿服务的发展历程。正如第一章所说，企业志愿服务作为一个社会生态，在横断面上存在制度、组织、个体多个不同的研究层次，本章也将从这些层面论述企业志愿服务的驱动力及其历史演变过程。

第一节　历史的透视：社会变革与时代之问

一　结社革命与企业志愿服务

18世纪和19世纪出现的“结社革命”，可视为企业志愿服务的最初起源。在那个时期，西方各国涌现出了一大批民间非营利组织，各种志愿者、慈善机构和协会的数量迅速增长。其核心思想是，人们通过集体行动和组织的力量可以达成公共目标，解决重大的社会问题，这种思想深刻地影响了企业的运作模式和社会责任理念。

早期的企业志愿服务是这一变革中的一部分。这一时期，工业革命带来了严重的社会问题，如贫困、不平等、疾病和环境破坏等。人们开始寻求新的解决方案，企业家们也扮演了重要的角色。许多国家都认识到，企业可以作为解决这些问题的一种工具，通过提供就业、改善工作环境、提供公共设施和服务，以及参与慈善事业等方式，来帮助解决社会问题，推动社会正义和公共福祉。这些行为最初可能源于企业主的道德责任感或公众期望，后来成为“企业社会责任观”的雏形。

结社革命促使社会重新审视企业的角色，将企业视为社会成员和贡献者，而不仅仅是经济活动的参与者。企业开始将社区服务和志愿活动视为与外部世界交流的重要途径。通过这些集体性的活动，企业不仅能够对社会做出直接贡献，还能够建立起与社区、慈善组织和其他社会主体之间的积极联系。而在企业内部，结社革命同样引发了企业管理理念的根本变革，促使企业从严格的等级制度转向更加民主和参与式的管理模式，企业开始重视员工的福利和权利，将他们视为组织不可或缺的一部分，而非仅仅是生产的工具，鼓励员工在决策过程中发声，关注员工的参与感和归属感。这种理念的变化推动员工在志愿服务等公益项目中扮演更积极的角色，更深度地参与从规划到执行的各个环节。然而，在这个时期，企业志愿服务只是企业慈善行为的一种边缘化的形式，大多数企业还未能积极主动地分配资源以支持志愿服务，志愿服务本身也缺乏与企业核心战略的一致性，从而限制了企业在促进社会进步方面发挥的作用。

二 社会责任观与企业志愿服务

（一）企业社会责任理念的形成

企业社会责任概念源于工业革命的发展。伴随工业化进程和商品经济的扩张，初期的工业革命促进了大型制造业和工业的蓬勃发展。然而，这同时也导致了众多社会挑战。人们逐渐认识到，企业不应只是单纯地追求盈利，而且还需要肩负相应的社会义务。

企业社会责任理念是在一系列相关理论的推动下形成的。20世纪50年代，美国学者霍华德·鲍恩（Howard Bowen）在《商人的社会责任》一书中，首次明确提出了企业的“社会责任”概念，并将“社区关系”等“社会产品”纳入企业社会责任框架中[①]，标志着企业社会责任被正式提出。

20世纪70年代后，关于企业社会责任的认识飞速发展，并以“三个中心圈”理论为代表。“三个中心圈”理论由美国经济发展委员会在1971年的《工商企业的社会责任》报告中提出。该理论将企业责任分为三部分：内圈是企业承担的经济责任（如提供产品和服务、工作机会等）和法律责任（如遵纪守法、诚信经营），强调企业需要有效地利用其资源，为社会创造财富，同时为员工提供合理的工作环境和待遇；中间圈指企业在履行经济职能时，需要对其行为可能造成的社会和环境影响承担责任，这包括环境保护、回应顾客期望等，这一层的社会责任要求企业在追求经济利益的同时，也要关注其行为对外部环境的潜在影响；外圈包含企业在更大范围内促进社会进步的其他无形责任，这些责任可能并非直接与企业经营相关，但体现了企业作为社会成员的角色和责任，如消除社会贫困、防止城市衰退等。这些活动可能不一定直接为企业带来经济利益，但有助于提升企业的社会形象和声誉。

在20世纪80年代，阿尔奇·卡罗尔（Archie Carroll）提出社会责任金

---

① 〔美〕霍华德·R. 鲍恩：《商人的社会责任》，肖红军、王晓光、周国银译，经济管理出版社，2015。

字塔模型，包括经济责任、法律责任、伦理责任以及企业自愿执行的其他责任①，从而明确了企业社会责任的边界。在同一时代，西方企业社会责任运动兴起，各种理论也被相继提出，例如，企业公民理论（Corporate Citizenship Theory）认为，权利与义务是相辅相成的，企业在实现自身盈利的同时，也需要履行对环境和社会发展的义务。② 美国经济学家爱德华·弗里曼（Edward Freeman）于1984年在《战略管理：利益相关者方法》一书中正式提出了利益相关者的概念和理论。利益相关者是指任何一个影响公司目标完成或受其影响的团体或个人，包括雇员、顾客、供应商、股东、银行、政府，以及能够帮助或损害公司的其他团体。③ 该理论强调，企业不仅仅是一个经济实体，也是众多利益相关方共同构成的一个合作体系。企业不仅仅为股东服务，还为所有相关方服务。企业的持续发展取决于所有利益相关方所提供的多种资源，这不仅包括股东的资金投入，还包括债权人的财务支持、员工的技能和知识、供应商与客户的市场关系、政府的法规支持和公共服务，以及社区提供的经营环境。因此，企业有责任关心并满足所有这些参与方的需求和期望，而不仅仅是股东的需求。④

从20世纪中叶到90年代，企业已经开始有计划地开展公益活动。这些活动变得更加系统化和结构化，逐渐被纳入企业的日常运营，并由专门的部门或团队负责，涉及环保、社区发展、员工福利和公众培训等多个领域。伯克和罗格斯顿（Burke and Logsdon）提出了“战略性企业社会责任”（Strategic Corporate Social Responsibility，SCSR）的概念和观点。⑤ 他们指出，企业不应将社会责任活动视为边缘或附加任务，而应将其作为实现核心商业目标的一部分。通过这种方式，企业社会责任活动不仅有助于解决

---

① Carroll, Archie B. “A Three-Dimensional Conceptual Model of Corporate Performance”, *Academy of Management Review*, Vol. 4, No. 4(1979): 497-505; Carroll, Archie B. “The Pyramid of Corporate Social Responsibility: Toward the Moral Management of Organizational Stakeholders”, *Business Horizons*, Vol. 34, No. 4(1991): 39-48.

② 侯怀霞：《企业社会责任的理论基础及其责任边界》，《学习与探索》2014年第10期。

③ 〔美〕R. 爱德华·弗里曼：《战略管理：利益相关者方法》，王彦华、梁豪译，上海译文出版社，2006，第37~39页。

④ 〔美〕R. 爱德华·弗里曼：《战略管理：利益相关者方法》，王彦华、梁豪译，上海译文出版社，2006，第37~39页。

⑤ Burke, L., and Jeanne M. Logsdon. “How Corporate Social Responsibility Pays Off”, *Long Range Planning*, Vol. 29, No. 4(1996): 495-502.

社会问题，同时也能为企业带来竞争优势、增强品牌形象、提高员工满意度和客户忠诚度。此外，他们提出了几个用于衡量企业社会责任活动战略性价值的具体维度，包括：①向心性（Centrality），通过与社会相联系的产品来创造价值的能力，也即社会责任活动与企业核心业务之间的关联程度；②可见性（Visibility），企业社会责任活动被利益相关者认识和认可的程度，强调建立利益相关者对企业社会责任的价值；③专用性（Specificity），企业社会责任活动带来的公共收益在实现内部化上的能力，也即其为企业带来相对优势和比较优势的能力；④前瞻性（Proactiveness），强调企业应该按环境趋势来规划开展企业社会责任的活动的策略，具有前瞻性，能够预见社会变化和趋势；⑤自愿性（Voluntarism），企业实施企业社会责任活动是自愿还是受到外部压力。总而言之，与传统企业战略的差别在于，它更全面地审视了企业与社会的相互关系，将社会议题纳入企业的战略框架，并从中探索市场机会，推动产品和服务的创新，从而实现价值创新。[①] 随着企业社会责任的不断发展，它已经成为全球众多企业的战略组成部分。[②]

企业社会责任观的演进也受到全球化浪潮的影响。随着跨国公司在全球经济格局中的地位日益凸显，其对于劳工权益的影响日益显著。然而，这种影响并非全然积极，劳工权益的压制与剥削问题时有发生，使得劳资关系的力量对比呈现失衡状态[③]，各国的工人面临着愈发严峻的就业环境，劳工权益的保障问题逐渐上升为全球性的社会挑战。正是基于这一现实背景，企业社会责任的重要性愈发凸显。对于跨国公司而言，企业社会责任不仅意味着遵守所在国的法律法规，更包括尊重人权、保护环境、提供良好的工作条件和积极参与社区发展。这些企业在全球范围内运营，因此也承担着更为重大的社会责任。为了回应这一挑战，跨国企业需要制定并实

① Husted, B. W. and David B. Allen. "Strategic Corporate Social Responsibility and Value Creation Among Large Firms", *Long Range Planning*, Vol. 40, No. 6(2007): 894-610.

② Porter, Michael E., and Mark R. Kramer. "The Link Between Competitive Advantage and Corporate Social Responsibility", *Harvard Business Review*, Vol. 84, No. 12(2006): 78-92; Bies, Robert J., Jean M. Bartunek, and Timothy L. Fort et al. "Corporations as Social Change Agents: Individual, Interpersonal, Institutional, and Environmental Dynamics", *Academy of Management Review*, Vol. 32, No. 2(2007): 788-793; Maxfield, Sylvia. "Reconciling Corporate Citizenship and Competitive Strategy: Insights from Economic Theory", *Journal of Business Ethics*, Vol. 80. No. 2(2008): 367-377.

③ 田耘：《经济全球化背景下的企业社会责任》，《社会科学战线》2006 年第 6 期。

施全球统一且高标准的企业社会责任策略，以确保在全球范围内的运营活动均能达到社会责任的履行标准。

全球化使得各国联合起来，通过成立国际组织的方式推动企业社会责任发展。2000 年成立的联合国全球契约组织（United Nations Global Compact，UNGC）是世界上最大的推进企业履行社会责任和可持续发展的国际组织。UNGC 呼吁企业遵守十项原则，涵盖人权、劳工、环境和反腐败等方面。加入 UNGC 后，企业可以与其他企业、政府和非政府组织合作，共同推动可持续发展、承担社会责任。2010 年 11 月，国际标准化组织正式发布了一份社会责任指南——国际标准 ISO 26000，包括组织治理、人权、劳工实践、环境、公平运营实践、消费者、社区参与和发展七大内容。ISO 26000 社会责任指南为企业提供了指导，帮助企业在全球范围内实施和评估企业社会责任。通过遵循国际标准，企业可以提高其社会责任水平，并与其他企业进行比较性评估。

（二）企业社会责任观在中国的发展

全球化进程促进了不同国家在经济、技术和贸易上的多边合作，但也造成了生态环境恶化、自然资源过度消耗和贫富差距扩大等问题。自改革开放以来，大量外资企业来到中国，成为中国融入全球化的桥梁之一。这些企业在经营生产并扩展中国市场的同时，逐渐将社会责任的理念引入中国。这些做法在很大程度上延续了其母公司的战略和理念，同时不断调试，适应中国的营商环境。[①] 因此，跨国企业在中国的社会责任工作一方面将全球先进的标准与理念引入中国市场，同时也是向世界传递中国政府和中国社会支持并推动社会责任履行的窗口，对于社会责任观在中国的早期发展有重要的意义。

2005 年以来，中国政府陆续发布了多份关于企业社会责任的指导文件，旨在推动企业积极履行社会责任。2005 年修订的《公司法》第五条明确规定公司必须“承担社会责任”。2006 年 10 月，党的十六届六中全会审议通

---

① Kolk, A., Hong P., and van Dolen W. “Corporate Social Responsibility in China: An Analysis of Domestic and Foreign Retailers’ Sustainability Dimensions”, *Business Strategy Environment*, Vol. 19, No. 5(2010): 289-303.

过《中共中央关于构建社会主义和谐社会若干重大问题的决定》，把构建社会主义和谐社会摆在更加突出的地位，强调进一步增强公民、企业、社会组织的责任。2006 年，深圳证券交易所发布了《上市公司社会责任指引》，2008 年，上海证券交易所发布了《上海证券交易所上市公司环境信息披露指引》，明确指出企业应该关注利益相关者的共同利益。这些政策出台，对于倡导社会责任理念、规范企业的社会责任行动具有重要的推动作用。

2008 年汶川大地震是一次触动心灵的灾难，它不仅牵动了全国人民的心，也成了中国企业社会责任发展的一个重要转折点。这场灾难使得中国的政府机构、商业实体和公众对企业社会责任的重视达到了新的高度。在震后救援的过程中，许多中国企业响应性、自发性的行动让政府意识到了企业社会责任行动的重要价值，进而制定和发布了一系列与企业社会责任相关的法律和条例，明确了企业在社会发展中的角色和责任，在很大程度上激发了企业参与公益事业的热情。[①] 这些政策和法规不仅强调了企业在灾难响应和重建工作中的作用，还鼓励企业在日常运营中持续为社会做贡献。特别是在企业志愿服务方面，汶川地震成了一个催化剂。许多企业响应号召，不但进行了慈善捐赠，还组织员工参与救援和重建工作，展现了企业的社会担当。[②]

党的十八大以来，中国政府进一步加大了对企业社会责任的重视，且更加明确地表达了对一些具体方向的重视。党的十八大报告指出："把生态文明建设放在突出地位，融入经济建设、政治建设、文化建设、社会建设各方面和全过程，努力建设美丽中国，实现中华民族永续发展。"[③] 这凸显了对生态环境的深切关注。在随后的政策中，这一理念得到了进一步的发展与强化。特别是在党的十八届五中全会上，绿色发展理念被确立为五大发展理念之一[④]，标志着生态文明建设被提升至前所未有的高度。此外，党的十九大报告提出统筹推进防范化解重大风险、精准脱贫、污染防治三大

---

① 贾明等：《从企业社会责任（CSR）到企业可持续商业（CSB）：反思与未来》，《管理评论》2023 年第 5 期。

② 陈仕华、马超：《企业间高管联结与慈善行为一致性——基于汶川地震后中国上市公司捐款的实证研究》，《管理世界》2011 年第 12 期。

③ 《十八大以来重要文献选编》（上），中央文献出版社，2014，第 30~31 页。

④ 《中国共产党第十八届中央委员会第五次全体会议公报》，人民政协网，https://www.rmzxb.com.cn/c/2015-10-29/609950.shtml。

攻坚战[①]，在明确国家发展的重点领域之外，也为企业履行社会责任指明了方向。在党的十九届五中全会上，乡村全面振兴和推动生态文明建设又一次被强调[②]，体现了中国政府对环境和社会发展的全面关注。

这些明确的政策方向，为企业社会责任的履行提供了清晰的路线图。企业不仅要在环保、公益活动和保护员工权益方面做出努力，还被期望深入参与到社区建设和乡村振兴中。通过这样的实践，中国的企业在推动社会和环境可持续发展方面发挥重要作用，这不仅反映了政府政策导向的成效，也体现了企业作为社会责任主体的自觉性和积极性。

在此过程中，企业社会责任的一个关键方面是志愿服务的积极参与。目前，许多公司在其企业社会责任报告中专门强调了志愿服务的重要性。这些报告不仅阐述了公司在资金和资源上对各类志愿活动的支持，还详细介绍了如何从人力和制度层面确保志愿服务的有效实施。这些对社会责任的深入参与和报道，不仅展示了公司对于社会责任的承诺，也提升了公众对企业品牌的认知和信任度。

（三）社会责任观下的重要概念和研究视角

1. 利益相关者

企业在追求利润和效益时，不可避免地与各种个体、团体和机构的利益交织在一起，这些与企业的运营管理有重要关联的主体被研究者们统称为“利益相关者”。在过去的几十年间，这一概念得到了非常广泛的发展。

1963 年，斯坦福研究院（Stanford Research Institute，如今更名为斯坦福国际研究所，SRI International）的研究人员在一份内部备忘录中首次使用了“利益相关者”一词，来描述那些与企业生存和发展密切相关的群体或个人。[③] 这一概念突破了当时盛行的“股东至上”理论，强调企业在追求经济利益的同时，也需要关注其他利益相关者的需求和利益。随后，美国经济思想家罗伯特·爱德华·弗里曼（R. Edward Freeman）进一步阐明了利益相

---

① 习近平：《决胜全面建成小康社会 夺取新时代中国特色社会主义伟大胜利——在中国共产党第十九次全国代表大会上的报告》，人民出版社，2017。

② 《中国共产党第十八届中央委员会第五次全体会议公报》，人民政协网，https://www.rmzxb.com.cn/c/2015-10-29/609950.shtml。

③ 参见贾生华、陈宏辉《利益相关者的界定方法述评》，《外国经济与管理》2002 年第 5 期。

关者的概念，即任何能够影响公司目标的实现，或者受公司目标实现影响的团体或个人。这个定义从学术角度明确了利益相关者的内涵，奠定了利益相关者管理理论的基石。[①]

马克斯·B. E. 克拉克森（Max B. E. Clarkson）将利益相关者区分为两个级别：一级利益相关者（Primary Stakeholders）和次级利益相关者（Secondary Stakeholders）。一级利益相关者是指与企业有直接关系的利益相关者，若没有他们的持续参与，企业就无法作为经营主体而长期存在，如股东、投资者、雇员、顾客、供应商等；次级利益相关者是间接地影响企业或被企业影响的利益相关者，但他们与企业之间并没有直接的商事关系，也不是企业生存的必要条件，如环境主义者、大众传媒、学者和各种专门的利益集团等。这种分类方法有助于企业更清晰地识别和管理其利益相关者，从而更好地制定和实施战略计划。同时，这也提醒企业在追求经济利益的同时，也要关注其他非经济利益相关者的需求和期望，以实现更广泛的社会责任和可持续发展。[②]

这些理论普遍认为，不同的利益相关方与企业的利益相关度是不同的，对企业利润或效益的分享也是不同的，因此，他们应当承担的企业社会责任是有区别的。同时，该理论还强调企业对利益相关者负有责任，企业不仅要处理与股东的关系，还要处理与各种利益相关者的关系，包括员工、客户、供应商、政府、游说团体和整个社会。尽管利益相关者是一个广泛的概念，但研究者们普遍认为，组织应该将有限的资源集中在企业生存所必需的利益相关者群体上。[③] 总而言之，利益相关者理论认为，企业管理必须以建立和改善与每一个利益相关者的关系为导向，[④] 在政策上实现利益相

① 〔美〕R. 爱德华·弗里曼：《战略管理：利益相关者方法》，王彦华、梁豪译，上海译文出版社，2006。

② Clarkson, Max E. "A Stakeholder Framework for Aanalyzing and Evaluating Corporate Social Performance", *Academy of Management Review*, Vol. 20, No. 1(1995): 92-117.

③ Mitchell, Ronald K., Bradley R. Agle, and Donna J. Wood. "Toward a Theory of Stakeholder Identification and Salience: Defining the Principle of Who and What Really Counts", *Academy of Management Review*, Vol. 22, No. 4(1997): 853-886.

④ Balmer, John MT, and Stephen A. Greyser. "Corporate Marketing: Integrating Corporate Identity, Corporate Branding, Corporate Communications, Corporate Image and Corporate Reputation", *European Journal of Marketing*, Vol. 40, No. 7/8(2006): 730-741.

关者参与企业战略，从而为企业提供可持续的竞争优势。[①]

员工以企业的名义行事，因而是企业最重要的资源，也是至关重要的利益相关者。与此同时，也有越来越多的研究者提出，培养员工敬业度是企业社会责任的战略轴心之一。作为重要的内部利益相关者，员工参与的社会服务也是组织的战略资产[②]，许多学者将企业志愿服务描述为企业社区参与计划（Corporate Involvment in Community）的一个高度积极的方面。[③] 通过组织员工参与志愿服务活动，企业可以拓宽对社会的认知和理解，让企业的社会责任行动可以精准地满足社会公众的实际需求。同时，志愿服务也能使企业与社区、员工、供应商和客户等各方建立更紧密的联系，满足不同利益相关者的多重诉求，促进企业与利益相关者之间的合作与共赢。对于企业员工而言，通过参与志愿服务活动可以感受到企业对社会责任的重视，提升对企业的认同感和归属感，并在活动过程中实现自我价值、提升综合素质。企业志愿服务也可以密切企业与供应商的合作伙伴关系，并提升客户忠诚度。通过与供应商一起参与志愿服务活动，企业可以建立更加紧密的合作关系，提升供应链的稳定性和可持续性。同时，企业志愿服务也可以提供一个与客户互动和建立情感连接的平台，增强客户对企业的认同和信任。通过参与志愿服务项目，企业还可以与社区、非营利组织和政府等外部组织共同解决社会问题，提供更广泛的社会价值。这种合作不仅有助于建立信任和良好的企业形象，还能够为企业创造可持续的经济利益。

总而言之，“利益相关者”的提出为企业的社会责任赋予了更具体的内涵，使得公司与利益相关者之间的交互讨论更有针对性。从利益相关者的视角来研究和理解企业志愿服务，不仅能够更深入地探讨企业如何通过这些活动满足不同群体的需求和期望，还能够揭示企业如何通过积极的社会

① Walsh, James P. “Book Review Essay: Taking Stock of Stakeholder Management”, *Academy of Management Review*, Vol. 30, No. 2(2005): 426-438.

② Sanjay, Sharma, and Harrie Vredenburg. “Proactive Corporate Environmental Strategy and the Development of Competitively Valuable Organizational Capabilities”, *Strategic Management Journal*, Vol. 19, No. 8(1998): 729-753.

③ Muthuri, Judy N., Dirk Matten, and Jeremy Moon. “Employee Volunteering and Social Capital: Contributions to Corporate Social Responsibility”, *British Journal of Management*, Vol. 20, No. 1 (2009): 75-89.

参与促进社会整体福祉的提升。这种视角强调了企业社会责任的多维度和互联性，促使企业在制定和实施志愿服务策略时，采取更加全面和更具战略性的方法。

2. 企业伦理观

企业伦理研究是应企业社会责任领域发展而产生的一个交叉学科领域。在企业社会责任的理念被提出后，学者们对于社会责任的内涵有比较大的争议。因此，20 世纪 70 年代起，一些研究者引入了伦理学的相关概念，旨在运用伦理标准对商业活动进行道德评价，并指明究竟哪些行为是合乎伦理的行为。[①] 与传统的社会责任理论相比，企业伦理观取向下的研究进一步明确了指导和约束企业及其成员行为的规范，同时也更关注企业中的个人行为，如道德决策过程，以及影响道德决策的因素和机制，这些新视角的引入进一步丰富和深化了企业社会责任领域。[②]

理查德 · T. 迪乔治（Richard T. De George）是这一研究领域的代表性学者，他提出了企业的三个道德层次标准：第一层要求企业履行最基本的道德规范；第二层是指基本道德规范之上的道德要求，包括保持与利益相关者互相信任、补偿企业对社区造成的危害、保证公平的市场环境等；第三层反映了对道德理想的渴望，即企业能够在经济、社会、环境领域内发挥积极作用，完成企业使命。[③] 这一分类为衡量企业的道德责任提供了一个更加清晰的框架和标准。

目前，许多现代企业已经将尊重和保护利益相关者的权利视为其基本的道德责任，通过开展各种形式的志愿服务活动，强调企业应该尊重并保护利益相关者的道德权益。[④] 除此之外，企业出于对伦理的重视也更关注企业内部的管理决策和员工对企业的认同感。例如，道德领导力理论强调领导者应当通过自己的道德行为来影响组织成员的行为，其中就包括尊重他

① Mark S. Schwartz and Archie B. Carroll, "Integrating and Unifying Competing and Complementary Frameworks: The Search for a Common Core in the Business and Society Field", *Business & Society*, Vol. 47, No. 2(2008): 148-186.

② 周祖城：《企业社会责任与企业伦理关系分析》，《管理学报》2022 年第 2 期。

③ De George, R. Corporations and Morality. in H. Curtler (ed.), *Shame, Responsibility, and the Corporation*(New York: Haven Publishing Company, 1986), pp. 57-75.

④ Carroll, Archie B. "A Three-Dimensional Conceptual Model of Corporate Performance", *Academy of Management Review*, Vol. 4, No. 4(1979): 497-505.

人的权益和积极参与志愿服务活动。[①] 此外，也有研究发现，企业的志愿服务活动可以提升员工自身[②]及其他同事[③]对企业的道德认同感，进而促使员工更加积极地投入工作，提高工作绩效，并与其他同事形成更紧密的合作关系，进一步增强组织的凝聚力、提升员工满意度。

伦理学理论可以为社会规范、决策程序提供依据，可以系统化现存的道德规范，并为评价和讨论道德责任提供分析框架，这些都是企业社会责任研究领域所缺乏的。在此基础上，企业伦理观也从道德决策的视角揭示了企业志愿服务的动力机制，强调企业识别并承担对社会的道德责任的重要性，并将企业志愿服务作为实践道德价值观的重要途径。企业伦理学为企业提供了一个道德决策的程序化框架，帮助企业在设计和实施志愿服务项目时平衡不同利益相关者的需求，确保项目的公正性和透明性。通过系统化的道德规范，企业能够建立一套明确的道德指导原则和行为准则，指导其志愿服务活动，以符合社会期待的道德标准，从而提升企业的社会信誉和品牌形象。此外，企业伦理学提供的分析框架使企业能够更加深入地评价和讨论其在企业志愿服务中的道德责任，定期评估志愿服务活动的社会影响，反思志愿服务的道德合规性，以及探讨如何改进这些活动以实现更大的社会贡献。

综合来看，伦理道德在现代企业管理中占据中心位置，企业应坚守诚信经营、公平竞争等原则，持续提升道德标准。这种道德承诺为商业生态系统注入了公益、向善的力量，并鼓励利益相关者的广泛参与和沟通，共同推动企业更好地履行社会责任，实现商业实践的公正与共赢。

3. 社会责任层级

阿尔奇·卡罗尔在 1979 年首次提出了一个被广为接受和引用的企业社

---

① Brown, Michael E., Linda K. Treviño, And David A. Harrison. "Ethical Leadership: A Social Learning Perspective for Construct Development and Testing", *Organizational Behavior and Human Decision Processes*, Vol. 97, No. 2(2005): 117-134.

② Geroy, Gary D., Philip C. Wright, and Laura Jacoby. "Toward a Conceptual Framework of Employee Volunteerism: An Aid for the Human Resource Manager", *Management Decision*, Vol. 38, No. 4 (2000): 280-287.

③ Gill, Michael J. "Understanding the Spread of Sustained Employee Volunteering: How Volunteers Influence Their Coworkers' Moral Identity Work", *Journal of Management*, Vol. 49, No. 2(2023): 677-708.

会责任层级理论①，后来又在 1991 年进行了完善和扩展。这个模型将企业的社会责任分为四个层次：经济、法律、伦理和慈善。②

——经济责任：是企业的基本责任，即生产出有价值的商品和服务，并创造利润，企业需要有效地管理资源，以满足所有利益相关者的期望，包括股东、雇员和顾客等。

——法律责任：企业应遵守一定的法律和法规，满足社会对企业合法行为的基本期望。法律责任实际上定义了企业经营的“规则”。

——伦理责任：是社会期望企业做的事，但没有通过法律强制实施，包括尊重员工的权利、保护环境、公平交易、尊重文化差异、诚实开放地进行业务操作等。

——慈善责任（也称作自决责任）：企业自主选择参与某些社会活动，以提升社区和社会福祉。包括捐款给慈善机构，为员工做志愿者提供时间，或支持其他社区项目等。

阿尔奇·卡罗尔认为，这四重责任构成了一个金字塔，可以表示不同层次的社会责任之间的层级递进关系：最底层是经济责任，次层是法律责任，第三层是伦理责任，最高层是慈善责任，这种关系也决定了企业在履行社会责任时的先后顺序。③

社会责任层级理论旨在解决两个问题：企业所承担社会责任的范围、社会责任间的关系。这也为企业应该在怎样的时机开展志愿服务提供了一个理论参考。例如，在企业已经完善了经济责任和法律责任之后，社会责任的进一步发展则可以更多地关注伦理责任和慈善责任。员工直接参与志愿服务，亲眼看到企业的社会责任行动带来的积极影响，能极大提升他们对企业道德行为的认同感，进而提升员工的工作满意度和忠诚度。对外，企业通过有效组织和广泛宣传其志愿服务活动，可塑造积极的公众形象，提升其品牌价值。有利于与社区建立更紧密的联系，也有利于为企业赢得社区的支持和

① Carroll, Archie B. “A Three-Dimensional Conceptual Model of Corporate Performance”, *Academy of Management Review*, Vol. 4, No. 4(1979): 497-505.

② Carroll, Archie B. “The Pyramid of Corporate Social Responsibility: Toward the Moral Management of Organizational Stakeholders”, *Business Horizons*, Vol. 34, No. 4(1991): 39-48.

③ Carroll, Archie B. “The Pyramid of Corporate Social Responsibility: Toward the Moral Management of Organizational Stakeholders”, *Business Horizons*, Vol. 34, No. 4(1991): 39-48.

信任。

与此同时，这一理论的提出也为企业在社会责任的实践过程中的“扭曲”问题提供了一个解释视角。企业在经营中过于强调“股东至上”的信念，会导致经济利益与社会责任的分离和对立。一方面，这种扭曲使企业将目标局限于追求经济利益，而忽视了企业创造的社会价值，例如，企业在评判一项社会活动是否值得投入资源时，会以是否能够获得足够的回报、提升企业的经济价值作为判断依据，反而将真正重要的社会价值排除在外，这样做导致企业社会责任的功利化问题，还容易将投资者与其他利益相关者割裂开来，分化成不同的利益群体。另一方面，过于强调投资者对企业的重要性，而不认可其他利益相关者的投入，也忽视了企业的经营其实需要其他许多利益相关者所掌握的资源，如人力资本、政策支持、社区保障等，对经营本身也是不利的。

最后，与其他社会责任行动相比，企业志愿服务更注重企业伦理和企业慈善责任的履行，如帮助弱势群体、保护环境、提升社区福祉等，社会责任实践需要员工或企业组织下的公益人士付诸实际行动，在一定程度上避免了只说不做的责任脱钩（Decoupling）、漂绿（Greenwashing）和印象操纵（Impression Manipulation）等问题。

4. 企业公民

随着现代社会挑战的增多和复杂化，各种政府机构、商业实体和公众组织间的互动关系逐渐受到重点关注。现今的企业社会责任研究更加聚焦企业如何与政府和社群建立合作，更有效地实践其社会角色。

在此背景下，企业公民观念强调企业与公众在行为上是平等的主体，企业在社会中既应享受与公众平等的权利，同时也应承担相应的义务。20世纪90年代初，英国的“企业公民公司”的首席执行官，学者戴维·罗根（David Logan）提出了企业公民的概念，视企业公民为具有相应权利和义务的商业实体。这种观念强调企业不仅应有合法权益，而且应承担社会责任，同时将这些权利和义务与其长远的战略融为一体。美国波士顿大学的“企业公民中心”进一步提出，企业公民有三个关键理念，分别是减少负面影响、实现利益最大化、关心所有利益相关者并对他们负责，与之相关的三个价值命题是，确立和内化企业核心信仰，将这些信仰纳入商业战略，以及通过行动持续推动和强化这些价值。[①]

企业公民的概念由个人公民的含义引申而来，类似于政治学中的公民概念，强调企业作为社区成员的责任与参与，这种参与包括社区活动、社会治理等方面，意味着企业不仅承担经济责任也是公民权的管理者，可以在一定程度上突破行政体制约束，在全球性问题上发挥更加积极的作用。[②]企业公民理论整合了社会责任、社会回应及利益相关者管理等概念，将企业置于社会生态的大环境中考量，为理解企业如何更好地融入和参与社区生活提出了新的思考和要求。

与其他的企业社会责任理论类似，企业公民理论也强调企业的经营活动不仅牵涉自我发展，也会对国家与社会产生影响，因而应在不同领域履行承诺责任，包括：经济层面的承诺，追求最大的经济效益；社会层面的承诺，如应当守法并积极参与社会福利活动，从而获得社会的认可；道德层面的承诺，如遵循高道德标准并参与公益事业，以此来获得社会的认同和敬重（见图 2-1）。[③]

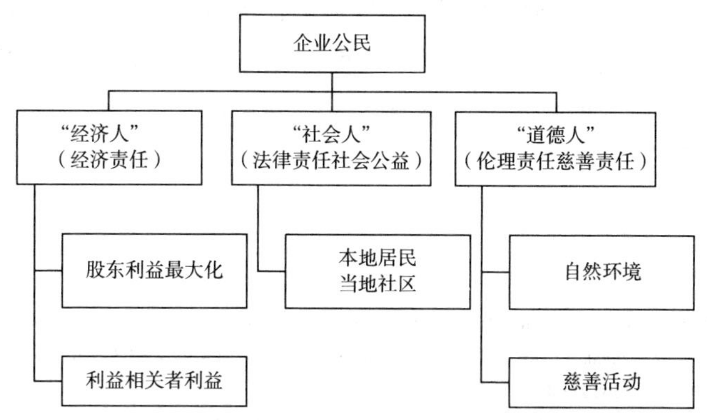

图 2-1　企业公民的职责内涵

如何吸引消费者的注意力和兴趣一直是企业在经营中迫切关注的问题。被

① 赵琼：《国外企业社会责任理论述评——企业与社会的关系视角》，《广东社会科学》2007 年第 4 期。

② 张桂蓉：《企业社区参与：外在压力抑或内在需求？》，《国外理论动态》2015 年第 10 期。

③ 李彦龙：《企业社会责任的基本内涵、理论基础和责任边界》，《学术交流》2011 年第 2 期。

视为“好公民”的企业对于消费者、求职者、政府机构和投资者来说都更具吸引力。[①] 因此，公司也愿意投入更多的精力和资源，向社会展示自己是一个好的企业公民（Corporate Citizen），如为社会公益组织提供支持、开展环境保护活动、推出员工福利举措和公平交易等。同时，参与志愿服务可以提高员工的幸福感和健康程度，减少员工的缺勤、伤残假期和医疗保险索赔。一些企业甚至会给予员工奖励和补偿，例如提供额外的休假时间，以鼓励员工以志愿服务的形式参与企业公民倡议。企业在志愿服务的参与性和独特性能够使员工和消费者从日常工作中解脱出来，创造丰富、生动的体验。这种参与体验不仅让员工感受到企业的关怀和支持，也向消费者传达了企业参与社会的积极态度和责任担当。通过志愿服务，企业能够与员工和消费者建立更加亲密的联系，提升品牌形象和企业声誉。

5. 企业社会责任的战略矩阵

企业社会责任观的发展为企业开展志愿服务提供了内生性动力。早期的社会责任活动通常是创始人或有影响力的高管的个人项目或慈善事业，与组织的核心业务无实质性的联系。[②] 随着社会责任观的普及，以及许多研究证实了社会责任活动与企业目标之间的内在联系（比如，提升企业的竞争优势[③]和声誉[④]，提升国家竞争力[⑤]，以及影响消费者对公司和/或产品的

---

① Klimkiewicz, Katarzyna, and Victor Oltra. “Does CSR Enhance Employer Attractiveness?The Role of Millennial Job Seekers’ Attitudes”, *Corporate Social Responsibility and Environmental Management*, Vol. 24, No. 5(2017): 449-463.

② 〔美〕R. 爱德华·弗里曼：《战略管理：利益相关者方法》，王彦华、梁豪译，上海译文出版社，2006。

③ Weber, Manuela. “The Business Case for Corporate Social Responsibility: A Company-level Measurement Approach for CSR”, *European Management Journal*, Vol. 26, No. 4(2008): 247-261; Peterson, Dane K. “Benefits of Participation in Corporate Volunteer Programs: Employees’ Perceptions”, *Personnel Review*, Vol. 33, No. 6(2004): 615-627; Kemper, Jan, Oliver Schilke, and Martin Reimann et al., “Competition-motivated Corporate Social Responsibilit”, *Journal of Business Research*, Vol. 66, No. 10(2013): 1954-1963.

④ Godfrey, Paul C., and Nile W. Hatch. “Researching Corporate Social Responsibility: An Agenda for the 21st Century”, *Journal of Business Ethics*, Vol. 70, No. 1(2007): 87-98.

⑤ Boulouta, Ioanna, and Christos N. Pitelis. “Who Needs CSR?the Impact of Corporate Social Responsibility on National Competitiveness”, *Journal of Business Ethics*, Vol. 119, No. 3(2014): 349-364.

观感①)，企业社会责任不是纯粹个人化的行为，而应该成为企业文化的一部分，有更多人关注和参与。布莱恩·赫斯特（Bryan Husted）提出了用中心性和专业性两个维度衡量企业开展社会责任工作的几种常见方式，以及在此基础上建立的企业社会责任的战略矩阵（见图 2-2）②：进行慈善捐赠；实施内部项目落实社会责任；与非营利组织等主体合作。布莱恩集合了企业战略和成本收益计算等因素进行分析后提出，慈善捐赠只是社会责任的初级形态，更高级的形态应当是企业将与社会责任相关的各种因素整合到业务流程中，而这种方式可以通过与非营利组织合作开展公益志愿行动来实现。

专业性 \ 中心性	低	高
低	慈善捐赠	与非营利组织合作
高	与非营利组织合作	内部化项目

图 2-2　企业社会责任的决策矩阵

（四）小结

总而言之，企业社会责任观的发展促进了企业志愿服务从边缘化活动向核心企业战略转变的过程。通过重视员工的福利和权利、更新管理理念、塑造积极的企业文化，以及积极参与外部社会，企业不仅在社会上扮演了更加积极的角色，也为员工提供了实现个人价值和贡献社会的机会，带来了企业、员工和社会的共赢。

企业社会责任对企业志愿服务的内容和形式产生影响。社会责任层级理论、企业伦理观等理论的发展，为企业设计和开展志愿服务的内容提供了参照框架，也为企业不断检视志愿服务的效果、完善相应的工作机制提

① Seok Sohn, Yong, Jin K. Han, and Sung-Hack Lee. "Communication Strategies for Enhancing Perceived Fit in the CSR Sponsorship Context", *International Journal of Advertising*, Vol. 31, No. 1 (2012): 133-146.

② Husted, Bryan W. "Governance Choices for Corporate Social Responsibility: to Contribute, Collaborate or Internalize?"*Long Range Planning*, Vol. 36, No. 5(2003): 481-498.

供了具体的衡量标准。更为重要的是，履行企业社会责任是一项长期工作，这也就使得志愿服务及其他社会责任行动被长期关注，得以在目标设定、资源投放、机制设计等方面被持续优化，有利于企业志愿服务走向体系化、规范化和专业化。

三　第三次分配视角下的企业志愿服务

经济学家厉以宁教授在《论共同富裕的经济发展道路》一文中，首次提出“影响收入分配的三种力量”，即市场机制的力量主要对收入的初次分配发生作用，政府的力量对收入的再分配发生作用（如“事后调节”），道德力量则对收入初次分配和再分配的结果发生作用。[①] 党的十九届四中全会通过的《中共中央关于坚持和完善中国特色社会主义制度推进国家治理体系和治理能力现代化若干重大问题的决定》明确提出：“重视发挥第三次分配作用，发展慈善等社会公益事业。”[②] 第三次分配，是经济收入分配过程中的最后一个环节。与基于市场机制的第一次分配和政府调节介入的第二次分配不同，第三次分配强调的是社会自愿和慈善精神的体现，它补充了市场与政府在资源配置和社会福利提升方面的不足。第一次分配侧重于市场效率，通过生产要素的贡献决定收入的初步分配。第二次分配则通过政府的税收、社会保障和转移支付机制，调整初次分配的结果，以减少贫困和不平等，提供公共福利。第三次分配通过增强社会团结和互助，进一步优化资源配置，促进了社会和谐与福利的提升，展现了社会的道德水平和自组织能力，使其在促进经济公正和社会福利中发挥着不可或缺的作用。

第三次分配下的志愿服务事业在推动社会公平、增强社会凝聚力以及促进公民主体性发展等方面，都具有重要的意义和作用。中国的志愿服务植根于深厚的传统文化和伦理道德思想，如“仁爱”“互助”等，这些价值观随着社会的发展被创新性地转化，为当代志愿服务提供了丰富的思想资

① 厉以宁：《论共同富裕的经济发展道路》，《北京大学学报》（哲学社会科学版）1991 年第 5 期。

② 《十九大以来重要文献选编》（中），中央文献出版社，2021，第 281～282 页。

源和实践基础。[①] 随着社会主义市场经济的发展和社会主要矛盾的转变，志愿服务作为社会自组织形式的一种，通过提供非货币化的社会价值，如时间和技能捐赠，促进了社会公平和资源的有效配置，不仅有助于满足市场和政府调节无法完全覆盖的社会需求，还能提升公民的社会责任感和参与感，促进社会和谐，体现了市场和政府之外的第三种力量对社会福利和公共服务的贡献。[②]

在第三次分配的背景下，企业志愿服务作为社会资源再分配的一种重要方式，日益受到关注。这种关注不仅凸显了企业社会责任的深远意义，同时也揭示了志愿服务在塑造企业形象、提升品牌价值及增强市场竞争力中的独特作用。

首先，企业需要深刻理解志愿服务作为其社会责任的一部分，如何能够通过精准地识别和运用自身核心竞争力，去解决切实的社会问题。这既是对企业商业智慧的考验，也是对其社会担当的衡量。成功的案例表明，那些能够将商业利益与社会效益相结合的企业，往往能够在激烈的市场竞争中脱颖而出，实现真正的双赢。

同时，企业在推进志愿服务的过程中，必须注重保持社区福利与企业利益的长期平衡。这意味着志愿服务活动不仅要能够带来社区福利的即时增长，还要能够确保这种增长的可持续性，并在此过程中为企业带来长期、稳定的回报。这要求企业在规划和实施志愿服务活动时，必须具备前瞻性和战略性。与此同时，将志愿活动与企业的整体战略目标相协调也是至关重要的。企业需要确保每一项志愿服务活动都能够在推动社会进步的同时，与企业的商业目标和价值观保持高度一致。这样不仅能够增强活动的社会影响力，还能够提升企业的内部凝聚力和外部形象。

为了确保志愿服务活动可以切实满足第三次分配的目标，企业必须建立一套完善的评估体系来衡量其社会影响和商业回报。这套体系应该包括定性和定量的指标，能够全面、客观地反映志愿服务活动的实际效果和长

---

① 赵建建：《志愿服务参与第三次分配的理论逻辑、历史逻辑和实践逻辑》，《中国志愿服务研究》2021 年第 2 期。

② 刘豪兴、徐珂：《探寻第三域的主导力量——上海市社区党员志愿者活动的调查研究》，《江苏社会科学》2001 年第 1 期。

期效益，有效地管理潜在的风险，确保志愿服务活动的稳健推进。

在第三次分配的视角下，企业参与志愿服务的方式和途径也应该更加多元化和开放化。企业可以通过与政府、非营利组织和其他企业的跨界合作，共同推进社会公益项目。这种合作不仅能够集合各方资源和优势，还能够促进资源共享和优势互补，实现项目效果的最大化和资源利用的最优化。

总而言之，第三次分配为企业志愿服务提供了新的视角和机遇。企业需要深刻理解并把握这一机遇，通过志愿服务活动实现商业利益与社会效益的有机结合，推动社会的和谐进步和自身的可持续发展。

第二节　向善是一种企业使命吗？

一　道德型领导：企业创始人及其价值追求

企业的创始人或领导者因宗教信仰、成长经历而产生的社会责任意识是很多企业开展志愿服务的根本驱动力。这些创始人大多深信，企业存在的价值不仅仅是经济利益，而且是对社会的贡献，因而企业有责任提升员工的生活质量，改善社会条件。例如，日本松下电器的创始人松下幸之助始终坚持以人为本的经营哲学，领导并参与实施了一系列针对员工的社会福利计划，包括为员工提供住房、设立学校等。吉百利公司的创始人乔治·卡德伯利是一名虔诚的贵格会（Quakers）成员，他坚信商业活动应当建立在道德和公平的基础上。因此，在他的领导下，吉百利公司不仅致力于生产高质量的产品，还注重公平对待并尊重员工，同时积极参与社会公益事业，回馈社区。这些工作与贵格会所倡导的慈善精神不谋而合。

乔治·卡德伯利的宗教信仰不仅影响了他个人的生活方式，也深刻地影响了吉百利公司的企业文化和经营哲学。这种影响一直延续至今，使得吉百利成为一家不仅在经济上取得成功，而且在社会责任和道德方面也备受赞誉的公司。联合利华公司（Lever Brothers）的创始人威廉·利弗（William Lever）认为，企业的成功不应该仅仅局限于商业上的盈利，更应该体现在对社会和员工的贡献上。因此，他提出了“波特桑”（Port

Sunlight）的概念，旨在为公司的员工提供一个理想的居住环境。在波特桑社区，威廉·利弗不仅建造了高质量的住房，还提供了各种社区设施，如学校、医院、图书馆、公园等，以确保员工及其家庭能够享受到全方位的生活保障。这些设施不仅满足了员工的基本生活需求，还为他们提供了丰富的文化娱乐活动，以及有助于职业发展的教育培训。他相信，通过提供良好的教育机会和职业培训，可以帮助员工提升技能，增强他们自我发展的能力，从而更好地为企业和社会做出贡献。这种以人为本、关注员工福祉的管理理念，不仅在当时被视为创新之举，而且对后来的企业管理产生了深远的影响。

在管理心理学中，有一个专门的概念研究这类型的领导者，称为道德领导力（Ethical Leadership）。这个概念强调领导者作为道德榜样的重要性，认为领导者通过积极参与和支持慈善公益，可以为员工树立良好的道德榜样，影响组织文化和行为。道德领导力理论主张，领导者的道德和伦理行为不仅会影响他们自身的表现和成就，也会对他们的团队成员和组织整体产生深远影响。[①] 道德型领导的概念包含一系列基本命题：道德领导者有自己的道德和伦理原则，并始终按照这些原则行事；道德领导者会通过个人行为和人际关系向下属展示组织中的“适当”行为，并通过双向沟通来激发下属，塑造和提升整个组织的道德氛围；道德领导者通过对团队成员进行道德教育，增强他们的道德意识并提升其道德判断能力；道德领导者在处理组织内部的冲突和问题时，能确保每个人都得到公正的对待。[②]

道德型领导必须同时具备“合乎道德的个人”（Ethical Person）和

① Brown, Michael E., Linda K. Treviño, and David A. Harrison. “Ethical Leadership: A Social Learning Erspective for Construct Development and Testing”, *Organizational Behavior and Human Decision Processes,* Vol. 97, No. 2(2005): 117-134.

② Mayer, David M. , Karl Aquino, and Rebecca L. Greenbaum et al. “Who Displays Ethical Leadership, and Why Does It Matter? An Examination of Antecedents and Consequences of Ethical Leadership”, *Academy of Management Journal*, Vol. 55, No. 1(2012): 151-171; Treviño, Linda Klebe, Michael Brown, and Laura Pincus Hartman, “A Qualitative Investigation of Perceived Executive Ethical Leadership: Perceptions From Inside and Outside the Eexecutive Suite”, *Human Relations,* Vol. 56, No. 1(2003): 5-37.

“合乎道德的管理者”（Ethical Manager）两方面特征。[①] 前者描述了个体持有的道德价值观，如真诚、正直等，即个人遵循高道德标准作出决策；而后者关注的是领导如何运用其管理职责和领导角色，推动并强化工作环境中的伦理准则的建立。[②] 一个道德型领导不仅会告知员工其道德行为所带来的好处和不当行为所带来的成本，同时还通过制定明确的标准，公平地使用奖励和处罚手段来使他们对自己的行为负责。[③] 因此，道德价值观是道德型领导自我概念的重要组成部分，也是他们每一个行动的指导原则。

道德型领导力作为一种积极的、符合伦理的领导方法，因其所持有的价值观、规范意识等特质赢得团队成员的尊重。道德型领导力的关键机制是通过塑造一个价值观模型来调整员工的思维和行为模式。作为组织的引路人，道德型领导者负责制定部门的行为准则和道德标准。这些道德标准旨在将团队和整个组织的利益，而不是个人利益，放在重要的位置上。通过确立这样的规范基准，道德型领导能够引导团队成员朝着共同的目标努力，在实现组织整体繁荣的同时，也彰显出对道德价值的坚守和尊重。[④] 在日常与员工的交流中，这种领导风格通过奖励适当的行为和纠正不适当的行为，激励员工采取符合组织利益的行动。这种方式不仅让道德型领导成为团队成员的楷模，更彰显出他们对团队的引领作用。他们鼓励员

① Brown, Michael E., and Linda K. Treviño. “Ethical Leadership: A Review and Future Directions”, *the Leadership Quarterly*, Vol. 17, No. 6(2006): 595-616; Treviño, Linda Klebe, Laura Pincus Hartman, and Michael Brown. “Moral Person and Moral Manager: How Executives Develop a Reputation for Ethical Leadership”, *California Management Review*, Vol. 42, No. 4(2000): 128-142.

② Treviño, Linda Klebe, Laura Pincus Hartman, and Michael Brown. “Moral Person and Moral Manager: How Executives Develop a Reputation for Ethical Leadership”, *California Management Review*, Vol. 42, No. 4(2000): 128-142.

③ Treviño, Linda Klebe, Michael Brown, and Laura Pincus Hartman. “A Qualitative Investigation of Perceived Executive Ethical Leadership: Perceptions From Inside and Outside the Eexecutive Suite”, *Human Relations*, Vol. 56, No. 1(2003): 5-37.

④ Brown, Michael E., Linda K. Treviño, and David A. Harrison. “Ethical Leadership: A Social Learning Perspective for Construct Development and Testing”, *Organizational Behavior and Human Decision Processes*, Vol. 97, No. 2(2005): 117-134.

工为集体利益而努力，同时强化团队成员间的相互支持与合作精神。① 在业务实践中，道德型领导还会通过赋予权力提高员工的工作积极性，让他们在工作中拥有更多的主导权，从而更加投入，更愿意进行跨部门的合作。②

道德型领导时常是企业志愿服务的发起者和倡导者。他们以身作则、积极参与企业志愿服务活动，展示出领导对社会责任的关注，并与员工建立更紧密的联结。管理者的榜样作用可以激发其组织成员的利他行为③，提升员工对志愿服务活动的认同度和投入度，且这种共同参与的经验能够对上下级关系产生积极影响，提升员工的心理安全感④，既有助于加强团队凝聚力和协作精神，同时也提升了员工对于领导的满意度⑤和对领导效能⑥的感知。

在这些道德型领导的影响下，企业的志愿服务行动具有长期性和可持续性。他们不仅在企业初期就开始实施社会责任计划、开展志愿服务项目，而且在企业的发展过程中一直坚持这一理念，甚至在他们去世后仍对

---

① Kalshoven, Karianne, Deanne N. Den Hartog, and Annebel HB De Hoogh. "Ethical Leadership at Work Questionnaire (ELW): Development and Validation of a Multidimensional Measure", *The Leadership Quarterly*, Vol. 22, No. 1(2011) : 51-69.

② 芦青、宋继文、夏长虹：《道德领导的影响过程分析：一个社会交换的视角》，《管理学报》2011 年第 8 期。

③ De Hoogh, Annebel HB, and Deanne N. Den Hartog. "Ethical and Despotic Leadership, Relationships with Leader's Social Responsibility, Top Management Team Effectiveness and Subordinates' Optimism: A Multi-method Study", *The Leadership Quarterly*, Vol. 19, No. 3(2008) : 297-311.

④ Walumbwa, Fred O., and John Schaubroeck. "Leader Personality Traits and Employee Voice Behavior: Mediating Roles of Ethical Leadership and Work Group Psychological Safety", *Journal of Applied Psychology*, Vol. 94, No. 5(2009) : 1275-1286.

⑤ Brown, Michael E., Linda K. Treviño, and David A. Harrison. "Ethical Leadership: A Social Learning Pespective for Construct Development and Testing", *Organizational Behavior and Human Decision Processes*, Vol. 97, No. 2 (2005) : 117 - 134; Toor, Shamas-ur-Rehman, and George Ofori. "Ethical Leadership: Examining the Relationships with Full Range Leadership Model, Employee Outcomes, and Organizational Culture", *Journal of Business Ethics*, Vol. 90, No. 2(2009) : 533-547.

⑥ Brown, Michael E., Linda K. Treviño, and David A. Harrison. "Ethical leadership: A Social Learning Pespective for Construct Development and Testing", *Organizational Behavior and Human Decision Processes*, Vol. 97, No. 2 (2005) : 117-134; De Hoogh, Annebel H. B., and Deanne N. Den Hartog. "Ethical and Despotic Leadership, Relationships with Leader's Social Responsibility, Top Management Team Effectiveness and Subordinates' Optimism: A Multi-method Study", *The Leadership Quarterly*, Vol. 19, No. 3(2008) : 297-311.

企业的公益慈善事业具有重要影响。久而久之，公益理念和志愿精神成为企业文化的一部分。例如，罗伯特·博世（Robert Bosch）在1886年创建了博世公司。时至今日，该公司创新的产品和解决方案在汽车技术、工业技术、消费品以及建筑智能化技术等多个领域处于领先地位。在罗伯特·博世去世22年后，其遗产被用于成立了罗伯特·博世基金会，旨在支持科学、教育、社会以及文化等多个领域的发展，体现了企业家的社会责任感和对未来世代的关心。这些道德型领导的价值观和理念为企业形成公益理念奠定了重要的基础，也对后续以志愿服务形式开展的企业公益活动产生了深远影响。

【案例】

霍华德·舒尔茨及星巴克的人文精神

星巴克公司董事会名誉主席霍华德·舒尔茨（Howard Schultz）从小在美国的贫困地区长大，父亲在他七岁时因发生车祸导致残疾，又因公司没有为其购买保险而丧失了收入，此后舒尔茨全家只能依靠犹太教教会给予的免费食物生存。这段艰苦的生活经历也让舒尔茨暗暗发誓，未来自己一定要创办一家与众不同的公司，将人放在首位，保证员工不会经历和父亲相似的惨淡。在霍华德的影响下，星巴克始终将“人文精神”作为其商业战略和社会责任战略的核心，这一理念贯穿于企业文化中，成为其品牌最显著的特征。

在进入全球的每一个市场时，星巴克都努力寻找其企业文化与当地人文传统的结合点，通过“每人，每杯，每个社区”，立足于门店的空间优势，将本地文化元素融入了门店和产品的设计中，以表达对当地文化的尊重。因此，星巴克的企业社会责任工作也强调“取之于斯，用之于斯”，致力于用本地的商业利润服务本地的社会公益事业。2020年7月底，北京星巴克公益基金会在北京市登记成立。该基金会将致力于持续地捐赠和发起高质量的公益项目，这也标志着星巴克深耕中国社会，推动可持续发展的工作进入了新的阶段。目前，星巴克的企业社会责任工作分成四个板块，分别是“助力云南振兴乡村”“创造机会赋能他人”“社区共建人人有公益”“关爱地球绿色生活”。2011年，星巴克推出“全球服务月”以纪念公司成立40周年，并将星巴克的社区服务以制度形式在全球门店固定，此后社区服务成为星巴克以员工为主体、以志愿服务为形式开展的常规性公益项目。自2011年起，星巴克中国的伙伴和志愿者们一共贡献了超过160万小时的社区志愿服务，增进了与社区和顾客的情感联系。

资料来源：笔者访谈资料和星巴克官网等。

二　文化基因：从传统到现代

企业文化中的社会责任感和道德标准对于推动企业志愿服务有重要的作用。一个以社会责任和向善为核心的企业文化，可以激发员工积极参与志愿服务等公益活动。在探讨企业文化的演变时，需要首先回溯“传统”的概念，此处特指企业社会责任观形成前的企业文化雏形，如西方的宗教精神和中国的商会文化。在这一时期，企业开展的公益活动大多是为了发扬互相帮扶、共同发展的理念，而没有明确的社会责任观念。随着时间的推移和社会的发展，现代的企业文化不再仅仅局限于追求经济利益，而是开始思考自身在社会中的角色和责任，关注对社会、环境、员工等多方面的影响，这种转变对于推动企业文化发展产生了深远的影响。

（一）宗教精神和商会文化

在西方社会，以基督教为代表的宗教对企业文化和企业公益产生了深远的影响。宗教精神强调的伦理道德、社会责任和人类共同体的理念，渗透到许多企业的核心价值观和日常运营中。西方的宗教精神为企业提供了一种道德准则和行为指南，强调诚信、公正、尊重和谦逊等价值观，这些价值观在企业文化中得到了广泛的体现，并激发了企业积极参与社会公益事业的热情。正如前文提到的道德型领导的概念，也在相当程度上受到了这些宗教精神的影响。

而在中国，在1949年之前的商业环境主要由家族企业、行会及各类社团组织所构成，呈现与当今截然不同的景象。商会作为彼时中国商业社会的重要组成部分，承载着促进商业交流、维护商人权益、推动商业发展等使命。不同地域的商会特征不一，但具有一个普遍的共性：受到传统儒家文化的“义利观”和“兼济天下”观念的影响，近代商会建立了一种独特的互助精神，在商人个人的慈善行为和商会组织的重义行为中均得到彰显。在儒家思想文化的影响下，商人们秉持着“以末致财，用本守之”的理念，同时注重通过慈善活动提升社会地位，在公共领域谋求公利，实施善举。[①]

在这一时期，尽管企业社会责任或志愿服务的明确概念尚未形成，但部分商会及企业已组织开展了大量的公益实践。面对自然灾害和战乱带来的社会动荡，各地商会积极行动，通过募捐筹款、收容难民等方式，为受灾民众提供及时有效的援助。与传统的会馆、公所相比，商会的慈善行动范围更广、方式也更加多样。它们不仅在同业之间实施救济，还通过办厂等方式为更多社会群体提供帮助。这些善举体现了商人的社会责任感，也彰显了近代中国商会的互助精神。

事实上，早在晚明时期的中国，山西的票号和钱庄、江南地区的丝织业和棉纺织业主都在为公益慈善事业提供资金支持，一些行业公会和行会组织通过组织和协调，为慈善事业提供志愿者、组织义卖活动等，此时他们秉持一种朴素的慈善观，即社会关系或社会网络不仅包括家庭也包括无数没有血缘的“亲人”。[②] 此外，还有一些行业公会和行会组织通过制定规范和标准，促进了慈善事业的规范化发展。到了清朝末年，一些由烟草、纺织等行业的商人联合成立的商会设立了公益基金，资助社会公益事业，如建立善堂、学校、医院等。[③]

总的来说，传统义利观对近代中国商会互助精神的形成产生了深远影响。这种互助精神推动了商会组织的发展壮大，为近代中国社会的稳定与进步做出了积极贡献。这种传统的商会文化为我们理解和推动企业志愿服务的发展提供了宝贵的历史借鉴。

---

① 马敏：《商人精神的嬗变——近代中国商人观念研究》，华中师范大学出版社，2001，第84~99页。

② 〔美〕韩德林：《行善的艺术：晚明中国的慈善事业》，吴士勇、王桐、史桢豪译，江苏人民出版社，2015，第11页。

③ 梁其姿：《变中谋稳：明清至近代的启蒙教育与施善济贫》，上海人民出版社，2017，第171~197页。

（二）现代企业文化与商业向善

2019年，参加华盛顿商业论坛的181位CEO联合签署了《公司宗旨宣言书》，重新定义了公司运营的宗旨："股东利益不再是公司最重要的目标，公司的首要任务是创造一个更美好的社会。"① 这项宣言的签署标志着"商业向善"已成为众多企业的共识，商业领域普遍重视社会责任和可持续发展，在追求经济利益的同时，积极考虑社会和环境因素，旨在通过创新的方式解决社会问题，提升社会福祉。

即使在经济生活领域，"善"（Social Good）依然是一个道德概念，反映人类的基本原则和最高价值观，是评价社会行动和价值体系的道德标准，同时也是一种面向个体利益的社会福利，旨在维护公共利益和公共价值。②

在社会责任观的影响下，现代企业文化展现出一系列相互关联且逐步深化的特点，即通过在企业的战略规划之中融入社区支持、就业促进、工作环境改善及尊重人权等多个方面的实践，促进企业文化向善的深化，同时积极影响品牌形象和消费者选择。

此外，向善的现代企业文化也是对在商业运营中引入可持续发展理念的探索与实践。企业对可持续发展的高度关注，体现在环境保护、资源利用和减排措施等多个维度。这种以可持续为核心的生产与运营模式，不仅彰显了企业对社会和环境的责任承担，也为商业向善奠定了坚实的基础。在这个过程中，创新与适应性成为解决社会和环境问题的关键动力。企业不仅在产品和服务上创新，更在社会责任实践中寻求新的方法和路径。

在商业向善文化的熏陶下，企业志愿服务作为一种重要的社会参与形式，日益受到广泛的关注与推动。商业向善的文化通过倡导社会责任和公共利益，引导企业将志愿服务纳入其核心价值和战略规划中。同时，商业向善文化也强调企业在志愿服务中与时俱进。企业公益不再局

---

① https://www.businessroundtable.org/business-roundtable-redefines-the-purpose-of-a-corporation-to-promote-an-economy-that-serves-all-americans, accessed January 31, 2024.

② Natalias, Krzysztofk. "A Human Rights-Based Approch to the Social Good in Social Marketing", *Journal of Business Ethics*, Vol. 155, No. 3(2019): 871-888.

限于传统的慈善捐赠，还包括积极探索与自身业务相结合的志愿服务模式，如技能培训、知识分享等，旨在更有效地解决社会问题并推动可持续发展。

【案例】

腾讯：科技向善

作为中国最大的互联网科技公司之一，腾讯公司在倡导“科技向善”的文化方面做出了许多努力。2021 年发表的《用户、产业、社会（CBS）三位一体，科技向善》一文写道：“公司最终指向的都是为社会创造价值。”

通过一系列的公益实践，腾讯赋予了“科技向善”丰富的内涵，大体可分为四个方面。①聚焦社会问题，即为那些特别重要的社会问题提供支持和解决方案，如教育、医疗、环保等。通过深入理解和洞察这些社会问题，发挥科技的力量，推动社会进步。②创新驱动，注重技术创新在解决社会问题中的应用，通过不断研发新技术、优化现有技术，将科技与社会需求紧密结合，推动科技创新在社会领域的广泛应用。③用户为本，注重与用户的互动和反馈，不断改进产品和服务，通过满足用户的需求和期望，实现有关社会福祉和公共利益的目标。④合作与共享，注重与利益相关者的合作与共享，包括政府、行业组织、非政府组织等，通过与这些机构的紧密合作，共同推动相关政策和标准的制定，促进整个行业的健康发展。

资料来源：笔者访谈资料和腾讯 SSV 官网等。

【案例】

欧莱雅：有框架的自由

欧莱雅（中国）自 2000 年初在华开展企业社会责任实践以来，以“有框架的自由”为战略和文化引导，以全球在地化（Glocalization）为基本方向，由初期的捐赠输出逐步转型为志愿服务等社会合作，强调公益行为能够为企业自身和整个社会带来共享的价值，使得企业在华的公益工作更贴合中国国情。

“有框架的自由”文化理念，为欧莱雅公司的商业实践赋予了独特的意涵，引领着企业走向商业向善的道路。这一理念强调在坚守企业核心价值观的同时，为员工和商业行为提供足够的自由度，从而激发出无尽的创新活力和社会责任感。此外，欧莱雅在企业文化中也非常强调尊重和包容，通过提供多元化的产品和服务，满足不同消费者的需求，传递着美的价值观。同时，公司也将可持续发展作为核心战略，致力于在环境、社会和经济三个方面实现平衡发展，推动绿色、低碳的生产和消费模式。

有框架的自由，也强调员工在传承和实践企业文化中的主体性价值。欧莱雅鼓励员工积极参与公益活动，发挥自己的专长和创意。这种文化氛围激发了员工对社会问题的关注，培养了他们的公益意识，使得欧莱雅的公益活动充满了活力和创新点。从环保项目到教育支持，从扶贫济困到文化传承，欧莱雅的员工们用自己的行动诠释着商业向善的真谛。同时，欧莱雅公司的公益活动也注重实效性和创新性。公司鼓励员工开创公益项目，与合作伙伴协同并进行资源整合，以提高公益活动的社会影响力和实际效果。

资料来源：笔者访谈资料和欧莱雅官网等。

三　集体共情：公益慈善的决策过程

企业公益活动的决策过程，不仅是企业高层管理者作出战略选择的过程，更是一个涵盖员工、利益相关者以及社会环境等多重因素的综合考量过程。集体决策在这一领域的应用，不仅反映了现代企业治理的多元化趋势，也凸显了企业社会责任实践的日益深化。这种多元参与的决策方式，确保了决策过程的包容性和全面性，有助于企业制定出更加周全和有效的公益策略。随着民主化和透明度在现代企业内部决策中日益受到重视，集体决策机制也进一步提升了决策的合法性和公众的接受度。这不仅有助于提升员工的参与感和归属感，更能赢得公众对企业公益活动的广泛认同和坚定支持。

（一）集体共情的理论发展

如何进行企业慈善的决策，一直是相关研究领域中的一个重要问题。早期的研究认为企业式慈善是管理层通过制定明确的慈善策略，以解决社会问题并实现企业的财务价值和声誉价值的一种手段①，其本质是高管对股东财富的挪用②，或者是一种自利的管理特权。③ 同时，也有许多理论将企业慈善活动视为实现战略目标的工具④，如作为一种营销策略⑤、声誉管理机制⑥，以及用于资金流管理⑦，但这些研究大多将企业的慈善决策限定在了管理层。近年来，有学者提出，除了高层管理者，其他员工也是企业慈善活动的重要参与者。⑧ 有研究发现，员工们并不只是被动地等待高层做出慈善决策，他们也在积极地推动和参与企业慈善活动。⑨ 员工对企业慈善活动的参与更多地受到情感驱动（如团队合作的愿望和帮助有需要的人的决心）的影响，

---

① Lev, Baruch, Christine Petrovits, and Suresh Radhakrishnan. "Is Doing Good Good for You? How Corporate Charitable Contributions Enhance Revenue Growth", *Strategic Management Journal*, Vol. 31, No. 2(2010): 182-200; Bhattacharya, Chitra Bhanu, Daniel Korschun, and Sankar Sen. "Strengthening Stakeholder-company Relationships Through Mutually Beneficial Corporate Social Responsibility Initiatives", *Journal of Business Ethics*, Vol. 85, No. 2(2009): 257-272.

② Friedman, Milton. "The Social Responsibility of Business Is to Increase Its Profits", *Corporate Ethics and Corporate Governance*(Heidelberg: Springer Berlin Heidelberg, 2007), pp. 173-178.

③ Barnard, Jayne W. "Corporate Philanthropy, Executives' Pet Charities and the Agency Problem", *NYLS . Law Review*. Vol. 41, No. 3(1997): 1147-1178; Fry, Louis W., Gerald D. Keim, and Roger E. Meiners. "Corporate Contributions: Altruistic or For-profit?" *Academy of Management Journal*, Vol. 25, No. 1(1982): 94-106.

④ Lee, Michael D. "Three Case Studies in the Bayesian Analysis of Cognitive Models", *Psychonomic Bulletin & Review*, Vol. 15, No. 1(2008): 1-15.

⑤ Sen, Sankar, Chitra Bhanu Bhattacharya, and Daniel Korschun. "The Role of Corporate Social Responsibility in Strengthening Multiple Stakeholder Relationships: A field experiment", *Journal of the Academy of Marketing Science*, Vol. 34, No. 2(2006): 158-166.

⑥ Brammer, Stephen, and Andrew Millington. "Corporate Reputation and Philanthropy: An Empirical Analysis", *Journal of Business Ethics*, Vol. 61, No. 1(2005): 29-44.

⑦ Lev, Baruch, Christine Petrovits, and Suresh Radhakrishnan. "Is Doing Good Good for You? How Corporate Charitable Contributions Enhance Revenue Growth", *Strategic Management Journal*, Vol. 31, No. 2(2010): 182-200.

⑧ Kim, Hae-Ryong, Moonkyu Lee, and Hyoung-Tark Lee et al. "*Corporate Social Responsibility and* Employee-company Identification", *Journal of Business Ethics*, Vol. 95, No. 4(2010): 557-569.

⑨ Aguilera, Ruth V., Deborah E. Rupp, and Cynthia A. Williams et al. "Putting the S Back in Corporate Social Responsibility: A Multilevel Theory of Social Change in Organizations", *Academy of Management Review*, Vol. 32, No. 3(2007): 836-863.

而非单纯地出于理性考量（如提高工作技能或获取组织奖励）。[①]

因此，一些心理学的理论，包括情感事件理论（Affective Events Theory）[②]、群际情绪理论（Intergroup Emotion Theory）[③]，以及情绪渗透模型（Affect Infusion Model）[④] 被陆续引入这一主题，帮助研究者们理解如何在企业慈善决策中理解集体共情（Collective Empathy）这一现象。研究者们发现，在标准模糊、对组织结果影响不明确的情况下，情绪在决策过程中起到关键作用。[⑤] 情绪作为感知/动机/情感系统的活动，可以引发特定的评价和行动倾向，进而影响决策。[⑥] 在企业慈善活动决策中，共情（Empathy）发挥了关键作用。共情，与同情、温柔和心软等感受相关，是对他人需求的感知引发的他人导向的情绪，继而驱动产生照顾行为。[⑦] 根据这些理论和证据，研究者们得以将员工的共情驱动力更深层次地融入对企业公益决策的研究中。他们指出，员工的集体共情不仅能够激发他们个人的参与意愿，

---

① Comer, Debra R., and Elizabeth A. Cooper. "A Model of Employees' Responses to Corporate 'Volunteerism'", *Re-Imaging Business Ethics: Meaningful Solutions for a Global Economy* (UK: Emerald Group Publishing Limited, Vol. 4, 2002), pp. 145-168.

② Ashkanasy, Neal M., and Ronald H. Humphrey. "Current Emotion Research in Organizational Behavior", *Emotion Review*, Vol. 3, No. 2 (2011): 214 - 224; Weiss, H. M., and R. Cropanzano, Affective Events Theory: A Theoretical Discussion of the Structure, Causes and Consequences of Affective Experiences at Work. in B. M. Staw, & L. L. Cummings (eds.), *Research in Organizational Behavior: An Annual Series of Analytical Essays and Critical Reviews* (Greenwich, CT: JAI Press, 1996), pp. 1-74.

③ Barsade, Sigal G. "The Ripple Effect: Emotional Contagion and Its Influence on Group Behavior", *Administrative Science Quarterly*, Vol. 47, No. 4 (2002): 644-675; Mackie, Diane M., Thierry Devos, and Eliot R. Smith. "Intergroup Emotions: Explaining Offensive Action Tendencies in an Intergroup Context", *Journal of Personality and Social Psychology*, Vol. 79, No. 4 (2000): 602-616.

④ Forgas, Joseph P. "Mood and Judgment: The Affect Infusion Model (AIM)", *Psychological Bulletin*, Vol. 117, No. 1 (1995): 39-66; Lerner, Jennifer S., and Dacher Keltner. "Beyond Valence: Toward a Model of Emotion-specific Influences on Judgement and Choice", *Cognition & Emotion*, Vol. 14, No. 4 (2000): 473-493.

⑤ Forgas, Joseph P. "Mood and Judgment: the Affect Infusion Model (AIM)", *Psychological Bulletin*, Vol. 117, No. 1 (1995): 39-66;

⑥ Gault, Barbara A., and John Sabini. "The Roles of Empathy, Anger, and Gender in Predicting Attitudes Toward Punitive, Reparative, and Preventative Public Policies", *Cognition & Emotion*, Vol. 14, No. 4 (2000): 495-520.

⑦ Batson, C. Daniel, Jakob Håkansson Eklund, and Valerie L. Chermok et al. "An Additional Antecedent of Empathic Concern: Valuing the Welfare of the Person in Need", *Journal of Personality and Social Psychology*, Vol. 93, No. 1 (2007): 65-74.

也可能通过影响组织的高层决策，促使企业将慈善活动，如志愿服务，纳入其社会责任的范畴。

企业志愿服务提供了一种将共情转化为实际行动的路径，即将对他人的关心与理解转化为对弱势群体的实质性援助。这不仅满足了员工内在的道德需要，也有助于提升企业的社会形象和声誉，实现社会和企业的双赢。在员工的共情心理驱动下，企业可能会选择更加符合员工价值观和需求的志愿服务项目。例如，如果一家企业中的许多员工都对儿童教育问题有深刻的共情和关心，企业更可能选择支持与教育相关的慈善项目，让员工有机会直接参与相关的志愿服务。同时，高管在决策时，也可能会被员工的共情状态打动，将员工的需求和价值观纳入企业慈善活动的决策中。换句话说，企业志愿服务可能会因员工的共情变得更加人性化和多样化。

然而，即使存在这个共情的过程，企业志愿服务在实施过程中仍会遇到一系列问题，例如员工共情疲劳、志愿服务项目的选择困难，以及高管决策与员工共情之间的潜在冲突，等等。

（二）集体共情模型

针对共情对公益慈善决策的影响，穆勒（Muller）等人提出企业慈善决策的集体共情模型（A Model of Collective Empathy in Corporate Philanthropy Decisions）。[①] 该模型认为，企业慈善决策不仅仅是基于理性考虑，还包括了员工的情感反应和集体的情感反应。目前已经有许多基于这个模型开展的研究取得了进展。

1. 人类需求引起的共情事件

情感事件理论认为，一件离散事件会引起个体怎样的情绪，取决于事件是否与个人目标相关。[②] 这一理论最初用于解释组织内部事件对个人态度

① Alan, R. Muller, Michael D. Pfarrer, and Laura M. Little. "A Theory of Collective Empathy in Corporate Philanthropy Decisions", *Academy of Management Review*, Vol. 39, No. 1(2014): 1-21.

② Weiss, H. M., and R. Cropanzano. "Affective Events Theory: A Theoretical Discussion of the Structure, Causes and Consequences of Affective Experiences at Work", in B. M. Staw, & L. L. Cummings(eds.), *Research in Organizational Behavior: An Annual Series of Analytical Essays and Critical Reviews*(Greenwich, CT: JAI Press, 1996), pp. 1-74.

和行为的影响，但后来被扩展到与整个组织相关的外部事件。[①] 人类的需求会引发共情，从而催生利他主义，引发利他行为。[②]

相关研究表明，即使是面对同一事件，组织中不同成员的共情反应也不尽相同。[③] 组织成员是否做出一致性反应，取决于他们对事件情感意义的感知，以及他们对自己是否有能力满足他人需求的判断。[④]

（1）人类需求的生动性（Vividness of Human Need）：它影响人们对刺激（Stimulus）的感知程度，这种感知在情感层面上是引人入胜的，且在时间、感官或空间上与个体的体验紧密相连。那些需要被帮助的人，他们鲜活而真实的形象往往能够深深触动观察者的内心，激发出其内在的本能反应和生理觉醒。这种深层次的共鸣，是观察者产生强烈共情冲动，进而伸出援手的重要影响因素。[⑤]

（2）道德认同的中心性（Centrality of Moral Identity）：个体的性格特质同样会影响共情激发的效果。人们存在一种内部的调节机制，根据对他人是否需要帮助的觉察，以及自己是否有义务帮助对方的判断，来激活和抑

---

① Ashton-James, Claire E., and Neal M. Ashkanasy. "What Lies Beneath? A Process Analysis of Affective Events Theory", in Ashkanasy, N. M., Zerbe, W. J. and Härtel, C. E. J. (eds.) *The Effect of Affect in Organizational Settings* (Research on Emotion in Organizations, Vol. 1), (UK: Emerald Group Publishing Limited, 2005), pp. 23-46.

② Batson, C. Daniel, Jakob Håkansson Eklund, and Valerie L. Chermok et al. "An Additional Antecedent of Empathic Concern: Valuing the Welfare of the Person in Need", *Journal of Personality and Social Psychology*, Vol. 93, No. 1(2007): 65-74; Gault, Barbara A., and John Sabini. "The Roles of Empathy, Anger, and Gender in Predicting Attitudes Toward Punitive, Reparative, and Preventative Public Policies", *Cognition & Emotion*, Vol. 14, No. 4(2000): 495-520.

③ Huy, Quy Nguyen. "Emotional Balancing of Organizational Continuity and Radical Change: the Contribution of Middle Managers", *Administrative Science Quarterly*, Vol. 47, No. 1(2002): 31-69; Sanchez-Burks, Jeffrey, and Quy Nguyen Huy. "Emotional Aperture and Strategic Change: the Accurate Recognition of Collective Emotions", *Organization Science*, Vol. 20, No. 11(2009): 22-34.

④ Ashton-James, Claire E., and Neal M. Ashkanasy. "What Lies Beneath? A Process Analysis of Affective Events Theory", in Ashkanasy, N. M., Zerbe, W. J. and Härtel, C. E. J. (eds.) *The Effect of Affect in Organizational Settings* (Research on Emotion in Organizations, Vol. 1), (UK: Emerald Group Publishing Limited, 2005), pp. 23-46.

⑤ Hendriks, Michelle CP, and Ad JJM Vingerhoets. "Social Messages of Crying Faces: Their Influence on Anticipated Person Perception, Emotions and Behavioural Responses", *Cognition and Emotion*, Vol. 20. No. 6(2006): 878-886; Loewenstein, George. "Out of Control: Visceral Influences on Behavior", *Organizational Behavior and Human Decision Processes*, Vol. 65, No. 3(1996): 272-292.

制自己的共情。[①] 对有需要者的认同感越强，个体越容易模糊自我与他人的界限，产生共情反应。[②] 此外，自我与他人的相似性也与个体的道德认同紧密相连，在面对与自己相似的个体时，人们更有可能产生深厚的共情体验，形成情感共鸣。[③]

2. 群际情绪与共情趋同

基于群际情绪理论的研究表明，组织成员通过内隐和外显的共享过程建立共情趋同。[④] 内隐共享过程是指个体通过表达自己的感受在组织中无意识地传播共情；外显情绪共享过程是指个体有意识地接受或积极地影响他人情绪的行为。[⑤] 研究还表明，个体成员的情绪越强烈，他们分享的情绪也就越强烈，共情融合程度就越高。[⑥]

随着组织成员共情趋同，它逐渐成为一个群体的明显属性。[⑦] 集体共情并不等同于个体共情之和。即使个体没有亲自参与或暴露在共情唤起事件中，也可以对事件产生共情。群体共享过程通常是反复出现的，因此集体

---

① Fong, Christina M. "Evidence from an Experiment on Charity to Welfare Recipients: Reciprocity, Altruism and the Empathic Responsiveness Hypothesis", *The Economic Journal*, Vol. 117, No. 522(2007): 1008-1024; Goetz, Jennifer L., Dacher Keltner, and Emiliana Simon-Thomas. "Compassion: An Evolutionary Analysis and Empirical Review", *Psychological Bulletin*, Vol. 136, No. 3(2010): 351-374.

② Batson, C. Daniel, Karen Sager, and Eric, Garst et al. "Is Empathy-induced Helping Due to Self-Other Merging?" *Journal of Personality and Social Psychology*, Vol. 73, No. 3 (1997): 495 - 509; Oveis, Christopher, Elizabeth J. Horberg, and Dacher Keltner. "Compassion, Pride, and Social Intuitions of Self-Other Similarity", *Journal of Personality and Social Psychology*, Vol. 98, No. 4(2010): 618-630.

③ Small, Deborah A., George Loewenstein, and Paul Slovic. "Sympathy and Callousness: The Impact of Deliberative Thought on Donations to Identifiable and Statistical Victims", *The Feeling of Risk*, (London ; New York: Routledge, 2013), pp. 51-68.

④ Barsade, Sigal G. "The Ripple Effect: Emotional Contagion and Its Influence on Group Behavior", *Administrative Science Quarterly*, Vol. 47, No. 4 (2002): 644 - 675; Kelly, R. Janice, and Sigal G. Barsade. "Mood and Emotions in Small Groups and Work Teams", *Organizational Behavior and Human Decision Processes*, Vol. 86, No. 1(2001): 99-130.

⑤ Sanchez-Burks, Jeffrey, and Quy Nguyen Huy. "Emotional Aperture and Strategic Change: the Accurate Recognition of Collective Emotions", *Organization Science*, Vol. 20, No. 1(2009): 22-34.

⑥ Barsade, Sigal G. "The Ripple Effect: Emotional Contagion and Its Influence on Group Behavior", *Administrative Science Quarterly*, Vol. 47, No. 4(2002): 644-675.

⑦ Ashkanasy, Neal M., and Ronald H. Humphrey. "Current Emotion Research in Organizational Behavior", *Emotion Review*, Vol. 3, No. 2(2011): 214-224; Barsade, S. G., and Donald E. Gibson "Group Emotion: A View from Top and Bottom", in D. Gruenfeld, E. A. Mannix, & M. A. Neale(eds.), *Research on Managing Groups and Teams(Stamford, CT: JAI Press*. Vol. 1, 1998), pp. 81-102.

共情能够维持更高的强度[①]，并引发强烈的行动倾向。[②] 通过促使团队成员更紧密地联系在一起，集体共情创造了一种高度的合作意识，激励组织成员共同行动。[③]

群体的情感和非情感因素都会影响共情趋同。其中最重要的是组织成员的群体认同水平、组织的情感规范和组织的沟通渠道。[④]

（1）群体认同（Group Identification）是指群体成员以群体的特征来定义自我的程度，也即自我概念和群体属性的一致性水平。[⑤] 个体基于群体认同建立了对组织的情感依恋，这种情感依恋塑造了个人在组织环境中的情感体验。[⑥] 一方面，更高水平的群体认同意味着个人身份和工作身份之间有较高的"渗透性"，从而提升了个体在工作场所分享与工作无关的情绪的可能性；[⑦] 另一方面，群体认同影响共情融合的程度[⑧]，认同自己是群体成员的个体比不认同的个体更有可能接受彼此共同的情绪。[⑨]

---

① Rimé, Bernard. "The Social Sharing of Emotion as An Interface Between Individual and Collective Processes in the Construction of Emotional Climates", *Journal of Social Issues*, Vol. 63, No. 2(2007): 307-322.

② Barsade, Sigal G., and Donald E. Gibson. "Group Affect: Its Influence on Individual and Group Outcomes", *Current Directions in Psychological Science*, Vol. 21, No. 2(2012): 119-123.

③ Barsade, Sigal G., and Donald E. Gibson. "Group Affect: Its Influence on Individual and Group Outcomes", *Current Directions in Psychological Science*, Vol. 21, No. 2(2012): 119-123.

④ Kelly, R. Janice, and Sigal G. Barsade. "Mood and Emotions in Small Groups and Work Teams", *Organizational Behavior and Human Decision Processes*, Vol. 86, No. 1(2001): 99-130.

⑤ Dutton, Jane E., Janet M. Dukerich, and Celia V. Harquail. "Organizational Images and Member Identification", *Administrative Science Quarterly*, Vol. 39, No. 2 (1994): 239-263.

⑥ Foreman, Peter, and David A. Whetten. "Members' Identification with Multiple-identity Organizations", *Organiza-tion Science*1, Vol. 3, No. 6(2002): 618-635.

⑦ Ashforth, Blake E., Glen E. Kreiner, and Mel Fugate. "All in a Day's Work: Boundaries and Micro Role Transitions", *Academy of Management Review*, Vol. 25, No. 3(2000): 472-491; Kreiner, Glen E., Elaine C. Hollensbe, and Mathew L. Sheep. "On the Edge of Identity: Boundary Dynamics at the Interface of Individual and Organizational Identities", *Human Relations*, Vol. 59, No. 10(2006): 1315-1341; Lilius, Jacoba M., Monica C. Worline, and Jane E. Dutton et al. "Understanding Compassion Capability", *Human Relations*, Vol. 64, No. 7(2011): 873-899.

⑧ Dutton, Jane E., Monica C. Worline, and Peter J. Frost et al. "Explaining Compassion Organizing", *Administrative Science Quarterly*. Vol. 51, No. 1(2006): 59-96.

⑨ Haslam, S. Alexander, Stephen D. Reicher, and Mark Levine. *The Social Cure*(London: Psychology Press, 2012), pp. 157-174.

（2）情感规范（Emotion Norms）：组织的情感规范可以调节共情的聚合过程。[①] 情感规范是一套组织层面的感觉规则[②]，控制对他人情绪的表达和敏感性。[③] 在情感规范的指导下，组织成员通过集体性地分享、感受彼此的情绪，以体现对他人的关注。[④]

（3）沟通渠道（Communication Channels）：共情作为一种内在的社会情感，需要人际交往才能在组织成员之间形成趋同，集体共情的强度取决于组织成员跨越距离进行互动的能力，以及组织自身的结构特征。

3. 高层慈善决策与集体共情的融合

与集体共情相关的行动倾向比与个人共情相关的行动倾向在组织内部带来更大反响，因此对高层决策的影响程度也更大。[⑤] 集体性的情绪反映了群体内部团结一致的程度，以及价值观的共享程度。[⑥] 更趋同的集体情绪，会让群体成员为即将开展的集体行动做更加充分的准备，因而也让高层在决策过程中更为投入，引发注入效应。[⑦] 其中，情感销售和管理自由裁量权对高层的企业慈善决策有显著的影响。[⑧]

---

① Lilius, Jacoba M., Monica C. Worline, and Jane E. Dutton et al. "Understanding Compassion Capability", Human Relations, Vol. 64, No. 7(2011): 873–899.

② Hochschild, Arlie Russell. "The Managed Heart", *Working in America* (London: New York : Routledge, 2022), pp. 40–48.

③ Barsade, Sigal G., and Donald E. Gibson. "Why Does Affect Matter in Organizations?" *Academy of Management Perspectives*, Vol. 21, No. 1(2007): 36–59; Elfenbein, Hillary Anger. "7 Emotion in Organizations: A Review and Theoretical Integration", *The Academy of Management Annals*, Vol. 1, No. 1(2007): 315–386.

④ Grant, Adam M., Jane E. Dutton, and Brent D. Rosso. "Giving Commitment: Employee Support Programs and the Prosocial Sensemaking Process", *Academy of Management Journal*, Vol. 51, No. 5 (2008): 898–918; Lilius, Jacoba M., Monica C. Worline, and Jane E. Dutton et al. "Understanding Compassion Capability", *Human Relations*, Vol. 64, No. 7(2011), 873–899.

⑤ Barsade, S. G., and Donald E. Gibson. "Group Emotion: A View from Top and Bottom", in D. Gruenfeld, E. A. Mannix, & M. A. Neale (eds.), *Research on Managing Groups and Teams*, (Stamford, CT: JAI Press. Vol. 1, 1998), pp. 81–102.

⑥ Smith, Eliot R., Charles R. Seger, and Diane M. Mackie. "Can Emotions Be Truly Group Level? Evidence Regarding Four Conceptual Criteria", *Journal of Personality and Social Psychology*, Vol. 93, No. 3(2007): 431–446.

⑦ Smith, Eliot R., Charles R. Seger, and Diane M. Mackie. "Can Emotions Be Truly Group Level? Evidence Regarding Four Conceptual Criteria", *Journal of Personality and Social Psychology*, Vol. 93, No. 3(2007): 431–446.

⑧ Kidder, Deborah L., and Ann K. Buchholtz. "Can Excess Bring Success? CEO Compensation and the Psychological Contract", *Human Resource Management Review*, Vol. 12, No. 4(2002): 599–617.

（1）情感销售（Emotion Selling）：指中层管理者将组织成员之间的集体共情传递给高层管理者的行为。[①]

（2）管理自由裁量权（Managerial Discretion）：高层们根据他们获得的自由裁量权采取行动的能力，这也是允许或限制高层自由行动的组织结构特征。[②]

4. 高层决策与企业慈善的注入

当高层感到集体共情时，他们会在决策中优先考虑对共情的评估和行动倾向，而忽视反对捐赠的理性论点（即对战略、财务或声誉收益不足的预期）；另一种情况是，如果理性的论点支持捐赠，这种观点也会因集体共情被强化。因此，在管理决策中注入集体共情，可以提升高管做出与集体情绪一致决策的可能性，提升组织的团结程度。此外，在社会联结紧密的环境中，集体分享利他行为也更可能催生集体行动。与集体共情相关的评估和行动倾向会让高管对可选方案进行重新排序，并最终影响企业慈善的可能性、规模和结果。

根据慈善决策的集体共情模型，员工的共情倾向是企业慈善行为的重要驱动力之一。相对于员工卷入度较低的公益慈善形式，如现金捐赠或提供实物商品，企业志愿服务体现了组织对慈善资源更高承诺。[③] 当员工参与企业志愿服务时，他们能够亲身体验慈善事业的价值和影响，从而加深对慈善的情感反应。同时，企业志愿服务能够为员工直接回应受助者的需求提供渠道，这也在很大程度上增进了集体共情。[④] 通过共同参与企业志愿服务，员工们可以建立起共同的慈善价值观，成为一个在情感上高度联结的群体。此外，企业也可以通过支持员工志愿服务来进一步引导员工的情感反应，促进慈善文化的形成。

当员工对组织的依恋程度高、对从事的工作产生强烈的亲近欲望时，

---

① Dutton, Jane E. , Susan J. Ashford, and Regina M. O'neill et al. "Reading the Wind: How Middle Managers Assess the Context For Selling Issues to Top Managers", *Strategic Management Journal*, Vol. 18, No. 5(1997): 407-423.

② Kidder, Deborah L., and Ann K. Buchholtz. "Can Excess Bring Success? CEO Compensation and the Psychological Contract", *Human Resource Management Review*, Vol. 12, No. 4(2002): 599-617.

③ Grant, Adam M. "Giving Time, Time After Time: Work Design and Sustained Employee Participation in Corporate Volunteering", *Academy of Management Review*, Vol. 37, No. 4(2012): 589-615.

④ Bekkers, René. "Participation in Voluntary Associations: Relations with Resources, Personality, and Political Values", *Political Psychology* , Vol. 26, No. 3(2005): 439-454.

对企业志愿服务的投入水平也更高。[①] 正如共情等集体情绪是具有递归的和自我维持的特性一样[②]，企业志愿服务的开展效果也取决于组织对这些工作的支持程度。[③] 包括企业高层如何评估这项工作的价值，对企业开展相关工作的条件是否成熟的判断，以及最后是否愿意将企业的资源投入特定的志愿服务领域。

第三节　走出“铁笼”：个体的劳动和自主

一　劳动者的“异化”及其管理挑战

劳动者的异化是一个历史久远的社会哲学问题。马克思、涂尔干、韦伯这三位社会学家的理论构成了一个多维度的分析框架。马克思认为，在资本主义体系下，劳动者与其劳动成果、劳动过程、其他人以及人的本质发生了异化，这种异化体现在劳动者不再拥有其劳动成果，被迫接受剥削和非人性化的劳动条件，从而失去了自我实现的机会和人际关系的真实性。[④] 在此基础上，涂尔干的理论进一步提供了一个社会结构的视角，他在研究社会分工时指出，随着工业化和社会分工的深化，个体在社会中的角色变得越来越细化和专业化，这导致了集体意识的弱化和个体的孤立。在这一过程中，劳动者不仅在物质层面与劳动成果异化，还在社会层面感受到隔阂和孤立。[⑤] 韦伯提出了非人格化（Depersonalization）的概念，即科层

---

① Turban, Daniel B., and Daniel W. Greening. “Corporate Social Performance and Organizational Attractiveness to Prospective Employees”, *Academy of Management Journal*, Vol. 40, No. 3 (1997): 658-672.

② Rimé, Bernard. “The Social Sharing of Emotion as an Interface Between Individual and Collective Processes in the Construction of Emotional Climates”, *Journal of Social Issues*, Vol. 63, No. 2(2007): 307-322.

③ Bekkers, René, and Pamala Wiepking. “A Literature Review of Empirical Studies of Philanthropy: Eight Mechanisms That Drive Charitable Giving”, *Nonprofit and Voluntary Sector Quarterly*, Vol. 40, No. 5(2011): 924-973; Peloza, John, Simon Hudson, and Derek N. Hassay. “The Marketing of Employee Volunteerism”, *Journal of Business Ethics*, Vol. 85, No. 2(2009): 371-386.

④ 《马克思恩格斯列宁哲学经典著作导读》编写组：《马克思恩格斯列宁哲学经典著作导读》，人民出版社，2014，第45~60页。

⑤ 〔法〕埃米尔·涂尔干：《社会分工论》，渠敬东译，生活·读书·新知三联书店，2000，第169页。

制中的规章制度和程序是非人格化的，它们不考虑个体的需求和情感。[①] 这种非人格化的制度也使得个体在组织中被视为可替代的零件，而不是具有独立思考和情感的人。

从这三位学者的理论可以看出，劳动者异化是一个多层面、多维度的问题。它不仅涉及经济和政治层面上的剥削和控制，还涉及社会结构的变迁、社会角色的转变以及现代理性化和官僚化趋势对个体的影响。这种异化不仅剥夺了劳动者的物质利益，更重要的是剥夺了他们的自我实现、社会归属感和人性的完整性。

劳动者异化的概念对现代人力资源管理的相关理论产生了深远的影响。20 世纪 50 年代，管理学家彼得·德鲁克在《管理的实践》一书中正式提出了“人力资源”一词[②]，并将其作为一种新的管理理念引入到组织实践中。20 世纪 60 年代，人力资源管理开始注重员工的福利和发展，强调员工的个性化和多元化。20 世纪 70 年代，人力资源管理理论主要集中在讨论如何实施有效的管理实践，以及通过对员工行为和心理的分析来确定其对生产力和工作满意度的影响，从而使人力资源管理工作聚焦到员工的安全与健康。在 20 世纪末期，相关重点转向战略人力资源管理，即将人力资源管理与组织战略相结合，作为组织战略的一部分来进行规划和实施。[③] 战略人力资源管理的目的是通过开展人力资源规划、招聘与选拔、培训与发展、绩效管理、薪酬管理、员工关系管理等方面的工作，优化人力资源的配置，从而提高组织的绩效和竞争力。[④]

进入 21 世纪，随着全球化和技术变革的深入，战略人力资源管理面临着新的挑战和机遇。组织开始更加重视人力资源的战略性和灵活性，以应对快速变化的市场和工作环境。同时，员工的需求和期望也在变化，他们

① 周毅之：《从韦伯关于官僚制的苦恼议及治理理论——以非人格秩序神话背后的真实故事为观察点》，《江海学刊》2007 年第 5 期。

② 〔美〕彼得·德鲁克：《管理的实践》，齐若兰译，机械工业出版社，2020，第 227 页。

③ Chadwick, Clint, and Peter Cappelli. “Alternatives to Generic Strategy Typologies in Strategic Human Resource Management”, *Research in Personnel and Human Resources Management, Supplement*, Vol. 4 (1999): 11 – 29; Delery, John E., and D. Harold Doty. “Modes of Theorizing in Strategic Human Resource Management: Tests of Universalistic, Contingency, and Configurational Performance Predictions”, *Academy of Management Journal*, Vol. 39, No. 4(1996): 802–835.

④ 李佑颐、赵曙明、刘洪：《人力资源管理研究述评》，《南京大学学报》（哲学·人文科学·社会科学版）2001 年第 4 期。

更加关注工作与生活的平衡、职业发展机会，希望享有能带来意义感和满足感的工作。因此，现代人力资源管理不仅关注员工的技能和效率，还在努力创建一个更加人性化、具有包容性和支持性的工作环境。这包括提供灵活的工作安排、终身学习和职业发展计划，以及强化员工参与和赋权。这些做法旨在减少劳动者异化感，提高员工的工作满意度和忠诚度，从而增强组织的整体竞争力和可持续性。

总而言之，劳动者异化的概念对现代人力资源管理理论产生了重要影响，促使其从传统的劳动力管理转变为更加具有战略性和以人为本的管理方法。随着社会和经济环境的不断发展，人力资源管理也在不断演进，以适应新的挑战和满足员工的新需求。

二　跳出工具人：公益实践与“人”的全面发展

近期的研究发现，开展志愿服务可以为企业带来多方面的益处，可成为实践战略人力资源管理的一种有效方式。目前，90%的财富500强公司，都实施了企业志愿服务计划，以支持员工参与志愿服务和社区服务活动。[①] 这些活动在很大程度上提高了员工的满意度，同时加强了他们与企业的认知与情感联系。此外，参与志愿服务活动不仅有助于员工发展新的技能和能力，提升其工作满意度，也能增强团队协作精神和凝聚力。本书将基于人力资源管理的相关理论和视角，总结这个领域的一些核心发现。

（一）情感交换

社会交换理论（Social Exchange Theory）认为，社会交换是一种利益互惠行为，当一方向另一方提供帮助、支持后，对方虽然有了回报的义务，但因不知他们是否会回报和什么时候回报，所以这种交换关系具有不确定

① Boccalandro, B. Mapping Success in Employee Volunteering: the Drivers of Effectiveness for Employee Volunteering Giving Programs and Fortune 500 Performance. Boston College Center for Corporate Citizenship, 2009, https://ccc.bc.edu/content/cccreports/mapping-success-in-employee-volunteering—the-drivers-of-effecti.html.; Rodell, Jessica B. "Finding Meaning Through Volunteering: Why Do Employees Volunteer and What Does It Mean for Their Jobs?" *Academy of Management Journal*, Vol. 56, No. 5(2013): 1274-1294.

性和风险。[①] 交换的隐含条件是双方通过交换各自特有的资源，达到互利的目的，其核心是自我利益和互相依赖。[②] 组织领域的社会交换意味着员工与组织之间形成一种相互依赖的关系：员工以个体的劳动来换取组织的报酬，以个体对组织的忠诚来换取组织对个体的关心和支持；与此同时，组织通过履行对员工的职责和表现对员工的关心，进一步获取员工的支持。[③]

从企业社会责任理论的角度出发，企业对员工的社会责任主要反映在两个领域：公司需要确保员工获得适当的报酬、福利待遇、工作条件、表彰和关心；并且，公司还需要为员工提供必要的支持和资源，帮助他们完成工作。从社会交换的角度看，员工对公司的看法和行为受到公司给他们待遇的影响。员工基于公司是否给予他们公正的薪资、良好的工作环境、培训机会、表彰和照顾，来判断公司是否公正地对待他们。当员工感受到公司的积极作为时，他们会出于相互回馈的信念，为公司做出更多的贡献。

“感知的组织支持”（Perceived Organizational Support）的概念正是基于社会交换理论提出的。罗迪斯（Rhoades）和艾森伯格（Eisenberger）等学者将其定义为员工在工作过程中形成的对组织如何评价他们的贡献以及组织关注员工福利的程度的综合知觉。[④] 员工感知的组织支持依赖于组织对待他们的方式。[⑤] 已有的大多数研究结果证实，感知的组织支持主要体现在待遇公平、程序公正、参与决策、良好的工作环境、培训和职业发展的机会、相应关怀这几方面。[⑥]

企业为员工提供的志愿服务机会也可视作某种形式的组织支持。通过

---

① Homans, George C. “Social Behavior As Exchange”, *American Journal of Sociology*, Vol. 63, No. 6 (1958): 597 - 606; Blau, Peter M. “Social Mobility and Interpersonal Relations”, *American Sociological Review*, Vol. 21, No. 3(1956): 290-295.

② Lawler, Edward J., and Shane R. Thye. “Bringing Emotions into Social Exchange Theory”, *Annual Review of Sociology*, Vol. 25, No. 1(1999): 217-244.

③ Rhoades, Linda, and Robert Eisenberger. “Perceived Organizational Support: A Review of the Literature”, *Journal of Applied Psychology*, Vol. 84, No. 4(2002): 698-714.

④ Rhoades, Linda, and Robert Eisenberger. “Perceived Organizational Support: A Review of the Literature”, *Journal of Applied Psychology*, Vol. 84, No. 4(2002): 698-714.

⑤ Shore, Lynn McFarlane and Sandy J. Wayne. “Commitment and Employee Behavior: Comparison of Affective Commitment and Continuance Commitment with Perceived Organizational Support”, *Journal of Applied Psycholog*, Vol. 78, No. 5(1993): 774-780.

⑥ Rhoades, Linda, and Robert Eisenberger. “Perceived Organizational Support: A Review of the Literature”, *Journal of Applied Psychology*, Vol. 84, No. 4(2002): 698-714.

支持员工参与志愿活动，企业构建了展示员工个人价值和社会责任感的窗口。志愿服务不仅可以提升员工的技能和能力，还有助于他们对社会问题的解决，让员工体会到自己在组织和社会中的重要性和存在感，进一步提升他们对组织的归属感。此外，企业支持员工参与志愿服务还可以激发员工对组织的回馈行为。当员工感受到组织对他们的关心和支持时，会产生一种回报的意愿，表现在更高的工作投入、更积极的工作态度和更好的工作表现等方面。员工通过回馈组织，维持了与组织之间的互惠关系，进一步加强了员工与组织之间的互动和合作。同时，员工从志愿服务中获得的意义会提升他们的组织自豪感和信任感，且这种影响在员工感知到较高的组织社会支持时被进一步强化。①

（二）自我决定

自我决定理论（Self-determination Theory）由美国心理学家德西（Deci）和赖安（Ryan）在20世纪80年代提出②，关注个体“内在动机”和“外在动机”的区别，内在动机意味着个体完成行动能够获得积极的情感体验，外在动机的动力是为了获得奖励或避免惩罚。自我决定理论提出，内在动机和外在动机的内化是一个自然的过程，这一过程能否顺利完成，主要取决于胜任需求（Need for Competence）、自主需求（Need for Autonomy）和关系需求（Need for Relatedness）这三类基本心理需求是否得到满足。胜任需求是指人们需要拥有知识和技能并以此获得成就；自主需求是指个体需要对生活具有自主的控制感；关系需求是指人们需要来自周围环境或其他人的关爱、理解和支持，并体会到归属感。当组织能够满足这三种心理需求时，能让个体更加持久地坚持参与某项活动，并保持积

---

① Im, Seunghee, and Yang Woon Chung. “Employee Volunteering Meaningfulness and Organizational Citizenship Behavior: Exploring the Effects of Organizational Support, Pride, and Trust”, *Sustainability*, Vol. 10, No. 12(2018): 4835.

② Deci, Edward L., and Richard M. Ryan. “The General Causality Orientations Scale: Self-determination in Personality”, *Journal of Research in Personality*, Vol. 19, No. 2(1985): 109–134; Ryan, Richard M., and Edward L. Deci. “Self-determination Theory and the Facilitation of Intrinsic Motivation, Social Development, and Well-being”, *American Psychologist*, Vol. 55, No. 1(2000): 68–78; Ryan, Richard M., and Edward L. Deci. “To Be Happy or to Be Self-fulfilled: A Review of Research on Hedonic and Eudaimonic Well-being”, *Annual Review of Psychology*, Vol. 52, No. 1(2001): 141–166.

极的心理状态。

自我决定理论强调内在动机在驱动人们行为方面的重要性。研究发现，当员工参与志愿服务是出于内在动机，如出于对志愿活动的兴趣并享受活动参与的过程时，他们更有可能会将志愿者身份内化为自我概念的一部分，进而提升他们参与志愿服务的持久性。[①] 在这种情况下，企业志愿服务给予了员工自主性，让他们可以按照自己的兴趣、爱好和价值观自主选择想要参与的志愿服务活动，从而满足员工的自主需求。一项针对教师群体的研究发现，他们参加志愿服务的动机之一是可以在某一特定领域运用他们的技能，并且因在他们服务的社区中被认定为专业人士而获得声望。[②] 此外，企业志愿服务也给予了员工展示自我的平台，员工可以在志愿服务活动中发挥自己的专长帮助他人，提升自我价值感，满足自身的胜任需求。与此同时，企业可以通过让员工在志愿服务活动时与其他志愿者、受助者进行互动，强化志愿者的身份认同，提升团队的凝聚力与归属感，进而满足员工的关系需求。

还有一些研究发现，当个体的心理需求在参与志愿服务的过程中被满足时，员工在组织情境下的各种积极表现也随之增加。例如，在工作闲暇时间参与志愿服务，可以使他们更少地体会到工作中的负面情绪[③]，并进一步提升他们的满意度和组织承诺。[④] 此外，志愿服务工作涉及的维度越多，在员工能力方面带来的积极影响就越大，当员工能够自主决定志愿服务工

---

① van Schie, Susan, Arthur Gautier, and Anne Claire Pache et al. "What Keeps Corporate Volunteers Engaged: Extending the Volunteer Work Design Model with Self-determination Theory Insights", *Journal of Business Ethics*, Vol. 160, No. 3(2019): 693–712.

② Turner, Teri L., Elisa A. Zenni, Dorene F. Balmer, and J. Lindsey Lane. "How Full Is Your Tank? A Qualitative Exploration of Faculty Volunteerism in a National Professional Development Program", *Academic Pediatrics*, Vol. 21, No. 1(2021): 170–177.

③ Mojza, Eva J., Sabine Sonnentag, and Claudius Bornemann. "Volunteer Work as a Valuable Leisure-time Activity: A Day-level Study on Volunteer Work, Non-work Experiences, and Well-being at Work", *Journal of Occupational and Organizational Psychology*, Vol. 84, No. 1(2011): 123–152.

④ Hao, Yunhong, Qamar Farooq, and Yanni Zhang. "Unattended Social Wants and Corporate Social Responsibility of Leading Firms: R Elationship of Intrinsic Motivation of Volunteering in Proposed Welfare Programs and Employee Attributes", *Corporate Social Responsibility and Environmental Management*, Vol. 25, No. 6 (2018): 1029 – 1038; Haski-Leventhal, Debbie, Andrew Kach, and Mehrdokht Pournader. "Employee Need Satisfaction And Positive Workplace Outcomes: the Role of Corporate Volunteering", *Nonprofit and Voluntary Sector Quarterly*, Vol. 48, No. 3(2019): 593–615.

作的范围、内容时，他们也能获得更全面的发展。[①] 当企业通过在志愿服务中实施非强制性要求、团队建设和领导授权等措施时，能有效满足员工的三类基本需求，继而显著提升员工参与志愿服务的意愿，并推动员工的外部动机（也称控制性动机）向内部动机（也称自主性动机）的转化，后者有助于推动企业志愿服务的长期发展。[②]

（三）技能提升

员工可以通过参与企业志愿服务学习新的技能和知识。志愿服务通常涉及多重任务和职责，包括组织活动、协调团队、解决问题等，并面临如资源限制、时间管理等各种问题和挑战。通过解决这些问题，员工志愿者可以培养自己的创新思维，提高自身在工作中解决实际问题的能力。[③]

此外，志愿服务还为员工提供了与不同人群互动、交流的机会。在很多志愿服务活动中，员工都需要与其他志愿者和组织合作伙伴一起工作，共同实现既定目标。这种合作经历有助于提高员工在跨组织团队中协调、沟通和解决问题的能力，为员工与不同背景和观点的人交流和合作提供机会，提高他们处理人际关系的技巧和跨文化沟通的能力。[④]

与此同时，技能学习也会反向影响员工参与志愿服务的意愿。有研究发现，工作特征会塑造员工参与志愿服务的动机，继而影响其参与意愿，那些来自公共服务领域且受教育水平较高的员工，更容易在志愿服务中学习到与本职工作有关的技能，因而更愿意参与志愿服务，并且，当人们可以在志愿服务过程中更大程度地运用自己的专业化技能时，就更愿意持续

① Glińska-Neweś, Aldona, Akram Hatami, and Jan Hermes et al. "Employee Competence Development in Corporate Volunteering", *Social Responsibility Journal*, Vol. 18, No. 4(2022): 757-771.

② 刘追、池国栋：《员工志愿行为的过程机理研究——基于"动机-行为-结果"动态性视角的案例研究》，《中国人力资源开发》2019 年第 1 期。

③ Grant, Adam M., and John J. Sumanth. "Mission Possible? The Performance of Prosocially Motivated Employees Depends on Manager Trustworthiness", *Journal of Applied Psychology*, Vol. 94, No. 4 (2009): 927-944.

④ Popielarz, Pamela A. "Voluntary Association: A Multilevel Analysis of Gender Segregation in Voluntary Organizations", *Gender & Society*, Vol. 13, No. 2(1999): 234-250.

地参与志愿服务项目。[①]

（四）道德视角

1. 道德认同

道德认同是个人的道德品质在心理上表现为一种认知图式，它通过行为对外表达[②]，是组织中亲社会行为的一个重要预测变量[③]，也是员工参与志愿服务的直接动因。道德认同包含两个维度：内化和象征化。内化是指个人将道德特质、目标和行为视为自己道德人格的一部分，而象征化则是指个人通过行动向外部传达其道德认同的程度。道德认同的两个维度与不同的亲社会动机有关：道德认同的内化与内在动机（如内在满足感、自我价值感）相关，而象征化与外在动机（如社会认可、声望）相关。有研究发现，道德认同的内化更有可能促进个体的亲社会行为（如志愿服务），而象征化和亲社会行为之间则无明显关联。[④] 当员工对于企业的道德标准和价值观产生认同感时，他们更有可能表现出符合这些标准和价值观的道德行为，即实现道德认同的内化。

2. 道德满足感

获得道德满足感是员工参与企业志愿服务的原因之一。通过为社区或弱势群体提供帮助，员工志愿者看到自己的行为对他人有积极影响，从而使他们感到道德上的满足、产生成就感，并实现自我价值。并且，参与志愿服务可以提高员工的幸福感和满意度，增强自我效能感和自尊心，促进

---

① Caligiuri, Paula, Ahsiya Mencin, and Kaifeng Jiang. “Win-win-win: The Influence of Company-sponsored Volunteerism Programs on Employees, NGOs, and Business Units”, *Personnel Psychology*, Vol. 66, No. 4(2013): 825-860.

② Aquino, Karl, and Americus Reed II. “The Self-importance of Moral Identity”, *Journal of Personality and Social Psychology*, Vol. 83, No. 6(2002): 1423-1440.

③ Aquino, Karl, and Americus Reed II. “The Self-importance of Moral Identity”, *Journal of Personality and Social Psychology*, Vol. 83, No. 6 (2002): 1423 - 1440; Shao, Ruodan, Karl Aquino, and Dan Freeman. “Beyond Moral Reasoning: A Review of Moral Identity Research and Its Implications for Business Ethics”, *Business Ethics Quarterly*, Vol. 18, No. 4(2008): 513-540.

④ Winterich, Karen Page, Karl Aquino, and Vikas Mittal et al. “When Moral Identity Symbolization Motivates Prosocial Behavior: The Role of Recognition and Moral Identity Internalization”, *Journal of Applied Psychology* Vol. 98, No. 5(2013): 759-770.

个人的成长和发展。[①] 同时，在志愿服务过程中建立的合作和信任关系也有助于员工形成集体道德身份，使员工更加倾向于以集体利益为重，共同追求组织的道德目标，提高他们的道德满足感。[②]

此外，员工还可以通过领导者的道德行为和决策来获得道德满足感，当员工看到企业关注社会问题并采取积极行动时，员工会感受到企业高层对于社会责任和道德行为的重视，认为他们所在的组织与自己的价值观相符，进而感到自豪和满足。[③] 这种认同感使员工更加愿意秉持道德原则，为坚守组织的价值观和道德标准而努力工作。并且，道德满足感还可以提升员工的工作满意度和组织承诺，降低员工的离职意愿。[④]

3. 道德气候

企业内部的道德气候（Moral Climate），作为组织的一种文化氛围，既是企业志愿服务发展到一定阶段的产物，也是企业志愿服务发展的驱动力。道德认同工作模型（Model of Moral Identity Work）为理解团队中道德气候的形成提供了一个有启发性的视角。研究发现，当员工志愿者在工作场所中展示出他们的志愿者身份时，他们的同事会将他们视为道德楷模（Moral Examplar），并通过模仿周围这些员工的志愿服务行为，将志愿者身份内化为自己的身份。[⑤] 这种影响可以通过五种形式来实现。

——鼓励（Encouraging）：志愿者直接鼓励他们的同事参与志愿服务活动，这种鼓励可以是口头的或者是通过分享自己的志愿活动经历；

——唤起（Evoking）：志愿者用行动唤起同事的兴趣和好奇心，使他们开始思考自己是否也可以成为志愿者；

---

① Grant, Adam M. "Giving Time, Time After Time: Work Design and Sustained Employee Participation in Corporate Volunteering", *Academy of Management Review*, Vol. 37, No. 4(2012): 589-615.

② Geroy, Gary D., Philip C. Wright, and Laura Jacoby. "Toward a Conceptual Framework of Employee Volunteerism: An Aid for The Human Resource Manager." *Management Decision*, Vol. 38, No. 4 (2000): 280-287.

③ Porter, Michael E., and Mark R. Kramer. "The Competitive Advantage of Corporate Philanthropy", *Harvard Business Review*, Vol. 80, No. 12(2002): 56-68.

④ Nejati, Mehran, et al. "Employees' Perceptions of Corporate Social Responsibility and Ethical Leadership: Are They Uniquely Related to Turnover Intention?" *Social Responsibility Journal*, Vol. 17, No. 2(2021): 181-197.

⑤ Gill, Michael J. "Understanding The Spread of Sustained Employee Volunteering: How Volunteers Influence Their Coworkers' Moral Identity Work." *Journal of Management*, Vol. 49, No. 2(2023): 677-708.

——启迪（Edifying）：志愿者通过分享自己的志愿活动经历和成就来启迪同事，让他们认识到志愿活动的重要性和意义；

——实践（Enacting）：志愿者通过实际行动来影响同事，例如组织志愿服务活动或者参与社区服务项目；

——示范（Exemplifying）：志愿者通过自己的行为和态度向同事示范，让他们看到志愿者身份的积极影响和价值。

通过这些方式，率先参与志愿服务的员工能够在企业内部将志愿精神传递给身边的同事，帮助同事们认识到志愿服务的重要性和意义，带动其他人共同参与志愿服务，从而促进企业中道德气候的形成。

同时，那些经常参与志愿服务的员工会被其他同事认为是可靠、热情且具有奉献精神的人。这种认可能够让这些员工志愿者在企业内部获得更多的支持和帮助，有助于增强组织内部的凝聚力和团队合作，营造道德气候。①

杰西卡·B. 罗德尔（Jessica B. Rodell）是一个在企业志愿服务领域颇具影响力的学者。她针对性地提出了企业志愿服务气候（Corporate Volunteering Climate）的概念，用于解释组织内部的志愿服务文化如何形成。她认为，企业志愿服务共识的形成既有赖于企业为员工开展志愿服务提供资金、时间、设施等方面的支持，也取决于员工之间的互动，特别是热衷公益的员工对于志愿服务的宣传，两方面因素的共同作用会让志愿服务最终成为一种企业内部的文化和规范，提升所有员工（包括志愿者和非志愿者）的组织自豪感，进而增强对组织的情感承诺、组织认同，并使他们表现出更多的组织公民行为。②

① Muthuri, Judy N., Dirk Matten, and Jeremy Moon. "Employee Volunteering and Social Capital: Contributions to Corporate Social Responsibility", *British Journal of Management*, Vol. 20, No. 1 (2009): 75-89.

② Rodell, Jessica B., Jonathan E. Booth, and John W. Lynch et al. "Corporate Volunteering Climate: Mobilizing Employee Passion for Societal Causes and Inspiring Future Charitable Action", *Academy of Management Journal*, Vol. 60, No. 5(2017): 1662-1681.

第三章　行动起来：企业志愿服务的发展路径

企业志愿服务不仅是企业履行社会责任的关键途径，也是对社会发展需求的积极回应。在从零到一构建企业志愿服务的过程中，关键在于如何通过这些活动促进企业的人文发展和可持续成长，同时确保志愿服务的实践与企业的品牌形象和战略定位保持一致。这要求企业制定一个综合的实施策略，包括规划、执行、评估和调整各个环节。这些步骤的重要性和顺序与企业的发展阶段密切相关，同时也决定了企业志愿服务是否真正满足公众的需求，为社会带来实质的福祉。本章的第一节旨在通过融合理论与笔者的调研资料建立一个全方位的框架，阐述企业在发展志愿服务过程中的责任和角色。

作为一种以人为中心的公益实践，企业志愿服务的实施和发展依赖组织内部关键个体和群体的参与，并遵照一定的发展流程。本章的第二节和第三节从实务出发，详细介绍开展志愿服务工作的行动路径。

在企业志愿服务工作中，企业管理者，尤其是高层管理者扮演和承担着独特的角色和职能。他们通过制定策略、分配资源、动员组织和以身作则，在营造人文关怀和社会责任的组织文化中发挥着核心作用。他们的决策和行动直接关系志愿服务的成效和组织文化的建立。因此，本章的第四节将从管理者的角色出发，深入探讨企业在发展志愿服务过程中遇到的一些争议性问题和管理挑战。

第一节　企业的成长进路和角色发展

一　企业的角色和功能

西方学者在探讨“企业社区参与”概念时，提出了企业在履行社会责任和参与社区公益事务过程中经历的连续阶段理论。例如，詹姆斯·奥斯汀（James Austin）在其理论体系中，将企业社区参与细分为三个层次：慈善层次、交易层次和综合层次。在慈善层次，企业的主要回馈方式包括捐款、捐物、提供资助以及设立慈善基金等；当企业进入交易层次时，它们更倾向于采用赞助活动、善因营销以及提供有偿服务等方式与社区展开互动；而到了综合层次，企业与社区之间则建立起更复杂的互动与协作关系，形成紧密的伙伴关系。这种划分方式清晰地描绘了企业在社区参与过程中的逐步深入和演变。从慈善层次的单向回馈，到交易层次的双向互动，再到综合层次的深度协作，企业的影响力逐渐提升，与社区的关系也变得更加紧密和多元。①

弗朗西斯·鲍恩（Frances Bowen）等在深入研究这一问题时分析了大量理论和实证数据，提出了企业社区参与的三类战略。她将其分别命名为交易型参与战略（Transactional Engagement Strategy）、桥梁型参与战略（Transitional Engagement Strategy）和变革型参与战略（Transformational Engagement Strategy）。在交易型参与战略中，企业通过单向分享信息、慈善捐赠、赋能社区以及组织员工参与志愿活动等方式来践行社区参与；在桥梁型参与战略中，企业则更注重与社区利益相关者进行对话、开展公共咨询、建立合作伙伴关系等互动性更强的活动；当企业采取变革型参与战略时，它们将与社区内群体共同进行项目管理、问题解决和联合决策等深层次合作。鲍恩进一步指出，这三种参与战略实际上构成了一个连续的过程，反映了企业在社区参与中的逐步深入和演变。从交易型到桥梁型再到变革型，企业的角色逐渐从单纯的捐赠者转变为真正的社区合作伙伴和共同创造者。②

上述理论为我们理解企业的角色、行动和功能提供了一个指导性的框架。在此基础上，笔者认为企业在开展志愿服务的过程中，也会依次担任执行、枢纽和平台三种角色，并根据自身发展阶段和外部环境的变化来发

---

① Austin, James E. "Strategic Collaboration Between Nonprofits and Businesses", *Nonprofit and Voluntary Sector Quarterly*, Vol. 29, No. 1(2000): 69-97.

② Bowen, Frances, Aloysius Newenham-Kahindi, and Irene Herremans. "When Suits Meet Roots: the Antecedents and Consequences of Community Engagement Strategy", *Journal of Business Ethics*, Vol. 95, No. 2(2010): 297-318.

挥相应的功能。担任执行角色时，企业直接参与志愿服务项目的实施，负责规划、组织、执行和评估。转变为枢纽角色时，企业承担起协调多方相关主体的任务，建立沟通平台，促进有效交流。发展为平台角色，企业的工作重心转移到为多个志愿服务项目提供资金、资源和专业知识，以推动某一类或者几类志愿服务的专业化发展。这三种角色之间存在一定的递进演化关系，也就是说，企业开展志愿服务工作通常会从执行角色入手，逐渐发展演化为枢纽角色，最后是平台角色。但是，对于同一家企业来说，也可以在不同工作领域同时承担这三种角色。

（一）执行角色

执行角色是指企业作为志愿服务项目的直接发起者或参与者，负责某项具体的志愿服务工作。在这类情况下，志愿服务工作的来源通常有两类，其一是企业从自身业务和社会责任出发，主导并实施面向特定群体的志愿服务项目；其二是在政府或其他社会机构的组织和倡导之下，企业通过与其他组织的合作，协同和推进志愿服务项目，共同解决社会问题。从实际的执行情况来看，企业因其在资源、人员、技术上的特点和优势，还会进一步分化出多种功能。

当志愿服务项目由企业管理层或员工自主发起时，企业将负责整个项目的全方位管理。这意味着，企业需要在项目伊始设定项目的目标、范围和预期成果，并设计具体的实施方案，随后，为项目提供必要的资源，如资金、设备和人员，以确保项目的顺利进行。此外，企业还需要招募、培训和指导志愿者，确保他们具备完成相应任务的能力。同时，与政府、非政府组织和其他企业进行沟通，确保项目的推进符合要求。为了确保项目的可持续性，企业还需要持续监督项目进展，定期评估项目成果并不断改进。

【案例】

腾讯：大凉山的爱心午餐

“大凉山里的爱心餐”是一个由腾讯志愿者协会财经分会发起并持续推进的志愿服务项目。项目发起于2016年，最初的目标是为四川大凉山地区的学龄儿童提供免费的营养午餐。经过 7 年的发展，项目的服务内容已从筹款提供午餐逐渐扩展到其他与关爱儿童有关的主题。截至 2021 年，该项目累计服务大凉山地区的 7 所学校，惠及 1000 多名学生，送出超过 20 万份爱心午餐。

在这个完全由腾讯员工自主发起的项目中，志愿者团队负责项目的全流程管理，包括预算控制、风险把控、周期稽核、执行反馈和实地探访等具体任务。筹款和对接午餐的供应商是项目的两项核心工作。腾讯志愿者们会在每年“99 公益日”当天组织爱心市集，将志愿者们捐来的物资进行义卖，作为午餐的善款。此外，志愿者们主动联系了当地的午餐供应商，并和学校老师进行了多次沟通，以确保爱心午餐的发放与学校的日常管理保持步调一致。

为了确保项目的有序合规开展，志愿者们被进一步划分为三个团队：指导团队的志愿者负责制定项目的总体发展规划；稽核团队由腾讯志愿者协会腾讯财经分会的 4 位财务官组成，团队成员发挥自身专业优势，制定项目的年度预算，并对项目经费进行周期核对，确保公益资金被合理使用；支持团队是整个项目的“机动部队”，会根据项目组的各种临时性需求提供相关技术服务或资源支持。每年秋季，志愿者们都会到大凉山的受助学校进行实地调研，向老师、学生和其他相关方分别了解午餐的供应情况，跟进午餐发放的实际情况，并进行动态调整。此外，志愿者们还会到学生家中进行家访，了解孩子们的成长情况，为他们送去其他需要的生活和学习物资。

资料来源：笔者访谈资料。

除了面向特定群体直接提供服务外，为志愿者个体或志愿服务项目赋能、提升志愿服务项目的效率和影响力，也是企业作为执行者角色参与志愿服务项目的一种典型方式。相较于企业来说，志愿服务组织在经济资源、人力资源、技术资源等领域较为匮乏。尽管志愿者们的奉献精神较高，但在实际工作中仍会面临繁重的任务和各种突发状况。以公共卫生事件为例，实际情况复杂多变，志愿者们常常临危受命，承担物资运输、人员检测、资料统计等多种任务，面临较大挑战。此时，企业如果发挥专长，针对某个“卡脖子”问题重点攻关，则可以极大地解决实际工作中的痛点问题，提升志愿服务的效率。

【案例】

腾讯：新冠防护药物公益互助小程序

在新冠疫情发生后，社区内药物的精准供应成了一个显著的挑战。面对这一挑战，大批志愿者汇聚至各社区，为需要援助的居民提供必要的药品信息，并专门为处境艰难的人群配送药物。尽管他们努力不懈，但在药物供需对接方面仍面临诸多困难。例如，受限于信息获取的渠道，志愿者们常常遭遇信息不对称和时间延迟的问题。

在这样的背景下，腾讯出行服务产品中心迅速响应，仅用两天时间便完成了新冠防护药物公益互助平台的研发和内测，迅速上线小程序。该小程序包含“我需要药”和“我有多余的药”两个板块，以帮助缺乏药物的人群和拥有多余药品的人群进行资源共享。上线 4 天内，该项工作便推动了超过 26 万次的民间互助行动，显著提升了药物的供应和使用效率。

为确保信息安全和保护用户隐私，项目组特别引入了号码隐藏和实名认证的功能。这一举措不仅提升了使用人群对平台的信任度，也保障了用户交流的安全性。同时，考虑到维护公益项目的公平与正义，项目组还特别设立了投诉举报入口，对于抬高药价、囤积药品等违规行为进行了严肃的处理。

该小程序的推出在一定程度上缓解了疫情期间药物供应的紧张局面。通过这一平台，志愿者们的工作效率得到了极大的提升，更重要的是，它为社区居民搭建了一座互帮互助的桥梁。这一创新举措不仅体现了科技企业的社会责任感，也为其他慈善和公益活动提供了可借鉴的模式，展示了在危机中如何通过科技赋能促进社会和谐。

资料来源：笔者访谈资料。

（二）枢纽角色

枢纽型角色是指企业不仅参与和执行志愿服务的具体工作，还致力于促进多个利益相关主体间的沟通与协作。一般而言，承担这类角色的企业在资源与技术上有深厚的储备，有渠道和能力为志愿服务中出现的各类问题提供解决方案，因而是推动志愿服务项目成功落地的关键力量，在实际工作中有较高的话语权。

这些企业通过搭建沟通平台，成功连接了政府、非政府组织、社区等多方利益相关者，实现了高效的信息交流与共享，有效优化了志愿服务的资源配置与利益协调流程。同时，企业在这一过程中的积极作为，也进一步巩固了其在社会资本积累与维护中的重要作用，有效增强了社区的向心力和社会整体凝聚力。①

承担这一角色时，企业还承担着知识共享与能力建设的重要使命。通过推动跨界知识交流，企业不仅提升了志愿服务项目的实施效果，更促进了各方对社会创新实践的理解与应用。从知识管理与学习型组织的视角来看，企业与社区的深度互动为社会问题的解决提供了更为科学、全面的视角与方法。②

总的来说，企业在志愿服务中的枢纽角色不仅体现在资源整合与能力提升上，更在于其促进了社会合作、强化了社会治理结构对复杂性问题的应对能力。这种模式的成功实践为企业社会责任的实施开辟了新路径，也为全球化背景下的社会管理所面临的挑战提供了有效的应对策略。

【案例】

中国平安："村官工程"

在"乡村振兴"战略实施的背景下，"村官工程"旨在解决乡村在人才培养、资金保障、技术引进、消费等方面的难题，通过"扶智培训、产业造血、一村一品、产销赋能"打造"四位一体"的综合产业扶贫闭环。

为了解决农村产业人才短缺问题，中国平安在国务院扶贫办的指导下，联合中国扶贫志愿服务促进会开办"贫困村创业致富带头人培训班"，和当

① Baur, Dorothea, and Hans Peter Schmitz. "Corporations and NGOs: When Accountability Leads to Co-optation", *Journal of Business Ethics*, Vol. 106, No. 1(2012): 9-21.

② Goi, Hoe Chin, Muhammad Mohsin Hakeem, and Kuok Kei Law. "Application of Learning Organization 2.0: A Case Study of Ricoh Ena Forest Japan", *The Learning Organization*, Vol. 29, No. 5(2022): 463-484.

地政府共同挑选、培训致富带头人，促进乡村本土人才回流。培训班学员涵盖机关及企事业单位乡村振兴相关负责人、农业产业化龙头企业负责人、家庭农场、农民专业合作社等新型经营主体。在培训计划中，中国平安联合企业内外相关产业专家及志愿者授技下乡，为参与培训的学员提供1次集中培训及11个月的跟踪创业孵化辅导。培训课程内容包括美丽乡村、数字乡村发展经验、乡村产业电商发展的前沿资源和技术、产品设计和销售精细化理念、防范金融诈骗等各类知识。通过这种产前扶智培训，为产业顺利落地农村做好前置保障。

除了线下培训外，中国平安依托企业在科技领域的投入，积累了丰富的数字化技术成果，为乡村致富带头人打造了线上培训平台。参与培训的学员可以通过该平台远程收看直播，并在课程结束后回看视频强化学习效果。线上培训平台的引入使得贫困村创业致富带头人培训覆盖更广大人群，有效提升了志愿服务效益。

截至2022年12月，中国平安已经为全国18个省份109个县集中培育4418名致富带头人，综合培育学员超8万名。贫困村创业致富带头人培训已经成为乡村人才振兴的重要保障。

资料来源：笔者访谈资料和中国平安官网。

（三）平台型角色

在志愿服务工作中，平台型的社会组织扮演着至关重要的角色，它们通过提供资源整合、信息交流、技能培训等服务，有效地促进了志愿服务活动的开展和志愿者之间的协同工作。一些知名的平台型社会组织，如联合国志愿人员组织（UNV）、美国的志愿者匹配平台（Volunteer Match）、中国志愿服务联合会等，都通过提供项目匹配、资源对接、培训支持等服务，大大促进了志愿服务的发展。

目前，也有一些长期深耕于公益慈善事业的企业，依托社会责任相关的部门或公益慈善部门（如企业慈善基金会）承担了这部分工作。[①] 这类企

① 文军、吕洁琼、刘雨航：《企业志愿服务模式：类型比较与优化策略——以无锡市X区为例》，《中国志愿服务研究》2021年第4期。

业通常拥有广泛的社会网络和资源，能够连接不同的利益相关者，包括政府机构、群团组织、社会组织以及广大的志愿者个体，从而搭建起一个多方参与、资源共享的公共服务平台。

平台型角色的发展遵循一个渐进的过程。在早期阶段，企业通过代理的方式开展工作，如在企业内部选择特定员工或委派当地志愿服务机构的工作人员担任协调员，提供衔接性的服务并充当志愿者（此时不限于员工）和公益社会组织之间的联系人。[①] 随着相关工作的展开，企业关注的志愿服务议题更广泛，逐渐汇聚各种资源，如资金、物资、信息和人才，以支持更大范围的志愿服务项目。待时机成熟后，还有些企业会提供一个志愿服务信息的交流平台并建立广泛的合作网络，吸引和促进不同领域和背景的志愿者参与志愿服务，从而拓展社会服务的广度和深度。企业通过组织会议、研讨会和培训等活动，促使志愿者有机会分享经验教训和创新方案，相互学习，提高服务质量。这种赋能工作不仅提升了志愿服务项目的执行力，还促进了社区的自我发展。

与枢纽角色相比，平台角色的工作重心是通过搭建开放、包容的平台，促进资源、信息、人才的汇聚，从而在更广泛、更多元的层面上推动社会公益事业的发展。平台型组织更注重促进和加强网络间的连接和合作，而非解决单一的问题或提供具体服务。

【案例】

腾讯公益慈善基金会

2007 年，腾讯成立中国第一家由互联网企业发起的基金会——腾讯公益慈善基金会（以下简称“腾讯基金会”），标志着腾讯的公益慈善实践进入组织化、专业化阶段。腾讯基金会建立了扁平化的组织架构，理事会成员包括多名腾讯创始人和公司高层，秘书处由专职人员和原企业社会责任部人员组成，旨在通过这样完备的组织架构保障基金会的独立运作，同时

---

① Skurak, Henrieta Hamilton, Sanna Malinen, Joana C. Kuntz, and Katharina Näswall. “The Relevance of Self-Determination for Corporate Volunteering Intentions”, *Voluntas: International Journal of Voluntary and Nonprofit Organizations*, Vol. 30, No. 5(2019): 1054-1068.

贯通企业与基金会的工作渠道。

腾讯基金会的使命是：践行科技向善，用公益引领可持续社会价值创新。在使命的驱动下，基金会组织开展了多个领域的公益活动，包括社会救济和人道救援、行业基础设施建设、医疗与公共卫生、减贫与乡村发展等。

为了响应国家9月5日“中华慈善日”的号召。自2015年开始，腾讯基金会联合数百家公益组织及知名企业、明星名人、顶级创意传播机构共同发起一年一度的全民公益活动“九九公益日”。活动的主旨是通过移动互联网化、社交化等创新手段，用轻松互动的形式，将全国数亿热爱公益的网民发动起来，通过小额现金捐赠、步数捐赠、声音捐赠等行为，以轻量、便捷、快乐的方式参与公益。此外，腾讯基金会也对数千个公益项目进行配捐。最终，所有善款将用于支持志愿服务等各类公益慈善活动，目前，腾讯基金会以此为媒介，构筑了一种资源丰富、关系网庞大的公益生态。

在企业内部，腾讯基金会也会为员工发起的项目提供募资、培训、资源对接、执行等方面的支持。2021年开始，腾讯志愿者协会和腾讯基金会联合发起“微爱员工公益项目创新大赛”，基金会和腾讯志愿者协会合作，全程参与项目的策划、审核并提供资金支持，腾讯基金会还会协调各种企业外部的公益慈善资源，帮助这些志愿服务项目更好地落地。

资料来源：笔者访谈资料和企业官网。

二　社会责任的升级转型：企业的成长阶段及角色发展

1972年，经济学家拉里·E. 格雷纳（Larry E. Greiner）利用组织年龄、组织规模、演变的各个阶段、变革的各个阶段以及产业成长率5个关键概念提出了组织成长阶段模型（Greiner's Growth Model），将其分成六个阶段（1972年提出时只有五阶段，第六阶段于1998年时新增），并提出了演变（Evolution）与变革（Revolution）两个关键概念。[①] 他认为，企业在每个阶

① Greiner, L. E. “Evolution and Revolution as Organizations Grow”, *Harvard Business Review*, Vol. 50, No. 4(1972): 37－46.; Greiner, L. E. “Evolution and Revolution as Organizations Grow”, *Harvard Business Review*, Vol. 76, No. 3(1998): 55-64.

段都有特定的增长方式，在经历危机后，发动变革，走向消亡或进入下一阶段。第一个阶段是创业期（Creativity），此时企业依赖创始人的创造力和领导力，焦点是创新和市场渗透，组织结构非正式，沟通直接。主要危机是领导危机，创始人必须开始分权，建立更正式的管理结构。第二个阶段是方向期（Direction），组织在扩大过程中引入了更正式的管理结构和流程，主要危机是自主危机，即员工对管理层的控制产生反感。在第三个阶段，企业进入分权期（Delegation），即进一步发展促使管理层实施分权，赋予下属更多决策权，此时组织结构更为分散，主要危机是高层和中层因权利和资源的分配产生的矛盾。第四个阶段称为协调期（Coordination），在这个时期，企业为解决分权带来的管理难题需要实施更有效的协调机制，例如引入标准化流程、集成化的信息系统等。主要危机是组织陷入管理僵化，反应迟钝。第五个阶段称为合作期（Collaboration），此时企业努力构建更为灵活和动态的组织文化，鼓励团队合作和跨部门协作，推动创新，主要危机是员工的心理危机，即从竞争性的工作心态调整到合作性的心态。第六个阶段称为结盟期（Alliances），此时企业通过与其他组织建立战略伙伴关系来分享资源、技术和市场，进一步获得增长和扩张，该阶段的主要危机是身份危机，即组织需要重新明确其业务和市场定位。

格雷纳的观点为理解企业的成长进路提供了一个解释框架，他认为，每个阶段都有实现增长的主导管理风格，一家发展较快行业的公司会更快经历所有六个阶段，而发展较慢行业的公司在多年内只会经历两到三个阶段。

正如本书反复强调的，“以人为中心”是企业志愿服务的核心特点。随着企业进入不同的成长阶段，其管理风格的转变不仅影响了组织的运作方式，也深刻影响了志愿服务的组织形式和实施内容。因此，本书将紧密结合前文提出的企业在志愿服务中的角色，分析企业在不同发展阶段的角色演化，帮助企业理解在成长过程中如何有效地调整其志愿服务策略，以更好地适应其发展需求，实现社会责任目标。

（一）创业期的志愿服务角色发展

在企业的创业期，公司集中精力进行产品创造和市场开拓，其典型特征包括以下几点。

——公司创始人以技术创新或创业精神为导向，将主要精力投入新产品的制造和销售中，对日常管理活动不太关注；

——员工之间的沟通频繁而非正式，在组织内建立了一种自由开放的工作氛围；

——为了鼓励员工长时间工作，公司通常会承诺适度的薪酬和股权激励；

——决策和激励机制高度依赖市场反馈，管理层密切关注客户的反应并做出相应调整。

随着公司规模的扩大，这些初期特征逐渐成为发展的障碍。例如，大规模的生产运作需要更高效的制造流程，随着员工数量增加，企业不再适合完全依靠非正式沟通的方式进行管理，新员工缺乏对产品或组织的强烈奉献精神。此外，企业还需要更多的资金和新的会计程序来进行财务管理。面对这些挑战，创始人可能会怀念“过去的美好时光”，希望能像以前一样运作公司，但随之而来的是领导层之间越来越激烈的冲突。

在这个关键时刻，领导危机的出现（Crisis of Leader）标志着第一次重大转变的开始。解决这些管理问题，需要一位强有力的业务经理，一个既有能力引进新的业务技术，又能被创始人接受并团结组织的人，许多企业会找到并任命一位强有力的职业经理人，以带领公司走出困境，迈向新的发展阶段。

在创业期，企业若想涉足志愿服务领域，其定位通常偏向于执行角色，或利用其在创新、教育和赋能等领域的优势，为志愿服务提供支持。企业志愿服务发展的核心动力通常来自企业创始人或高层管理者的个人意愿。同时，鉴于这一阶段企业资源相对紧缺，组织结构相对非正式，企业更倾向于开展规模小、参与度高的志愿活动。例如，企业可以组织员工参与当地社区服务、环境保护项目或为特定群体提供援助。这些志愿服务形式灵活，能够快速响应社区需求，同时也有助于提升企业的品牌形象，增强团队内部的凝聚力。此外，考虑到创业期企业的特点，志愿服务工作可以与企业的核心业务相融合，比如，为政府、社会组织和其他社会机构无偿地提供企业所掌握的核心技术，或为其培训员工。

（二）方向期的志愿服务角色发展

随着业务的扩展和组织结构的正式化，公司逐步引入了功能性的组织结构，制造和营销活动开始分离，个人的工作更趋向于专业化。同时，为了更有效地管理运营，企业也引入了库存和采购的会计系统，建立工作标准，实施激励措施。随着职位等级的增加，组织内部的沟通日益正式，甚至给人感觉失去了“人情味”。新上任的经理和高层主管负责制定方向，而低级别的主管成为具体职能领域的专家，而非自主决策者。

随着组织成长，决策者因控制的必要性和员工缺乏自我控制而导致工作超载，企业的成长将遭遇自主（Autonomy）危机。基层员工被繁琐的层级结构限制，他们对市场和业务的理解往往比高层领导更为直接，这使他们在遵循程序和主动行动之间陷入两难。此时，企业的解决方案通常是向基层管理人员转移更多的授权。但对于习惯了中心化指令的高层管理者来说，下放职权是一个挑战，而基层管理者也不习惯自主决策。在这一阶段，依然会有许多公司坚持中心化的管理方法，致使一部分基层员工失望并离开组织。

随着企业逐步明确发展方向，其在志愿服务中的角色也可向枢纽型发展。在这个阶段，企业更有能力聚集资源，如资金、设施和人力，为志愿服务提供必要的支持。同时，随着企业管理结构的正式化和分工的专业化，志愿服务的组织和实施也将更为系统、规范。通过有效地组织和支持志愿服务活动，企业不仅提升了自身的社会影响力，同时也促进了内部文化的建设，提升了员工的积极性和归属感。并且，随着基层管理者获得一定的赋权，能够根据志愿服务的不同工作模块，精准地调配资源和人力，这也确保了企业能逐渐承担枢纽角色。这种对外的积极参与和对内的管理协调，共同推动企业朝着更加健康和可持续的方向发展。

（三）分权期的志愿服务角色发展

企业发展到分权阶段后，组织结构由中心化向去中心化转变。此时企业将更多的职权下放给其下属的商业单元，并通过实施利润中心和奖金制度激励员工。同时，总部的高层管理人员依靠定期接受汇报开展管理，他们的兴趣是收购对下属企业有协同价值的外部企业。虽然高层管理人员之间的沟通较少，但授权给予了中层和基层管理者更大的自主权，使企业能够快速响应市场变化和客户需求。

然而，这种授权也带来了挑战，高层管理人员开始感觉到对分散运营单元的控制权减弱。一旦组织陷入控制危机（Crisis of Control），高层管理人员便会寻求重新获得对公司的控制权，这标志着第三阶段革命的开始。面对新的业务范围，一些公司尝试回归集中式管理。而那些能够适应并找到新的解决方案的公司，会采用特殊的内部协同机制实现有效管理。

在分权期，企业面临众多内外部挑战，这对其志愿服务的工作产生了显著影响。分权带来的自主权增强使得基层管理者得以更灵活地参与履行社会责任的活动，能够快速响应本地社区的需求。然而，高层对这些活动的控制减弱也会导致各类志愿服务活动分散、缺乏统一战略和协调。在开展企业志愿服务的过程中，企业可能从初期的执行角色转变为枢纽角色，强调跨部门协作和多方利益相关者的协同。同时，有的企业也会为继续发展为平台角色进行一定的尝试和准备，在确保志愿服务与企业整体战略和目标保持一致的情况下，继续扩大企业公益活动的社会影响力。

（四）协调期的志愿服务角色发展

协调期的核心特点是，企业通过更加规范的管理方式实现高效的内部协同。例如，分散的商业单元被整合到成熟的产品线中，并由总部负责监督。每一项资本投入在整个组织中经过严格的权衡和分配，每个产品组都被视为一个投资中心，投资回报率成为分配资金的重要标准。同时，技术职能（如数据处理）在总部集中，而其他日常业务决策则分散执行。为了鼓励员工认同整个组织，企业采用股票期权和全公司利润分享等激励措施。然而，这种管理方式有可能会导致一线员工和总部管理层之间以及总部和外地单位之间的信任缺失。直线经理对不熟悉当地情况的人的指示感到反感，员工则抱怨直线经理的不合作和信息闭塞。在这种情况下，组织的官僚特征日益凸显，程序优先于问题解决，创新受阻。这一时期，组织已变得庞大复杂，难以通过日益僵化的系统进行管理。

协调期的企业管理面临复杂化和规范化的内外部挑战，这种新的形势也会影响企业对志愿服务工作的定位。随着组织结构的演变，志愿服务项目需要更多的协调和集中管理，促使企业由执行角色向枢纽或平台角色转变。企业需发展更高效的内部沟通和协调机制，同时维持与外部组织的合作，确保志愿服务与公司战略保持一致。与分权期相比，协调期的企业更依赖于正式、规范的管理结构，强调集中化的决策和统一指挥，以保障志愿服务项目的专业化和效率，以及与企业整体战略的匹配。因此，在这个阶段，一部分企业会分化出一个专门部门，来负责统筹或主导有关企业公益（包含志愿服务）的工作。

【案例】

腾讯：可持续社会价值事业部

2021 年，腾讯将企业社会责任部升级为“可持续社会价值事业部”（简称 SSV），以实现从履行社会责任向创新社会价值的拓展。SSV 的核心工作是推动企业可持续社会价值创新：一方面在整体规划中通过拓展边界、加大对志愿服务和公益行动的投入，使之与慈善捐赠并重，共同转化和创造可持续的社会价值；另一方面，SSV 将联动企业内部各事业群，在具体的行动中运用和实践企业的核心能力，投入高水平人才与资源，发挥腾讯在数字技术和平台上的优势，在商业与公益之间建立链接，构建社会价值创新的全新格局。2022 年开始，腾讯企业文化部、志愿者协会和 SSV 共同建立了一个创意库，面向全体员工持续收集有关公益和志愿服务项目的创意方案。此外，SSV 下设的主题研发实验室也会与志愿者协会的项目进行合作，利用实验室的人才、技术等资源推动志愿服务活动的开展。例如，SSV 于 2021 年设立了银发科技实验室，旨在通过积极推动人工智能、物联网、云计算等前沿技术在传统养老领域的应用，打造社区养老的社区生态，服务于人口老龄化国家战略和健康中国战略。

参考资料：笔者访谈资料和腾讯企业官网。

（五）合作期的志愿服务角色发展

当企业迈入合作期，人际协作和灵活管理将成为最核心的管理议题。在这一时期，管理焦点转向通过团队行动快速解决问题。在这个阶段企业常采用矩阵型结构，以构建适合特定问题的团队，进行跨职能协作。企业内的形式化控制系统被简化，单一多用途系统被陆续建立。管理人员通过教育计划培训以提升团队合作和解决冲突的技能，通过信息系统的实时集成和对团队绩效进行经济奖励，鼓励企业创新。

在这一阶段，点燃员工的激情、带领员工二次创业、寻找新的业务增长点和增长模式，是企业面临的最大挑战。这种转变促使企业社会责任工作更加侧重于员工的主动参与和团队合作。在企业志愿服务工作中，企业除了承担一定的执行功能外，仍会继续发展为枢纽或平台的角色，同时更强调跨职能团队合作，以便解决复杂的社会问题。与此同时，企业也更加关注激励和支持员工的自发性志愿服务，主动为其提供必要的资源和平台。

【案例】

星巴克基金会

星巴克基金会在企业志愿服务方面扮演着重要的平台角色，通过各种社区服务项目展示其对社会责任的承诺和实践。自 2005 年以来，星巴克基金会已投资超过 2500 万美元用于咖啡和茶种植区的社区，旨在提升女性领导力，为当地提供经济发展机会及改善水和卫生设施。2022 年，星巴克基金会设立了一个目标，旨在 2030 年前对其帮扶社区中的 100 万名女性产生积极影响。

2019 年，星巴克启动了邻里赠款计划，通过星巴克员工的推荐，支持本地社会组织。员工共推荐了超过 8 万个组织，基金会为美国和加拿大的 1 万个组织提供了超过 1500 万美元的赠款。2022 年，星巴克继续关注其运营地区的青年赋权、多样性、社会服务等多个领域的公益性问题，与商业伙伴合作，资助当地非营利组织，并动员员工志愿者共同行动。通过这些举措，星巴克基金会旨在建立一个企业志愿服务平台，满足全球和本地社区需求，积极吸引员工和客户参与，不断扩大其社会影响力。

参考资料：笔者访谈资料和星巴克企业官网。

（六）结盟期的志愿服务角色发展

结盟期的企业更加重视与其他组织建立战略伙伴关系，希望通过分享资源、技术和市场，进一步促进自身增长和扩张，实现双赢。

企业寻求通过与其他组织的伙伴关系来获取新的技术、进入新市场或分担研发成本。这包括有合资关系、供应链伙伴关系、分销协议关系的企业等。通过联盟，组织可以更有效地利用彼此的资源和能力，分散风险，尤其是当企业进入新市场或开发新产品时。在这个阶段，企业必须具备高度的灵活性和适应性，以便快速响应市场变化和伙伴需求，同时维护和发展各种伙伴关系。

格雷纳指出，有效的联盟不仅需要战略和资源的结合，还需要文化和价值观的融合。这要求组织在合作时考虑合作伙伴的工作方式、价值观和企业文化。随着联盟数量的增加，管理这些关系的复杂程度也随之提升。组织需要发展新的管理技能和结构，来有效管理这些伙伴关系。在当今全球化和高度竞争的商业环境中，这一观点具有广泛的参考性和影响力。

因企业战略方向的调整，企业所开展的志愿服务工作也呈现一些新的特点。很多企业越来越倾向于与其他主体，包括非营利组织、政府机构和其他企业建立战略性合作伙伴关系，共同推进社会责任项目的发展。这种合作能够使各方的专长和资源得到更有效的利用，从而提高和扩展社会项目的影响力和范围。此外，企业在这一时期也更加注重创建共享价值，即在追求经济利益的同时，也寻求对社会产生积极影响。除了传统的慈善捐赠之外，企业更加重视通过核心业务和战略来解决社会问题，尤其是利用企业擅长的新技术来推动社会责任相关工作效率和效果的提升。例如，使用数据分析来监测和评估项目的影响，以及利用数字平台来促进资源共享和志愿者参与。在对志愿服务的支持方式上，企业不仅依靠财务投入，还利用其品牌、网络和专业知识来为公益项目提供支持。这种多元化的资源动员有助于企业在不同领域发挥影响力，同时也提升了其品牌价值和社会认可度。

需要指出的是，虽然在这个时期的企业志愿服务工作已经相对成熟，但企业并不必然会发展为平台型的角色，甚至还可能因内外部环境的变化撤出某些项目甚至公益领域。对这些内容的分析详见第七章。

【案例】

谷歌公益

自2005年成立以来，谷歌公益（Google. org）一直秉承谷歌的创新精神和技术专长，致力于解决人类面临的挑战，并助力全球弱势社区和群体。作为谷歌慈善事业的核心机构，谷歌公益每年向全球的非营利组织和社会企业拨款20亿美元，通过资金支持促进问题的解决和创新方法的提出，同时为边缘化社区提供全面支持。此外，谷歌公益还积极地将对非营利组织的帮扶与谷歌的研究、开源技术和产品相结合，以科技驱动的方式应对复杂的社会挑战。

在技术领域，谷歌公益特别强调将公益组织与谷歌员工的智慧和能力相连接，鼓励员工通过志愿服务为公益事业贡献自己的时间和技能。这种模式不仅反映了谷歌内部对公益事业的支持，也体现了谷歌作为一个全球科技巨头，在社会创新和公益领域扮演的重要角色。

谷歌公益的运作基于“科技慈善模式”，通过与内部的高级技术人才团队建立协同机制，促进创新型非营利组织的发展。在经济赋能、技术与创新、教育三大核心领域，谷歌公益努力推动资源的公平获取，支持使用技术解决社会和环境问题的组织，促进优质学习资源和计算机科学教育的普及。

在企业内部，谷歌公益实施了一系列矩阵式的公益和志愿服务项目：如谷歌伴随成长计划（Grow with Google），致力于提供公益性的教育机会，以促进教育公平，谷歌CEO Pichai承诺谷歌员工将在该项目中贡献100万个小时的志愿服务，目前谷歌已通过该项目对400万美国人进行了数字技能方面的培训；谷歌研究员计划（Google. org Fellowship），派遣员工在全球带薪开展以数字技术为主的专业志愿服务工作；谷歌服务计划（Google Serve），致力于回馈社区，开展在地志愿服务；非营利组织服务（Google for Nonpropits），为公益机构免费提供各类数字化的解决方案。这些项目充分利用谷歌的人才、技术和资源，尽管谷歌公益的执行团队规模相对较小，但它成功地调动了组织内部其他部门的员工参与志愿服务，展示了谷歌在组织内部和外部资源动员方面的强大能力。

在企业外部，谷歌公益与全球多个领域的营利性和非营利性组织合作，提供财力和技术支持，共同应对全球贫困、健康、能源和环境等方面的问题。这种跨界合作模式提升了谷歌在全球公益领域的影响力。

通过谷歌公益的多元化项目和合作模式，谷歌展现了其在全球公益事业中的重要价值，即利用其科技和创新资源为社会带来正面影响，为更多人提供机会，推动社会向更好的方向发展。

资料来源：谷歌官网。

一般而言，随着自身的成长，企业会从执行角色陆续发展为枢纽和平台的角色。成为平台型组织虽然是社会责任发展的理想方向，但并非所有在志愿服务领域发展成熟的企业都愿意或者有能力从枢纽角色演变为平台角色。这背后有几个关键的因素。首先，转变为平台角色需要企业具备开放的组织文化和足够的资源来支持平台运营，这不仅涉及财务资源，还需要企业吸引和整合来自不同领域的资源和人才。这些工作对于那些资源相对有限或者企业文化更倾向于内部集中的企业来说，会遇到比较大的挑战。其次，平台角色要求企业在管理和运营模式上进行根本性的调整。企业需要从直接参与和控制公益项目的方式，转变为提供平台、促进合作伙伴之间协作的角色。这种模式转变可能会给企业在志愿服务领域的决策结构、项目管理方式以及员工的角色和职责带来根本性的影响。并非所有企业都能够准备好接受这样的变化，特别是对于那些管理层习惯拥有直接控制权的企业来说。最后，从枢纽到平台的转变也并非适用于所有企业，一些企业因为其特定的使命、愿景或业务模式，更适合继续扮演执行角色，通过直接投入资源和专长来解决社会问题，这样做并不意味着它们在社会责任方面的贡献少，反而恰恰说明在实现社会价值方面存在多种路径和方法。

综上所述，虽然平台型角色为企业在社会公益领域提供了一种更为广阔和深远的影响路径，但由于文化、资源、管理和战略等多方面的挑战，不是所有在志愿服务领域发展成熟的企业都会或能够自然发展为平台角色。企业在决定其志愿服务的战略和角色时，应当综合考虑自身的条件、资源和长期目标，选择最适合自己的发展路径。

第二节 企业作为行动者：志愿服务的发展要素和步骤

一 组织建设的要素及其发展步骤

在企业管理领域的一个共识是，具有社会责任感的公司更容易吸引员工。[①] 志愿者影响力调查显示，超过半数的员工表示更愿意为设有志愿服务项目的公司工作。[②] 因此，企业高管们日益重视志愿服务，认为它在吸引和招聘优秀人才、培养技能、提高士气以及留住现有员工方面具有战略价值。[③] 研究表明，参与企业志愿服务的员工会对雇主产生更强烈的认同感，并表现出更高的忠诚度。[④]

企业志愿服务的组织建设是一项系统化的任务，不同的组织架构会形成相应的志愿服务管理模式。[⑤] 在企业志愿服务工作中，尤为重要的是通过明确的角色和职责划分来确保企业内部协调一致。组织架构有助于提供清晰的指导方向，在内部管理上，需要明确哪些部门或个人负责特定的决策，从而消除决策混乱和工作重叠；[⑥] 在外部沟通上，需要更好地满足志愿者、

---

① Turban, Daniel B., and Daniel W. Greening. "Corporate Social Performance and Organizational Attractiveness to Prospective Employees", *Academy of Management Journal*, Vol. 40, No. 3(1997): 658-672.

② Deloitte. Executive Summary: Volunteer IMPACT Survey. https://www2.deloitte.com/content/dam/Deloitte/us/Documents/us-citizenship-2007-impact-survey-volunteer-recruiting-advantages.pdf, accessed January 31, 2024.

③ Bussell, Helen, and Deborah Forbes. "How UK Universities Engage with Their Local Communities: A Study of Employer Supported Volunteering", *International Journal of Nonprofit and Voluntary Sector Marketing* Vol. 13, No. 4(2008): 363-378.

④ Bartel, Caroline A., Richard Saavedra, And Linn Van Dyne. "Design Conditions for Learning in Community Service Contexts", *Journal of Organizational Behavior: the International Journal of Industrial, Occupational and Organizational Psychology and Behavior*, Vol. 22, No. 4(2001): 367-385; Grant, Adam M., Jane E. Dutton, and Brent D. Rosso. "Giving Commitment: Employee Support Programs and the Prosocial Sensemaking Process", *Academy of Management Journal*, Vol. 51, No. 5(2008): 898-918.

⑤ 陈校：《志愿服务的管理模式研究：前置承诺与后置强制》，《中国青年研究》2009 年第 8 期。

⑥ Nelson, Tenneisha, and Vicki Squires. "Addressing Complex Challenges Through Adaptive Leadership: A Promising Approach to Collaborative Problem Solving", *Journal of Leadership Education*, Vol. 16, No. 1(2017): 111-123.

赞助商和受益者的需求。同时，通过合理的结构设计，组织能够更有效地传达信息、响应变化和实现项目目标，这种灵活性在不确定性较高的当代社会尤为重要。

（一）核心领导层

（1）高层管理者：通常为企业的高管，他们在企业志愿服务项目中发挥着榜样作用，企业高层支持和参与企业志愿服务，会激发企业全体员工的共同参与热情，并保持企业志愿服务项目与企业的文化和价值观的一致性，以提升企业的社会责任形象和品牌价值。

（2）项目负责人：是企业志愿服务项目的核心管理者，通常为企业社会责任相关部门的负责人，负责整体协调、监督和管理企业的志愿服务工作。

（3）决策委员会或咨询团队：为项目提供战略指导和专业意见，帮助项目负责人制定企业志愿服务的发展方向，并解决复杂问题；协调企业内部各种资源，以满足企业志愿服务项目的需求。

（二）管理和执行团队

（1）功能小组负责人：企业志愿服务项目包含招募、培训、宣传等多项工作，因此项目管理团队会根据工作内容设置不同的功能小组。功能小组负责人协调小组内成员的工作，分配任务，并确保各个小组的工作协调一致，以实现企业志愿服务项目的整体目标。这一角色通常由负责员工志愿服务工作的专职人员担任。

（2）项目经理：项目经理负责企业志愿服务项目的日常管理，制定详细的项目计划，确保项目按计划执行，并监督项目进展和成果。对于项目中出现的问题和挑战，项目经理需要做出相应决策，以确保项目的顺利进行。这一角色既可以由员工志愿者担任，也可以委派给第三方机构中的工作人员。

（3）志愿者：通常为员工志愿者，他们根据项目的需求和安排，积极参与各项志愿活动，以确保志愿服务项目的顺利进行。

（三）合作网络

（1）内部其他部门：企业内部与志愿服务工作有关联的部门，例如：人力资源部门辅助协调各部门员工参与志愿服务；公关部门对志愿服务项目的宣传推广工作提供支持；工会从员工福利角度，为员工参与志愿服务提供一定的资金和资源支持；业务部门为优化志愿服务管理工作提供技术支持，帮助企业了解项目的进展和效果，及时调整和改进项目的策略和实施方式。

（2）外部合作伙伴：与企业合作推动志愿服务项目的政府部门、企业、社会组织和其他公益团体等，这些组织也可以为企业设计志愿服务项目，并提供相应的支持。

（四）评估团队

企业志愿服务的评估团队的职责包括：设计评估工具，明确评估方法，以衡量项目的目标达成程度；收集和分析数据，评估项目的影响和效果；提供反馈和建议，帮助项目团队改进项目策略和实施方式；与利益相关方进行沟通，共享评估结果和项目成果；制定改进机制，确保项目的持续优化。这一角色既可以由核心志愿者担任，也可以由企业外部的咨询机构或专家担任。

（五）合规团队或顾问

在企业志愿服务项目中，合规团队或顾问的作用是确保项目在法规和道德方面合乎规范，通常由企业法律部门的员工兼任，主要职责包括两方面：①法律合规，确保企业志愿服务项目符合相关法律法规的要求，并提供法律建议，这些法律法规包括但不限于宪法、劳动法、环境法等；②道德合规，基于各项道德准则和行业标准，确保项目的运作符合道德要求，尊重利益相关方的权益，避免任何不当行为，通常由企业社会责任、公共关系相关领域的专职工作人员担任。

随着企业志愿服务的发展日益成熟，其组织结构的基本要素也逐渐丰富和完善。在萌芽期，企业通过与外部公益机构的合作，基于社会需求导向，组织企业内部人力和物力资源开展志愿服务，此时的核心要素涵盖项目领导层、管理和执行团队以及合作网络。进入发展期后，企业逐渐认识到志愿服务是履行社会责任的有效手段，因而投入更多资源，鼓励员工参与，并建立评估机制来衡量项目的综合效益，以最大化其社会价值。进入成熟期，企业逐渐将志愿服务融入企业的发展战略，通过志愿服务推动社会价值的共创和企业的可持续发展。在此阶段，为确保志愿服务项目的合法性和可行性，企业还会引入合规团队或顾问推动志愿服务工作向专业化发展（见图 3-1）。

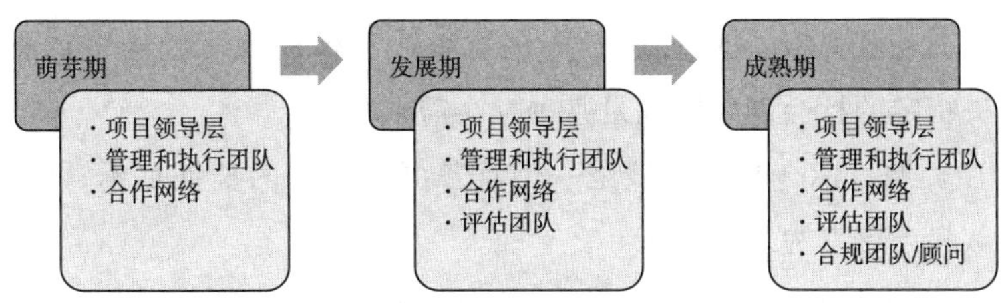

图 3-1　企业志愿服务发展各阶段的组织建设要素

二　项目管理的要素及其发展步骤

在企业志愿服务项目的管理中，理解不同发展阶段的关键要素及其演变步骤至关重要。从项目的萌芽期，通过发展期，到最终的成熟期，每个阶段都有其独特的管理需求和特点。在萌芽期，志愿服务项目管理的重点在于构建项目的基础结构和设定初步目标；随着志愿服务项目进入发展期，管理的要求也随之提高，需要更为系统的规划与管理，以确保项目能够按照计划稳步推进；项目迈入成熟期，管理的专业化程度和精细度成为决定项目成功与否的关键因素。

为确保企业志愿服务项目的顺利推进和持续进步，必须深入理解项目管理在不同阶段的关键要素。这包括但不限于项目策划、流程设计、效果评估、项目推广等核心要素，这些要素随着项目的发展而不断演变和调整。同时，还需及时评估项目管理的效果，如项目规划的科学性、执行流程的合理性、效果评估的客观性以及内外部沟通机制的有效性等。本章通过系统性的分析和论述，旨在为企业志愿服务项目的管理提供一个具体的指导框架，以期帮助读者更好地理解和把握项目管理的本质。

（一）项目策划

1. 项目愿景和使命

愿景是对企业志愿服务项目所希望实现的理想状态的描述，是项目的长远目标。明确项目的愿景和使命是企业志愿服务项目策划的首要前提，它们为项目提供了明确的方向和目标，能够激励和引导项目团队和参与者。在确定项目愿景时，需要考虑以下几个方面。

（1）社会影响力。项目愿景应该与企业的价值观和社会责任相一致，能够解决特定的社会问题或满足某种社会需求。

（2）长期目标。愿景应该是一个具备可持续性的长期目标，能够激励项目团队和志愿者为之努力奋斗。

（3）可视性和共享性。愿景应该能够被广泛的利益相关者认可和理解，激发参与者的共鸣和积极性，使他们愿意为实现项目愿景而努力。

（4）使命。在确定使命时，最好能够凸显企业志愿服务的特色和优势，使其在众多志愿服务项目中脱颖而出。同时，使命应具备可操作性，能够为项目提供明确的行动方向和衡量标准，帮助项目团队制定具体的策略和计划。

2. 服务对象和服务内容

在选择志愿服务的对象时要考虑实施区域、目标受众及其共性需求、资源禀赋三方面内容。

（1）实施区域。实施区域的范围需要依据志愿服务组织的管理能力来确定。志愿者力量有限的情况下，可以先在一个较小的区域开展项目，积累经验，管理能力提升后再逐步扩大范围；也可以根据企业的使命专门为一个固定区域的群众服务。

（2）目标受众及其共性需求。志愿服务项目应该聚焦一定人群的共性问题。人们的需求有显性需求和隐性需求之分，显性需求是短期内容易感知和满足的需求；隐性需求是暂时未被发现但会对群众未来的生活和发展具有重要影响的需求，志愿服务项目设计应同时兼顾这两方面内容。

（3）资源禀赋。企业在开展志愿服务时，首先要对资金来源、专业技术、社区关系等情况进行系统的梳理，在项目中突出专业优势，为塑造志愿服务品牌和核心竞争力奠定基础。

3. 项目目标

志愿服务项目需要在一定阶段达到具体目标，以便在项目完成时有绩效评估的依据。制定企业志愿服务项目目标可遵循SMART原则，也即具体（Specific）、可测量（Measurable）、可实现（Attainable）、相关（Relevant）和时效性（Time-based）。例如，当一家擅长数字技术的企业希望利用闲置的计算机，开展一个面向偏远地区的教育类项目时，可依据以下三个步骤确定目标。

第一步，制定总目标，“提高贵州地区青少年的科技教育水平能解决教育不平等问题”，未来5年，在该地区的10所学校，设计并教授2个专项编程课程。

第二步，制定阶段性目标，例如，第一年先在2所目标学校进行2门课程的设计开发和教授，从第二年开始，每年对课程内容进行更新，并将课程推广到2所新增的学校。

第三步，制定具体行动，包括招募有编程背景的志愿者、进行实地需求调研、准备教学大纲和材料、安排教学日程等，此外，针对计划向这些学校捐赠的计算机，还需要安排运输及安装事宜。

（二）项目的流程设计

1. 项目流程图

设计项目流程图旨在清晰地描述志愿服务项目从开始到结束的各个关键步骤，帮助项目管理方明确每个步骤的执行顺序和所需资源。一般而言，项目运作流程分为准备和规划、实施和监控、评估和总结三个阶段（见图3-2）。

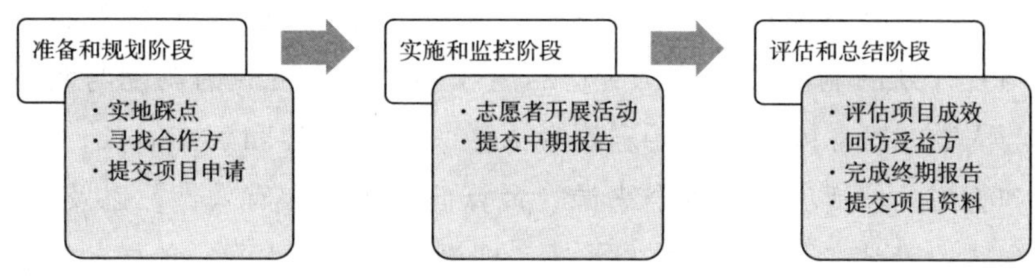

图3-2　企业志愿服务项目的流程管理

（1）准备和规划阶段。由项目负责人到活动地点进行踩点调研，了解项目需求，并与服务对象和项目的协作方（如政府部门、第三方机构等）建立联系，在完成前期调研后，向企业内部的负责志愿服务的部门提交项目方案。

（2）实施和监控阶段。通过审核后启动志愿服务项目，根据项目工作的具体要求组织志愿者参与，做好工作记录。项目进展到中期时，项目团队需要提交一份项目中期报告，让企业及时了解项目执行情况。

（3）评估和总结阶段。完成志愿服务项目后，由企业志愿服务的责任部门制定回访问卷，委派志愿者或第三方对服务对象进行回访，评估企业志愿服务项目的成果，总结项目的经验教训，撰写项目终期报告。

2. 项目的里程碑

阶段性里程碑可以帮助志愿者团队监控项目的整体进展，及时发现并解决问题，确保项目按计划推进。在企业志愿服务中，通常被视为项目里程碑的事件包括：获得项目审批、完成志愿者招募、启动志愿服务项目、进行重要决策（如更改项目方案或中止项目）、达成阶段性目标。

3. 流程监控

企业可以借助项目管理软件、数据分析工具等，并通过定期的进度报告等手段和方式，实时跟踪项目进展和资源分配情况，发现潜在的问题和挑战，以便做出更准确的决策，实施优化措施。流程的监控和优化机制需要与项目团队的参与和反馈相结合。项目团队成员应该积极参与监控和评估过程，并提供宝贵的反馈和建议，以增强团队的合作共识，进一步改进和优化项目流程。

（三）项目的效果评估和优化

1. 评估标准

企业志愿服务项目的评估标准通常包括以下五个：①整体执行程度，包括项目计划的制定与执行、活动的组织与实施、资源的调配与利用等；②参与人数和服务内容，包括志愿者人数、工作内容和工作时长；③经费预算和管理，包括项目的资金来源、预算的合理性和有效性，以及经费的管理和监控情况；④社会影响和效益，即受益对象的人数，他们的满意度，政府认可程度，项目开展的公众宣传情况，等等，此时可以考虑参与人数、满意度调查、社会影响评估等多个维度，结合问卷调查、访谈、文件分析等多种评估方法；⑤可推广性及可持续性，即项目是否具备可复制和可持续发展的特点。

2. 评估方法

（1）确定评估目标、指标和方法：明确评估的目的和目标，包括项目的成效、影响力、可持续性等，以便确定评估的重点和内容。根据评估目标，确定适合的评估指标和方法。

（2）设计初期评估：利用初步方案，进行小范围试验和评估，以分析志愿服务需求和预期效果是否符合设计初衷。

（3）设计过程中的反馈收集：根据初期评估方案制定反馈模板，确保团队获得有针对性的意见；使用统计分析方法对收集到的数据进行分析和解读，比较不同维度的结果，找出评估的关键发现和趋势；邀请志愿者、受益群体及合作伙伴参与中期评估，为设计提供建议；利用工具或软件实时跟踪和管理反馈。

（4）完善迭代机制：根据中期评估和反馈，进行评估的修正和优化。具体方法包括制定清晰的迭代计划，并明确每个版本的目标和时间表；设立专门的团队或岗位，持续关注项目效果和受益群体的反馈。

（5）后期评估与长期反馈机制：项目上线或实施后，进行实际效果的评估，并与设计预期进行对比；建立长期的反馈渠道，如定期的满意度调查或年度回顾会议；根据实际反馈，为未来的项目优化提供经验和教训。

3. 反馈通道

企业可以在内外部建立多样化的反馈渠道，以便志愿者、受益人和其他利益相关方能够及时分享他们的反馈，帮助企业不断改进和优化志愿服务项目。反馈方式包括面对面会议、电子邮件、在线反馈表格等。此外，企业还可以定期组织座谈会，邀请志愿服务的参与方讨论和分享他们的经验。为了鼓励更多人参与反馈，可以考虑提供匿名反馈的选项，确保反馈者的隐私和安全。

4. 制定改进方案

基于收集到的反馈进行整理和分析，识别关键问题、制定具体的改进计划和时间表。确保改进计划与企业的战略目标和价值观相一致。对提供反馈的人给予回应和感谢，同时，企业还可以考虑向他们传达改进进展和相应成果，提升参与者的信任度和参与意愿。

（四）项目的宣传推广

1. 内部沟通

企业可以利用内部通信工具，如电子邮件、内部网站、群件（groupware）等定期向员工传递志愿服务的信息。活动报告是一种常见方式，通常需要涵盖目标、参与人数、活动安排、活动成果、活动影响等方面的内容，以便为员工参与志愿服务提供指南。通过这些通信工具，企业可以及时更新志愿服务的最新动态和成果，激发员工的参与兴趣。[①] 此外，企业可以在公司会议、团队会议或部门会议上专门安排时间介绍和讨论志愿服务活动（例如，召开志愿者大会，详见本章第四节）。会议可以邀请专业人士或志愿服务组织的代表分享他们的经验和成功案例，以及企业在志愿服务领域的目标、计划和成果，让更多的员工了解志愿服务活动的重要性和意义。

2. 外部沟通

企业可以在官方网站上专门设置志愿服务的板块，展示志愿服务的项目，提供报名通道和参与方式等信息，便于感兴趣的员工了解活动。在社交媒体上，企业可以发布志愿服务的图片、视频和参与者的感言，与用户进行互动和分享，与其他组织或公众人物进行合作，提升活动的影响力和知名度。

针对一些有推广价值的志愿服务项目，企业可以定期发布新闻稿，介绍志愿服务活动的背景、目标和成果。同时，积极与媒体进行沟通，提供相关的采访机会，让媒体了解企业的志愿服务理念和实践，也可以进一步提升企业志愿服务的影响力。此外，企业还可以委派员工志愿者参加各类志愿服务和公益领域的会议、论坛或公益活动，分享自身在志愿服务领域的经验和成果，增加政府和社会公众对企业的认可和支持。

基于上述分析，企业志愿服务的项目管理也应遵循一定的步骤。

在项目的萌芽期，管理工作的重心落在项目策划。在这一阶段，企业可首先构建一个整体性的框架，明确企业开展志愿服务工作的愿景和使命，

---

① Zack, Michael H., and James L. McKenney. "Social Context and Interaction in Ongoing Computer-supported Management Groups", *Organization Science*, Vol. 6, No. 4(1995): 394-422.

界定服务对象和服务内容的范畴，设计简单明了的管理流程，聚焦内部沟通，纳入基础性指标用于评估项目效果。

随着项目步入发展期，管理工作更为系统化。此时，企业可以对目标受众与社区需求展开更深入的分析与研究，设定更为具体、可量化的目标。在这个阶段，企业可以将里程碑纳入项目的流程设计，加强对项目的过程管理，通过纳入更多的评价指标、定期发布项目报告等方式检验项目的进展情况，同时可以借助外部媒体开展适当的宣传报道。

当项目进入成熟期，企业志愿服务的项目管理工作日趋完善。此时，企业可以根据各种渠道的反馈结果，动态优化管理流程，利用各种方法和工具，提升项目评估的科学性、全面性和及时性，在内外部的沟通中强化与各方的互动，进一步推动志愿服务项目深入人心，提升志愿服务项目的品牌价值。

第三节　构建认同：让员工志愿者行动起来

对企业志愿服务的重视，实际上是对以员工为中心的企业社会责任观的一种响应。[①] 员工作为企业的重要组成部分，他们的积极参与是企业履行社会责任的关键。本节将探讨如何有效地组建员工志愿者协会，包括确定协会的目标、结构设计、角色分配，以及如何制定有效的运作机制。此外，本节还详细介绍了员工志愿者的激励机制，即如何通过物质和非物质的方式激发员工的内在动机，促使他们积极参与志愿服务，这些方式对于员工建立志愿者的身份认同至关重要。通过对这些方面的分析，本节旨在为企业有效地动员员工参与志愿服务提供理论指导和实践建议。

一　员工自组织：志愿者协会的筹建

员工志愿者协会是在企业支持下，由员工自发成立、自主管理的企业内部组织，旨在鼓励员工奉献自己的时间和技能参与志愿服务活动，为社

① Wood, E. "What about Me? The Importance of Under Standing the Perspective of Non-Managerial Employees in Research on Corporate Citizenship", in F. Den Hond, F. G. A. De Bakker, & P. Neergaard (eds.), *Managing Corporate Social Responsibility in Action: Talking, Doing and Measuring* (Hampshire, UK: Ashgate, 2007), pp. 111-126.

会发展做出贡献。员工志愿者协会具有以下主要特征：在成员构成上，员工志愿者协会由公司的全职员工自愿组成，少数企业也鼓励退休或兼职的员工参与协会的活动；在组织结构上，员工志愿者协会有专门的管理团队负责组织和协调活动，他们可以是企业内部的专职员工，可以由核心志愿者兼职担任，在某些情况下也可以是来自第三方的咨询机构的工作人员；在归属关系上，员工志愿者协会由企业发起并支持，是企业内部的一个非正式组织，和企业并没有严格意义上的聘用关系；在活动内容上，员工志愿者协会组织的志愿服务活动既可以结合企业的发展战略，聚焦于与企业业务相关的领域，也可以由志愿者自主发起，但内容并不属于企业倡导的领域。

（一）设计组织架构和关键岗位

组织架构是协会内部各个部门和岗位之间的关系和层级结构。在员工志愿者协会中，一个完整的组织架构包括理事会、监事会和秘书处等基本单元（见图 3-3）。理事会是协会的最高决策机构，由协会成员选举产生，负责制定协会的发展战略，做出重要决策。监事会负责监督协会的财务状况和运作情况，确保协会合规和资源被有效利用。秘书处是协会的行政管理机构，负责企业志愿服务的具体运行，包括招募与培训志愿者、策划与执行志愿服务项目、开展各类外联与宣传推广工作等。

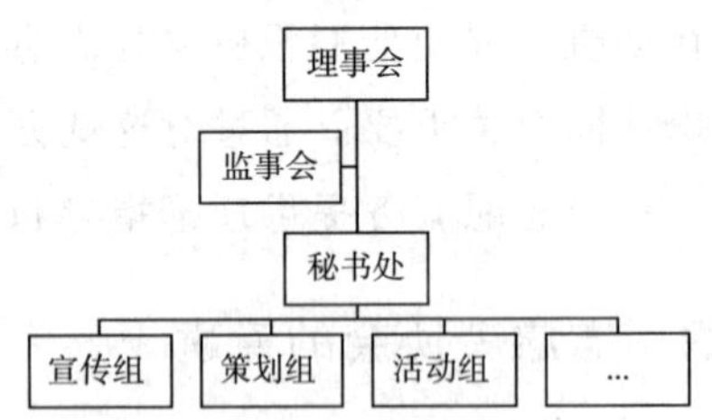

图 3-3 员工志愿者协会的组织架构

关键岗位设计旨在确保协会的各项工作实施专人负责制。相关岗位包括协会主席、会长、秘书长等。协会主席作为协会的领导者，负责协调企业志愿服务的最终决策，主持理事会日常会议，并代表协会与外部合作伙伴交流；协会会长协助主席工作，负责协会的日常运营和管理，包括财务管理、人力资源管理等；秘书长负责协调秘书处的工作，包括文件管理、会议组织、活动的策划和执行等。

在设计员工志愿者协会的组织架构和关键岗位时，需要根据协会的规模和需求进行设计，并与协会成员进行充分沟通。确保各个部门和岗位之间的职责和权限明确，提升工作的协同性和有效性。同时，也要注重培养和发展协会成员的领导潜力，进行人才储备。

【案例】

字节跳动跳跳糖志愿者协会

跳跳糖志愿者协会于2023年3月由字节跳动员工自主发起，旨在发扬“专业、务实、友爱、成长”的精神，更好地整合公司各公益社团的资源与能力，面向社会提供丰富多元的志愿服务。跳跳糖志愿者协会由员工公益委员、公益社团和协会秘书处（筹备组）三部分组成（见表3-1）。各单位成员各司其职，共同推动企业志愿服务工作有序开展。

表3-1　跳跳糖志愿者协会的组织模式

组织形式	人员和任期	工作职责描述
员工公益委员	·职位要求：意愿强、能力匹配、志愿服务经验丰富的全职员工 ·选拔方式：员工匿名选举 ·人数：不超过9人 ·任期：一年（轮选）	1. 负责协会的管理与日常运营。 2. 参与讨论协会年度重点工作方向，参与志愿者协会的年度规划、预算、制度的制定。 3. 带动更多员工践行公益，产出专业公益项目。 4. 参与员工创新项目的选拔，参与讨论员工公益梦想金的使用。 5. 协调组建公益社团并协助开展招募、运营、管理等工作，支持团员发展
公益社团	·职位要求：有公益参与意愿、有组织能力和责任心 ·选拔方式：自荐 ·人数：团长1人，副团长2人，成员不少于15人 ·任期：无要求，社团内部自行决定	1. 自行确定社团关注的公益方向。 2. 自行确立社团的组织机制。 3. 遵循协会统一的管理机制，在此基础上自行管理社团。 4. 保持一定的活跃度，自行招募成员和换届

续表

组织形式	人员和任期	工作职责描述
协会秘书处（筹备组）	·职位要求：企业公益相关部门的全职员工 ·人数：6~7 人 ·选拔方式：由员工公益部、人力资源管理部、企业文化部、行政部、公共事务部、公共关系部、字节跳动公益基金会各选派 1 人 ·任期：一年（可连任）	1. 在筹备阶段拉通认知与资源，推动协会的成立。 2. 在协会正式成立后，支持统筹管理和资源协调等有关工作

资料来源：笔者访谈资料。

【案例】

福特汽车（中国）员工志愿者协会

在公司首席执行官比尔·福特的带领下，福特员工曾先后参与 2004 年的东南亚海啸以及 2005 年美国墨西哥湾海岸飓风的救灾活动。自此以后，福特的员工志愿服务规模不断扩大。2011 年，福特员工志愿者协会在美国正式成立，志愿服务工作也陆续发展到福特公司在全球的各分公司。

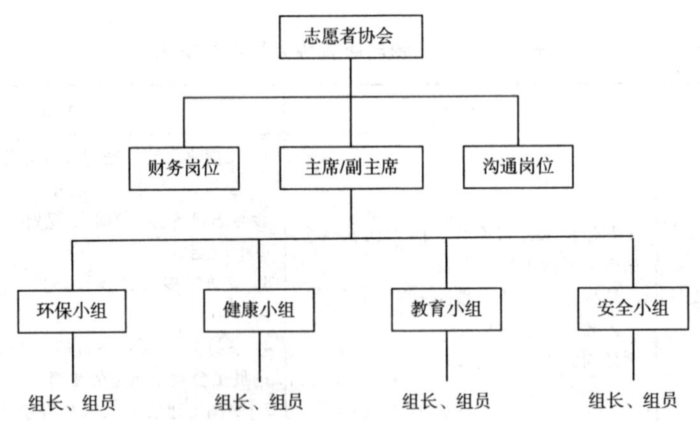

图 3-4 福特汽车（中国）员工志愿者协会结构

2012 年，福特汽车（中国）正式设立了员工志愿者协会。基于各分公司的员工分布情况，福特汽车（中国）员工志愿者协会在上海和南京各设立了一个分支。为了继承并发扬福特汽车在志愿服务领域的长久传统，福特汽车（中国）员工志愿者协会进一步细化为四个专门领域，分别建立了环保、健康、教育以及安全小组。此外，志愿者协会还与第三方机构、多个公益组织建立了广泛的合作关系，积极开展志愿服务工作。在组织架构方面，上海及南京的员工志愿者协会分别设置了主席、副主席职位，以及负责各专门领域的组长和项目负责人。在人员招募上，协会根据不同岗位的具体要求发布招募通知，邀请全公司员工自愿报名参加，并进行选拔。同时，协会还根据员工的个人情况，适时进行岗位调整，以确保组织的高效运作和员工的最佳体验。

在公关部门的协调下，福特汽车（中国）通过引入第三方的专业人士，显著提升了企业社会责任项目的执行效率和影响力。第三方机构的核心职能包括：派遣管理人员常驻公司，负责日常活动的组织与协调，确保包括"福特汽车环保奖"和"福特优行计划"在内的各大公益项目顺利进行；管理和调配项目资金，向福特汽车（中国）公关部门提交年度计划和预算，管理相关经费；在福特汽车（中国）与社会组织之间发挥桥梁和纽带的作用。通过这种高效且专业的协同机制，福特汽车（中国）不仅在履行企业社会责任方面取得了显著成效，也促进了企业文化的深化和员工参与感的提升，展现了企业对社会贡献的坚定承诺。

资料来源：笔者访谈资料。

（二）招募员工志愿者

员工志愿者招募旨在确保协会能够吸引与岗位要求一致的志愿者，并为协会的志愿服务工作提供支持，其流程一般包含发布招募信息、员工申请和志愿者筛选三个环节（见图3-5）。

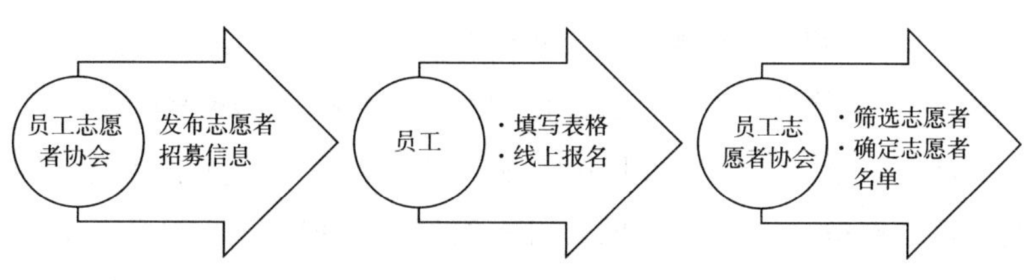

图3-5　志愿者招募流程

1. 发布招募信息

发布志愿者招募信息可通过多种渠道开展，包括企业内网、志愿者协会的官方网站（公众号）、企业邮件、其他企业公共场所等。招募信息应该呈现一系列基本要素，包括协会的背景介绍、招募职位和要求、志愿服务工作的内容和时间安排等。其中，志愿者岗位需求是招募信息的重点内容，应包含岗位名称、志愿服务的目标和服务人群、工作时间和工作地点、岗位职责、工作内容、期望产出、岗位资格（完成该工作所需要具备的特殊技能和经验）、培训计划、工作津贴（保障）等内容（见图 3-6）。

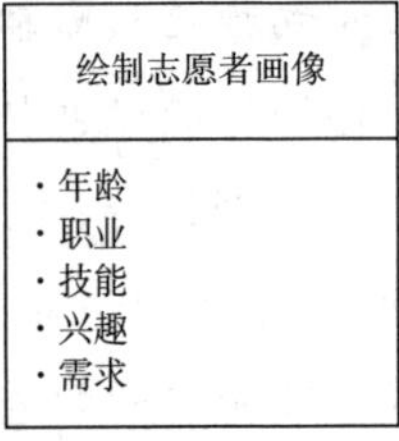

图 3-6　发布招募信息的相关要素

2. 员工申请

感兴趣的员工可以向志愿者协会提交申请。在发布招募公告时，可以要求员工填写一份简洁的申请表格，包括个人信息、相关经验和技能、参与志愿服务的动机、志愿服务意愿等。

3. 志愿者筛选

完成员工申请环节后，协会可以继续开展志愿者的筛选工作。筛选一般包括初步筛选和面试环节。初步筛选主要是指查看员工的申请表格和简历，旨在对员工的背景和资质进行初步评估。面试环节旨在进一步了解员工的动机、能力和适应性，以确定最合适的人选。此外，协会还可以创建一个志愿服务登记系统，邀请员工志愿者完善个人志愿服务信息，储备志愿服务领域的人才。

为了确保志愿者团队的可持续发展，还需要建立一个常态化的选举纳新机制。协会选举可以由协会成员自行组织和管理，确保公正、透明和民主的选举过程。协会成员提名候选人，并通过投票方式选出协会的主席、副主席或其他领导职务。

成员纳新有三种常见形式：一是为志愿者协会定期纳新，目标团体主要是新员工；二是在企业开展活动时，增设公益环节，引导员工关注企业志愿服务并注册成为志愿者；三是根据项目需要发布企业志愿服务信息，招募专项志愿者。

此外，选举纳新制度还应考虑协会成员的流动性问题，并给予协会成员担任不同职务的机会，以此促进协会内部的人才培养和轮岗，让更多的员工有机会担任领导职务或承担更多的责任。人员流动可以通过定期的职务交接和内部选拔等方式进行。

（三）组建内部团队

协会可以根据企业的实际情况选择不同的形式完成内部团队组建，并在每个团队内设置 1~2 个管理岗位（通常为核心员工志愿者兼职担任），带领团队发展。通常而言，组建方式有三种。

1. 按照主题和领域组建

根据员工志愿者的服务意愿，设立社区服务团队、环保团队、教育支持团队等，每个团队专注于特定的志愿服务领域。这样便于根据团队成员的专业背景和兴趣，制定相应的志愿服务计划，更好地发挥员工志愿者的专长，使他们在自己擅长的领域发挥作用。

2. 按照企业业务群组建

根据企业原本的业务部门，设立相应的团队，团队成员由该部门的员工志愿者组成。这样可以更好地将志愿服务与企业业务结合，充分运用员工在业务领域的专业知识和技能，提升团队成员之间的默契度和配合度。

3. 按照分公司地理位置分布组建

如果企业有多个分公司或处在不同地区，可以建立基于地域的志愿者团队，以便更好地满足当地需求，与当地社区民众建立密切联系，了解民众的需求和关注点，并根据情况调整志愿服务的计划和内容。

在组建内部团队的过程中，企业需要注重团队成员的多样性和平衡性。当团队成员来自不同部门、不同层级，具备不同的背景和经验时，企业可以有意识地推动他们的互补和协作，提高团队的创造力和效率。

【案例】

腾讯志愿者协会

自2007年成立以来，腾讯志愿者协会始终致力于推动企业社会责任的实践，目前拥有超过1.3万名活跃的员工志愿者。在腾讯志愿者协会内部，已建立了基于服务主题、企业产品、工作区域的多个分会（见图3-7），并且旨在满足员工的各类志愿需求。腾讯志愿者协会鼓励所有员工参与向善实践，将志愿服务理念在日常工作中落地。在此基础上，腾讯提出“用户为本，科技向善”的企业文化，也进一步提升员工参与志愿活动的积极性。截至2022年底，志愿者协会已组织超过2200次志愿服务活动，累计服务时长超过20万小时，孵化出一系列具有影响力的项目，覆盖了志愿服务的绝大部分领域。这些成果彰显了腾讯志愿者在持续社会价值创新上的努力与承诺，也反映了腾讯在企业志愿服务的实践中不断探索创新。

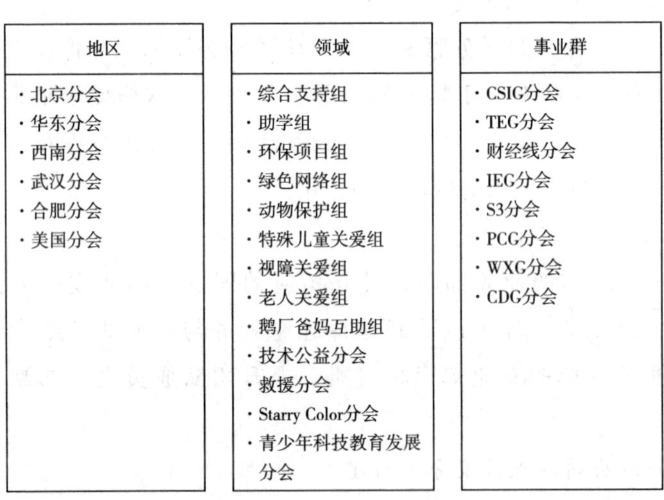

图3-7 腾讯志愿者协会各分会的基本信息

资料来源：笔者访谈资料。

二 员工志愿者的激励方式

激励制度是为了鼓励和表彰员工积极参与志愿服务活动、传播志愿服务理念、推动企业文化建设和社会责任履行而设立的一套规范程序。

（一）提供资源支持

企业可以通过配捐、出借企业资产、捐资捐物等方式为志愿服务提供财政和后勤支持。

（1）配捐：英文称为“Matching Gifts”或“Double the Donation”，是一种由企业推出的公益捐赠制度。企业基于员工为非营利组织工作的时间和企业的平均工资给予一定配比的捐款，通常是1∶1的比例，但有时也可能是2∶1或其他比例。关于配捐制度的介绍，具体可参见第四章第四节。

（2）出借企业资产：允许员工使用企业的设备、场地或其他资源，用于开展志愿服务活动，如提供会议室、办公设备、交通工具等。

（3）捐资捐物：企业可以向员工志愿者协会或相关的慈善机构捐赠资金、物资或其他资源，用于支持志愿服务项目的开展。例如，很多企业会将报废的固定资产（如废旧电脑）通过员工志愿者捐献给相应群体。

（二）设立志愿服务奖项

企业设立志愿服务奖项，用于表彰每年在志愿服务方面表现出色的员工或团队，并邀请公司高层管理者为优秀志愿者和志愿者团队颁奖。颁发志愿服务奖项，可以让员工志愿者们感受到自己的付出被认可和重视，继续参与志愿服务活动。

在正式开始评选前，相关负责部门需要明确参评条件、评选范围和评价指标。奖项一般设置为优秀志愿者和优秀志愿团队两类。

一般而言，评奖的标准包括以下几方面：长期参与志愿服务，事迹感人；参与的志愿服务难度较高，解决了某个突出的社会痛点问题；得到服务对象的高度认可，志愿服务业绩突出；在社会上有较大的影响力，获得荣誉奖项，为企业赢得良好社会声誉。

优秀志愿者及志愿团队的评选程序一般包括活动申报、推荐提名、评审表彰三个环节。首先，由企业相关负责部门发布评选活动指引，动员符合参评条件的志愿者提交申请。其次，评委会本着公平、公正、公开的原则审核申报人的相关信息并开展初评。最后，由企业相关部门对候选人进行第二轮遴选，根据获奖名额确定最终的获奖人，并进行表彰。

（三）进行内外部表彰

内部表彰的形式包括颁发获奖证书、表扬信，并在企业内部宣传优秀志愿者及团队的事迹。

（1）表扬信：通过内部邮件向在志愿服务领域有突出贡献的团队和个人发放表扬信，以认可和感谢他们的付出和贡献。

（2）内部宣传：定期总结志愿服务活动，并通过内部通信、企业网站等渠道宣传员工的志愿服务故事和成就，让企业内其他员工了解和认可志愿者的贡献。这种公开的宣传不仅可以激励被表扬的员工，还可以鼓励更多员工参与志愿服务，在企业范围内营造良好的志愿服务氛围。

外部宣传可通过周边设计、企业报道、员工分享等方式，提升企业的社会形象和品牌价值。

（1）IP/周边设计：通过设计统一的视觉识别系统（如志愿者标识、文创产品），制作与志愿服务相关的周边产品（如T恤、徽章、贴纸等）将志愿服务的理念和品牌形象传递给公众。这些周边产品可以分发给参与志愿服务的员工，让他们在日常生活中展示对志愿服务的支持和认同。同时，这些周边产品也可以作为礼品或赠品，用于宣传企业的志愿服务工作，进一步提升企业的社会形象和品牌价值。

（2）新闻报道：通过创办志愿服务的电子刊物、公众号、视频号等方式，对员工参与志愿服务的事迹和成果进行报道，并在每年的企业社会责任报告中详细地介绍企业开展志愿服务的情况。通过这些宣传报道，让社会公众也能够了解企业的志愿服务进展。

（3）员工分享：邀请员工志愿者在自己的社交媒体上分享参与志愿服务的心得感受。

（四）员工志愿者大会的设计和筹备

员工志愿者大会旨在提供一个平台，让员工可以分享其志愿服务经验、交流志愿服务理念、了解企业的公益策略并参与公益项目的策划和执行。通过这样的活动，企业不仅可以鼓励员工的公益参与，还可以培养员工的团队协作、组织协调能力以及社会责任感。为了确保大会的成功举办，企业也需要对大会的设计、筹备与制度管理进行详细的规划。

1. 策划与设计

根据企业志愿服务的发展需求和目标，确定大会的主题和方向，使之与企业的战略目标相契合。在大会的议程安排、演讲主题和专题讨论等方面，融入年度总结、年度表彰、未来展望等环节，并通过互动活动、工作坊、展览等为员工之间的交流创造机会。

2. 筹备事项

根据参会人数和需求，选择合适的场地和时间（如安排在年会、司庆活动前后），确保志愿者大会能够容纳所有参会者并提供良好的会议环境。大会筹备组成员需要明确各自的职责和任务，准备大会所需的设备、材料并进行场地布置等。此外，一项重要工作是确定邀请嘉宾和专家，并与他们沟通现场的有关事宜。

3. 宣传与员工动员

确定大会的宣传渠道和内容，包括内部通信工具、社交媒体、宣传海报等，分阶段发布大会的预告信息，鼓励员工积极参与大会，分享自己的经验和见解，提升员工的参与感和归属感。

4. 会后跟进与效果评估

通过问卷调查、面谈等方式，收集员工对大会的反馈意见，包括对大会内容、组织和流程的评价，以及改进建议。通过这些工作，评估大会的目标和成效，分析大会对组织发展的影响和贡献，为下次大会的筹备和设计提供参考和借鉴。

第四节　管理者的挑战

企业志愿服务的发展不仅体现了企业对社会责任的承诺，也揭示了现代企业管理中的复杂性与挑战。彼得·德鲁克在《卓有成效的管理者》一书中曾提出，管理者需要时刻审视自己是否对组织有三方面的贡献，分别是直接成果（如销售利润），对价值观的承诺（如树立新的价值观和对这些价值观进行重新确认）和对企业未来发展的推动（如为企业培养未来所需要的人才)。[1] 这一观点为我们理解管理者在志愿服务工作中的角色提供了一个基本框架。

对企业管理者而言，推进和实施志愿服务工作是一个重要的契机，同时也需要面临多方面的挑战。本节致力于深入讨论管理者组织和参与志愿服务时面临的三重挑战，分别是：管理者自身的角色定位和行为导向，以及双重身份引发的悖论问题；管理者如何正确、积极地倡导志愿服务，通过志愿服务提升员工的工作技能和领导力，避免员工对志愿服务的认知产生混乱；在组织动员员工时，如何确保志愿服务工作与企业文化一致，且员工在不断变化的环境中始终保持参与热情。本节旨在通过这些讨论，为管理者提供理论框架和实践策略，帮助他们有效应对在企业志愿服务领域中遇到的挑战，推动企业社会责任的实现与企业文化的积极发展。

一　双重角色：管理者参与志愿服务的身份冲突

变革型领导理论（Transformational Leadership Theory）认为，领导通过鼓舞激励（Inspirational Motivation）、智慧激发（Intellectual Stimulation）、个性化关注（Individualized Consideration）和理想化影响（Idealized Influence），可以激发追随者超越个人利益，共同追求更高目标的能力。[2] 当管理者亲自参与企业组织开展的志愿服务工作时，他们不仅是战略的制定者和决策者，还成为员工的榜样和动力源泉。这种行为展示了变革型领导的关键元素——理想化影响，即管理者通过自己的行为为员工树立了高标准的榜样，传递出企业不仅关心利润更重视社会责任和公益事业的信号。

管理者参与志愿服务等企业公益活动，是重塑员工组织认同、升级企业文化的一个重要契机。管理者对组织文化的观点传递是一项极其复杂而微妙的工作，影响深远。它不但会影响员工对组织共享的价值观和目标的理解，还能为企业树立新的价值观，或启发员工对传统价值观进行重新理

① 〔美〕彼得·德鲁克：《卓有成效的管理者》，许是祥译，机械工业出版社，2020，第52页。

② Bass, Bernard M. "Two Decades of Research and Development in Transformational Leadership", *European Journal of Work and Organizational Psychology*, Vol. 8, No. 1(1999): 9-32.

解和再认同。①

在更普遍的管理场景中，很多学者都对相关问题进行过考察。例如，本杰明·格兰特（Benjamin Golant）等研究者曾以宝洁公司（P&G）为个案，详细探讨了管理者在价值观传递中如何处理时间二元性（Temporal Duality）的问题，及其对员工组织认同的影响。② 他们通过一系列文本分析发现，企业高管在向员工传递“彻底性”（Thoroughness）这个价值观时，采用了一系列微妙、复杂的修辞表达方式，从而将它植入历史的、动态的价值层次中。通过这种方式，他们不但将组织的历史发展与其核心价值观联系起来，即在承载过去理想的“乌托邦主义”与回应当前需求的“务实主义”和“机会主义”之间指引了一条道路，还为员工建立了行动框架，提升了员工对组织文化的认同。这一研究发现对管理学者在志愿服务工作中的价值观传递有启发意义。

此外，如何平衡作为企业管理者和作为志愿服务活动的追随者和参与者之间的身份关系，也是企业管理层在参与志愿服务时面临的一项挑战。③ 在推进社会责任活动时，管理者需要在保持组织核心价值观和身份的同时，找到作为领导的权威和作为普通志愿者的亲和力间的平衡。这要求他们在维护组织身份的核心价值时，具备足够的灵活性，以适应不同情境下的角

① Hu, Jia, Kaifeng Jiang, Shenjiang Mo, Honghui Chen, and Junqi Shi. “The Motivational Antecedents and Performance Consequences of Corporate Volunteering: When Do Employees Volunteer and When Does Volunteering Help Versus Harm Work Performance?” *Organizational Behavior and Human Decision Processes*, Vol. 137, No. C(2016): 99–111; Bussell, Helen, and Deborah Forbes. “How UK Universities Engage with Their Local Communities: A Study of Employer Supported Volunteering”, *International Journal of Nonprofit and Voluntary Sector Marketing* Vol. 13, No. 4(2008): 363–378; Bart, C., Baetz, M. C., & Pancer, S. M. “Leveraging Human Capital Through an Employee Volunteer Program: The Case of Ford Motor Company of Canada”, *Journal of Intellectual Capital*, Vol. 10, No. 1 (2009): 121–134.

② Golant, Benjamin D., John A. A. Sillince, Charles Harvey, et al. “Rhetoric of Stability and Change: the Organizational Identity Work of Institutional Leadership”, *Human Relations* Vol. 68, No. 4 (2015): 607–631.

③ Derue, D. Scott, and Susan J. Ashford. “Who will Lead and Who Will Follow? A Social Process of Leadership Identity Construction in Organizations”, *Academy of Management Review*, Vol. 35, No. 4 (2010): 627–647.

色需求。[①] 如果管理者过分强调领导地位，可能会使志愿活动变得僵化和形式化，损害志愿活动本应有的自发性和创造性。但反之，如果过度淡化领导身份，让自己完全融入普通志愿者之中，又会削弱其对团队的示范和激励作用。

总之，企业管理者在志愿服务中扮演着复杂的角色。有效的管理策略和行动方式对于激发员工的积极参与至关重要，同时也是企业文化发展和社会贡献的关键。通过理解和解决这些角色冲突，管理者可以在推动企业志愿服务的同时，为企业和整个社会做出更大的贡献。

二　公益倡导的尺度：工作绩效与公益表现

第三章第三节曾探讨志愿服务对于员工的自我成长、职业技能发展等方面的作用。从这一问题出发，管理者能否在倡导公益的同时，为员工构建一个全面发展自我的环境，是一个重要且实际的问题。

工作塑造（Job Crafting）是近年来组织行为学和人力资源管理领域兴起的一个新概念，它为理解企业志愿服务中的管理工作提供了可参照的解释框架。该理论强调员工的主动性和自我调整能力，认为员工不是被动地接受工作安排，而是根据自己的需求和目标，主动调整工作内容、工作关系和工作认知。[②] 因此，工作塑造也包含三个维度：任务塑造，指员工调整自己的工作范围、工作量和工作职责；关系塑造，指员工改变自己在工作中的互动对象和互动方式；认知塑造，指员工改变自己对工作的看法和态度。对员工而言，工作塑造可以提升他们的工作满意度、工作投入度和工作绩效；对组织而言，工作塑造可以激发员工的创造力和创新能力，提高组织

---

① Rast III, David E. "Leadership in Times of Uncertainty: Recent Findings, Debates, and Potential Future Research Directions", *Social and Personality Psychology Compass*, Vol. 9, No. 3(2015): 133–145.

② Wrzesniewski, Amy, and Jane E. Dutton. "Crafting a Job: Revisioning Employees as Active Crafters of Their Work", *Academy of Management Review*, Vol. 26, No. 2(2001): 179–201; Tims, Maria, and Arnold B. Bakker. "Job Crafting: Towards A New Model of Individual Job Redesign", *South African Journal of Industrial Psychology*, Vol. 36, No. 2(2010): 1–9; Van den Heuvel, Machteld, Evangelia Demerouti, and Maria CW Peeters. "The Job Crafting Intervention: Effects on Job Resources, Self-Efficacy, and Affective Well-Being", *Journal of Occupational and Organizational Psychology*, Vol. 88, No. 3(2015): 511–532.

的灵活性和适应性。[①] 此外，针对那些原本组织认同度就不太高的员工，管理者可以通过提升其适应性，也即根据环境需求去调整他们的行为、感受、想法等，帮助员工达成工作塑造的目标[②]，如改变与同事的互动方式，以及重新思考工作的意义和目的，从而更好地满足个人的能力需求，达成职业目标。

研究发现，志愿服务的经历可以提升员工的领导力和工作技能，这些能力对于员工回到原本的场景下工作有积极的作用。[③] 结合志愿服务的管理工作，在招募志愿者并为其安排岗位及任务时，一方面需要考虑员工的自主意愿，另一方面也需要考虑员工的个人职业发展，注重开发员工的成长潜力。与此同时，还可以让不同背景和技能的员工在志愿服务场景中协同，继而促进企业内部形成多样性和包容性的文化。例如，IBM的全球志愿服务队打造了一个跨地区、跨文化的志愿者小组，推动了组织内多元文化的发展（详见第四章第一节）。

反之，当企业在员工的评估体系中过度强调公益活动的投入时，可能会触发一系列关于公平和效率的管理难题。从公平的维度审视，过度看重公益表现可能导致员工考评体系的偏颇。一个全面、公正的评估体系应当能够准确反映员工在工作岗位上的表现和对企业核心业务的贡献。然而，当公益活动的参与度成为评估的"重头戏"时，那些出于个人兴趣、家庭责任或其他合理原因而未能积极参与志愿服务的员工可能会遭受不公平的待遇。即便这些员工在工作岗位上表现出众，为企业创造了重要价值，他们也可能因为志愿服务的"缺席"而在绩效评估中处于不利地位。这种情形不仅违背了公平原则，还可能削弱那些优秀员工的工作积极性和对企业的忠诚度。

从效率的角度分析，过度强调志愿服务的参与可能引发员工对工作优

---

① Van den Heuvel, Machteld, Evangelia Demerouti, and Maria CW Peeters. "The Job Crafting Intervention: Effects on Job Resources, Self-Efficacy, and Affective Well-Being", *Journal of Occupational and Organizational Psychology*, Vol. 88, No. 3(2015): 511-532.

② Wang, Hai-Jiang, Evangelia Demerouti, and Pascale Le Blanc. "Transformational Leadership, Adaptability, and Job Crafting: the Moderating Role of Organizational Identification", *Journal of Vocational Behavior*, Volume 100(2017): 185-195.

③ Gordon, Pamela Ann, and Brett Anthony Gordon. "The Role of Volunteer Organizations in Leadership Skill Development", *Journal of Management Development* Vol. 36, No. 5(2017): 712-723.

先级的误判。在企业的激励机制和文化导向下，员工容易形成一种错觉，即参与公益活动比完成日常工作任务更能获得组织的认可和奖励。这种判断可能导致员工在工作与公益活动之间的平衡发生倾斜，甚至出现本末倒置的现象，将更多的时间和精力投入到志愿服务和其他公益活动中，而忽视了对本职工作的专注和投入。这种失衡不仅可能降低员工的工作绩效，还可能对企业的整体运营效率产生负面影响，进而损害企业的长期竞争力。

因此，企业在设计员工绩效评估体系时，必须审慎考虑志愿服务和其他公益活动的定位和权重。在积极推动员工参与志愿服务的同时，也要避免其成为影响评估公平和员工工作效率的障碍。通过构建科学、合理的评估机制，企业可以更好地激发员工的潜能和创造力，实现企业与员工的共同发展。

三　推动员工的长期参与：工作设计的维度

企业志愿服务项目的启动、管理、实施和扩展取决于员工志愿者长期的努力。[①] 长期参与志愿服务的员工不但为志愿服务项目做出贡献，还常常说服同事、主管和下属加入志愿服务工作。[②] 此外，当员工长期坚持志愿服务时，他们可以赢得关键利益相关者的信任，这也使得他们有机会做出更有价值的贡献。[③]

管理学家亚当·M. 格兰特（Adam M. Grant）融合了工作设计、角色认同、志愿服务动机三个领域的观点，提出了一个让员工在不断变化的内外

---

① Muthuri, Judy N., Dirk Matten, and Jeremy Moon. "Employee Volunteering and Social Capital: Contributions to Corporate Social Responsibility", *British Journal of Management,* Vol. 20, No. 1 (2009): 75-89.

② Wood, E. "What about Me? the Importance of Under Standing the Perspective of Non-Managerial Employees in Research on Corporate Citizenship", in F. Den Hond, F. G. A. De Bakker, & P. Neergaard (eds.), *Managing Corporate Social Responsibility in Action: Talking, Doing and Measuring* (Hampshire, UK: Ashgate, 2007): 111-126; Muthuri, Judy N., Dirk Matten, and Jeremy Moon. "Employee Volunteering and Social Capital: Contributions to Corporate Social Responsibility", *British Journal of Management,* Vol. 20, No. 1 (2009): 75-89.

③ Booth, Jonathan E., Kyoung Won Park, and Theresa M. Glomb. "Employer-supported Volunteering Benefits: Gift Exchange Among Employers, Employees, and Volunteer Organizations", *Human Resource Management,* Vol. 48, No. 2 (2009): 227-249.

部环境中持续投入志愿服务的工作设计方案（见图 3-8）。他认为，当员工的本职工作无法满足员工的需求时（如对任务重要性、社会丰富性和知识多样性的需求），员工更愿意通过参与企业志愿服务来寻求补偿。这种补偿性参与可以激活员工的亲社会动机，以及在自我提升、归属感、自我保护和职业发展等方面的需求。研究进一步指出，企业志愿服务项目的设计（见图 3-8和表 3-2）对于满足这些补偿动机至关重要，这不仅能提升员工对参与志愿服务的满意度，还能激发其长期参与的意愿。长期参与的关键是志愿工作角色成为员工自我概念的一部分。随着参与次数的增加，员工通过观察自己的行为并基于这些行为调整自我认知，从而将志愿者身份内化。组织层面的因素，如志愿工作压力、匹配激励、认可和管理支持等，对于促进或阻碍志愿者身份的内化也有重要作用。此外，志愿服务的目标与员工的价值观一致性对于加强这种身份认同也至关重要。因此，管理者在设计和实施志愿服务活动时，需要支持员工的内在动机和身份发展，从而促进其长期的志愿服务参与。

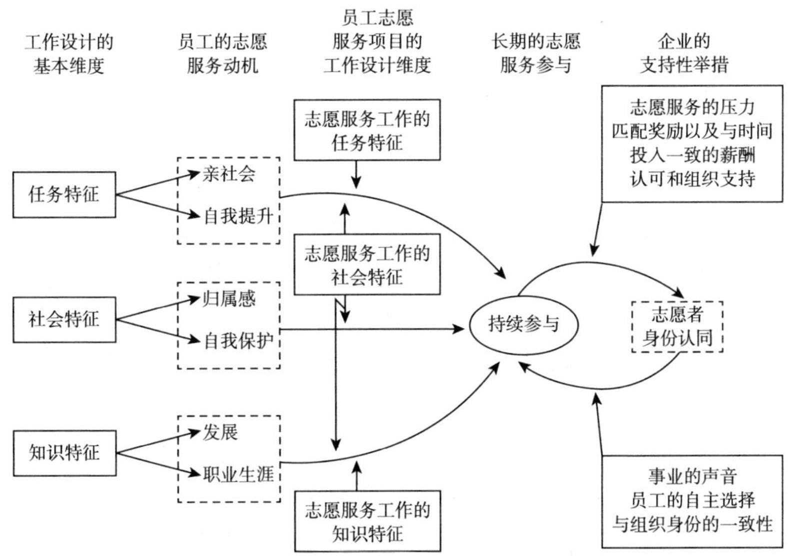

图 3-8　员工志愿服务的工作设计方案

资料来源：Grant, Adam M. "Giving Time, Time after Time: Work Design and Sustained Employee Participation in Corporate Volunteering", *Academy of Management Review*, Vol. 37, No. 4 (2012): 589-615。

表 3-2 志愿服务项目特点示例

志愿服务的项目类别	志愿服务的项目特征	示例
任务特点	任务重要性（Task significance）	洛克希德·马丁公司（Lockheed Martin）的员工自愿为受伤士兵提供帮助，这对他们的健康有着重要影响
	任务标识（Task identity）	在麦格劳·希尔公司（McGraw Hill），员工在准备营销材料、设计网站内容、申请拨款和撰写年度报告几方面，为公众提供义务性的沟通服务
	自治（Autonomy）	在富国银行（Wells Fargo），员工可以花四个月的时间义务帮助他们自行选择的非营利组织开展工作
	反馈（Feedback）	在易贝（eBay）、第一资本金融公司（Capital One）和尤纳姆集团（Unum），管理人员收集公司志愿工作如何影响所服务社区的数据
社会特征	相互依存（Interdependence）、友谊机会（Friendship Opportunities）、与内部人士的互动（Interaction with Insiders）	在安泰公司（Aetna），员工自愿组队提供救灾、教育、社区建设和医疗服务
	与受益人的联系（Beneficiary Contact）	在西南航空公司（Southwest Airlines），飞行员每周都会和小学生们见面，为他们提供指导
知识特点	技能多样性（Skill Variety）	埃克森美孚（Exxon-Mobil）的员工自愿在非洲从事预防疟疾的志愿服务工作，利用技能筹集资金购买并分发蚊帐，并协助从事医疗和健康方面的交流
	专业化（Specialization）	在卡夫食品公司（Kraft），员工们通过在马达加斯加的一家果酱制造厂做志愿者来提升他们的产品开发和包装技能
	信息处理（Information Processing）	在礼来制药（Eli Lilly）员工自愿帮助企业制定提高效率的战略
	解决问题（Problem Solving）	IBM 员工自愿为发展中国家的经济和信息技术发展提供创造性的解决方案

资料来源：Grant, Adam M. "Giving Time, Time after Time: Work Design and Sustained Employee Participation in Corporate Volunteering", *Academy of Management Review*, Vol. 37, No. 4 (2012): 589-615。

此外，作为志愿服务的组织者和推动者，管理者不仅要确保这些活动能够产生实际效果，还需建立持续的评估和反馈机制。这样做的目的是监控志愿服务的成效，确保这些努力不仅仅是一次随机性的尝试，而是能有效地响应社会需求。

然而，当员工参与变成了一种非正式的准职责要求时，可能会引起员工对“变相生产剥削”的担忧。对管理者而言，这一挑战要求他们在激励员工参与的同时，更谨慎地权衡和调整策略，以确保志愿活动的自愿性和其对企业文化的积极贡献。

在动员员工参与志愿服务的过程中，管理者应该确保志愿活动不会干扰到企业的日常管理，并考虑为员工志愿者提供适当的补偿，例如为参与志愿服务的员工提供带薪假期或其他形式的福利，以表达对他们贡献的尊重和认可。这种做法不仅能够提升员工的参与热情，也强化了企业对员工福利和社会责任的承诺。

第四章 走向专业主义

在过去数十年中，志愿服务不仅架起了个人与社会问题之间的桥梁，更成为非营利组织运营的关键支撑，同时也在对公民参与（Civil Participation）的讨论中占据了核心地位。随着志愿服务在组织层面的成效越来越显著，它不仅促进了公益组织、企业和政府之间的合作，也对透明度、效率和问责制等提出了新的要求。[①] 这促使学者们重新审视志愿服务的专业化进程，提出了许多新的研究问题。

本章旨在深入分析企业志愿服务的专业化发展及其面临的动态张力。通过探讨志愿者管理、项目运行、制度建设以及资源分配这 4 个关键维度，进一步探讨专业化如何塑造企业志愿服务的发展方向和成效：志愿者管理关注如何有效招募、培训、激励和保留志愿者，以确保企业志愿服务的顺利进行，这项工作不仅旨在提升志愿者的个人技能，更关乎如何通过系统化的管理策略激发志愿者群体的潜力和热情；机构设置关注企业究竟是成立一个专门化的部门，还是在既有的组织架构中嵌入一个专项工作单元；项目管理聚焦项目的资源筹集和分配、目标管理、内容建设三方面的内容；制度建设着眼于建立一套支撑志愿服务专业化的政策和程序，常见的制度包括志愿服务假制度、配捐制度和议事制度，它们旨在为志愿服务提供一个明确、公正的操作框架。本章通过对这四个面向的深入探讨，聚焦志愿服务的实务工作和企业案例，并在此基础上探讨在企业志愿服务专业化发展路径上的管理挑战，帮助读者理解企业志愿服务专业化发展的复杂性和多样性。

---

① Eisenberg, E. M., and Beth Eschenfelder. “Applied Communication in Non-profit Organizations”, in L. Frey & K. Cissna (Eds.), *Routledge Handbook of Applied Communication* (New York, NY: Routledge, 2009), pp. 355-379.

第一节　志愿者的专业化 vs. 职业化

“志愿者的专业化”（Professionalization of Volunteers）与“志愿者的职业化”，（Professionalism of Volunteers，也称专业志愿者）是两个相辅相成的概念，它们虽然在语义上相近，但在志愿服务实践中具有不同的内涵和重要性，共同构成了现代企业志愿服务的重要趋势。[①] 在分析这两个概念的内涵之前，需要首先明确志愿服务的概念。事实上，不同的学科对这一问题的讨论有各自的侧重。例如，社会学家罗伯特·普特南（Robert Putnam）认为，志愿服务是在社会层面衡量民主参与、公民意识、社会资本与信任的一项重要指标，[②] 社会心理学家，如马库斯·斯奈德（Markus Snyder）则认为，志愿服务是志愿者在组织环境中进行的持续性身份投入，是一种处于自发的旁观者干预（Spontaneous Bystander Intervention）与高度责任性照护（Highly Obligated Care-giving）之间的混合型助人行为。[③] 由此观之，不同的学科取向和分析层次决定了对专业化和职业化的解读。

专业化的概念强调结构和过程（如志愿服务组织的规范化和官僚化）在塑造专业技能上的功能，[④] 以及专业化对组织战略及核心价值观的影响。[⑤] 职业化的本质是一种特殊的职业身份地位，其分析层次主要在个体层面，涉及一系列具体的工作规范，如客观、公平、响应及时、公私有别等，以及志愿者在物质、情绪等维度上的劳动过程。[⑥] 因此，员工志愿者的专业化和职业

---

① Ganesh, Shiv, and Kirstie McAllum. “Volunteering and Professionalization: Trends in Tension?” *Management Communication Quarterly*, Vol. 26, No. 1(2012): 152–158.

② Putnam, R. D. *Bowling Alone: the Collapse and Revival of American Community*(New York, NY: Simon & Schuster, 2000).

③ Snyder, M. Psychology of Volunteerism. in N. J. Smelser & P. B. Baltes(eds.), *International Encyclopedia of the Social And Behavioral Sciences*(Amsterdam, Netherlands: Elsevier, 2001), pp. 16308–16311.

④ Ganesh, S.. the Myth of the Non-governmental Organization: Governmentality and Transnationalism in An Indian NGO, in G. Cheney & G. Barnett(eds.), *International and Multicultural Organizational Communi-cation*, (Creskill, NJ: Hampton Press, Vol. 7, 2005): 193–219.

⑤ Simpson, Mary, and George Cheney. “Marketization, Participation, and Communication within New Zealand Retirement Villages: A Critical-rhetorical and Discursive Analysis”, *Discourse and Communication*, Vol. 1, No. 2(2007): 191–222.

⑥ Cheney, George, Daniel J. Lair, Dean Ritz, and Brenden E. Kendall. *Just a Job? Communication, Ethics and Professional Life*(Oxford, UK: Oxford University Press, 2010), pp. 49–94.

化发展也使得企业志愿服务有两个发展重心，前者关注对志愿者的专业化管理和能力培养，后者注重在制度层面帮助员工志愿者树立职业精神。

一 员工志愿者的专业化

（一）志愿者的信息管理

注册登记制度的实施有助于规范志愿者协会的运作，并提供一种有效的管理和监督机制。员工志愿者需要满足一定的条件和要求，如是该企业的正式员工、具备志愿服务意愿和参与精神，并愿意遵守协会的章程和规定等。随后，员工需要按照规定的流程进行志愿者注册，包括填写注册表格、提供相关证明文件和个人信息，并接受协会的审核和审批。审核通过后，在相应的系统上进行登记备案。协会需要建立和维护志愿者的注册记录，包括志愿者的个人信息、注册日期、参与志愿服务活动的内容和时间等，定期更新这些信息，以确保信息的准确性和完整性，并对注册志愿者享有的各项权利和义务进行清晰说明。目前，很多企业都开展了上述工作，即通过运行员工志愿者登记系统，将志愿者的能力和志愿服务的具体任务匹配起来。[①] 辉瑞全球健康研究员计划就是其中一个例子，该计划在筛选员工时，主要关注员工在知识和技能上的稀缺性和适配性。[②]

【案例】

IBM 的志愿者登记体系

为了更好地对志愿者进行管理，IBM 创建了一个面向内部的志愿服务信息化平台。该平台包含多个子系统，旨在实现数据展示、信息登记、项目推送、报告整理等多个功能，以此形成员工的技能和非营利组织需求的匹配。

（1）数据展示系统：收集、统计、展示公司内所有开展的志愿服务项

① Pless, Nicola M., Thomas Maak, and Günter K. Stahl. "Promoting Corporate Social Responsibility and Sustainable Development through Management Development: What Can Be Learned from International Service Learning Programs?" *Human Resource Management*, Vol. 51, No. 6(2012): 873–903.

② McCallum, Shelly, Melissa Ann Schmid, and Lawrence Price. "CSR: A Case for Employee Skills-Based Volunteering", *Social Responsibility Journal*, Vol. 9, No. 3(2013): 479–495.

目信息，包括对项目进行分类、对服务时长进行计算、对数据进行可视化处理。员工志愿者可以从项目列表中选择他们感兴趣的项目。

（2）信息登记系统：志愿者可以在系统上完善个人的志愿者名片，包括申请动机、个人特长、期望在志愿服务过程中学习的技能等信息。

（3）项目推送系统：将志愿服务项目信息定期通过电子邮件发送给填写了资料的员工志愿者。此外，该系统还可以帮助志愿者找到他们附近的社区服务项目。

（4）报告整理系统：用于整理有关志愿服务活动的报告，制作演讲材料，员工志愿者可以利用现成的演示文稿、视频、参考链接和软件工具。

资料来源：笔者访谈资料和 IBM 官网。

（二）志愿者的能力建设：两种培训体系

1. 以志愿者为中心的培训体系

以志愿者为中心的培训体系是一种聚焦志愿者个人发展、需求和经验的培训模式。这种培训体系强调个性化和参与者主导的学习过程，重视提升志愿者的技能、知识水平和能力，以便他们在志愿服务中更有效地贡献自己的力量。在这种体系中，培训内容和方法会尽量适应每个志愿者的特定兴趣、技能水平和可用时间。提供个性化的学习计划、灵活的培训安排，以及能满足志愿者兴趣和需求的多样化培训材料从而提高他们的参与度和满意度。为了引导志愿者有序实现角色的转变，这类培训课程通常会分为入门、初级、中级和高级四个层次。

入门课程旨在介绍志愿服务的基本概念、原则和价值观，同时强调企业社会责任和企业志愿服务的重要性。课程内容一般涵盖志愿服务在企业文化中的角色、企业员工作为志愿者的独特价值和责任，以及如何将个人技能和专业知识应用于志愿服务中。此阶段的培训旨在激发员工参与志愿服务的兴趣和热情，同时强调员工在提升企业品牌形象和社会贡献中的作用。

初级课程侧重于提升员工在志愿服务中所需的沟通、合作和问题解决能力以及专业技能在非营利组织中的应用。

中级课程旨在为员工志愿者从活动参与者发展为项目组织者做好准备。

课程将详细介绍项目需求分析、目标设定、计划制定、资源整合、执行监督以及评估反馈等内容，通过引入企业资源规划和项目管理工具，帮助员工志愿者更高效地管理志愿服务项目，掌握评估项目成效的科学方法。

高级课程旨在进一步提升员工志愿者的领导能力和战略规划技能，特别是在管理复杂项目、跨部门协作及处理与外部合作伙伴关系方面的能力。课程通常会探讨如何通过志愿服务项目推动社会变革、促进社区发展，以及如何有效利用企业的资源和网络来提升项目的社会影响力。此外，培训还可能包括公众演讲、媒体沟通和社交媒体使用的技能，以便员工志愿者能够更有效地推广项目成果。

通过上述培训体系，员工志愿者不仅能够在个人发展和职业技能上获益，同时也能够更好地将企业资源和专业技能应用于公益事业，为社会带来积极的影响。

2. 以志愿服务项目为中心的培训

以志愿服务项目为中心的培训体系旨在服务于特定项目而非志愿者。培训内容紧密围绕项目目标、任务要求以及相关的操作流程，帮助志愿者快速投入具体的服务工作。这种培训体系通常会采用标准化的培训模块，旨在提升团队协作技能、项目管理知识水平以及特定领域的专业技能。

（1）项目背景介绍：培训首先提供项目的详细背景信息，让员工志愿者深入了解项目的起源、目标、旨在解决或满足的社会问题或需求，及其对社区或受益人的潜在影响。

（2）工作流程和操作指南：包括项目的具体工作流程、时间规划及操作指南，旨在帮助员工志愿者掌握项目实施的详细步骤，了解他们在项目中的角色、职责以及如何与团队成员有效合作。通过实用的操作指导，帮助员工志愿者清晰地理解项目框架和工作方式。

（3）沟通技巧：与项目相关的沟通技巧，特别是如何与受益人、合作伙伴和社区成员进行有效沟通。同时，培训也将涵盖团队内部协作的实践案例，培养志愿者在团队环境中的问题解决能力。

（4）专项技能培训：根据不同项目的需求，提供相应的专项技能培训。例如，针对社区服务项目，介绍社区服务的基本概念、服务对象特征、注意事项、案例分析以及实战演练等。这一环节特别强调了解服务人群的具体需求，以及如何与他们建立有效的沟通和互动。

总的来说，培训需要注重互动与实践，通过举办不定期沙龙分享、志愿者内部交流会、团队建设活动等，满足不同员工的学习需求。通过这些方式，员工不仅能够在个人和职业层面受益，也能够通过参与志愿服务为社会带来积极的变化。

（三）志愿者的风险管理

企业志愿服务的专业化发展不仅要求对项目的有效规划和执行，还必须包括对潜在风险的管理。越来越多的研究指出，风险管理是确保志愿服务项目成功、可持续发展的关键环节，对于提高志愿者的留任意愿、促进企业志愿服务的可持续发展至关重要。①

（1）志愿者保险：针对志愿服务过程中可能出现的风险，完善的志愿者保险应该覆盖两方面：一是人身意外伤害保险，确保志愿者受到伤害之后能够得到相应的补偿和保障；二是志愿服务责任保险，在志愿者因过失给服务对象造成伤害时，为服务对象提供补偿和保障。

（2）志愿者风险专项基金：有能力的企业可以设立志愿者风险专项基金专门用于援助在志愿服务过程中遭遇重大事故的志愿者。对突发公共事件中志愿者出现人身伤亡事故的，由专项基金进行赔偿。

（3）安全培训教育：为志愿者提供必要的安全培训和指导，使志愿者了解如何应对紧急情况、使用安全设备和遵守安全标准等。

（4）风险评估和应对：企业应实施志愿服务项目的风险评估，并制定相应的风险管理计划。这包括识别潜在的安全风险和危险因素，并采取相应的措施来减少和应对这些风险。

（5）紧急响应和援助：企业应建立紧急响应和援助机制，包括提供紧急联系人的信息、建立紧急联系渠道、提供紧急援助和协助等，以应对志愿者在服务期间可能遇到的紧急情况。

（6）安全报告和反馈机制：企业应建立安全报告和反馈机制，鼓励志愿者及时报告任何安全问题或意外事件。同时，企业还需及时对这些报告

① Hager, Mark A., and Jeffrey L. Brudney. "In Search of Strategy: Universalistic, Contingent, and Configurational Adoption of Volunteer Management Practices", *Nonprofit Management and Leadership*, Vol. 25, No. 3(2015): 235-254.

进行处理和跟进，采取适当的措施来解决问题并预防类似事件再次发生。

（四）志愿者的退出机制

由于志愿服务本身是无偿的，传统的志愿服务研究假定志愿者可以自由地离开，不需要承担任何后果，因而也不需要正式的退出机制[①]，但这其实忽略了一些潜在的负面因素，即志愿者的退出确实会对组织的管理和项目的运行带来较大的影响。在企业志愿服务的专业化发展中，构建一个明确的志愿者退出机制至关重要。这一机制有助于保护志愿者和组织双方的权益，同时确保志愿服务活动的有序运行。退出机制应包含以下基本要素。

（1）申请、审批和执行程序：员工志愿者应有权通过书面或电子方式向志愿服务协调部门提出退出申请，阐述退出的原因和计划时间。相关负责人需与申请者进行深入沟通，全面了解其离开的动机和需求，并基于组织的实际情况作出审批决定。一经批准，应立即更新员工志愿者名单，并通知相关团队和部门，以确保工作平稳对接。

（2）后续事项管理：详细规定员工志愿者在退出时应如何归还组织提供的资源、物资和设备。同时，明确他们在退出后是否有资格再次加入志愿服务活动，以及相关的条件和流程。这些细节的明确，有助于避免潜在的纠纷，并推动组织资源的有效管理。

（3）志愿者回访：相关人员可考虑同退出的员工志愿者进行面谈，了解他们对志愿服务工作的反馈、评价和建议。同时，向员工志愿者提供组织对其贡献的正式评价并对其表示感谢，以促进双方未来的合作。

通过设置这样的退出机制，企业不仅能够提升企业志愿服务的管理水平，还能够更好地支持员工志愿者，提升企业的内部形象和团队凝聚力。

二　员工志愿者的职业化：一种新的工作模式

职业化的志愿者（也称作专业志愿者，或基于技能的志愿者）有两个

---

① Iverson, J. O. "Communicating Belonging: Building Communities of Expert Volunteers", in M. W. Kramer, L. K. Lewis, & L. M. Gossett (eds.), *Volunteering and Communication: Studies from Multiple Contexts (Vol. 1)* (New York: Peter Lang, 2013), p. 48.

核心特征。其一是这类志愿者具备特定专业技能和知识，并自愿、无偿地将其与非营利组织的特定需求相匹配。[①] 这些志愿者可能来自不同行业，如医疗、教育、工程等，例如，医生和护士在灾区提供紧急医疗服务；工程师参与社区的基础设施建设；等等。其二是这类志愿者具备职业精神（Professionalism），即他们提供的服务是基于专业标准和职业道德来执行的，也即志愿者服务不仅发扬了志愿者们的善心和自愿性，而且运用他们的专业能力，展现了他们的职业态度。[②]

在过往的公众和学术讨论中，志愿工作与职业精神被严格区分。例如，一些学者认为业余主义是志愿服务的一个显著弱点，即公益机构用业余的方法（如用道德劝诫、宗教指导来帮助弱势群体，而不是医疗补助和就业训练）来处理公共服务中的问题，例如，照顾穷人、精神病患者以及未婚妈妈的责任往往被委托给了好心的业余人士，他们的主要职责是一般性照护，而不是医疗救助或就业培训这类更有价值的工作。[③] 此外，有意区分志愿工作和职业精神的观点还隐含了性别刻板印象，将志愿劳动看作较为弱势、女性化的活动，着重其情感与关怀的属性，同时也将职业化的劳动视为更值得尊敬、带有男性特质的工作，强调效率与产出的价值。[④] 将志愿服务与职业精神相结合，不仅为志愿服务事业注入了更大的动力和生产力，也正面肯定了志愿者的贡献与价值。这种融合为志愿者提供了相应的社会地位与尊重，打破了性别刻板印象，重新定义了志愿服务的重要性和其在社会中的地位。

企业志愿服务的职业化包括以下几项关键工作。

（1）选拔与匹配：设计一套有针对性的选拔流程，确保选出的志愿者拥有项目所需的职业化技能和实践经验。此外，企业还需要确保志愿项目

---

① Dempsey-Brench, Kiera, and Amanda Shantz. "Skills-Based Volunteering: A Systematic Literature Review of The Intersection of Skills and Employee Volunteering", *Human Resource Management Review*, Vol. 32, No. 4(2022): Article. 100874.

② 翟燕：《专业志愿服务理论与实践》，中国人民大学出版社，2022，第 11~13 页。

③ Nesbit, Rebecca, Robert K. Christensen, and Jeffrey L. Brudney. "The Limits and Possibilities of Volunteering: A Framework for Explaining the Scope of Volunteer Involvement in Public and Nonprofit Organizations", *Public Administration Review*, Vol. 78, No. 4(2018): 502-513.

④ Wilson, John. "Volunteering", *Annual Review of Sociology*, Vol. 26, No. 1(2000): 215-240; Pearce, Jone L. *Volunteers: the Organizational Behavior of Unpaid Workers*(London, UK: Routledge, 1993), p. 31.

与员工的职业化技能和企业的战略目标相匹配，以充分利用员工的专长并推动企业目标的实现。

（2）制度建设：建立志愿服务假（Paid Leave for Voluntary Service）或者社会公益假（Social Sabastical）制度，让员工可以有一段较长的时间，全身心地投入到公益事业中。

（3）项目管理与评估：有效的项目管理和持续的跟踪评估是确保志愿服务项目成功的重要因素。在推动员工志愿者的职业化发展时，企业应实施系统的项目管理机制，包括明确的目标设定、进度监控和效果评估。此时的一个重要工作是，理解员工参与志愿服务的内在动机，分析志愿服务与员工工作绩效之间的关系，这对于设计有吸引力的志愿项目和提升员工参与度至关重要。通过深入研究这些内容，企业可以更有效地激发员工的积极性，提高项目的参与率和成功率。

（4）文化与形象建设：通过具体的志愿服务项目，进一步强化员工志愿者的职业精神，包括理想信念、专业态度、职业道德、尽责性、信誉等维度。通过这些工作，在企业内部构建一种积极向上的文化氛围，提升志愿者团体在企业内外的形象。

通过上述措施，企业不仅能够有效地履行社会责任，同时也为员工提供了个人和职业发展的机会，进而推动企业的长期发展和品牌建设。

【案例】

IBM：全球志愿服务队

自20世纪初以来，IBM便开启了一段深刻的社会责任旅程。早在20世纪初，IBM的创始人托马斯·J. 沃森（Thomas J. Watson）就鼓励员工投身社区服务，积极贡献自己的时间与才华。这种对社会贡献的承诺，孕育了IBM独特的志愿服务与捐赠文化。随着公司的不断成长，IBM的企业志愿服务项目也逐步发展，不断深化和拓展员工的专业志愿服务。

IBM于2008年发起成立“企业全球志愿服务队”（Corporate Service Corps，CSC），每年从全球选拔具备不同的文化背景和管理技能的员工，以团队的形式，参与跨地区、跨国界的社会服务项目，与当地政府及非政府组织一起，共同应对教育、人道主义工作、网络安全和经济发展方面的复杂挑战。自 2008 年以来，IBM CSC 已经派遣 8400 多名员工志愿者组成专家团队，在 54 个国家和地区与公益组织共同落地了 470 个公益项目，帮助社区应对各种挑战。到 2022 年，IBM 志愿者已超过 10 万人，累计服务时长超过 43.7 万小时。

IBM CSC 每年从全球范围挑选 500 名优秀员工。在选择员工参加 CSC 计划时，IBM 会发布一份全球企业公告，鼓励不同经验水平的员工申请。想要参加 CSC 团队的 IBM 员工需要在 IBM 工作三年及以上，随后向 IBM 提出申请，说明自己过往的志愿服务经历以及个人的工作和技能情况。被录取后，志愿者会被分成不同的志愿服务团队。每支队伍 10~15 人，涵盖 5~9 个国家。志愿者需要利用私人时间，接受为期三个月的技能学习和团队建设培训，随后接受考核。考核通过率在 10%以下。团队成员在全球不同的 IBM 办公室工作，因此培训以线上形式展开，每周会举行一次线上会议开展团队建设，学习如何使用学习系统来传送和管理相关任务，以及学习在跨国团队工作方面的沟通技巧。在这一阶段，IBM CSC 团队协调员、来自 CSC 项目实施国的国家顾问，以及以前在同一国家参与过 CSC 项目的 IBM 志愿者也会协助开展培训工作。通过考核的志愿者需要在临出发前 1 个月远程和合作的公益机构建立联系，参与为期一个月的海外驻点咨询志愿服务。项目结束后，团队还需要接受满意度调查，交付项目报告，并继续跟进受益机构在项目结束后事件的进展。

首先，严格的志愿者筛选可以帮助企业选择具备相应技能和经验的志愿者，确保他们能够胜任海外志愿服务工作。其次，完备的培训制度可以提高志愿者的能力和专业素养，使志愿者能够在实际参与志愿服务的过程中形成更默契的团队协作，在遇到紧急情况或复杂任务时也可以保证志愿服务的专业性与质量。此外，通过建立严格完备的志愿者招募管理制度，企业可以树立一个负责任的品牌形象，吸引更多有潜力的员工志愿者加入，形成一支高素质的企业志愿者队伍，实现企业志愿服务的可持续发展。

2009 年 CSC 进入中国，为推进中国各地区的中小企业、地方政府和社会机构提供在国际交流合作、医疗卫生、职业/创业辅导等方面的工作提供了专业支持。

（1）2009 年 4 月，第一支派遣到中国的 IBM CSC 共 7 名志愿者到成都，服务于汶川地震后灾区的发展建设工作。在志愿服务过程中，IBM 志愿者协同中国的软件研发团队，充分发挥 IBM 技术优势，帮助搭建了一个 IT 平台对救灾物资进行数字化管理，提高了灾后物资的配送和分发效率。此外，IBM 志愿者们也在高新技术信息化、中小企业培训等领域，为成都的经济社会恢复发展做出贡献。

（2）2014 年 11 月，IBM CSC 的 12 名志愿者去到武汉，在一个月时间里，为武汉市服务外包行业协会的三家企业提供分析洞察以及全球实践案例分享方面的义务咨询，助力这些企业提升竞争力，实现创新转型和可持续发展；为武汉青年创业中心、武汉青年创业促进会提供了公益咨询服务，并帮助一些本地组织建立数据库、进行数据管理；到武汉百步亭社区，开展青少年父母教育研讨会以及青少年互动活动，分享东西方文化中的家庭教育实践，帮助青少年提升全球视野与创新精神。

（3）2018 年，来自 10 多个国家的 54 位 IBM 专家志愿者组成 4 支队伍，到常州、成都、深圳和北京，针对教育、健康、社区开展服务，惠及当地儿童、学生、残疾人及老年人等。2018 年 11 月，IBM CSC 来自 9 个国家的 15 位志愿者，以“科技赋能，关注认知障碍”为主题，在北京开展了为期四周的志愿服务活动。他们联合北京大学第六医院记忆障碍与诊疗研究中心、北京中医药大学第三附属医院等 5 家机构，分别围绕意识、诊断、医疗、看护四个方面共议建立老龄服务有机体的策略，以提升医疗机构的服务能力。

通过这个平台，IBM 员工利用自己的专业技能和公司资源，为全球的经济和社会发展贡献力量，体现了 IBM 作为全球公民的责任感和使命。这些努力不仅帮助社区解决了眼前的问题，更在促进和理解全球社会创新实践方面发挥了积极作用，展示了企业志愿服务在现代社会中的重要价值和影响力。

资料来源：笔者访谈资料和 IBM 官网。

【案例】

谷歌研究员计划

谷歌研究员计划（也称奖学金计划，Google.org Fellowship）项目于 2019 年 1 月推出，是谷歌面向企业内负责开拓技术的核心人才/研究员打造的专业志愿服务项目。谷歌研究员计划项目给予谷歌研究员长达六个月的时间，让他们以志愿者身份全职参与非营利组织的工作，利用他们的专业知识来帮助创新型非营利组织的发展。志愿者们的工作内容涵盖阻止人口贩卖、扶贫、救灾、提升政府职能、传染病应急管理、自杀干预等多个领域。

谷歌在企业博客上发布项目通知，并告知已经有合作的非营利组织。非营利组织向谷歌提交申请，谷歌评估并审核后，挑选可以参与该项目的员工，进行匹配。参与项目的志愿者以 5~10 人为一组，将自己在产品管理、用户体验研究与设计、软件工程、数据科学、人工智能等方面的专业知识应用到项目的实际情境之中。

2019 年开展的 4 个项目涉及儿童保护、低收入群体支持、监狱系统完善等领域。

（1）Thorn 项目：从 2018 年下半年开始，5 名 Google 员工帮助 Thorn 组织，将人工智能、机器学习和其他技术技能和经验应用于支持开发保护儿童免受性虐待的产品。在该项目中，谷歌研究员建立了查找数据的工具包，执法部门可以使用这些数据更快地识别并找到儿童受害者。

（2）Family Independence Initiative 项目：2019 年 5 月，6 名谷歌研究员计划的志愿者与 Family Independence Initiative 组织进行了合作，利用他们在工程和用户体验方面的专业知识来帮助改善组织的技术平台 UP Together。该平台能够帮助低收入家庭获得小额现金投资，让低收入家庭相互联系并分享解决方案。在该项目中，志愿者们使用机器学习和自然语言处理技术使 Up Together 平台的数据具备更强的分析能力。

（3）Give Directly 项目：2019 年 8 月，谷歌 4 名志愿者与 Give Directly 公益组织合作，在一个工具包中整合了居民的社会经济数据，有关暴风雨及其破坏力的气候数据，以及政府公开的其他数据，帮助 Give Directly 组织更好地识别和支持最需要帮助的人们。此外，志愿者向 Give Directly 捐款 300 万美元以支持自然灾害袭击美国时的公益服务，支持了 2400 多个低收入家庭的灾后恢复工作。

（4）Vera 项目：2019 年 12 月，谷歌 12 名志愿者与 Vera（一个致力于改善司法系统的公益组织）进行合作，开展为期六个月的全职志愿服务。在项目中，研究员利用自己的技术专长支持 Vera 建立一个全国性的监狱监控和警报系统，以帮助改善美国本地的司法系统。

资料来源：谷歌官网。

第二节 机构设置的专项化 vs. 专门化

在原有的组织机构内设置专项化的工作单元，负责志愿服务工作，是企业开启志愿服务工作时的一项常规做法。但当企业志愿服务工作由粗放式管理向精细化、专业化转变后，一些企业开始思考是否该设立一个专门化部门，或一个独立的社会组织，也被称作“企业衍生型社会组织”[①]。这种发展不仅体现了企业对社会责任重要性的重视，也凸显了管理和执行过程中对专业化发展的迫切需求。专门化部门的成立可以集中资源，制定相应标准、完善流程，确保志愿服务工作的效率。它也有助于持续规划与实施志愿服务策略，提升员工参与度和动机，同时加强与外部合作伙伴的联系，提升企业的社会影响力。然而，成立专门化的部门，也必将面临成本上涨、专业人才不足和跨部门协调难的挑战。因此，在决定以志愿服务专项的形式嵌入到已有的管理架构中，还是成立一个专门化的部门时，需要重点考察以下几方面的因素。

一 组织结构与资源

研究指出，企业的治理结构、高管和员工特征、组织氛围等内部要素是影响企业参与公益行动的关键。[②] 设立一个明确且专注于志愿服务的部门，能够集中企业的资源和专业知识，促进志愿服务项目的有效规划与执行，同时保障了志愿服务作为企业战略的重要组成部分，能够得到持续的关注和支持，而不被日常商业活动所忽略。

然而，专项化的结构也可能带来资源配置和组织结构的挑战，如资源重复配置和部门间角色重叠引起的资源浪费和协作问题。此外，专门部门的成立还可能提升管理成本和复杂度，影响企业的整体运营效率。面对这

---

① 王毅杰、孙旌程：《造血式扎根：企业社区参与的驱动因素与现实路径》，《学习与实践》2023 年第 7 期。

② Liu, Gordon, Teck-Yong Eng, and Wai-Wai Ko. “Strategic Direction of Corporate Community Involvement”, *Journal of Business Ethics*, Vol. 115, No. 3(2013):469–487.

些挑战，企业需进行细致的成本—效益分析，评估专门部门对资源配置的影响，探索如何提高部门效率和影响力，同时避免资源浪费和部门间冲突。相关评估应对人力资源、物资资源及社会资源进行全面考量，以确保专门部门的设立能够为企业带来最大的价值（见图 4-1）。

（1）人力资源评估：在公益服务中，人力资源是撬动其他资源的核心。[①] 评估应包括企业员工中愿意参与志愿服务的人数，以及他们每个人的技能经验、兴趣爱好、可用于参与志愿服务活动的时间等内容。通过调查员工的意愿和能力，企业综合评估可投入志愿服务的人力资源的规模。这些工作有助于确定志愿者团队的规模和结构，以及志愿者的角色和职责。

（2）社会资源评估：全面审视企业与外界合作伙伴之间的关系，包括政府机构、其他企业、非营利组织、基金会、社区以及媒体等。通过对这些合作关系及资源共享情况的深入评估，企业能够挖掘更广泛的资源支持和更多的志愿服务机会，明确区分企业可动用的内部与外部资源，不仅有助于增强企业的资源动员能力，也能够促进与合作伙伴之间的互补和协同，为实现共同的志愿服务目标奠定了坚实的基础。

（3）物资资源评估：对企业可用于志愿服务的各项物资及其功能的综合评估，包括协会所拥有的场地、设备、物料、资金等。通过评估现有的物资资源，企业可以确定志愿服务的开展规模和形式，并判断是否需要进一步投入，如购买额外的办公设备或寻找适合的场地来举办志愿者培训和活动。

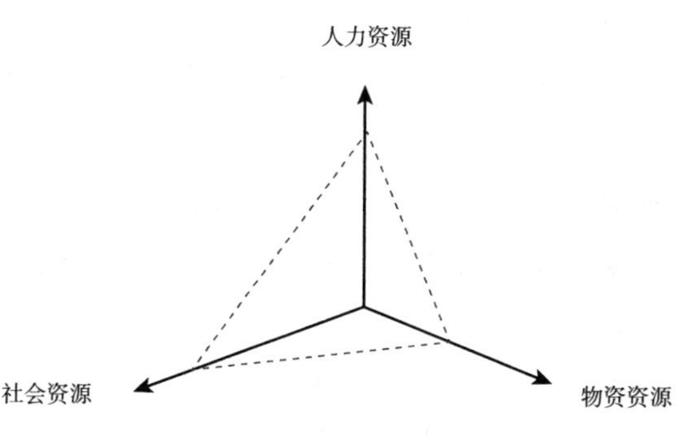

图 4-1　资源评估的三个维度

---

① 周艳、吴彦彰、戴炳元等：《志愿公益组织与专业社工机构融合发展的驱动因素及优势分析——以苏南 C 市 L 义工协会与 LH 社工机构为例》，《东吴学术》2019 年第 1 期。

在考虑是否设立专门化部门来开展员工志愿服务时，企业还必须深入分析如何在财务预算和筹资方面实现最佳效果。财务预算的制定需基于详细的活动计划和资源评估，确立财务来源及其途径，明确组织的资金需求和资金使用策略。

财务预算应涵盖志愿者的培训、管理、激励费用，以及实施志愿服务活动所需的费用，如宣传推广、活动组织和执行等相关支出。通过精确的财务规划，组织能够明确资金需求，制定出一套合理的资金使用计划。同时，企业在开展志愿服务时，应探索多元化的筹资途径，包括吸引潜在赞助商、建立合作伙伴关系或寻找捐赠者，以及设计具体的募资和筹资活动。这些筹资活动需充分考虑志愿服务项目的目标、市场定位和价值主张，以便引起资助者的兴趣。成功的筹资和预算管理不仅能确保志愿服务项目的资金供应，还能提升企业的社会责任形象，促进企业与社会及潜在合作伙伴之间良好关系的建立。因此，企业在考虑设立专门化的志愿服务部门时，也需要综合考虑财务预算和筹资策略，确保这一决策与企业的整体战略目标和资源配置相协调。

【案例】

福特汽车的志愿服务组织架构

福特汽车经过长期的发展，已构建了一个相对完善的志愿服务组织架构，以公关部门、员工志愿者协会、工会和第三方服务机构为核心组成部分，通过综合资源与多元协作的方式，实现志愿服务工作的高效运作和持续发展。

公关部门在福特汽车的志愿服务组织架构中发挥着牵头和统筹作用，负责制定相关制度和政策，为志愿服务工作提供指导和支持，同时负责项目资金的划拨和内外部传播。

员工志愿者协会负责开展具体工作，为员工提供了一个自主参与志愿服务的平台。该协会在多个领域设立了小组，鼓励员工根据自己的兴趣和能力设立志愿服务项目，并通过制度化和正规化的管理方式，激发员工的参与热情，确保志愿服务活动的高效性和专业性。

工会负责灵活支援各项具体工作，为志愿服务项目提供必要的财务和人力支持，承担部分项目开支（如为员工志愿者购置统一服装和道具），并协助志愿者协会动员更多员工参与志愿服务活动。工会的支持为志愿服务工作的顺利开展提供了有力物质保障，同时促进了企业与员工之间的情感联结。

此外，第三方服务机构的参与为福特汽车的志愿服务工作带来了专业化的建议和高效的执行力。这些机构负责具体项目的策划与执行，提供必要的专业知识和技术支持，对接各类外部资源（如公益组织、社区、学校、其他志愿者协会和联盟），并负责完成各个项目的年度评估与总结。

综合来看，虽然福特汽车（中国）没有设立专门化的部门负责志愿服务工作，但公关部门、员工志愿者协会、工会和第三方机构在各自的职责范围内协同工作，也实现了资源互补与工作协同。这一模式为其他企业提供了有益的借鉴和参考。

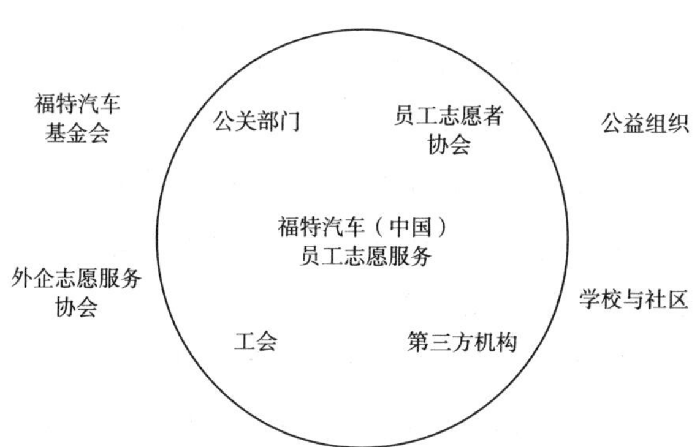

图 4-2　福特汽车（中国）的志愿服务体系

资料来源：笔者访谈资料。

二　企业的宗旨与愿景

在考虑是否为员工志愿服务设立一个专门化的工作部门时，企业也需紧密结合自己的宗旨和愿景。企业的宗旨和愿景不仅能够为员工参与志愿服务提供方向，也构成了企业志愿服务工作的核心理念，对每一项工作都有深远影响。

为确保企业的宗旨和愿景与社会及企业发展方向保持一致，进行系统性的需求分析至关重要。这包括深入了解社会需求，以确保志愿服务活动的针对性和实用性；清晰界定企业对志愿服务的期望与目标，从而设定总体发展方向；调研员工志愿者的需求，以促进他们的个人和职业发展（见图 4-3）。

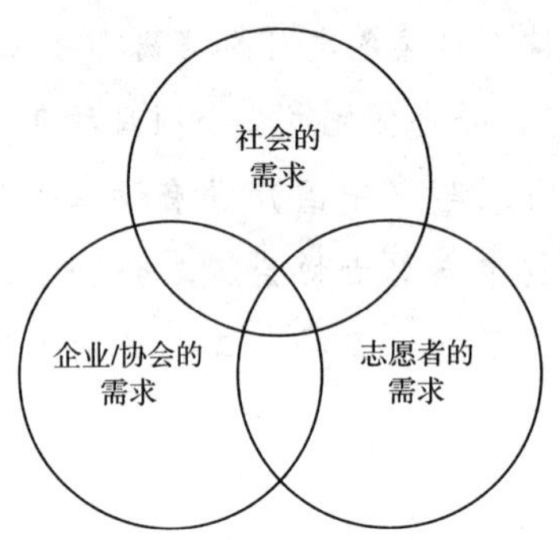

图 4-3　需求分析的三维度

当上述三方面的需求有较高共性时，意味着企业可以将志愿服务工作放在更加核心的位置，融合企业战略，承担实现企业愿景的功能，此时，可以设置一个专门的部门，或以企业社会责任部门为主导，建立一个内部的工作网络。在专职部门或工作网络内部，还可以由社会责任委员会进行顶层规划，成立专职办公室处理具体事务，或由公共关系、人力资源等部门兼职负责相关事宜。与此同时，企业还需有意识地发挥志愿服务在为员工提供学习机会和帮助企业开拓业务等方面的潜在价值。通过这种方式，企业不仅能够有效地推进企业愿景的实现，也为员工和社会创造了更大的价值。

【案例】

字节跳动

字节跳动的企业社会责任部下设员工公益团队，作为企业志愿服务工作的组织方。员工公益团队立足企业的技术优势，通过内部的宣传倡导，引导员工关注社会议题，动员员工参与志愿服务活动，以实现员工个人价值与企业社会责任的统一。

员工公益团队的日常职能包括：在企业外部，对接政府部门、行业协会/联合会、公益机构，围绕社会服务领域开展合作，不断拓展合作资源，为员工提供更多的志愿服务机会，共同搭建企业志愿服务交流平台；在企业内部，统筹设计企业志愿服务项目，打造“跳跳糖公益伙伴计划”品牌项目；在跨部门协同方面，与公司企业文化部、人力资源部、行政部、设计部等部门在人力、资源、制度上进行沟通合作，共同开展志愿服务工作；面向业务部门，动员各业务线团队通过加入跳跳糖公益社团参与公益活动；在活动的策划和发布方面，为员工志愿者设计每月“公益活动日”的志愿活动内容和“公益团建”内容；在志愿者管理方面，统筹管理跳跳糖公益社团、跳跳糖志愿者协会等企业内部志愿服务团队。

资料来源：笔者访谈资料。

【案例】

欧莱雅（中国）

欧莱雅（中国）的企业志愿服务工作则由对外交流及公共事务部门主要负责。基于企业社会责任的运行管理，部门的工作人员被分为媒体传播、公益慈善及可持续发展、危机管理3个项目组，每组内部设有专项负责人。3个项目组在实际运作工作过程中联合工作，不做硬性区分，员工以轮岗的方式进驻到不同项目组中，以最大化地共享资源。企业志愿服务工作主要由公益慈善及可持续发展的项目组专员负责，每年围绕包括就业指导、关注残障人士、两代人（老人、儿童）、促进社会包容和关爱环境等主题开展“企业公民日”志愿服务活动。

资料来源：笔者访谈资料。

三　员工的沟通与参与机制

员工的积极参与和高效的内部沟通是激发员工参与热情和确保志愿服务项目持续性的关键。为此，企业需要建立有效的沟通机制来分享志愿服务的相关信息和成果。在企业的实际运行中，涉及员工沟通的具体任务通常由不同部门负责执行。

企业的领导层，特别是党委，承担着引导志愿服务方向、组织宣传教育活动的重要职责。结合党和国家的发展方针，党委通过内部刊物、会议和培训等多种渠道，向党员和其他员工传播志愿服务的重要性、核心理念和价值观。这些工作也构成了团结员工的重要平台，提升了整个企业的凝聚力和向心力。此外，企业党委还发挥连接党组织与企业的桥梁作用，在志愿服务领域动员党员开展学雷锋等志愿服务活动。通过设立荣誉称号和奖励机制，对积极参与志愿服务的党员志愿者和团队进行表彰和奖励，从而激励更多员工加入志愿服务行列。这种做法不仅提升了员工的参与度，也提升了企业的社会责任感和社会影响力。因此，依托企业党委设置一个专门化的工作部门来开展员工志愿服务，是一种可行的方式，既能确保志愿服务活动的专业性和有效性，也能加强内部的协调和沟通，推动企业社会责任的深入落实。

【案例】

国家电网

国家电网有限公司以各分公司为单位，依托公司的基层党组织组建党员志愿服务队，并建立“1+N”工作模式，具备以下特征。

(1)“1支总队+N支分队”的组织体系：1支公司层面的党员服务队和N支分队。分队数量根据实际需求动态调整，原则上按照“一队一支部”的要求，依托公司各基层党组织设立。

(2)“1个总队+N个基层党组织”的管理体系：各单位的基层党组织是相应分队开展工作的责任主体，总队对各分队的考核评价通过党建考核实施。

(3)“1支总队+N个职能部门”的融合体系：各职能部门对党员服务队的工作提供专业上的帮助，并优先推荐本部门优秀党员加入党员服务队，推动党员服务队的人才建设。

(4)“1个职能部门+N支分队”的保障体系：各职能部门按专业条线对其管理的所有单位分队进行管理、监督和指导，如有工作需要，职能部门应直接派遣专人参与分队有关工作。

(5)“1 支分队+N 个班组”的支撑体系：各分队在开展工作的过程中，全力做好人力和物力支持，由各单位党组织统筹安排。

在企业志愿服务的本土化探索中，国家电网以党委作为核心领导机构，以党建带动志愿服务，使党的先进思想、党员的先锋模范作用形成合力，促进正能量的传播。企业党委根据各地分公司的实际情况，组建相应的党员服务队，推动党员深入基层，围绕与电力相关的民生问题，积极开展志愿服务工作。

资料来源：笔者访谈资料。

在许多公司的人力资源管理模块中，企业文化部通过培育和传播企业的核心价值观与行为准则来塑造企业文化，因而也是参与或主导志愿服务工作的一个重要部门。基于该部门的功能和职责，企业文化部能够将志愿服务的理念和价值观融入企业的文化中。这种融合不仅丰富了企业文化内涵，也有助于志愿服务成为企业文化的有机组成部分。志愿服务成为一种媒介和路径深化了员工对企业价值观的理解和认同。通过常规的工作渠道，企业文化部可以比较便捷地向员工传递志愿服务的目标、成果和影响。例如，通过定期举办培训、活动和相关宣传，鼓励他们积极参与。并且，企业文化部原本在内外部沟通上的优势也使得他们可以有效推动企业志愿服务的合作网络建设。

【案例】

腾讯

腾讯公司于 2010 年成立企业文化部，并将其定位为企业“文化及管理思想的记录者”“公司与员工信息交换的促进者”“企业氛围的建设者”。在“用户为本，科技向善”企业愿景的指导下，腾讯企业文化部积极组织开展企业志愿服务活动，重点在于推动科技创新和文化传承两方面工作。

在腾讯内部，企业文化部负责统筹管理志愿者协会，并由部门的专职工作人员担任志愿者协会会长，负责进行每年志愿服务项目的顶层设计并制定年度规划，确保企业志愿服务活动的有效组织和开展。在具体的工作事项上，企业文化部还会联合腾讯内部各部门和机构共同推动项目运行、制度设计等工作。例如，企业文化部联合腾讯可持续社会价值事业部（SSV）和腾讯公益基金会推出员工公益配捐计划，并以向善实践为主题，推动了数字支教、急救、适老化等领域员工志愿服务项目的开展。

资料来源：笔者访谈资料。

此外，在一些企业中，工会也是负责志愿服务工作的一个重要部门。在企业内部，工会作为员工的代表组织，负责在企业管理层和员工之间搭建沟通桥梁，协调员工参与志愿服务的相关事宜，如收集员工参与志愿服务的需求和意见，提供资金、物资和人力资源支持等。此外，企业工会注重保障员工在参与志愿服务时的合法权益。这些本职性的工作内容已经为开展志愿服务工作奠定了基础。

【案例】

中国工商银行

为普及志愿服务理念，中国工商银行各地支行在银行工会的指导下，秉承“建设人民满意银行”理念，以“工行驿站”为依托，建立志愿服务点，为社会和客户提供各项志愿服务。“工行驿站”志愿服务活动以自愿申报、组织领导、规范活动的管理模式，形成广泛参与志愿服务的浓厚氛围。近年来，工商银行先后推出了“志愿暖春·你我同行”“盛夏关爱三重奏”等系列活动，以网点为阵地，面向户外劳动者、中高考考生等各类社会群体提供志愿服务。此外，工行工会积极发挥银行业金融特色，依托“工行驿站”，多渠道、多站点、多形式地开展金融普及类志愿服务活动。一是深入社区宣传，“工行驿站”员工志愿者前往共建社区，向社区居民、村民和老年人等特殊群体重点宣传金融知识，增强其防范电信网络诈骗、远离非法集资的意识，提升其自我保护能力。二是开展网点宣传，面向新市民、农民、务工人员，开展人民币防伪、账户和银行卡安全、个人贷款等方面的知识宣传，提升其维护资金安全的能力，营造和谐健康的金融消费环境。

资料来源：笔者访谈资料和其他公开资料。

总之，有效沟通不仅能够增强员工对志愿服务项目的了解，提升他们的参与意愿，还能促进其对企业社会责任目标的深度认同。通过沟通，员工得以深入理解参与这些活动的途径及其对社会的积极贡献。在此基础上，成立一个专门的志愿服务部门可以作为内部沟通的集中平台，专注于制定和实施志愿服务计划，同时保障信息传递的一致性与准确性，提升员工的参与度。然而，专门化部门也同样面临挑战，如信息孤岛效应、志愿服务与企业日常运营脱节，使其处于边缘地位。为了避免这些局限性，企业也可以考虑在现有部门内设置专项组来推进志愿服务工作。这种做法利用了企业现有的沟通渠道和策略，同时有利于维持组织结构的精简和资源的高效利用。

四 外部合作与影响力

外部合作和影响力是指企业与其他组织、社区和利益相关者建立合作关系的方式和机制。采用专项化的方式设置机构时，可集中利用企业在某个领域的外部资源。在采用专门化的方式设置机构时，一个惯常的做法是委派一个具有对外沟通和合作经验的部门来负责，如企业的公益基金会。

近年来，企业参与慈善活动日益普及，许多企业选择成立企业公益基金会，作为一个独立的运作实体。这些基金会拥有来自公司专项划拨的独立运营资金及人力资源，主要功能是对外开展和统筹管理企业的公益工作。企业公益基金会的核心任务包括规划企业公益的战略方向、确定项目重点、设定投入规模等，同时积极探索公益服务的新领域，广泛动员包括政府、非营利机构在内的社会力量，共同推进包括紧急救援、扶贫济困、安老助孤、医疗救助、助学支教等多方面的工作。

公益基金会开展志愿服务的典型模式主要分为两种。第一种是基金会直接与非营利组织建立联系，组织团队负责志愿服务项目的推进。在此过程中，基金会与公益组织合作，联合企业员工、社区居民、专业人士、社会志愿者以及供应商伙伴，共同开展志愿服务。在第二种模式下，基金会掌握财政预算，企业的相关部门负责决定与哪些志愿服务合作方合作，向基金会提交项目并申请预算。基金会将设立特定的志愿主题，如绿色环保、关爱儿童、社区发展等，并基于这些主题选择具体的志愿项目和合作伙伴。

【案例】

万科公益基金会

万科公益基金会由万科企业股份有限公司发起，经国家民政部、国务院审核批准，于 2008 年成立，是由民政部主管的全国性非公募基金会。2017 年被认定为慈善组织。目前，万科公益基金会有 9 名理事和 2 名监事。基金会的决策机构是理事会，主要负责志愿服务的顶层设计，具体工作包括通过项目决议、听取工作总结、审议年度工作计划和预算等。

万科公益基金会的工作重点对标联合国可持续发展目标（SDGs），包括“可持续城市和社区”“负责任消费和生产”“气候行动”“产业、创新和基础设施”“促进目标实现的伙伴关系”等主题。在工作模式上，万科建立了“研究—试点—赋能—倡导”的工作机制。目前，万科公益基金会重点设立垃圾分类、环境保护、社区发展等主题，在这几个主题下选择具体的志愿项目和合作方。审批通过后，基金会为项目提供资金、人力等各方面的支持以推动项目顺利开展。截至 2022 年，万科基金会与全国 120 多家公益组织展开合作，携手企业员工、社区业主、专业人士、社会义工和志愿者，以及供应商伙伴，共同参与公益项目。具体志愿服务工作的落实交由基金会内设的项目部、品牌宣传部和运营部负责。

2018 年 6 月，万科公益基金会与深圳市城市管理和综合执法局联合启动垃圾分类公众教育“蒲公英计划”。该计划旨在培养“深圳市蒲公英公众志愿讲师”，让这些志愿者深入深圳的社区、学校、企事业单位，传播垃圾分类的理念。在项目中，万科公益基金会除了提供资金资助外，还在万科集团深圳地区各单位招募具有公益环保意识及志愿奉献精神的员工参与培训。学习结束后，考核合格的志愿者将成为“蒲公英万科志愿讲师”，在各自的工作岗位，如社区、学校等，传播垃圾分类、零废弃等环保理念并对公众进行行为引导。

资料来源：笔者访谈资料。

除了上文的介绍，在企业志愿服务发展得更成熟的北美地区，还有一些企业将志愿服务工作的运营管理委托给了公益慈善咨询机构，它们通过建立信息平台，连接了企业、员工志愿者与非营利组织（见表 4-1）。这些机构侧重不同的工作环节和领域，一些平台专注于提供本地志愿服务的机会，而另一些致力于帮助志愿者在“任何时间、任何地点”参与志愿服务，如提供在线志愿服务的机会。此外，这些机构还致力于提供分众化的服务，以便满足不同企业志愿者的个性化需求。了解这些机构的工作模式，也有助于企业决策是否成立一个专门化的内设机构，以及对这个机构职能的定位。

表 4-1　北美地区提供志愿服务相关服务的公益咨询平台

平台名称	使命	工作模式	特点
All For Good	致力于激发更多人参与志愿服务	该平台允许志愿者搜索和筛选各种志愿服务机会，非营利组织也可以在该机构的平台上发布自己的志愿服务项目	与许多企业和非营利组织合作，提供个性化推荐和地理位置搜索等
Idealist	致力于连接寻找工作、志愿机会、实习机会和活动的人们	非营利组织和社会组织可以在平台上发布职位，志愿者可以搜索和申请	提供有关教育、职业发展的资源和活动
Hands-On Network	通过激励、动员志愿者并为其提供装备来解决社区问题	与当地社区合作，提供志愿服务机会，并通过各种项目和活动进行合作	提供许多教育和培训资源，旨在促进多方参与
GivePulse	一个社区服务软件，旨在连接志愿者、社区伙伴和组织	提供志愿者管理、事件管理和时间追踪等功能	可以向教育机构、社会组织和个人志愿者提供志愿服务机会，以满足不同的需求
DoSomething. org	面向年轻人的组织，鼓励他们采取行动改变世界	提供各种社交变革活动和项目，使年轻人能够积极参与	专注于年轻人，特别是13~25岁的人
Catchafire	将专业志愿人士与非营利组织相匹配，为其提供专业服务	志愿者可以搜索与其专业技能相匹配的项目，非营利组织可以获得专业帮助	专注于专业技能志愿服务，比如市场营销、战略规划等

【案例】

VolunteerMatch 平台

VolunteerMatch 成立于 1998 年，是一家总部位于美国的在线平台。作为最大的在线志愿服务的集成网络之一，VolunteerMatch 的目标是通过让“好人”与“好事”相连接，增强社区凝聚力。

非营利组织可以在该平台上列出他们的志愿服务项目，明确需求和所需的技能。志愿者可以在该平台上以地点、时间和所需技能为关键词搜索特定的志愿服务机会。同时，VolunteerMatch 平台也提供诸如为志愿者定制电子邮件提醒、项目跟踪和报告等方面的工具，以促进形成积极的志愿服务体验。VolunteerMatch 代表了一种创新的社区参与方法，利用技术提升志愿服务的可及性。通过网络连接，VolunteerMatch 有助于促进社区参与并支持了教育、健康、环境等各个领域的公益事业。

VolunteerMatch 不仅为个人和非营利组织提供服务，还通过激励和促进企业志愿服务工作积极影响社区。具体服务内容包括：①定制化服务，根据公司的使命和价值观为其匹配合适的非营利组织和项目；②提供志愿服务机会，为各个企业的员工提供丰富多样的志愿服务机会，使他们能够根据自己的兴趣和技能轻松找到心仪的工作，尤其是平台提供大量网络志愿的服务机会，使员工可以不受限于时间和地点，提升了志愿服务的灵活性和便利性；③培训和支持，为企业员工参与志愿服务提供必要的培训和支持，确保员工了解如何参与并从中受益；④咨询服务，为企业提供追踪工具，使它们能够了解员工参与志愿服务的情况，包括参与的项目、贡献的时间，并提供详细的报告和分析，以衡量员工志愿服务的影响力和效果。

资料来源：机构官网。

五　小结

在决定采用专项化或专门化机构设置方式时，企业的组织结构与资源、宗旨与愿景、员工沟通与参与机制、外部合作与影响力这 4 个因素共同组成了一个可供参考的决策框架。鉴于企业战略需求的演变和外部环境的不断变化，动态调整志愿服务的责任部门，或对机构的设置进行持续的评估和调整变得尤为重要。总而言之，保持机构设置的灵活性和适应性是确保企业志愿服务工作能够持续发展的关键。

第三节　项目管理的专业化

企业志愿服务在项目管理上的专业化包括资源的有效筹集和分配、明确目标设置，以及对项目领域与内容的审慎选择和执行。在资源的筹集和分配上，企业需要建立系统的工作机制来统筹资金、人力和其他必要资源，确保志愿服务项目的顺利进行。在目标设置上，企业需划分长期和短期目标，确保这些目标具有可衡量性，以便管理者可借助专业化的工具，进行有效监控和评估，防控各类风险。最后，由于志愿服务项目覆盖的领域反映了企业对社会需求的响应能力和责任担当，专业化的管理意味着企业在选择项目时，既要考虑到社会的紧迫需求，也要结合企业自身的核心竞争力和资源优势。下文将对这些内容逐一进行分析。

一　资源的筹集和分配

（一）筹资方式

企业在实施志愿服务项目时，筹资方式的多样性和创新性对于确保项目的顺利进行至关重要。企业可以通过以下多种渠道筹集所需的资金和相关资源，以支持其志愿服务活动。

（1）企业内部预算：在年度预算规划中专门设立一项用于支持志愿服务项目的资金，作为企业对社会责任的承诺和长期投入。通过内部预算安排，企业能够确保志愿服务项目的稳定性和可持续性。

（2）向合作伙伴募集：与其他企业和组织建立合作伙伴关系是另一种有效的筹资途径，通过与具有相同社会责任目标的合作伙伴共同出资，不仅可以扩大项目的资金来源，还可以借助合作伙伴的资源和专业知识，提高项目的执行效率和影响力。

（3）向社会公众募集：向社会公众募集捐款或物资是筹集资金的直接方式。企业可以通过举办公益活动、在线众筹平台或社交媒体等渠道，动员社会各界对志愿服务项目进行支持。这不仅有助于筹集资金，还能提升企业的公众形象和社会影响力。

（4）申请政府补助和资助：政府或相关机构提供的补助和资助也是重

要的资金来源。企业应积极关注和申请相关的政策支持，利用这些外部资金支持来扩大和提升志愿服务项目的规模和深度。

（5）鼓励捐赠：鼓励员工通过自愿捐款捐赠物资和义卖等方式参与企业的志愿服务项目。员工的个人捐赠不仅能够增加项目的资金和资源，还能够提升员工的归属感和对企业文化的认同。

在筹集资金和资源的过程中，确保透明度和合规性至关重要。企业应该建立健全的财务管理和监督机制，确保每一笔资金和资源的使用都符合法律法规和企业的道德标准，以赢得员工和公众的信任和支持。通过这些多元化的筹资方式，企业不仅能够为志愿服务项目提供稳定的资金和资源支持，还能够促进企业与社会各界的合作与交流，共同推动社会公益事业的发展。

（二）分配原则

在完成资源筹集之后，企业面临的首要任务是对志愿服务资源进行合理的分配和规划。资源的分配必须紧密围绕志愿服务计划的目标与优先级进行，尽量确保每一项资源投入都能产生与预期一致的收益，避免企业在日常经营与志愿服务之间的时间与资源竞争。为了妥善应对这一挑战，企业需将志愿服务活动与其核心业务及长远战略相融合，明确项目的优先级，清楚地识别哪些活动具有更高的价值和紧迫性，从而在资源有限的情况下做出更为有效的决策。在确定项目的优先级排序时，可结合项目的内容和形式，从以下五个方面进行考虑。

1. 是否嵌入了企业的品牌价值和文化

在企业志愿服务项目中嵌入企业的品牌、价值观和企业文化是一种常见的做法，它有助于提升企业形象、加强品牌认知，并与社区和受益者建立情感联系。企业在策划这类项目时，可以围绕企业文化和客户关系，将活动嵌入到企业的日常业务中。这类项目有时也会邀请利益相关方（如企业客户）共同参与，或在志愿服务项目中使用企业的品牌标识和宣传物料，如企业标志、口号、品牌色彩等，以提升品牌认知，并与企业的志愿服务形象相结合。通过将企业的品牌元素和核心价值观融入志愿服务项目中，可以提高企业的知名度及公众对企业的认知度。

【案例】

迪士尼的儿童探访类志愿服务项目

迪士尼公司的创始人华特·迪士尼将“为所有人创造欢乐和幸福”作为公司最核心的价值观。在此背景下，迪士尼的企业志愿服务围绕幸福感展开，尤为关注大病儿童的需求。

Advent Health for Children 项目，是迪士尼以儿童医院为服务场景的标志性志愿服务项目。该项目通过在儿童医院中配置各种“迪士尼”元素，例如互动游戏空间、异想天开的壁画和舒适的走廊来为身患重病的儿童提供安慰和启发。此外，迪士尼针对大病中的儿童还推出了 Make-A-Wish 项目，了解患儿的心愿，并借助迪士尼所拥有的资源（娱乐场地、卡通人物）来完成孩子们的心愿，如去主题公园和度假胜地体验、邀请电影人物和名人来访等，为儿童带来与迪士尼风格相符的童话体验。

在这类儿童探访志愿服务项目中，迪士尼的企业文化和标志性元素始终贯穿其间：对儿童医院进行改造，在医院的走廊、墙壁等空间上绘制迪士尼人物的图案；帮助患病儿童完成角色扮演，运用 Disney WOW 应用程序为儿童打造身临其境的迪士尼乐园动画体验；为身在儿童医院的患儿提供足不出户的观影体验。

无论是在儿童医院的墙壁上绘制迪士尼人物的图案来减轻患儿住院的恐惧和压力，还是邀请粉丝在 Facebook、Instagram 或 Twitter 上传他们带有“米老鼠耳朵”的照片为患儿筹集善款，迪士尼始终坚持在志愿服务中体现迪士尼的特色元素，营造童趣、浪漫的氛围，使家、梦想、关爱、儿童这些主题词成为其志愿服务中非常鲜明的印记。

资料来源：企业官网和其他公开资料。

【案例】

字节跳动

字节跳动的企业社会责任理念是“正直向善、科技创新、创造价值、担当责任、合作共赢”。依托公司产品与技术，字节跳动公益平台与北京字节跳动公益基金会聚焦“推动科技普惠”“丰富文化生活”“增进社会福祉”“共创绿色未来”四大方向，推动实现公司产品价值、商业价值、社会价值的统一。

围绕企业在科技领域的品牌价值，字节跳动在开展企业志愿服务活动时，致力于发挥企业的科技优势，改善社会生活。在技术公益领域，字节跳动通过举办 AI for Good 技术创新大赛、WOW Design 创新大赛等形式鼓励员工志愿者发挥技术专长，帮助解决现实生活中的各类问题。此外，字节跳动还推出了技术公益小组的模式，让员工志愿者利用自己的技术研发能力，帮助非营利组织、社区组织、学校以及其他社会福利机构提升运营效率。目前，技术公益小组已根据不同群体和社会组织的需求，开发出“亿角鲸珊瑚保护”“应急救灾物资管理系统”“独居老人看护”“慈善商店收捐”等多个应用小程序。

资料来源：笔者访谈资料。

2. 是否响应国家的宏观战略

与西方国家企业社会责任的发展历程不同，政府是中国企业社会责任的主要驱动力之一。[①] 企业志愿服务项目如果能与国家宏观战略有效联动，有利于在放大社会价值的同时，为国家在重要社会经济领域达成战略性目标提供支持，为社会的可持续进程贡献力量。企业在设计这类志愿服务项目时，应充分考虑国内地域和社群之间的差异性。针对不同的经济发展水平和社群需求，制定适应性和针对性强的服务项目，如在经济欠发达地区重点关注教育和公共卫生基础设施建设，为特殊群体如老年人和残疾人提供细致、人性化的服务，等等。

然而，要让企业志愿服务项目与国家宏观战略实现深度融合，企业也面临多方面的挑战。这要求企业不仅要深入理解国家的宏观战略，展现出强烈的社会责任感和长期发展视角，还需要建立有效的社会沟通机制，确保项目紧贴社会需求，具有高度的针对性和实效性。此外，企业还必须具备持续保障志愿服务项目所需的资源和能力，以应对操作层面的挑战。通

① Li, Dongwei, Han Lin, and Ya-wen Yang. “Does the Stakeholders-Corporate Social Responsibility (CSR) Relationship Exist in Emerging Countries? Evidence from China”, *Social Responsibility Journal*, Vol. 12, No. 1(2016): 147-166.

过这样的努力，企业的志愿服务不仅能提升社会价值和影响力，也能促进社会向更加和谐、有序的方向发展，实现企业与社会的共赢。

【案例】

字节跳动："乡村成长伙伴计划"

为响应国家"乡村振兴"的号召，字节跳动员工公益部于2022年推出"乡村成长伙伴计划"，在企业内部寻找一批对乡村发展感兴趣、有公益热情的员工志愿者，与乡村商学堂的企业学员结对子帮扶，为乡村企业提供电商和推广、农业数字化、经营管理、新媒体培训等不同方向的咨询服务。

该计划共在企业内部招募了来自商业化、电商、产品研发等部门共160多名员工志愿者，组成40多个项目小组。志愿者们走入乡村，凭借自己在互联网方面的专业知识，积极帮助乡村企业解决痛点问题，推动乡村振兴发展。在项目中，志愿者会根据企业学员的需求，为他们提供针对性志愿服务。例如，熟悉电商运营与视频创作的志愿者点对点帮扶在新媒体转型上遇到困难的乡村企业；擅长人事管理与企业规划的志愿者帮助乡村企业解决人才招募困难的问题；还有志愿者帮助有数字化发展意向的企业搭建智能平台。在一年时间里，员工志愿者利用自己的经验和技能，累计提出了20多个具有针对性的解决方案。

资料来源：笔者访谈资料。

3. 是否致力于解决重大社会问题

评估企业志愿服务项目是否致力于解决重大社会问题可参考多个标准。一是项目的社会需求对接性，即项目是否针对当前社会的紧迫问题或长期挑战，且旨在缓解或解决具体社会问题。二是影响力评估，关注项目短期成果与长期影响，通过项目实施前后的对比分析、受益人群的反馈来衡量。此外，项目的可持续性与可复制性反映了其长期运行潜力及影响力。三是合作与参与度，旨在衡量项目能否有效整合不同来源的资源和力量，包括企业与政府、非营利组织等的协作。四是项目在开展路径或合作模式上的新颖性。通过这些综合标准，企业能全面评估志愿服务项目在解决社会问题方面的实际贡献，确保其社会责任活动的意义和效果。

【案例】

谷歌 AI 影响力挑战赛

谷歌 AI 影响力挑战赛（Google AI Impact Challenge）旨在利用 AI 技术应对一些世界上重要的社会挑战。比赛项目涵盖了包括消除贫困和饥饿、促进身体健康和福利在内的 17 个联合国可持续发展目标，鼓励社会各界将谷歌的核心 AI 技术应用于具有积极社会影响的项目，以促进社会的可持续发展。

谷歌 AI 影响力挑战赛分为四个阶段。第一阶段，项目组会公开征集非营利组织、学者和世界各地的社会企业关于 AI 应用的提案。第二阶段，谷歌邀请企业专家、公益组织以及公众代表一起选择和审核提案。第三阶段，谷歌宣布通过审核的项目组，并举办庆祝活动。第四阶段，谷歌会为获奖的参赛组项目提供谷歌 AI 专家的指导，并承诺在未来三年持续捐赠资金，推动项目落地。

2021 年，25 个非营利组织分别获得谷歌 100000 美元的赠款，以技术支持。其中，“Google. org Impact Challenge for Women and Girls”赛道关注女性力量，旨在帮助妇女和女孩将她们的经济潜力转化为实际效益，推动了包括“Women’s World Banking，inc.”（赋权低收入和无银行账户的女性有效使用数字金融服务）、“Liard Aboriginal Women’s Society”（对土著妇女进行预防性别暴力的培训）等 34 个项目的落地。

资料来源：谷歌企业官网和其他公开资料。

4. 是否创新了企业的商业运营和管理机制

企业志愿服务的一个核心价值是能够将志愿服务与员工的日常工作贯通起来，创新企业的商业运营和管理机制。例如，员工通过参与志愿服务获得新技能和经验，同时企业也利用这些活动来强化团队合作、提高员工满意度和促进企业文化的发展。在推动志愿服务项目专业化的进程中，现代企业不仅着眼于志愿服务的质量和社会影响，还注重员工在参与过程中的个人成长和职业发展，使之成为员工本职工作的有益补充。

通过个性化的志愿服务项目设计，员工在参与公益活动的同时，也收获了有助于职业发展的技能和经验。通过这样的措施，企业能够打造出一种更加活跃、具有创新性和协同性的工作氛围，从而推动企业整体的进步和发展。这种志愿服务的创新模式，标志着企业在商业运营和管理机制上的突破，展现了企业对内外部发展动态的深刻理解和积极响应。

【案例】

国家电网志愿服务项目

国家电网公司的企业志愿服务与企业日常工作紧密相关。最早，企业内的党员员工为居民提供与用电相关的各类无偿服务，是希望通过志愿服务活动来重塑企业口碑，改变公众对于电力企业“电老虎”的负面印象。

随着多年的发展实践，国家电网公司的企业志愿服务以“电”为主题，日益丰富起来，包括室内用电隐患排查治理、安全用电知识宣传、儿童学生科普教育等多个主题。

在“鸟线和谐·筑梦家园”志愿服务项目中，员工志愿者采取了“鸟线双护”的新模式，结合电网运维与鸟类保护，通过搭建人工鸟巢、安装护鸟设施等措施减少鸟类与电网的冲突，同时开展了专业救护和科普宣传活动，有效增强了公众的鸟类保护意识。同时，该项目还通过技术创新，如安装太阳能视频监控，直播野生鸟类生态，进一步增强了社区居民的环保意识。通过与全国各地爱鸟组织的合作，有效推广了鸟类保护的科普知识。

“电”亮乡村留守儿童书桌“一平方”志愿服务项目聚焦于改善乡村留守儿童的学习环境，通过改造升级室内线路、普及用电知识，为留守儿童提供了更安全、更优质的学习光源。该项目联合了多家企事业单位，采用定人定责的模式为留守儿童提供长期、系统的帮扶，同时通过进校园活动，有效增强了儿童及其家庭的用电安全意识。

在“低碳大篷车点亮振兴路”志愿服务项目中，志愿者通过入户宣传、更换节能灯和清洁空调滤网等服务，帮助天津蓟州区山区的村民养成低碳环保的生活习惯，支持乡村振兴。项目还针对回乡创业青年提供能源改造方案和节能家电政策宣传，推动乡村电气化水平的提升。此外，通过开展美育课程，该项目引导山区儿童了解和实践环保理念，促进了绿色低碳教育的普及。

资料来源：笔者访谈资料和企业官网等。

5. 是否有典型的项目制特征

随着社会治理日益重视精细化和精准化，企业志愿服务也需要追求专业化与系统化，通过科学化的项目管理和运营方式来确保服务的有效性和持续性。这包括在项目策划阶段进行细致的系统评估，确保方案的时效性、系统性和可行性，以减少由主观判断带来的随意性；同时，在执行阶段避免纯结果导向产生的负面影响。

企业志愿服务正从零散的活动向项目化发展转变，这一转变体现在内容的专业化、场所的固定化以及志愿服务队伍的常态化。内容专业化要求企业在设计项目时进一步聚焦主题，如通过街区美化项目推广可持续生活理念；场所固定化可以通过与社区、公益组织建立合作、共建志愿服务站点来实现；志愿服务队伍常态化可通过建立一支长期的员工志愿者团队，为志愿服务的持续开展提供稳定的人才支持。通过这些措施，企业不仅能提升志愿服务的专业性和效果，还能提升其在社会责任实践中的参与度和影响力。

（三）预案机制

在预算规划过程中，企业除了需要考虑常规支出外，还需要预测可能的额外费用和突发事件，并制定相应的应对方案。对于可能的额外费用和突发事件，企业应该对志愿服务计划进行全面的需求分析和环境分析，可能产生活动场地租赁、物资采购、志愿者培训等方面的花销，应积极与供应商或合作伙伴进行沟通，了解相关费用的变动情况，如场地租金的涨幅、物资价格的波动等；制定灵活的预算调整机制，以应对突发事件可能带来的费用变动。例如，如果发生自然灾害导致开展志愿服务的活动场地无法使用，企业可以调整预算以适应临时场地租赁费用；参考过往经验和类似项目的预算情况，以预测可能的额外费用和风险，或与保险公司合作，通过购买保险的方式减少突发事件带来的损失。

（四）审核及调整机制

企业需要建立定期的预算审核和调整机制，包括定期对预算执行情况进行审查和评估，确保预算的合理性和有效性。定期的预算审核是对企业志愿服务预算执行情况进行审查和评估的过程。企业可以设立特定的时间周期，如每月、每季度或每年进行预算审核。在审核过程中，企业需要对开展志愿服务工作的实际支出与预算进行比较，分析差异和原因。如果发现预算执行存在偏差或不足，企业应及时进行调整和优化。此外，企业还可以根据志愿服务计划的变化和发展，对预算进行适时的调整。

二 项目的目标管理

目标管理涉及长期的战略目标和短期的操作性目标两类。

长期的战略目标是企业对志愿服务工作的整体规划和宏观设定，如提高社区教育水平、促进环境可持续发展等。制定长期战略目标要求企业首先清晰界定其志愿服务的愿景，这一愿景应当与企业的核心价值观和战略定位紧密相连，反映企业对社会责任的理解和承诺。企业的核心价值观和战略定位是制定志愿服务工作长期战略目标的基石。企业应当确保其志愿服务活动不仅能够体现这些价值观，而且能够支持并推进企业战略目标的实现，如品牌建设、市场扩张等。此外，长期目标的设定也需要考虑项目的可持续性，综合考虑资源配置、员工参与、合作伙伴关系建立与维护，以及项目效果的评估和监测机制，这包括制定策略以持续吸引和保持员工志愿者的参与，比如通过提供培训、认可奖励等激励机制；建立和维护与本地社区、非营利组织、政府等合作伙伴的长期合作关系，以扩大项目的影响力和覆盖范围；同时，企业还需要设立有效的评估和监测系统，确保能够实时跟踪项目进展，评估其社会影响，从而不断调整和优化项目策略，确保志愿服务工作的长期成功和可持续发展。

短期目标是对志愿服务项目在一定时期和阶段的具体行动安排。在设置短期目标时，企业可以利用关键绩效指标（Key Performance Indicators，KPI）法，帮助员工志愿者了解自己的任务和目标。短期目标虽然是阶段性的，但也应该与企业的长期战略目标保持一致。同时，这些指标应该可量化、可衡量。例如，如果企业的长期目标是提高社区教育水平，那么在短期计划中的目标可能是每季度组织一定数量的教育培训类志愿服务活动，或者提供一定比例的教育资源给需要的学校，志愿服务覆盖的学生人数，等等。通过这些工作，企业可以监测和评估志愿服务计划的进展，并及时调整策略和资源分配，确保目标的达成。

三　项目覆盖的主题和领域

企业志愿服务致力于利用企业资源帮助解决社会问题，而社会问题涉及教育、环境、社区发展、健康、贫困、灾害救援等多个领域，而且不同地区、社区、群体都有各自独特的需求和挑战，因此企业志愿服务项目涵盖多个主题和领域，并要根据具体需求制定相应的项目内容，以满足不同的需求。此外，从企业自身角度看，不同企业拥有不同的专业知识、技能和资源，可以在各个领域提供不同形式的支持和帮助。企业可以根据自身的优势和专长，开展与其业务相关的志愿服务项目，以充分发挥自身的影响力，并体现其社会责任。因此，企业志愿服务项目内容具有广泛性和多样性特征。一般而言，志愿服务领域包括以下几类。

（一）环境保护

环境保护类志愿服务是指通过各种方式来保护环境和自然资源，如社区垃圾分类，河流、海滩和公园等公共场所的垃圾清理、植树造林以及节能减排宣传、海洋保护、废物回收、动物保护等主题的志愿服务项目。

【案例】

腾讯：腾格里沙漠植树

甘肃民勤县地处腾格里沙漠地区，土地沙化问题十分严重。在 2013 年，时任腾讯志愿者协会会长了解该信息后，与当地的环保公益组织“拯救民勤”志愿者协会合作，在腾讯内部发起了腾格里沙漠植树项目。该项目由腾讯志愿者协会环境保护组负责，在每年的劳动节或国庆假期，招募组织 30~40 名腾讯志愿者前往腾格里沙漠参与种植梭梭树苗。

腾格里沙漠植树活动可分为前期准备、活动实施和复盘总结三个阶段。在前期准备阶段，腾讯志愿者协会环境保护组志愿者与“拯救民勤”环保组织共同策划植树活动，在企业内网上发布志愿者招募信息，并召开活动启动会。参与腾格里沙漠植树活动的志愿者到甘肃民勤县后，首先接受由“拯救民勤”环保组织提供的植树培训，了解当地土地沙化情况，并进行植树活动分组，共同完成沙漠植树活动，包括挖坑、放苗、填土、灌水、回填等环节。在复盘总结阶段，腾讯志愿者协会环境保护组志愿者分会召开活动总结会和复盘会，让之前参与活动的志愿者分享活动感悟与植树经验，并对腾格里沙漠植树项目进行宣传推广，让更多的员工志愿者了解并参与植树活动。

除了组织员工志愿者参与树苗的栽种活动之外，腾讯志愿者协会环境保护分会的志愿者也与腾讯基金会于 2020 年联合发起梭梭树苗配捐活动，鼓励社会公众参与志愿服务活动。每 10 小时即可为腾格里沙漠捐赠一棵梭梭树苗。通过这种线上的志愿服务形式，鼓励更多人参与志愿服务。从 2013 年活动启动至今，“腾格里沙漠植树”项目已开展十年，共有 300 余名腾讯志愿者前往腾格里沙漠参与植树活动，通过种植梭梭树苗有效解决了当地的土地沙化问题。

资料来源：笔者访谈资料。

【案例】

IBM：Volunteering for Green

4 月 22 日是世界地球日，旨在唤起人类爱护地球、保护家园的意识，倡导全球各地民众采取实际行动共同保护地球。2022 年 4 月 22 日，IBM（中国）启动主题为“以行走的力量，打造低碳未来”的环保志愿行动。该活动为期两个月，以“员工线上捐步+企业配捐”的方式，鼓励 IBM 全体员工参与绿色志愿服务，了解可持续发展理念、践行低碳生活方式。

该行动由 IBM（中国）与公益组织“北京有爱有未来公益促进中心”（简称“有爱有未来”）合作，借助“腾讯公益平台”共同发起。首先，IBM 需要基于水、电、纸张 3 项指标，收集上年度消耗数据，计算相对应碳排放数字，以确定植树减碳的具体数字目标。例如，IBM（中国）全体员工在 2022 年确定以达成 80000000 步为目标参与环保志愿行动，公司则根据统计的实际步数为“有爱有未来”公益组织进行现金配捐。“有爱有未来”公益组织将利用这笔款项完成相应的植树造林指标。在活动结束后，IBM（中国）组织员工志愿者前往“有爱有未来”公益组织建立的“零碳办公”碳汇林绿化基地，在缺乏绿色植被的地区栽植、培育 IBM 碳汇林。

为了号召更多人践行绿色出行方式，IBM（中国）还在环保志愿行动期间邀请公司的企业伙伴、合作学校和员工的亲朋好友共同参与，记录、捐赠行走步数，让碳汇林愈加茂密苍翠。

资料来源：笔者访谈资料和IBM企业官网。

（二）儿童福利

儿童福利类志愿服务是指在教育、科技等领域以改善儿童生活及学习状况为目标的志愿服务。例如，教育支持类志愿服务，包括学习辅导、提供学习资源等；儿童健康关怀类志愿服务，包括提供健康筛查等医疗服务、开展健康教育等；组织课外活动，如运动比赛、艺术课程、游学活动等。

【案例】

字节跳动："益童伙伴计划"

2021年6月1日，字节跳动员工公益联合大力教育、北京师范大学中国公益研究院推出"益童伙伴计划"。该计划关注留守儿童教育，希望搭建一个全面丰富的资源共享平台，为更多乡村儿童提供其感兴趣的优质课外内容。"益童伙伴计划"充分发挥公司旗下平台的内容优势，鼓励今日头条、西瓜视频等平台上的优质内容创作者与员工志愿者自发为乡村留守儿童制作课外视频，并携手多家公益组织共同参与。该项目计划在未来3年研发15万分钟优质课外内容，预计覆盖1000个社区站点，服务10万名乡村儿童。截至2021年12月，"益童伙伴计划"累计服务儿童已达116.67万人次，志愿者参与达2.6万人次。

除了分享课外知识外，"益童伙伴计划"还与北京师范大学公益研究院合作开发"益童成长平台"。该平台是一个专供儿童和儿童教育工作者使用的开放性内容平台。截至2021年12月，益童成长平台共输出17个主题活动方案，服务儿童、青少年2430人次。

资料来源：笔者访谈资料。

【案例】

星巴克："读出未来"阅读助学计划

2021年9月，星巴克基金会携手醴陵市教育局与"担当者行动"公益组织，一同发起面向中西部乡村地区儿童的"读出未来"阅读助学计划。旨在通过寓教于乐的阅读课程和科学动手实践，激发孩童阅读兴趣，赋能县域儿童，帮助他们创新思维、探索世界。

星巴克（中国）派员工志愿者到云南普洱和保山两地进行调研走访，为云南普洱市的宁洱县、景谷县、墨江县、孟连县、澜沧县和保山市的隆阳区，累计捐助逾11万册优质童书，涵盖人文、艺术和科学3大领域，并在班级建立分级阅读图书角。同时还将一系列人文、科学主题的阅读课程以及阅读与成长讲坛等活动以线上直播和线下教授的方式引入当地，为乡村教师搭建了一套支持和培训体系。

基于乡村人文科学教育现状，"读出未来"项目也计划在醴陵市11所合作的基地学校设立"星巴克阅读创想中心"，由星巴克设计团队将组成专业志愿者队伍参与建设。中心落成后，将提供3000册人文科学组合图书及残障融合类图书，配套定制化的科学实验工具包，为乡村儿童创造一个提供海量阅读、科学实践机会的梦想空间。

资料来源：笔者访谈资料和星巴克企业官网。

（三）为老服务

为老志愿服务是旨在提升老年人福祉的志愿服务。为老志愿服务形式多样，包括提供陪伴、照顾、社交活动等支持，帮助老年人克服孤独、提高生活质量，确保他们在社区和社会中获得尊重和关怀，问候、探访独居老人，并提供心理关怀，为老年人提供打扫卫生、文艺表演等服务。

【案例】

腾讯：定格微笑

在手机摄影成为日常的今天，有许多老人仍未体验过带有仪式感的正式摄影。2019 年，腾讯的志愿者们决定为 60 岁以上的老人们拍摄一张属于他们的正式照片，用相机和爱，捕捉老人们的微笑和美好瞬间，以此向他们传递爱与尊重。腾讯的志愿者们认为，关注和爱护老人对于社会的发展有着积极的影响，他们也希望通过自己的行动，让更多的人关注到这个被时光遗忘的角落。活动至今已到第四个年头，完成了数十期上万张照片的拍摄，记录下了许许多多个温馨的故事。志愿者们希望通过分享这些美好的故事，鼓励更多的人加入关爱老人的行动中，让爱传递下去。

资料来源：笔者访谈资料。

【案例】

星巴克：心定杭城

在杭州这座新一线城市，随子女迁移到杭州的“杭漂”老人数量日益增多。这些老人来自全国各地，一半以上是为了照顾子女或孙辈来到杭州，在他们的无私奉献下，子女等后辈可以更安心地工作、生活，为杭州的城市建设与社会发展做出贡献。然而，“杭漂”老人本身却面临着许多困境，语言不通带来的沟通障碍，远离故土亲朋好友导致的孤单感，照顾子女和孙辈起居带来的身体劳累，文化差异、缺少社交机会带来的精神生活缺失等，容易让老年人产生一系列的心理问题，如缺乏归属感和自我认同感、情绪消极、与子女产生矛盾等。

在此背景下，星巴克（中国）为“杭漂”老人们设计了一系列活动，旨在为“杭漂”老人搭建一个互助交流平台，实现自我增能。以帮助“杭漂”老人更好地适应新环境，融入社区适应城市生活。该项目旨在通过构建城市社会支持网络，丰富“杭漂”老人的日常生活，提升其幸福感、归属感和自我效能感。

员工志愿者们针对“杭漂”老人们的实际情况，设计了十场不同的主题活动：例如，陪伴老人实地参观游览，丰富他们的日常文化生活；开设本地方言学习班，提升老年人的沟通能力和对杭州的认同感和归属感；针对缺少亲友、交际圈闭塞和思念故乡的问题，设计了“咖啡教室”活动，通过分享咖啡知识、教授手冲技巧等，给老人创造一个社交的空间和场所，同时，志愿者们还特地选择了名为“house”的咖啡豆，寓情于物，让老人顺势抒发心中的思乡之情；针对与儿女交流时的代际差异问题，员工志愿者们向老年人分享新潮生活，让他们有机会体验年轻人的生活方式。这些形式各异的活动旨在让“杭漂”老人们能够更多地了解杭州，认识社会的发展和变化，减少对城市的陌生感，有能力逐步适应本地生活。

在第一期10场主题活动中，有20余位随迁老年人得到了志愿者的关爱和服务。目前，该项目还在持续开展，星巴克也呼吁更多的社会群体加入关爱老人的队伍。

资料来源：笔者访谈资料。

（四）教育培训

教育培训志愿服务是指志愿者利用自己的知识、技能和时间，义务为个人或团体提供教育和培训服务，旨在提升受众的学习能力、知识水平和技能，促进其个人成长和社会发展。这类服务在形式和内容上多样化，可以根据受众的不同需求和背景，涵盖从捐资助学到专业技能培训的广泛领域。

【案例】

顺丰“莲花助学”项目

“莲花助学”项目启动于2012年，是顺丰公益基金会的重点公益项目，目前已发展为全国性的助学志愿服务项目。该项目通过助学金与陪伴支持的方式，助力贫困地区学生顺利完成高中及大学学业，成长为能够适应社会发展并愿意回馈社会及反哺家乡的人。

“莲花助学”项目组成员会以县域为单位，帮助各地优秀的贫困中学生和大学生集中申请助学金。顺丰志愿者通过上门家访，了解贫困学生的家庭情况，确定其是否符合资助条件。面向这些学生，顺丰公益基金会组织顺丰志愿者提供一对一的成长陪伴与支持，内容包括心理与健康支持、成长赋能与发展等。此外，项目会在每年暑假期间组织一批优秀学生，到深圳、北京、上海等一线城市进行为期一周的成长夏令营活动，依托顺丰的企业资源，为学生们提供勤工助学社会实践岗位，帮助学生完成就业准备，更好地适应社会生活。这些受助的学生每人每年将获得顺丰公益基金会资助的3200元高中助学金，直至高中毕业。升入大学最晚至博士研究生毕业前，他们还可继续申请每人每年3000~10000元的奖学金。

受“莲花助学”项目资助的在读大学生后来进一步自发成立了“反哺计划”。顺丰公益基金会继续对计划给予工作指导、资源对接和资金支持。秉持“反哺家乡、回馈社会、互帮互助、共同成长”的核心理念，“反哺计划”在各地组织开展了形式多样的志愿服务活动，如短期支教、关爱老人等。该计划也为“莲花助学”毕业生提供了互相交流、共同成长的平台。

截至2022年底，顺丰莲花助学已在全国18省（自治区/直辖市）66县（市、区）开展，累计资助困境学生34094人次，奖励大学生8155人次。

资料来源：顺丰企业官网及公开资料。

【案例】

福特汽车STEAM课程项目

福特汽车致力于将STEAM课程的学习机会带到更多地方、带给更多学生，以此鼓励年轻人追求知识，保持好奇心。自2014年起，福特汽车在中国发起福特STEAM项目，通过寓教于乐和开放参与的方式激发中小学生对科学、技术、工程、艺术、数学等学科的兴趣，并让学生动手参与机器人设计、编程、建模等活动，不断提升学生的创新能力。

福特中国依靠南京工程研发中心的地理优势和技术人员优势，和南京当地学校进行STEAM领域的探索，每年开展编程夏令营、FIRST国际机器人比赛和“女生快车道比赛”等丰富的志愿服务活动，并对在STEAM领域有突出表现的学生进行奖励。项目采用了分众化的思路，持续开展多年。

面向小学学生：志愿者们在南京琅琊路小学开设了春秋两学期创客班，

在百家湖小学开设了春秋两学期工程班和编程班。通过专业的STEAM教师团队引导，福特汽车南京志愿者为小学生们设计了工具包并辅导他们使用，让孩子们体验了从构思到理论学习，从探究到亲自测试检验，最后用多种工具尝试搭建问题解决方案，并分享推广实践成果的全过程。

面向中学学生：志愿者们赞助南京中学机器人大赛培训，2019年与南京电教馆开展合作，召集南京市40所中学师生代表开展为期一天的机器人大赛培训，向学生们进行机器人知识的讲解，帮助其提高备战机器人大赛的水平，熟悉大赛流程。

面向大学生：志愿者团队从2018年全力支持“福特优行计划”，为大学生创业项目提供出行技术的专业支持，对他们的创业计划进行辅导，并帮助他们打磨创业计划书，培育出行人才。

资料来源：笔者访谈资料。

（五）扶助残障

扶助残障类志愿服务旨在帮助残障人士融入社会、提高其生活质量，推动包容型社会的建设。具体服务内容包括为残障人士提供康复训练，开展面向残障人士的职业训练、语言和认知训练等，陪同残障人士参加社交活动，为残障人士及其家人提供情感支持，帮助他们解决困难，组织宣传活动，提高公众对残障人士权益和需求的关注。

【案例】

字节跳动：无障碍影院

西瓜“无障碍影院”项目源于字节跳动员工在2020年公益Hackathon大赛中提出的创意方案——打造专供视力障碍者观看的无障碍电影。为了进一步落地员工志愿者的想法，字节跳动内部的产品研发和设计部门联合西瓜视频负责对接媒体资源和配音团队，共同组建成西瓜“无障碍影院”项目组。在项目过程中，有30余名“跳跳糖”员工志愿者自愿加入，积极参与了对视障群体的调研、电影脚本的撰写和电影的二次配音工作。2021年6月，西瓜视频的无障碍影院频道正式上线，为视障人士提供了一个完整的观影体验。通过志愿者的配音解说和对电影场景的描述，无障碍影院让视障人士也能够真正地“听懂”电影。截至2021年底，项目已上线80部无障碍电影，且相关电影资源投放到了抖音、今日头条等平台。

资料来源：笔者访谈资料。

【案例】

星巴克：上线吧，老友

扶助弱势群体一直是星巴克履行社会责任、发挥社会影响的重点工作领域。在不同的国家和地区，星巴克都会聚焦某一类问题突出的群体（如美国社会的退伍老兵、欧洲社会的难民），开展长期而深入的公益工作。在当代中国社会，心智障碍人群的社会救助和社会帮扶是一个重要的问题。中国残联根据第六次全国人口普查的数据推算，我国心智障碍者数量大约在1200万，占残疾人总人数的14.1%，规模十分庞大。与其他类型的残障人士相比，心智障碍者不仅生活无法自理，也需要其家庭成员投入大量的时间和精力，继而进一步导致了其家庭收入降低和家庭贫困的问题。2020年，整个社会因突发的新冠疫情陷入暂时性的停摆，很多地区采取了临时性的封闭和居家隔离等措施。空间封闭容易让心智障碍患者产生焦虑、抑郁、烦躁等负面情绪，也给其照料者带来了更大的困难和挑战。针对这一情况，星巴克（中国）也及时调整了志愿服务的开展方式，采用在线志愿服务的方式，发起“上线吧，老友”项目，通过对心智障碍儿童及其家人进行陪伴和心理疏导，帮助孩子们拓展生活圈，与社会产生更多联结，同时也给家长们一个喘息的机会。

2020年4月发起，星巴克（中国）在三期系列志愿服务活动中，以“友谊陪伴”和“家长喘息”两种形式先后帮助了近100名心智障碍儿童及其家庭。项目在企业内网发布后，得到了员工的热烈响应。星巴克（中国）依据员工志愿者和受助对象的兴趣和爱好，进行了双向匹配，结成的一对一小组，互称为“心”伙伴。在随后的两周内，“心”伙伴进行了6次左右视频连线，根据每一对“心”伙伴各自的特点，从生活方方面面进行交流。依据前期的需求收集，星巴克（中国）员工分享的知识包括：学习咖啡知识的经历和有关咖啡的科普知识，自己在旅游时看见过的景色和绘画方面的感想，制作电饭锅蛋糕的方法，等等。在短短两周内，星巴克（中国）员工与心智障碍儿童们建立了友善的联系，并且在活动结束后，许多对“心”伙伴仍然维持着好朋友的关系，时常进行连线，或约到店里聚会。生命陪伴生命，生活影响生活，这是星巴克（中国）的员工们在这项活动中的最大感想。

“上线吧，老友”是星巴克（中国）首次推出的互联网志愿服务。星巴克（中国）旨在以这个项目作为起点，打造“线上社区服务”体系。与传统的社区志愿服务相比，以互联网社交平台为依托开展志愿服务能够更便捷地建立起志愿者和受助者的实时联系，突破时空的限制，从而拓展志愿服务的形式和范围。另外，由于城市店面分布不均，在一些较偏远且门店较少的城市里，星巴克（中国）难以组织成规模的线下活动，也让很多有热情参与志愿服务的员工失去了机会。因此，线上社区志愿服务项目很好地填补了这一空白，使每位员工的公益热情都有机会得到释放。由于该项目的服务对象是心智障碍儿童，对象的特殊性极大地提升了志愿服务的难度，志愿者需要在开展具体工作之前充分了解心智障碍儿童的心理和生理特征，提升沟通技巧，并谨慎恪守服务的伦理边界。当志愿服务进展不顺利时，志愿者们还需投入更多的耐心，用更多的时间解决问题。正如星巴克在这项活动中的标语所言，“看清，仍然热爱；知难，仍然前行”。

截至2021年，该项目陪伴了100多位心智障碍儿童及其家庭，让志愿者们更深入地认识了我国心智障碍儿童的现状，也让更多人认识并重视心智障碍人群及其照料者的现实困境，对关爱弱势人群、促进社会平等有重要的示范意义。

资料来源：笔者访谈资料。

（六）乡村振兴

乡村振兴志愿服务，旨在通过多元化的服务手段，推动农村地区的综合发展与繁荣。具体而言，该服务涵盖教育、社区发展、经济援助等多个层面。在教育方面，志愿者致力于提供义务教育辅导与职业技能培训，以知识赋能为导向，助力农村学子拓宽发展道路。在社区发展层面，志愿者积极参与各类项目，致力于改善农村基础设施，为乡村的可持续发展奠定坚实基础。同时，针对农村经济发展需求，志愿者还通过提供贷款支持、专业培训及创业指导等综合性经济援助，激发乡村经济的内生动力，推动农村地区的全面振兴。

【案例】

三星：一心一村

“一心一村”是由中国三星发起的一个综合性乡村振兴类志愿服务项目。该项目由三星在中国的各分公司（具备法人实体资格）具体执行，通过与邻近农村建立友好姊妹关系，开展教育支援、农业帮扶等多种服务。

教育支援志愿服务：针对农村地区学校教室过于陈旧和破损严重、缺乏学习用品、学习环境恶劣等各种问题，三星旗下各企业以建立姊妹关系的农村为帮扶对象，为学生捐赠电脑和图书，提供教室维修等服务。

农业帮扶活动：帮助缔结姊妹关系的农村地区及农民们在农忙时节收割水稻，改善农产品栽培方式、优化农产品运输流程。

其他爱心帮扶服务：针对不同村镇的特点，三星各个公司推出形式多样的志愿服务项目。东莞三星电机有限公司成立了由员工组成的“一心一村”志愿团，到旧围村给村民们表演文艺节目，丰富村民的文化生活。天津三星电子开展助困行动，为24户困难家庭送去粮油米面并帮助他们整理果园；天津三星视界有限公司开展文化帮扶行动，在村内设立“三星支农文化娱乐站”，支援了大量电视、碟机、影片光盘和图书；三星电子显示器等子公司开展环境整治行动，为村子进行道路修整、围墙粉刷，并增设垃圾桶促进环保；天津三星光电子有限公司聚焦对儿童和老弱病残农户的帮扶，通过捐资赠物、改善设施等方式为他们送去温暖；三星SDS通过公司的IT人力为各姊妹村捐赠电脑与打印机，并设立了“三星爱心网吧”，提供免费培训，让农民们有机会利用信息化手段学习先进农业知识，改善栽培技术。

资料来源：笔者访谈资料和其他公开资料。

【案例】

字节跳动："家乡有我——为家乡做一件小事"活动

"家乡有我——为家乡做一件小事"活动旨在鼓励跳跳糖员工志愿者回到自己的家乡，了解家乡发展的情况，并尽己所能帮助家乡解决发展困境。2021年国庆假期期间，8000余位跳跳糖员工志愿者积极参与乡情调研活动，通过实地访谈和查阅资料等多种方式，了解家乡风貌。活动结束后，志愿者们将自己的调研结果整理成了一份详细的报告，分析家乡发展中存在的问题，并提出相应的解决方案，助力家乡发展。在2023年春节假期，共有1200多名员工志愿者参与了家乡的防疫情况调研。他们为家乡的亲朋好友、老人和孩子们提供了有关防疫的科普宣传，为家乡的防疫与发展贡献自己的力量。

资料来源：笔者访谈资料。

（七）文化艺术

文化艺术类志愿服务是指通过各种方式来推广文化艺术，丰富群众的精神文明生活。例如，志愿者可以协助艺术团体、文化机构或博物馆，帮助组织和推广各种类型的文艺活动；参与文化传承和教育工作，包括传统技艺传授、文化知识普及、文化遗产保护等。

【案例】

星巴克："非遗进社区"项目

2020年10月，星巴克（中国）与广州市越秀区文化发展促进会合作发起"非遗进社区"志愿服务项目。在项目中，星巴克（中国）负责整体的项目策划和课程内容设计，并与社区街道联系，邀请社区居民参与活动；广州市越秀区文化发展促进会负责帮助邀请非遗大师，并采购活动所需的物料。

"非遗进社区"项目由星巴克员工志愿者与非遗传承人一同开展，通过为社区居民开展不同形式的非遗活动，助力非遗传承。第一站邀请了通草画非遗传承人介绍通草画技艺，并让社区居民在星巴克志愿者的帮助下体验了现场通草画制作；第二站由广绣匠人和星巴克志愿者们在越秀区文化艺术中心开展了一场非遗广绣体验课活动；第三站，星巴克志愿者邀请广州心友会的12名特殊儿童，与广粤文化漫画家一同进行漫画创作；第四站，星巴克志愿者们带领越秀区的社区居民到广州晓港公园竹林内的榄雕体验馆学习榄雕文化；在最后一站，星巴克志愿者和佛山剪纸省级传承人为社区居民带来了一堂佛山剪纸体验课。

从2020年10月到2021年2月，“非遗进社区”项目分别在广州市5个社区举办了5次活动，让近3000名社区居民领略到了非遗之美。此外，星巴克（中国）也在全国多地打造了非遗特色门店，定期邀请非遗传承人去到门店，为社区居民举办非遗公益沙龙，丰富了民众的精神文化生活。

资料来源：笔者访谈资料。

（八）应急救援

应急救援志愿服务是一项至关重要的社会公益活动，它要求参与者具备一定的专业知识和技能，以便在突发事件发生时能够及时有效地为受灾群众提供帮助。因此，在参与此类服务之前，应急志愿者必须接受相关的培训和教育，全面掌握急救、救援以及安全等方面的基本知识。这种服务的核心在于，当灾难或紧急状况发生时，那些拥有专业应急救援知识的技术人员能够迅速响应，提供必要的援助，从而减轻灾害带来的损失，并保障公众的生命安全。企业可以组建应急救援志愿服务队，除了参与各地的应急救援工作外，还可以组织宣传活动，向公众传递各类安全知识。

【案例】

腾讯：“守护心脏，科技向善”项目

腾讯志愿者协会于2015年成立腾讯救援分会，并推出“守护心脏，科技向善”公益急救项目。作为腾讯的一支专业急救志愿服务队，腾讯救援

分会不仅能够提供急救服务，还致力于宣传推广急救知识，增强员工和公众的安全防护意识。

在企业内部，“守护心脏，科技向善”项目组负责为公司内外的各类大型活动和赛事提供急救服务，以保障员工在日常工作中的生命安全。此外，项目还设计并实施了“人人都是急救员”系列科普培训，面向企业员工和社会公众推广急救知识，使更多人能够学习和掌握基本的急救技能。该课程由腾讯救援分会的志愿者充当讲师，通过线上直播的形式，进行 AED 设备使用、严重窒息急救、常见止血包扎等内容的讲解。截至 2021 年 11 月，腾讯救援分会的“人人都是急救员”课程已开设 320 余节，线上认证课程的参与人数超 12000 人，线下认证课程覆盖超过 10000 人。

腾讯救援分会也积极与企业内部各公益组织合作，为各类公益项目提供急救培训。2021 年，腾讯救援分会志愿者为参与腾讯“为村计划”的乡镇干部进行急救技能培训。2023 年 2 月，腾讯可持续社会价值事业部联合腾讯志愿者协会急救分会，与深圳市宝安区红十字会、宝安区人民医院等组织合作，在深圳市宝安区海裕社区合作开展了“急救科普进社区”活动，志愿者们为社区居民带去了心肺复苏、AED 操作、成人海姆立克急救手法等急救知识。

（九）法律援助

法律援助志愿服务是一种公益性质的法律服务活动，它依托于具备法律知识和相关执业资格的志愿者群体，旨在为经济困难的人群以及符合法定条件的其他当事人提供各种类型的法律支持，开展形式包括义务法律咨询，协助代拟法律文书，代理案件处理，以及进行劳动争议的调解与仲裁代理。此外，法律援助志愿者还可以深入社区、学校等基层单位，通过举办讲座、研讨会等多种形式，积极开展法律知识普及和宣传活动。

【案例】

恒生银行：中国青少年金融素养提升计划

恒生银行（中国）在 2016 年与非营利教育机构合作推出了“中国青少

年金融素养提升计划”。活动形式包括四类，分别是青少年金融素养讲座、青少年金融素养大赛、银行职业见习日和青少年线上金融素养系列音频节目。在这些活动中，恒生银行的员工志愿者分享了大量与金融法律有关的知识，旨在全方位提升青少年群体的金融法律意识和实践能力，引导并培养青少年建立正确的金融观念。

青少年金融素养讲座：员工以志愿者讲师的身份在多所中学为在校学生提供金融知识类的讲座和课程。经过多年的发展，该项目已经建立了一套完整的工作流程。一般而言，讲座包含分享和互动两个环节，在讲座结束后收集同学们的反馈，为下一次活动积累经验。例如，2021 年在成都开展的金融素养讲座邀请了恒生银行（中国）成都分行行长作为首场活动的志愿者导师。该讲座以金融从业人员的必备素养为主题，围绕货币、存款、贷款等金融概念及相关的法律规定，向到场的高中生们介绍了商业银行的工作机制，启发同学们对金融实践的思考。

青少年金融素养大赛：围绕金融知识，以案例分享、答题、成果演示等方式开展。在该活动中，恒生银行（中国）的员工志愿者负责项目的全程设计，包括大赛主题、比赛内容设计、赛前培训、赛事指导和项目的总结评估等。2021 年，恒生银行（中国）开展了“职业院校金融素养创新思辨大赛”，邀请广州和上海两地职业院校的学生参与。赛事针对职业院校学生的未来发展，提出“创业趁早行动 vs. 创业待有所积累再行动，哪个更好?”的问题，并邀请老师、家长、恒生银行（中国）志愿者及各领域的专业人士齐聚一堂，围绕“金融素养如何赋能职业教育发展”，结合项目成效及嘉宾观点，通过互动研讨的方式探索项目发展方向和金融素养职业教育体系。

2016 年以来，恒生银行（中国）的员工走进北京、上海、广州、深圳、成都、杭州、西安 7 个城市的 26 所高中，以自身专长为近 5000 名高中学生及教师带来了近 120 次金融素养创新实践课，累计贡献志愿服务超过 800 小时。2020 年 10 月 24 日，恒生银行举办了“第五届中国青少年金融素养大赛”，首次采用全新的线上竞赛直播模式，组织了来自全国 6 个城市共 10 所学校的同学们比拼金融素养。

资料来源：笔者访谈资料。

（十）医疗援助

医疗志愿服务是一种具有广泛社会影响力的公益行动，它不仅局限于医疗行业内部，还吸引了众多企业的积极参与。在这种服务形式中，企业通过与医疗资源有效对接，组织医务人员组建志愿者队伍，筹集善款，携带必要的医疗设备，深入社区或贫困地区，为当地居民提供免费的医疗义诊和健康筛查服务，为大病群体提供医疗救助。除此之外，医疗志愿服务的内容还包括健康知识的普及和传播，企业可以联系各类医疗资源，举办健康知识宣讲活动，向群众发放健康科普知识宣传资料，普及健康常识，帮助人们树立正确的健康观念，增强自我保健意识。

【案例】

中国平安：村医工程

村医工程以“健康扶贫”为核心，针对乡村基础医疗设施简陋及专业医生不足等难题，结合企业自身医疗优势，在全国开展“村卫升级”“村医培训”“辅助诊疗”“健康体检”四大医疗服务升级行动，以切实提升乡村地区的基础医疗服务水平。

“平安健康守护行动”志愿服务项目由平安集团携旗下平安健康互联网股份有限公司、平安医疗健康管理股份有限公司等子公司共同开展，该项目组织医生专家及平安志愿者，到全国贫困发生率高、攻坚难度大的农村地区开展医生义诊、疾病筛查、健康知识教育等志愿服务活动。中国平安会调度携带全数字化DR、彩超、心电图、尿液分析仪等专业医疗设备到各地乡村社区卫生所，为村民进行免费的疾病筛查与问诊，提供医药保健用品，开展健康管理知识讲座。此外，平安志愿者与当地卫健委合作，深入农村了解贫困户的健康状况，并借助平安好医生村医App，组织医务工作者通过视频连线的方式为患者远程提供康复治疗的意见。

截至2022年12月，中国平安累计开展乡村医生培训，培训村医1万余人；组织移动健康检测车深入乡村组织体检，免费进行脏器疾病和肿瘤常规筛查，覆盖重点帮扶地区11万余人。

资料来源：笔者访谈资料和其他公开资料。

【案例】

顺丰暖心

“顺丰暖心-儿童医疗救助”项目（简称“顺丰暖心”）于2014年启动。该项目包含儿童先心病救助、儿童血液病和恶性肿瘤救助、孤儿养护三大救助模块，通过开展健康扶贫、疾病筛查、医疗救助、人文关怀等工作，致力于推动0~18岁患有先天性心脏病、血液病、恶性肿瘤等大病儿童的医疗救助。该项目通过践行早发现、早治疗、早康复的理念，在医疗救助和人文关怀两方面助力患儿身心健康成长，同时助推“大病不出省”和儿童医疗行业发展。

“顺丰暖心”项目发展至今，已形成“以医疗救助为主的经济资助类项目矩阵”和“以人文关怀为主的成长支持类项目矩阵”协同发展的综合项目体。前者包括医疗救助（“先心病专项”“血液病和恶性肿瘤救助专项”“爱佑专项”“搜狐焦点专项”）和孤儿养护（“小水滴养护专项”“泉源养护专项”）两大板块。后者包括成长陪伴（线上跟进反馈、线下复诊随访、线下实地回访、个案陪伴）和医疗支持（先心病筛查、疾病知识科普）两大板块。其中，顺丰志愿者在“顺丰暖心”项目中主要负责疾病困境患儿的成长陪伴工作。一方面，志愿者需要及时跟进反馈患儿的健康与康复状况，包括陪同患儿复诊、去患儿家中进行回访；另一方面，志愿者通过个案陪伴的方式长期跟进特殊患儿的成长情况，定期互动陪伴，并与患儿一同绘制成长地图。通过志愿者的悉心陪伴为患儿提供及时高效的医疗救助和人文关怀服务。

截至2022年4月，顺丰暖心已累计投入3.36亿元，救助困境大病患儿及孤儿1.4万余名。

资料来源：顺丰企业官网和其他公开资料。

第四节 制度建设及其挑战：建章不立制 vs. 建制不立章

在企业志愿服务的制度建设中，常常出现两种相对立的情况：“建章不立制”和“建制不立章”。前者指企业虽在表面上制定了一系列关于志愿服务的规章制度，却未能有效执行或落实这些规定。尽管有明确的志愿服务政策和流程，但出于缺乏实际执行力、管理不善或员工参与度低等原因，这些规章制度往往只停留在纸面上。这可能导致志愿服务活动的效率低下，难以达成预期目标，也可能影响员工对企业文化的认同感和参与度。而“建制不立章”则描述了一种情况，即企业虽然在实际操作中开展了一系列志愿服务活动，却缺乏明确的规章制度来指导和规范这些活动。在这种情况下，志愿服务活动可能因缺乏统一的标准和流程而变得杂乱无章，导致资源分配不均、效果评估困难以及活动成效难以量化。此外，缺少规章制度的指导还会带来潜在的法律风险和道德问题。因此，为了有效地开展志愿服务，企业需要在“建章”和“立制”之间找到平衡点。这不仅要制定明确、可行的志愿服务规章制度，还需要有一套监督、评估和反馈机制确保这些规章制度得到有效执行。下文将结合企业志愿服务中的三类制度——志愿服务假制度、配捐制度和议事制度，探讨企业志愿服务制度建设中面临的挑战。

一　志愿服务假及其管理挑战

随着企业志愿服务日益专业化，志愿服务假（Volunteer Time Off，VTO）政策在越来越多的企业中得以实践。在以往企业社会责任实践中，旨在提升社会价值的活动更多是面向公众的，基层员工没有太多机会了解和感知。VTO 政策允许员工在工作时间带薪参与志愿服务，从而将企业社会责任层面的战略带到普通的员工中，提升员工对于雇主的印象和自身的工作幸福感。根据 2017 年 Glassdoor 的调查，是否回馈社会是员工评价一家企业时最首要的考量之一：75%的员工希望雇主通过捐款或以志愿者的方式来支持那些需要帮助的人，51%的员工希望雇主允许他们利用工作时间和资源推动积极的社会变革，在千禧一代的员工，拥有这种期望的高达 72%。[①] 企业宗旨首席执行官协会（Chief Executives for Corporate Purpose，CECP）2022 年度的调查也显示，各类企业都提供了不同形式的 VTO 政策，且受访的企业中，金融企业中提供 VTO 政策的比例最高，VTO 一般的时长是 8 小时，

① https://www.hrdive.com/news/glassdoor-workers-want-Their-employers-to-take-a-stand-on-political-issues/505985 /, acessed in January 30, 2024.

但一些科技企业和工业企业的 VTO 时长分别为 22 小时和 14 小时，金融行业建立 VTO 制度的比例最高，为员工提供的 VTO 时长最长，中位数为每年 8 小时。[①]《财富》杂志也针对 VTO 之于企业的收益进行了调研，结果显示，VTO 政策对提升企业对员工的吸引力、提升员工的留任意愿和员工对企业的好感方面有不同程度的积极影响。[②]

在大部分的企业中，常见的志愿服务有临时、短程和长程三种不同的形态。

临时性志愿服务假制度通常是以特殊事件为导向，不定期开展。例如，微软在 2021 年推出了旨在缓解疫情焦虑的额外带薪假期（明确提出可以用于做志愿服务）。在这类情况下，企业会在特殊的时间节点，以全员信的形式发布，并设置申请志愿服务假的起始和终止时间点，但对志愿服务假的时长和证明材料等没有严格的规定。还有一些企业会发起“志愿服务月”的倡议，在 1 个月左右的时间内组织密集的公益行动，为员工提供公益参与的机会，鼓励员工根据自己的志愿服务计划进行工作时间的调整。这种灵活性将使员工能够更好地平衡工作和志愿服务之间的关系，提高他们参与志愿服务的积极性。

短程的志愿服务假制度作为人力资源模块的一个组成部分，通常是一项面向全体员工的福利，将 VTO 作为一种具体形式，融入原本的带薪休假政策（Paid-Time Off，PTO）中。员工请假时需要得到部门人力资源主管的批准，并在事后提供相关的志愿服务证明材料，时长为 3 小时到一周不等。部分企业为了便于管理，会让员工先以事假的形式请假，拿到志愿服务证明材料后再进行销假。这类假期的时间通常是一个工作日（或 8 个工作时）以内，也有企业会提供超过一天的志愿服务假。

长程的志愿服务假制度是企业社会责任战略的一项落地政策或企业公益项目的配套措施，一般而言只面向特定员工（如高级的技术员工、企业内资深的公益人或其他企业内部的关键人物等），有一定的招募门槛。因此，长程的志愿服务假制度需要更为完备的审查批准制度，申请人需要经

① CECP: Giving in Numbers, https://cecp.co/wp-content/uploads/2023/12/GIN2023_FINAL3.pdf, acessed in January 30, 2024.

② https://fortune.com/2016/08/11/millennials-philanthropy/, acessed in January 30, 2024.

过严格的审批流程，获得批准后才能获得相关资格。员工志愿者获批假期后，需要在一定时期内全职在企业规定的公益机构或社会组织开展服务，这类机构通常和企业本身有长期的合作关系。

一家企业正式推行志愿服务是这家企业在志愿服务发展上的重要里程碑，从推行时机来看，常常是企业战略调整的关键期。2007 年，时任谷歌首席文化官的斯泰西·沙利文（Stacy Sullivan）向全体员工发送了一封内部信，询问大家如何在员工人数翻倍时，避免企业文化被稀释。谷歌社区服务日（Global Day for Community Service）的想法在当时被大胆提出。这一方案在同年被采纳并实施，并被命名为谷歌服务日（Google Serve）。在项目开始的第一年，就有来自全球 45 家分公司的 3000 名员工参与了当天的活动，目前该项目已经发展为谷歌企业内部的一个明星项目，每年会邀请企业的高层领导者参加。星巴克长期致力于造福与回馈门店所在的社区，在企业成立 40 周年之际，正式推出了“全球服务月”项目，在每年的 4 月邀请门店伙伴、顾客、合作伙伴等参与以社区服务为主要形式的公益活动。2011 年，星巴克（中国）组织 750 名全国各地的员工在上海开展绿色社区行动，星巴克的全球总裁霍华德·舒尔茨参与了该次行动，彰显了星巴克对在中国开展“全球服务月”项目的重视。2015 年，阿里巴巴遭遇假货危机。马云于同年号召阿里巴巴员工每年完成 3 小时公益志愿服务。此后，“3 小时公益”制度不但具有激励性质，也成为一项软性的 KPI，是阿里文化的重要组成部分。

从以上几家企业颁布志愿服务假制度的背景和历程可以看出，志愿服务假制度通常出现在以下几个时机：①员工数量激增，企业文化被稀释时；②企业面临重大公关危机时；③新型企业社会责任战略提出时，作为一项旨在激发员工潜力、提升员工企业认同度的微观战略；④企业的员工志愿服务项目受到越来越多的员工认可，需要获得企业层面的更大支持时。目前，国内外很多知名科技企业都先后推行了 VTO 政策（见表 4-2）。

表 4-2　国内外知名科技企业志愿服务假的基本情况

企业	志愿服务假的具体做法
Google	Google Serve Day，相当于 8 小时志愿服务假，另有谷歌研究员（Google Fellowship）计划，最高可全职带薪服务 6 个月

续表

企业	志愿服务假的具体做法
Microsoft	一般为8小时带薪志愿服务假，但也因人而异，只要在PTO政策的时长范围内即可，也会临时性组织员工开展各类带薪志愿服务，同时也面向特定员工群体实施长程的志愿服务假制度。 在中国大陆地区，自2006年开始，为配合企业社会责任计划“潜力无限”，微软中国也宣布每年向所有员工提供3天的带薪的“志愿服务假”，旨在鼓励他们参加一系列以跨越数字鸿沟为主旨的社区志愿者活动
IBM	招募针对高级员工（VP以上）参与企业志愿服务项目（IBM Service Corps Program），初期可全职带薪服务1个月，并最终延长到6个月甚至1年
Intel	组织员工开展非常多元化的带薪志愿服务
Salesforce	56小时带薪志愿服务假
Autodesk	每周工作30小时以上的全职员工享有每年48小时（2个工作日）的志愿服务带薪假期 每周工作20~29小时的兼职员工每年享有24小时（1个工作日）的志愿服务带薪假期
Appdynamics	每年5天带薪志愿服务假
Starbucks	每年4月为全球服务月
Ford Motor Company	每年9月的第二周为福特“全球关爱周”（Global Week of Caring）
阿里巴巴	每年3小时带薪志愿服务假
腾讯	每年1个工作日的带薪公益假（可用于志愿服务）

然而，虽然企业制定了明确的VTO政策和流程，但在实际执行中缺乏足够的监督和执行力度，出现建章不立制，或建制不立章的情况。例如，管理层未能给予足够的关注和支持，导致员工对VTO政策缺乏积极的态度和参与度，或企业未能有效地向员工传达VTO政策的重要性、具体操作流程以及参与的机会和福利。在缺乏相关的培训和指导的情况下，员工可能对如何利用VTO时间参与志愿服务活动感到困惑，从而影响了政策的实施效果。此外，企业在管理VTO政策的过程中也可能存在混乱和不规范的问题，例如审批流程不清晰、记录不完整或者对参与者的评估不公平等。这种管理不善会削弱员工对政策的信任和参与积极性。与此同时，VTO政策本身的完善也是一个长期过程。如果在相关的制度条款中缺少对资源分配的规定，一些部门或员工可能更容易获得VTO时间，而其他部门或员工则可能被忽视。这种不公平的资源分配可能会引发员工不满和团队间的矛盾，

进而影响到整个企业的合作氛围和员工士气。例如，有研究指出，与明文规定的志愿服务假相比，企业允许管理者灵活安排员工的工作，便于他们从事志愿服务，可能是一种更灵活、有效的管理方法。①

为避免这些情况，企业管理者还需要关注以下几个方面的问题。

（1）适用群体：志愿服务假制度可以面向部分员工或全体员工开展。如果将志愿服务假定位为一项福利政策，对志愿服务假资质的审核可以员工的合同形式（全职/兼职）、工作年限、职位、以往参与志愿服务的时长等信息为依据。另外一种方法是每年只提供一定配额的志愿时，采用先到先得的方法，鼓励员工申请。为保证制度的顺利推行，可以先在企业小范围内前期推广志愿服务制度，以便对未考虑到的风险点进行及时的规避。

（2）志愿时的登记和审核：由于现有的人力资源部门不一定熟悉各类公益组织的特征和属性，需要有一个专门的部门完成志愿时的登记和审核工作，或对原有人力资源部门相关负责人进行培训。需要注意的是，企业社会责任部门和人力资源部门及其他相关业务部门主管进行前期的沟通，是确保志愿服务假制度顺利实施的关键性因素。

（3）制定志愿服务组织白名单：员工参与的志愿服务项目的执行机构可分为组织内、组织间和组织外三类：组织内为在企业内部自行成立的公益团体或志愿服务组织；组织间为和企业有长期合作关系的公益或志愿服务组织；组织外为在民政部进行合法登记的志愿服务组织。

（4）制作志愿服务假的指导手册：通过制定相关指导手册，向各部门人力资源及行政负责人详细介绍各项规定，包括人员资质、志愿服务的性质和定义、相关薪酬福利、志愿服务组织的白名单、请假制度（如员工需提前多久申请）、登记和审核制度等。无异议后，再进行全员推广。

（5）进行志愿服务经济价值的核算：为保障志愿服务制度的可持续发展，最好能对每年志愿服务所创造的经济价值进行货币化的核算，包括文化价值、人力价值、经济价值和发展价值等维度。

（6）志愿服务假制度的定期复盘：可以半年或者一年为期限，检视志

---

① Peloza, John, Simon Hudson, and Derek N. Hassay. "The Marketing of Employee Volunteerism", *Journal of Business Ethics*, Vol. 85, No. 2(2009): 371-386.

愿服务假制度的执行力度和可能存在的问题，如员工的参与度、执行层面的难点、可能存在的风险点等。

二　配捐制度及其管理挑战

配捐（Matching Gifts 或 Double the Donation）是一种由企业推出的公益捐赠制度，旨在鼓励员工参与慈善捐赠活动。在志愿服务领域，配捐制度是指当员工参与志愿服务活动时，公司为员工提供的“时间配捐”，也即基于员工为非营利组织工作的时间，按照一定的工资标准，给予捐款，通常是 1∶1 的比例，但有时也可能是 2∶1 或其他比例。配捐制度让员工可以感受到自己的善举产生了实际的影响，并且他们的捐款可以得到持续的支持和回报，提升了他们社会参与的信心，还有助于培养员工的社会责任感。并且，由于有员工的前期参与，配捐的成效也得到了一定程度的保障。

配捐的金额计算及拨付方式通常包括以下步骤：由企业相关负责部门制定企业配捐制度，包括明确能够获得企业配捐的志愿服务活动及公益组织类型，设置公益时认定标准及配捐系数。随后，在企业公益基金中设立一个专门的账户，用于统筹管理相关资金。例如，可根据不同的评级结果，决定资助的数额和分期拨款的期数。为了确保配捐标准的一致性，有些企业还会联系外部的公益组织设计开展志愿服务活动，并为员工提供参与志愿服务的机会和岗位，以员工实际参与志愿服务获得的有效公益数据，乘以相对应的配捐系数，即可计算得出该次活动的配捐金额，并按照一定的周期（如月度或季度）统计并公布统计数据。确认无误后，按照配捐制度为相应机构拨付配捐资金。目前，许多大型企业都有配捐制度，但这种制度的实际操作和规定可能因企业而异。表 4-3 是一些在配捐制度上较为完善的企业。

表 4-3　国内外知名科技企业配捐制度的基本情况

	最低服务时间	志愿服务配捐标准	配捐比例
Google	1 小时	10 美金/小时	1∶1
Microsoft	1 小时	25 美金/小时	1∶1
IBM	10 小时	500 美金/10 小时	1∶1

续表

	最低服务时间	志愿服务配捐标准	配捐比例
Intel	20 小时	10 美金/小时	1∶1
Apple	1 小时	25 美金/小时	1∶1
腾讯	1 小时	100 公益金/小时，封顶 1 万公益金	1∶1
字节跳动	按具体服务类型而定	100 人民币/小时	1∶1

配捐制度作为企业慈善文化的一个重要组成部分，不仅反映了企业的社会责任感，还能有效激发员工的参与热情。然而，在实际操作中，这种制度可能面临一系列问题。

在探讨配捐制度的实施阶段时也必须认识到，尽管这一政策在理论层面看似完善，也已经在一部分企业推行，但如果缺乏有效的执行监管机制，政策的实际成效恐将大打折扣。具体而言，员工对具体操作配捐制度的陌生感，以及申请流程的复杂性，都可能成为其积极参与的障碍。在实际的管理中，如果这项制度没有得到企业的足够重视，也容易沦为纸上谈兵，难以切实融入企业的日常管理体系之中。因此，企业在建立了配捐制度后，还需要通过各种宣传方式确保员工全面、深入地理解配捐制度的意义及操作流程。同时，对配捐流程进行适度简化，以降低员工的参与门槛，提升其申请配捐的便利性，避免因设定过于严苛或不切实际的配捐比例和条件，削弱制度本身的吸引力和有效性。

因此，企业在设计配捐制度时，必须充分考虑到实际情况的多样性和复杂性。除了要根据自身的社会责任战略来设定合理的配捐比例外，还应着重关注员工的实际参与能力，制定出一系列灵活且多样化的配捐条件。同时，通过定期收集员工的反馈意见，对制度进行及时的调整和优化，以确保其能够始终与企业的实际需求和发展目标相契合。

三　议事制度及其管理挑战

议事制度是指在企业相关负责部门的领导下，围绕企业志愿服务项目和相关发展事项，组织有关方面开展的协商制度，以确保相关参与方的意见被充分听取和纳入决策过程。企业可以设立一个专门的议事机构，由企业相关部门负责人和企业志愿服务各参与方的代表组成。该议事机构负责审核志愿服务项目的可行性和合规性，确保项目符合企业的价值观和社会责任，并提供必要的资源支持。议事机构由多方代表共同组成，因此需要明确各方在企业志愿服务及议事机构中的职能分工，以确保议事制度能够有序运作。例如，企业社会责任部门负责人可以负责项目的规划和执行，志愿者代表可以提供志愿者群体的建议，公益机构代表可以提供专业的指导和支持。在上述工作完成后，按月度、季度、年度等周期召开志愿服务议事会，并邀请相关部门的代表、志愿者和其他相关人员参加，以确保多方参与和多元意见的融合。在议事会上，与志愿服务相关的议题将被提出讨论，包括但不限于活动审核、资源分配等。参与者可以提出建议、分享经验和提供意见，以共同促进企业志愿服务的发展改进。在决策过程中，议事会综合各方意见，并进行权衡和协商，最终达成共识。决策结果将被记录并通知相关部门。为确保议事制度能代表员工志愿者切身利益，企业可以选举或任命一定数量的志愿者代表，代表志愿者群体参与议事过程，确保志愿者的需求得到应有重视。志愿者代表可以通过参与议事机构的工作，提出志愿者群体的意见和建议，反映志愿者的需求和诉求。

【案例】

星巴克：豆豆益事局

2021 年，星巴克基金会（全球）捐赠 12.1 万美元（合人民币约 77.13 万元），成立了星巴克社区友好专项基金，并交付外部基金会进行管理。该项目致力于赋能星巴克（中国）员工，甄选和支持优秀社区志愿服务项目，除了对每个项目提供 3~9 个月、不超过 15000 元的资助外，还会挖掘优秀的星巴克（中国）员工志愿者深耕志愿服务工作。

在此背景下，政府关系与社会影响力部门员工、门店员工和第三方管理机构共同组成了豆豆益事局，以月度会议为工作模式，负责相关志愿服务项目的审核和支持等工作（见图 4-4）。星巴克（中国）旨在通过设置豆豆益事局这一自治组织，创新性地激发员工的潜在能动性，建立组织内部的工作小组，以加强协调管理与落地执行之间的沟通和协作，并将“以员工为中心”的人本主义管理理念也贯穿到志愿服务工作中。

星巴克（中国）开展的志愿服务项目分为两类。一类是不需要资金投入的小型社区志愿服务活动（例如，陪伴社区内有困难的老人去医院就医），在向社会影响力及政府事务部门报备后，由门店员工全程策划、组织和开展，灵活度相对较高。另一类需要资金投入，包含了一系列半专业化的项目审批和执行流程：首先由员工进行方案策划，并向豆豆益事局申请社区友好基金作为启动资金；随后，豆豆益事局会对项目进行综合性评审，提出各方意见，门店员工评估项目落地的可行性、创新性以及项目和员工期望的契合程度，第三方机构负责评估项目的现实意义、流程设计合理性等；项目获批后，由第三方机构设置的专项基金委员会负责给员工拨款，并监督其开展活动。每一次的具体活动和开销都必须进行严格的记录，例如定期为福利院的儿童举办生日会，需要严格记录购买的物资的费用及员工的交通支出等。

针对员工在志愿服务过程中热情高但经验不足的情况，星巴克（中国）还会定期开展志愿服务的路演活动，将员工志愿者和专业的公益机构等汇聚一堂，进行双向配对，在活动内容和活动形式上进行更专业化的设计。这些举措不仅提升了门店员工志愿服务的整体水平，也将项目执行过程中的各类风险防患于未然。

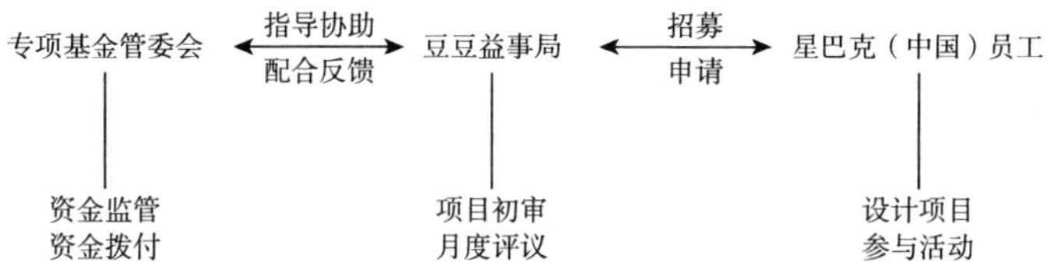

图 4-4　豆豆益事局的运行管理机制

资料来源：笔者访谈资料。

企业设立议事制度是为了更好地协调和促进志愿服务项目的发展，但在实际操作中，议事机构的设置仍可能因工作机制不健全而沦为摆设。此外，如果各参与方，尤其是志愿者代表在议事过程中缺乏足够的发言权或影响力，也会使得议事制度失去实际意义。这就需要企业通过制度建设和软性约束，确保议事会议的定期举行，关注会议实际的讨论价值和决策的执行力，给予志愿者代表足够的发言权和影响力，确保定期评估议事制度的效果，并根据反馈进行调整和优化。

在结构和功能设计上，如果议事机构的成员组成单一或缺乏代表性，可能导致决策过程中忽视某些关键群体的声音和需求。此外，如果议事机构的职能分工不明确或者决策流程不透明，也会影响议事效果。因此，需要明确各参与方在议事机构中的角色和职责，确保决策流程的公平性和透明性，通过持续的评估和调整，不断优化制度的细则。

第五章　跨界的社群：合作伙伴与网络建设

经济学家喜欢权衡取舍。事实上，现代经济学的一个特点是，人们总是可以计算权衡。我对权衡思维越来越持怀疑态度。事实上，我认为合作和避免权衡思维的动力要强大得多。当我们看到高管的任务是让利益相关者的利益随着时间的推移朝着同一方向发展时，权衡就会消失。

——R. 爱德华·弗里曼[①]

在当前的商业领域内，以企业为引领的公私合作网络，如星巴克与保护国际（Conservation International）、麦当劳与环境保护基金（Environmental Defense Fund，EDF），以及天伯伦与城市年（City Year）的合作都长达数十年，已经成为一种蓬勃发展的现象，展现出了企业社会参与的前瞻性。这些合作伙伴关系是企业面对外部挑战的一种策略性响应，不仅标志着企业经营环境的日益复杂化，也象征着企业从单一的运营模式向跨界合作的创新范式的积极转变，是它们深入开展志愿服务的关键步骤。这种跨界的合作模式使得企业得以整合来自不同领域的资源和知识，从而大幅提升其社会影响力，同时也为解决社会问题提供了创新的视角和有效的方案。

本章旨在深入剖析企业志愿服务中跨界合作的核心要素和动力机制。第一节主要介绍与企业开展合作的主体的范畴，以及相关合作在促进企业志愿服务中的独特角色与贡献。随后，本章将依次探讨企业志愿服务跨界合作的三个重要问题。联结的动力，即推动企业与政府及其他组织建立志

① Freeman, R. Edward. "The New Story of Business: Towards a More Responsible Capitalism", *Business and Society Review*, Vol. 122, No. 3(2017): 449-465.

愿服务合作关系的内在和外在因素，这些动力可能源于企业对于社会责任的认知，希望通过志愿服务活动来提升品牌形象和公众好感度。同时，外部的政策激励、社会期待以及合作伙伴的资源互补性也是推动企业寻求跨界合作的重要力量。信任的逻辑，即各方建立和维护信任关系的机制和过程，在涉及资源共享、责任分担和成果分配的合作中，企业需要通过透明的沟通、可靠的行动和一致的价值观来赢得合作伙伴的信任，同时，合作伙伴也需要通过实际行动来展示其可靠性和合作诚意，这种信任的建立和维护是一个动态的过程，需要各方在合作中不断调整和强化。协同的挑战，即跨界合作中，各方在目标设定、资源整合、行动协调以及成果评估等方面所面临的困难和挑战，为了克服这些困难，企业需要建立有效的沟通机制，促进信息共享和意见交流，同时还需要培养一种开放包容的合作文化，鼓励各方在相互尊重的基础上共同解决问题。通过深入探讨这些内容，本章旨在揭示企业志愿服务网络中的机遇与挑战，并激发更多的企业建立志愿服务的合作网络，共同推动社会进步。

第一节　合作伙伴与网络

广义上来看，志愿服务领域的跨部门联盟指的是政府、社会组织和企业之间建立的两两合作关系及三方合作关系。一些相关概念包括“政社联盟”“社会联盟”“政企联盟”“社企联盟”“企业社会参与”“公私合作伙伴关系”等。[①] 学者们对这些问题进行了系统化的探索，相关研究逐渐形成了公益研究的一个专门化领域，为理解企业、民间社会组织与政府之间建立的伙伴关系提供了重要的理论框架。基于以往研究的发现，本节旨在介绍企业志愿服务合作网络中的各相关主体及其合作形式。

一　政府职能部门

中国的公益慈善事业并非以独立性很强的第三部门为主导力量，国家

① Selsky, John W., and Barbara Parker. “Cross-Sector Partnerships to Address Social Issues: Challenges to Theory and Practice”, *Journal of Management*, Vol. 31, No. 6(2005): 849-873.

的主导性和社会的依附是一个非常明显的特征。[①] 以往学者们提出了各种本土化概念用来描述政府和社会组织之间关系。其中，“行政吸纳社会”是一个重要的概念，旨在描述理性政府通过“控制”和“功能替代”来管理社会组织的现象。[②] 在此基础上，学者们又相继提出了“治理式吸纳”[③]“嵌入式控制”[④]“行政吸纳服务”[⑤] 等衍生性的概念，用来描述政府在社会治理过程中与社会组织互动的不同模式。这些都为我们研究企业和政府在志愿服务方面的合作模式提供了重要参考。

企业与政府之间的紧密合作在推动社会责任和志愿服务方面扮演着关键角色，这种合作不仅仅是政府对企业的规范与指导，也在社会规范和认知塑造方面发挥着不可或缺的作用。[⑥] 政府在推动企业志愿服务方面扮演着双重角色。首先，作为企业与服务对象之间的桥梁，政府为企业提供了与地方社区接触的机会。企业对当地社会的深入了解是开展有效志愿服务的前提，政府的支持和背书成为企业与社区建立联系的纽带，推动了志愿服务的顺利进行。[⑦] 其次，政府与企业共同推进志愿服务发展，进一步放大了企业志愿服务项目的社会效益，这种做法不仅认可了企业的社会贡献，还通过政府的资源和网络，促使这些服务能够覆盖更广泛的群体。[⑧]

在我国，中国特色社会主义制度的优势之一在于政府拥有强大的动员

---

① 朱健刚：《慈善组织在我国公共服务体系建设中的参与路径》，《社会保障评论》2023 年第 5 期。

② 康晓光、韩恒：《行政吸纳社会——当前中国大陆国家与社会关系再研究》，《中国社会科学》2007 年第 2 期。

③ 杨宝：《治理式吸纳：社会管理创新中政社互动研究》，《经济社会体制比较》2014 年第 4 期。

④ 吴月：《嵌入式控制：对社团行政化现象的一种阐释——基于 A 机构的个案研究》，《公共行政评论》2013 年第 6 期。

⑤ 唐文玉：《行政吸纳服务——中国大陆国家与社会关系的一种新诠释》，《公共管理学报》2010 年第 1 期

⑥ 何辉：《如何理解我国的企业社会责任现状：政府和企业关系的视角》，《中国社会科学院研究生院学报》2013 年第 3 期。

⑦ 黄晓星、蒋婕：《治理现代化与社会建设：社区志愿服务发展的分析进路》，《中国志愿服务研究》2020 年第 2 期。

⑧ 魏培晔、魏娜：《时间银行中混合志愿服务的生成机制：基于多重制度逻辑视角》，《公共管理与政策评论》2024 年第 1 期。

能力，能够集中力量推动重大事业的发展，因此，政府的大力支持对于企业在公益慈善领域的成长至关重要。[①] 尤其在当前环境下，企业志愿服务仍面临诸多挑战，政府需要积极发挥引导作用，通过承担制定法律法规、监督管理和统筹发展的职责，确保企业志愿服务的合法性和合规性，积极引导企业投身公益事业。

【案例】

万科：蒲公英计划

近年来，中国城市化进程不断加快，伴随着经济增长和人民生活水平的提高，城市垃圾问题日益严重。深圳市作为中国的经济特区，城市发展迅速，人口密集，垃圾问题日益突出。传统的垃圾处理方式已经无法满足城市发展的需求，垃圾分类成为解决这一问题的有效途径。然而，公众对垃圾分类的认知度和参与度一直不高，成为推广垃圾分类的主要障碍。为了应对这一挑战，2018 年 6 月，深圳市政府联合万科基金会发起了垃圾分类公众教育“蒲公英计划”。该计划由深圳市城市管理和综合执法局作为发起和指导单位，万科基金会作为支持单位开展实施。该计划通过大规模的公众教育和宣传活动，提高了公众对垃圾分类的认知度和参与度，以推动城市垃圾处理效率的提升和可持续城市的发展。2021 年，住建部城市建设司将“蒲公英计划”推向全国，北京、四川、海南、山西等地已经陆续行动起来。

“蒲公英计划”主要包含垃圾分类公众教育与校园教育两条实施推广路径。

公众教育由蒲公英志愿讲师作为宣导员。他们大部分是在深圳义工网上正式注册过的志愿者，通过该项目接受常态化的赋能培训，涉及垃圾分类的基础知识和开展志愿服务等相关内容。他们通过固定途径长期参与垃圾分类志愿服务，其服务对象主要是社区居民，截至 2023 年 10 月，蒲公英计划已经培育了 2000 名市级“蒲公英”志愿讲师，开展面向市民的各类垃圾分类宣传 3500 多场，开展各类志愿活动近 3000 场，带动了约 5 万志愿者

① 白光昭：《第三次分配：背景、内涵及治理路径》，《中国行政管理》2020 年第 12 期。

开展入户宣传和桶边督导活动。

校园教育以蒲公英教师作为宣导员，以在职的中小学和幼儿园教师为主，他们接受过常规性的垃圾分类知识培训，且培训内容通常围绕自身教学活动展开，不涉及如何开展志愿服务。他们需要自发开辟参与志愿服务的途径（如带领学生到公共场所开展志愿宣导），其服务对象通常为学生及其家长。到2023年，“蒲公英计划”在1700所学校建立了“蒲公英校园”，动员了2000余名垃圾分类“蒲公英”教师上岗。在这两条实践路径下，宣教工作的提供方和接收方进行积极互动。其中，学生及其家长也是社区居民，具有双重身份属性，是连接校园教育和公众教育的重要桥梁。

资料来源：笔者访谈资料。

【案例】

安利：春苗营养计划

2011年，安利公益基金会联合中国关心下一代工作委员会（简称关工委），配合农村义务教育学生营养改善计划的实施，启动了“春苗营养计划”项目，向留守儿童较多的农村义务教育学校捐助厨房基本设备，并义务培训食堂管理人员，以改善农村学生就餐的营养、卫生状况。

在该项目中，企业与非政府组织分工明确、各司其职。

安利（中国）提供资金支持，并组织安利志愿者负责项目的督导工作。安利志愿者督导队一方面会到合作学校进行实地走访督导，与学校校长、厨房管理员和学生家长进行访谈交流，从中了解春苗营养厨房在当地的运作情况，如营养厨房设备运转情况、营养餐供应情况以及在运作过程中遇到的问题等，并将督导信息生成报告反馈给安利公益基金会；另一方面，安利（中国）安排有营养知识专长的督导员作为营养知识宣传讲师开展营养教育，提升受助地学生及教师的营养认知。

中国关工委儿童发展研究中心成立了“春苗营养计划”项目办公室，负责项目的具体实施工作，包括组织具有医学、营养、教育、心理、学校卫生管理及厨房设备等专业背景的专家编写培训教材；聘请国内知名的生理、心理、法律和技术方面的权威专家授课；邀请学校卫生专家对项目校的学生健康、营养改善效果进行量化评估；建立专业人员指导监督的意见反馈机制，等等。

资料来源：笔者访谈资料。

二 群团组织

群团组织是我国社会主义制度下的重要组织形式，包括共青团中央、中华全国妇女联合会、中华全国总工会、中国文学艺术界联合会（简称中国文联）、中国残疾人联合会、中国志愿服务联合会、中国青年志愿者协会等。群团组织的一项重要职责是社会服务和公益事业。这些组织积极参与社会公益活动，推动社会福利事业的发展，在教育、文化、科技、环保等领域开展形式丰富的公益活动，促进社会进步和文明发展。

企业在开展志愿服务工作的过程中，与群团组织的合作是至关重要的一环。这种合作不仅有助于企业更好地履行社会责任，还能有效地扩大志愿服务的影响力和并提升社会效益。企业拥有丰富的资金、物资和人力资源，而群团组织具备更深入的社会联系和更广泛的服务网络。通过合作，双方可以共同策划和组织志愿服务项目，实现资源的优化配置和高效利用。从工作职能来看，群团组织对特定群体或领域的需求有更深入的了解，而企业则可以通过与这些组织的合作，更准确地把握服务对象的需求，提供更具针对性和专业性的志愿服务。① 此外，企业与群团组织的合作还能够提升志愿服务的可持续性和社会影响力。通过长期稳定的合作关系，双方可以共同推动志愿服务项目的持续发展，形成品牌效应，吸引更多社会力量的参与和支持。

三 公益慈善组织

一般而言，公益慈善组织是以社会公益事业为主要追求目标，通过各种形式的活动和项目，为社会公众提供福利和服务，促进社会进步和发展

---

① 王毅杰、孙旌程：《造血式扎根：企业社区参与的驱动因素与现实路径》，《学习与实践》2023年第7期。

的非营利性组织。公益慈善组织通常以慈善、公益、志愿服务等为宗旨，通过募集社会资金、物资和人力资源，开展扶贫济困、救灾救援、环境保护、教育卫生、文化体育等领域的公益活动。这些组织可以采取基金会、社会团体、社会服务机构等组织形式，但必须依法登记注册，并接受相关部门的监督和管理。然而，不是所有的非营利性组织都是公益慈善组织，只有那些以社会公益事业为主要追求目标的组织才能被称为公益慈善组织。同时，公益慈善组织也必须遵守国家法律法规，尊重社会公德，不得从事危害国家利益和公共利益的活动。

企业在开展志愿服务工作中与公益慈善组织的合作，可以采取多种形式和路径。有研究者曾以企业与公益慈善组织在环境问题上的合作战略为例，分析并提出了三种不同的合作战略：交易式合作，最浅层次的合作，如企业支持员工参与公益组织的环保类志愿活动，向环保类的公益机构提供捐赠服务，或联合这些机构开展公益营销；交互式合作，中等程度的合作关系，如公益慈善组织承接了企业开展的环保项目，企业支持公益组织发展，或两者共同开展环保教育类工作；管理式合作，最深层次的合作，公司与公益慈善组织正式开展合作（如签订正式协议），共同解决公司内部环境管理问题，这些组织通过直接与企业共同工作来改变公司的产品或工艺过程，从而达到防止环境污染和环境破坏等目标。[①]

除了这几种形式之外，企业还可以与公益慈善组织合作，共同打造公益品牌。通过联合开展公益活动、发布公益报告、举办公益论坛等方式，提升企业的社会形象和品牌价值，同时增强公众对公益事业的认知度和参与度。[②] 这种合作有助于构建良好的企业形象和社会声誉，推动公益事业的持续发展。同时，企业还可以与公益慈善组织共同倡导相关政策或参与相关政策的制定和实施。通过联合发声、提出政策建议等方

① Rondinelli, Dennis A., and Ted London. "How Corporations and Environmental Groups Cooperate: Assessing Cross-Sector Alliances and Collaborations", *Academy of Management Perspectives*, Vol. 17, No. 1(2003): 61-76.

② 王毅杰、孙旌程：《造血式扎根：企业社区参与的驱动因素与现实路径》，《学习与实践》2023年第7期。

式，推动政府和社会各界关注和支持公益事业的发展。[①] 这种合作有助于提升企业在政策领域的影响力和话语权，同时促进公益事业的规范化和制度化建设。

为避免企业和公益慈善组织的合作存在深度不足、类型单一等问题，[②] 企业需要明确合作目标、合作方式和合作期限等关键要素，确保合作的顺利进行。同时，双方还应建立有效的沟通机制和监督机制，及时解决合作过程中出现的问题和困难，确保合作成果的可持续性和社会影响力。

【案例】

跳跳糖公益伙伴计划

为企业志愿服务发展寻求长期、稳定的合作伙伴，字节跳动公益于2021年发起“跳跳糖公益伙伴计划”。该计划以员工志愿者回馈社会、为社会创造价值为基础，积极与公益伙伴（公益组织及社会创新企业）合作，助力志愿服务发展。

在计划实施以前，字节跳动企业员工志愿者与公益机构的合作多为短期合作，或停留在浅层体验的模式上，许多志愿服务项目在志愿者参与机制上缺乏资源支持。随着“跳跳糖公益伙伴计划”的落地，字节跳动员工公益已初步搭建“企业—公益组织—员工志愿者—服务对象”的多方协同机制，共同探索企业志愿服务领域的可持续发展模式。

在“跳跳糖公益伙伴计划”中，字节跳动为合作的公益机构提供项目资助和员工捐赠配捐机会、志愿服务项目与志愿者管理能力建设和技术支持等；集中字节跳动员工志愿者智力与技术优势，满足社会创新类项目的技术需求，助力公益的信息化建设；与公益机构联合传播，提升志愿服务的影响力与知名度。

资料来源：笔者访谈资料。

---

① 朱健刚：《慈善组织在我国公共服务体系建设中的参与路径——以残疾人社会组织为例》，《社会保障评论》2023年第7期。

② 赵文红、尉俊东、周密：《企业与非营利组织合作的战略选择：维度、影响因素和研究框架》，《管理评论》2008年第6期。

四 社工机构

自2008年起，我国民办社工机构进入了迅猛发展的阶段。数据显示，仅2010年到2011年，全国民办社工机构数量就从不足100家跃升到了750家。[①] 截至2017年，民办社工机构的总数已经超过了7500家。这一显著的增长趋势展现了民办社工机构的爆发式发展。[②]

学者朱健刚和陈安娜基于这些机构的类型和功能，将其划分成了空降型、新瓶装旧酒型、专业主义型和草根自发型四种类型。[③] 企业可根据社工机构的类型，采取不同的方式和路径和它们合作开展志愿服务工作。空降型的社工机构是由外部力量推动成立的，因而也高度依赖外部资源，缺乏本地社区根基，面向社区服务但社区参与度低，在与这类机构合作时，企业可提供资金和资源支持，协助这些机构加强与当地社区的联系，通过企业的影响力帮助其建立更深入的社区根基。新瓶装旧酒型的社工机构是由传统社会组织转型而成，虽然保留了旧有体制特点，但也在逐渐引入专业社工元素，改进服务模式，企业可以利用这些机构的官方背景和资源优势，共同开展项目，同时帮助其提高创新能力和独立运作能力。专业主义型的社工机构通常由专业人士创立，重视社工专业知识和方法，这类机构也最重视提升服务质量和效率，企业与这类机构合作，可侧重于高质量的专业服务项目，利用其专业优势进行项目设计和实施，提升服务效果。草根自发型的社工机构主要由社区内部人士发起，这类机构紧密结合社区需求，强调社区参与和自我管理，有强烈的社区归属感和动员能力，企业可以针对某个具体领域的问题，为其提供必要的资源和培训支持，帮助这些机构提升专业能力，同时也借助他们的本地影响力，深入社区，了解受助者的切实需求。

---

① 《“数”说社会工作十年》，光明日报，http：//news.gmw.cn/2016－03/21/Content_19365806.htm。

② 《民政部办公厅关于2017年度社会工作和志愿服务法规政策规划落实情况的通报》（民办函〔2018〕29号）。

③ 朱健刚、陈安娜：《社工机构的NGO化：专业化的另一种思路》，《华东理工大学学报》（社会科学版）2014年第1期。

五　公益咨询机构

公益咨询机构是指专门为公益慈善组织提供咨询服务的机构。其致力于为从事公益事业的机构和组织提供形式多样的咨询服务，帮助它们提升运营效率和项目影响力。目前，这类机构在北美地区已发展得比较成熟（见第四章第二节），但在我国还处在萌芽阶段。

与这类机构合作时，企业可以探索多种合作模式和路径以提升运营效率和项目影响力。合作可以开始于策略规划阶段，借助咨询机构的专业知识发展社会责任战略和具体的志愿服务项目，确保这些项目既符合企业的品牌和核心价值观，也能满足社会需求。在组织管理方面，咨询机构能够提供关于如何更高效地动员和管理志愿者资源的见解。此外，咨询机构还能协助企业在资金筹集和管理上采取更有效的策略，如探索公私合营项目和捐赠匹配等方式来提升资源的可用性。项目评估与影响力分析也是合作的关键部分，通过测量志愿服务项目的社会影响，企业可以优化未来项目的设计和投资决策。同时，合作还能促进知识共享和能力建设，咨询机构可以提供定制化培训，提升企业员工的项目规划和执行能力，同时帮助企业扩大其在公益领域的合作网络，寻找符合其志愿服务目标和价值观的合作伙伴。这样的合作不仅提升了企业公益项目的质量和影响力，也促进了其社会责任战略的整体效果和可持续性的提升。

六　高校和研究机构

一些高校和研究机构致力于志愿服务领域的理论研究和实践问题，通过组织项目孵化、研讨会等活动，专家学者与实务工作者们得以充分交流，这种方式不仅有助于创新企业志愿服务的模式，也能在一定程度上推动企业志愿服务质量的提升。此外，高校和研究机构还可以直接参与企业志愿服务实务工作，例如通过组织学生参与志愿服务活动，既培养了学生的社会责任感，也扩大了企业志愿服务的规模和影响力。这种多维度的合作模式不仅深化了企业与高校之间的合作，也为企业志愿服务领域注入了新的活力，共同推动了社会责任和公益事业的发展。

第二节　联结的动力

在西方社会，志愿服务和各类社会组织，尤其是专业化社会组织各自扮演着不同的角色，前者深耕社区关怀，后者则因专业主义的影响，一度过分聚焦于个体的心理治疗，造成了两者之间的分歧，直至20世纪90年代，这种分裂状况才开始逐步缓和。[①] 同样，长期以来，我国的志愿服务活动由政府主导，而公益慈善、社会工作与市场化形成各自为政的格局，相互之间的交流较为有限。近年来，随着我国大力倡导“共治共建共享”的社会治理新模式，不同社会力量联手，通过公益活动共同推动社会治理的趋势愈发明显。在对相关理论和实证研究进行系统性回顾之后，本章结合笔者的实地调研资料，对当前企业及其他社会主体在志愿服务工作上的合作机制进行了深入的分类与总结，归纳为以下几种类型：互补共生型，即通过资源和优势的互补，实现共生发展；共同目标型，即各方围绕一个共同的社会目标或任务集结力量，共同推动其实现；风险分散型，即企业和其他合作方通过分担风险，从而能够在面对不确定性和挑战时保持稳定发展；制度驱动型，即在制度引导和激励下，企业和其他社会力量积极参与到志愿服务中，形成了多元参与的格局。本节旨在通过这种分类，为进一步推动社会主体间的有效合作提供有益的思考和借鉴。

一　互补共生型

互补共生型合作关系是一种基于资源互补型的合作联盟模式，企业旨在通过强强联手，从其他外部组织中获取必要的资源，发展志愿服务工作，同时实现品牌形象和社会声誉的共同提升。资源依赖理论（Resource Dependence Theory，RDT）为解释互补共生型合作的内部动力提供了一个理论框架。该理论认为，组织是由资源构成的，组织所拥有的异质性资源是组织竞争优势的来源，为了获得资源、提高整体的环境适应能力，组织必

---

① 金碚：《社会企业的机理逻辑及对认识现代市场经济的启示》，《中国工业经济》2022年第3期。

须与它所依赖的环境中的因素互动，其中就包括其他的组织。[①] 联盟和合作有助于组织更好地适应外部环境的变化。

因此，组织合作的动力强度也取决于在合作中获取的资源的价值，以及通过合作创造资源价值的潜力；[②] 双方在资源方面的相似性、补偿性[③]，依赖对方所提供的资源进行发展的迫切程度[④]，以及从对方获取的资源的稀缺性程度[⑤]，等等。当对方的资源是组织所稀缺的时，就产生了外生依赖，互补资源构成了两者的合作动力；当双方资源存在一定的内在关联时，就构成了共生关系，共同发展是推动双方合作的动力。[⑥]

企业追求利益最大化，而社会组织是非营利的，尽管它们的本质目标不同，但都面临生存的挑战——企业需要市场支持，社会组织则依赖资源支持。企业通过自身的盈利能力、技术资源等“自我造血”，能够为社会组织提供稳定的资源支持，促进其发展；并且，社会组织通过企业的资金募集、知名度提升等，也能形成互惠的局面。[⑦] 这种合作关系不仅帮助传统公益资源配置向更加市场化、效率的方向化转变，而且提升了企业在现代市场经济中的生命力和社会责任。[⑧]

在企业志愿服务领域，合作伙伴关系和合作网络的建立是资源优化配置和高效利用的关键。这种资源优化型合作，通过各方共享资金、人力、

---

① Pfeffer, Jeffrey, and Gerald Salancik. “External Control of Organizations—Resource Dependence Perspective”, *Organizational Behavior* 2(UK, Oxfordshire: Routledge, 2015) , pp. 373–388.

② Das, Tushar K., and Bing-Sheng Teng. “A Resource-based Theory of Strategic Alliances”, *Journal of Management*, Vol. 26, No. 1(2000) : 31–61.

③ Rothaermel, Frank T., and Warren Boeker. “ Old Technology Meets New Technology: Complementarities, Similarities, and Alliance Formation”, *Strategic Management Journal,* Vol. 29, No. 1(2008) : 47–77.

④ Holmes, Sara, and Palie Smart. “Exploring Open Innovation Practice in Firm-Nonprofit Engagements: A Corporate Social Responsibility Perspective”, *R&D Management*, Vol. 39, No. 4(2009) : 394–409.

⑤ 李健、陈淑娟：《如何提升非营利组织与企业合作绩效？——基于资源依赖与社会资本的双重视角》，《公共管理学报》2017 年第 2 期。

⑥ Den Hond, Frank, and Frank GA De Bakker. “Ideologically Motivated Activism: How Activist Groups Influence Corporate Social Change Activities”, *Academy of Management Review*, Vol. 32, No. 3 (2007) : 901–924.

⑦ 田蓉：《轻资产运营：非营利组织社会企业化路径与反思》，《福建论坛》（人文社会科学版）2019 年第 10 期。

⑧ 赵小平、毛佩瑾：《公益领域中的“市场运作”：社会组织建构社区社会资本的机制创新》，《中国行政管理》2015 年第 11 期。

技术等资源，支持志愿服务项目，不仅减少了重复投入，优化了资源使用效果，还通过跨界合作和资源共享精神，共同解决社会问题、推动社区发展。[①] 这一合作模式有效降低了志愿服务项目的运营成本，提高了资源利用效率，并加深了企业与非营利组织间的联系。通过有效的沟通与合作，双方确保了资源的合理分配与高效使用，展现了企业志愿服务的核心价值。

志愿服务组织与专业社会工作机构的融合发展，也反映了外部宏观环境的影响与组织内部需求驱动下的共生进化模式，本质上也是出于对公益资源的共同追求。这一现象与贝克和尼尔森（Baker and Nelson）等提出的资源拼凑（Resource Bricolage）理念相契合，即通过创新性地利用现有资源，打破资源的限制，探索新的可能性，发掘新机会，从而实现组织目标的过程。[②] 这种方式对初创型的企业格外有利，可以帮助它们克服“小而弱性”“新生弱性”的双重约束，实现小企业在财务、创新、成长等层面的绩效提升。[③]

当企业面临一定的生存压力，如行业和政策限制，难以满足客户对资源的需求，促使它们寻求有效的应对策略时，与社会组织的合作便成为一条路径。此外，还有部分社会组织为了稳定生存资源，选择转型为兼顾公益与商业的双轨道发展模式，或支持成立一个社会组织，这类组织既有市场生命力，又有与市场经济之间的内在相容性。

以一个科技公司与环保组织的合作为例。科技公司在技术研发、资金管理以及市场推广等方面往往具有显著的优势。然而，当面对特定的社会问题时，它们可能缺乏深入的了解和有效的解决方案。与此同时，环保组织通常拥有丰富的专业知识、实践经验以及深入社区的能力，但在资金、技术推广等方面可能存在一定的局限。此时，双方的合作就显得尤为有价

① 周艳、吴彦彰、戴炳元等：《志愿公益组织与专业社工机构融合发展的驱动因素及优势分析——以苏南 C 市 L 义工协会与 LH 社工机构为例》，《东吴学术》2019 年第 1 期。

② Baker, Ted, Anne S. Miner, and Dale T. Eesley. “Improvising Firms: Bricolage, Account Giving and Improvisational Competencies in the Founding Process”, *Research Policy* Vol. 32, No. 2(2003): 255-276; Baker, Ted, and Reed E. Nelson. “Creating Something from Nothing: Resource Construction through Entrepreneurial Bricolages”, *Administrative Science Quarterly*, Vol. 50, No. 3(2005): 329-366.

③ Kickul, Jill, L. K. Gundry, S. D. Barbosa, L. Wh. itcanack, et al. “Intuition Versus Analysis? Testing Differential Models of Cognitive Style on Entrepreneurial Self-efficacy and the New Venture Creation Process”, *Entrepreneurship Theory and Practice*, Vol. 33, No. 2(2009): 439-453.

值。科技可以利用技术资源，开发一款可以帮助环保组织更好地进行环境监测、数据分析和公众宣传的应用。而环保组织则可以发挥其专业知识和社区网络方面的优势，确保项目的实际效果和社会影响力。

通过这种深度合作，双方不仅实现了资源的有效整合和优化利用，还提升了各自在社会责任和可持续发展方面的品牌形象。科技公司通过与环保组织的合作，扩展了业务范围，进一步证明了其技术的社会价值。同时，环保组织通过这种合作获得了必要的技术和资金支持，使其能够更有效地推动环保议程，扩大其影响力。这种科技公司与环保组织之间的共生性合作模式，不仅为解决具体的社会问题提供了一种新的路径，也为其他领域的合作提供了宝贵的借鉴。

【案例】

字节跳动："亿角鲸珊瑚保护"项目

2021年7月，亿角鲸公益组织与字节跳动员工公益联系，希望字节跳动能帮其开发一款用于珊瑚定位、清理的App。为此，字节跳动员工公益设立"亿角鲸珊瑚保护"项目，在企业内部招募了20余位来自产品和研发团队的员工志愿者组成技术虚拟小组。首先，小组成员与亿角鲸公益组织的负责人沟通，明确组织的产品需求，并完成产品设计。随后，负责研发的志愿者利用自己的业余时间，根据产品设计稿开发出一款名为"蔚蓝力量"（BLUEUP）的App。该App不仅引入珊瑚百科和工具介绍，配备了珊瑚礁定位和标记功能，还可以自主发起珊瑚保护任务，助力珊瑚保护和海洋垃圾清理工作。2023年3月1日，"蔚蓝力量"App正式上线，成为国内第一个服务于珊瑚保护类志愿服务活动的App。

资料来源：笔者访谈资料。

【案例】

微软中国：云端"心目图书馆"项目

自2014年起，微软与助盲公益机构北京市红丹丹视障文化服务中心（简称"红丹丹"）合作，借助微软的技术与产品建立了云端"心目图书馆"，为包括

104 家盲校及所有订阅该服务的视障人士提供便利的有声阅读服务。

为了建立这个云端图书馆，微软组织员工志愿者为“红丹丹”公益机构提供信息技术方面的支持，帮助机构将有声书上传到云端。借助 Azure 云平台的核心技术优势以及免费的海量存储功能，微软志愿者打造的“心目图书馆”，可以让盲人朋友们方便地使用移动设备，比如智能手机，收听和下载有声读物。视障人士只需对着移动设备，通过双击屏幕，或对智能手机或平板电脑说出“心目图书馆”的名字，再告诉它想要“读”的书，就能轻松地查找并访问到想要的有声读物。通过这种线上图书馆，视障人士也可以克服出行的困难，方便安全地享受阅读的乐趣。除了提供技术支持，微软志愿者还利用业余时间录制读物并上传到图书馆，以更便捷的方式帮助盲人朋友们“读”书，打开“看”世界的窗口。

“心目图书馆”建立后，微软志愿者也根据公益机构及视障人士的需求持续地提供技术服务支持。2018 年，微软志愿者为“红丹丹”机构搭建了“心目图书馆”小程序。小程序集合了“心目图书馆”和“心目影院”的文化产品资源，以及微软捐赠的中国最大的公版儿童有声读物全集“小冰姐姐讲故事”。2019 年，微软志愿者为“红丹丹”提供先进的深度神经网络的语音合成服务（Neural Voice），为视障人士定制发音标准、情感饱满的人工智能声音，帮助机构快速、高质地将电子书转换成更贴合人声、饱含温度的有声读物，大大改善了视障人士的阅读体验。

2020 年 12 月，微软与鹿音苑文化传播公司，以及各界的 150 余名志愿者，将首批基于微软 Azure 云认知服务语音合成平台 Speech Studio 创作的人工智能有声内容正式捐赠给“心目图书馆”。

资料来源：微软企业官网及其他公开资料。

二　共同目标型

研究者在探讨企业的社区参与时发现，“构建命运共同体动机”是企业与政府、其他社会组织合作的核心动机之一。这些企业坚信，社区的繁荣昌盛与企业的长远发展息息相关，与企业发展具有目标上的一致性。[①]

① Besser, Terry L., and Nancy J. Miller. “The Risks of Enlightened Self-Interest: Small Businesses and Support for Community”, *Business & Society*, Vol. 43, No. 4(2004): 398-425.

戈登·刘（Gordon Liu）等学者基于利益相关者理论与社会资本理论，揭示了企业在与社区合作中构建共同目标并实施战略管理的多维路径。研究指出：当企业寻求获得社区的广泛认可时，其管理策略应专注于增强组织意识、提升组织的社会接受度以及全面履行组织责任。这一系列策略不仅促进了企业与社区之间深层次的信任关系建立，也确保了企业运营活动与社区的核心价值观保持一致；若企业旨在创造丰富的社会资本，其管理策略应重点在于推动社区内的互动与交流，促进社区内部关系的和谐，以及强化社区的凝聚力；企业若志在发展和增强社区的社会资本，则关键在于加强与社区内各利益相关者网络的有效互动与深度合作，尤其是在这些网络中建立并维护稳固的互信关系。[①]

我国学者范慧和彭华民也提出，以企业为代表的市场力量在和以社会组织为代表的公益力量进行合作时，会有一种基于共同目标的联结机制，表现为三种不同的类型，分别是：利润获取与目标实现的耦合，即企业通过提高市场推广效率和运作效率获得利润增长，非营利组织通过改善资源分配和服务效率，更好地满足服务对象的需求，提升组织的社会价值和影响力；形象塑造与组织发展的吻合，即企业通过履行社会责任和参与公益项目树立良好的社会形象，增强市场竞争力，非营利组织则借助企业资源提升自身的服务能力和组织绩效，同时提升其公益品牌的认知度；服务诉求与专业供给的契合，即非营利组织通过提供专业化、差异化的服务和产品，有效满足市场和社区的具体需求，同时防止资源浪费并提升服务效率。企业通过支持这些服务产品，不仅能够实现其社会责任目标，也能借此进一步探索市场机会，实现商业价值与社会价值的双重增长。[②] 这一分类为理解企业和其他社会主体在志愿服务领域的合作提供了一个新的视角。

笔者认为，企业在与政府或其他社会组织合作开展志愿服务工作时，可沿着以下五个维度构建和深化。

（1）社会责任的履行：通过参与志愿服务，企业得以展现出其超越利

① Liu, Gordon, Teck-Yong Eng, and Wai-Wai Ko. “Strategic Direction of Corporate Community Involvement”, *Journal of Business Ethics*, Vol. 115, No, 3(2013): 469-487.

② 范慧、彭华民：《互嵌式社区治理：社会工作机构与市场共治逻辑——基于机构市场化服务项目的实证研究》，《安徽师范大学学报》（人文社会科学版）2020年第3期。

润追求、关注公众福祉的一面，建立企业的正面形象，并在社会上树立企业公民的典范，政府和社会组织期望通过企业的参与，共同推进社会问题的解决，如减少贫困、提升教育水平、保护环境等，实现社会福祉的最大化。

（2）品牌形象的提升：企业通过积极参与公益活动，提升企业品牌的正面认知，提升消费者的品牌忠诚度，长远来看有助于企业的市场表现和业绩增长；通过与企业合作，政府和社会组织也得以借助企业的品牌力量，提高公益项目的知名度和影响力，吸引更多的关注和参与。

（3）员工和公众参与：组织员工参加志愿服务不仅能增强团队协作能力，也是企业文化建设的重要组成部分，有助于提升员工的满意度和忠诚度；与此同时，企业员工的参与也可以带动更多社会成员的关注和投入，增强社区凝聚力和公众的社会责任感。

（4）社区关系的建立与维护：企业通过参与社区服务，可以更好地了解和满足社区需求，建立起企业与社区间的良好关系，为企业的长期发展奠定基础；通过这些活动，社区的服务体系得到完善，居民的生活质量得以提升，推动了社区的可持续发展。

（5）创新和学习：通过与政府、社会组织、高校的合作，企业可以接触到新的思想和方法，为企业带来创新灵感和新的业务模式；与此同时，非营利性的社会主体也可以引入企业的创新资源和管理经验，提升公益项目的效率和效果，促进社会服务方式的创新。

【案例】

微软：编程一小时

微软一直都致力于帮助社会公众提升编程能力，掌握面向未来的技能和知识。基于这一目标，微软和公益组织 Code. org 共同发起的全球性提升青少年计算机学科知识水平的公益性活动——“编程一小时”（Hour of Code），旨在通过提供一小时的课程，为青少年打开计算机学科新世界。2014 年 12 月，“编程一小时”项目首次落地中国，希望帮助中国青少年通过学习编程，掌握未来世界所需的技能和知识背景，锻炼计算思维。微软（中国）还与学校、公益组织合作，开发和提供了更适合中国青少年儿童和适用于不同软硬件条件的计算机科学学习内容。在每年12月开展的“编程一小时”活动中，全国各个城市的数百名微软员工志愿者与专家、合作伙伴和学校老师一同报名组织活动或辅导学生，为更多的中国青少年儿童提供计算机科学教育平台和资源。

2021年度的“编程一小时”活动历时1个月，覆盖30余个省市自治区的百余所公立、私立和国际学校，参与学生超过4000人，总培训场次超过150场。活动课程包含了AI方小智学习平台、不插电逻辑编程启蒙、STEAM创客课程等5门微软基础教育解决方案课程，面向8~15岁的小学及初中学生。该项目通过电脑编程、在线游戏以及动手课堂等形式，培养青少年的逻辑思维和编程思维。培训期间，微软不仅配备了3名专职培训师，还招募了40多位MVP及志愿者讲师，同时培训IT教师成为驻校教师，让这些课程在活动结束后，也能够获得有效延续。

资料来源：微软企业官网等公开资料。

【案例】

SK集团：“SK Sunny”志愿服务项目

SK Sunny项目由韩国SK集团和共青团中央直属的中国光华科技基金会于2010年在中国发起。

SK Sunny项目在各个高校设立SK Sunny大学生志愿者队伍、为每支队伍提供经费，引导大学生关注社会问题，以个人力量改善社会。大学生志愿者们组成小队，围绕教育、环保、慈善、弱势群体等主题，自主设计和实施符合社会需求的公益活动，前往贫困地区、灾区、敬老院、孤儿院、医院等地，开展支教、敬老、助残、环保、文艺表演、环境保护和民俗文化保护等多种多样的志愿服务活动。

在SK Sunny项目中，韩国SK集团主要扮演支持者、引导者的角色，不会限制大学生志愿服务活动的策划和具体方向，鼓励大学生志愿者发挥主观能动性，并为他们提供资金和资源支持。此外，SK集团还会为表现优异的大学生志愿者提供国际交流的机会，资助中国的大学生志愿者去韩国和本地大学生一起做志愿服务。通过Happy Innovator Camp等联合项目，志愿者们在讨论中共享中韩两国的优秀志愿服务案例，创新升级解决社会问题的模式。

资料来源：笔者访谈资料和其他公开资料。

三 风险分散型

跨界合作在企业志愿服务中起到了分散风险、提高项目成功率的重要作用，这种风险分散型的合作模式实际上是企业与合作伙伴之间的一种相互扶持、风险共担的策略，是企业与其他社会主体合作、联盟的重要动力机制。[①] 合作机制可大致分为以下三类。

第一类合作基于规制合法性。这类合作涉及企业严格遵循政府所制定的法律法规、行业标准以及相关的规章制度。通过与政府或其他社会组织的紧密合作，企业共同遵守并推广这些规制要求，从而有效规避因违反法律法规而可能引发的各种风险。此外，这种合作还能助力企业更深入地理解和适应这些规制要求，使其在公益之外的运营场景中更加得心应手。同时，通过分享最佳实践，合作各方还能共同提升遵守规制的效率和效果，实现互利共赢的局面。

第二类合作基于规范合法性，它植根于社会价值观和道德规范中，要求企业的行为与社会道德和价值观相契合。企业通过与其他社会主体的紧密合作，旨在有效规避因违背社会期望和道德规范而可能产生的各种风险。此外，这种合作还能帮助企业更深入地了解社会的期望和要求，将其有机地融入企业文化和日常业务实践中，以获得更加广泛的公众信任和社会支持。

第三类合作建立在认知合法性之上，旨在确保企业的行为与公众期望、普遍知识以及信仰体系相契合。为了加强与外界的沟通，企业可以选择与政府及社会组织携手合作，这样可以更有效地传递自身的价值观，展示企业目标及取得的成就，进而提升公众的认知度和接受度。合作项目形式多样，比如参与社区活动、开展公共教育项目等，这些都有助于企业塑造积极正面的公众形象，降低因误解或信息不对称所引发的潜在风险。

---

① 刘蕾：《合法性视角下企业参与社区治理战略研究》，《南通大学学报》（社会科学版）2019年第2期。

例如，在一些涉及特殊技能的志愿服务项目中，比如灾难救援，企业不仅面临资金投入的问题，还可能要参与物流、协调、执行等多个复杂环节。每一个环节都存在一定的风险。企业在灾难救援过程中，可能因为不熟悉当地的法律法规，如紧急状态下的特殊交通规则或救援行动许可制度，而产生违规操作，面临法律处罚或项目延误；在救援行动中企业可能因未能充分尊重当地文化习俗或宗教信仰，在分发救援物资时忽略了某些特定群体的需求或禁忌，从而引起当地社区的不满和抵制；或者企业因为信息不对称或沟通不畅而被公众误解，如被指责救援行动迟缓或救援物资分配不公，进而影响企业的声誉和品牌形象。在这些情况下，如果企业单打独斗，很容易因为某些不可预见的问题而使整个项目失败，或者引发负面的社会影响和公众舆论。

如果企业能够与其他组织或企业形成合作关系，共同投入到这一项目中，风险就更容易被有效地分散。例如，多家企业可以联合提供资金、物资和人力资源支持，确保项目的顺利进行。同时，不同的合作伙伴也可能各自负责项目的不同环节，有的负责物资采购，有的负责物流配送，有的负责现场救援，等等。这样，即使某一环节出现问题，也不会对整个项目造成严重的影响。

四 制度驱动型

新制度主义理论是一个在政治学、经济学、社会学等多个学科中广泛应用的分析框架。该理论最初建立在对美国社会现代化进程中组织制度化现象观察的基础上，后经多位学者完善，用于解释组织场域和组织行为的稳定性与同形现象。[①] 新制度主义理论强调社会结构对组织的约束作用，并关注制度在塑造组织文化和认知特征方面的重要性。针对企业开展的社区志愿服务，新制度主义理论提供了一个基础性的框架，提出企业在社区志愿服务中的行为选择可以从文化认同、社会规范和调控因素三个维度进行理解。

从文化认同维度来看，企业积极融入社区并响应社区对企业社会实践

① 杨典：《国家、资本市场与多元化战略在中国的兴衰——一个新制度主义的公司战略解释框架》，《社会学研究》2011 年第 6 期。

的期待，是其开展志愿服务的重要驱动力。通过参与社区志愿服务，企业不仅能够展示自身对社区文化的认同和尊重，更能够加强与社区的情感纽带，提升其品牌形象。因此，在文化认同的引领下，企业倾向于与社区内的其他主体，如居民、非政府组织等，共同策划和实施志愿服务项目，以实现更深层次的社区融入。

社会规范维度揭示了社区评价标准和体系对企业参与志愿服务的影响。社区内活跃的志愿服务机制和各类志愿服务组织为企业提供了参与社区服务的平台和机会。为了符合社区的社会规范，企业会积极寻求与这些组织和群体的合作，共同推动社区志愿服务的发展，从而获得更广泛的社会支持和认可。

在调控因素维度，政策、法律和政府规章制度等对企业参与社区志愿服务的行为起到了重要的引导和约束作用。政府的政策导向和法律法规的完善为企业参与社区志愿服务提供了有力的制度保障。在政策的推动下，企业会更加积极地与政府、社区和其他社会组织进行合作，结成联盟，共同开展志愿服务工作。同时，政府的税收优惠、奖励机制等激励措施也进一步激发了企业参与社区志愿服务的积极性，推动了企业与其他社会主体的深度合作。

在某些政府项目中，政策的引导和政府的积极倡导成为推动私营企业与公共部门或非政府组织之间合作的关键力量。针对特定的社会问题或为满足迫切的社会服务需求，政府不仅制定了相应的政策，还鼓励各方主体共同参与，形成合力。对于企业来说，响应政府的号召并参与到这些合作项目中，既是对社会负责的体现，也是把握发展机遇的重要途径。在政策的驱动下，企业与其他社会主体之间的合作变得更加紧密和多元。资源共享、责任共担、协同工作等成为合作的常态，共同推动着项目的成功实施。

【案例】

中国平安：村教工程

“村教工程”结合科技强国战略，聚焦城乡教育差异及乡村教师匮乏等难题，通过教学硬件升级、校长教师培训、城乡课堂、志愿支教、奖助学金支持等多种方式帮助乡村地区学校实现学生科技素养的提升，弥合城乡间的教育差距。

“青少年科技素养提升计划”由深圳市平安公益基金会和中国下一代教育基金会联合发起，于2019年6月正式启动。该项目着眼于科技教育最为薄弱的乡村小学，以教育帮扶、科技素养提升为核心内容，研发科技素养校本教材、捐赠科学实验包、援建科普实验室、升级小学教育设施、选派志愿者下乡支教，以科技赋能乡村小学教育，提升乡村地区青少年科技素养。

首先，项目会对乡村小学的校长与教师进行课程培训，提升他们的科学意识、授课能力、个人科学素养。全国多位特级教师和省级教研员会利用业余时间为乡村教师录制师训课程与公开示范课程，课程内容涵盖课程设计、课程演示、课程体验等。完成培训后，教师们需要通过“三村晖”App学习科技读本和实验包的使用方式，在观看示范课程后，平安志愿者会将相关物料发放给乡村小学，由接受培训的教师向学生们讲解课程。

项目还通过中国平安线上互联网智慧教育平台，联合各界专家、科普名人、社会企业和机构制作了一系列科普课程，包括15节情景大师直播课，60节趣味科普课，以提升乡村儿童的科技素养。除了线上科普课程外，项目向大中院校、专业教育机构或教育公益组织招募长期支教志愿者到乡村小学进行1~2学期的长期支教，并招募组织员工志愿者围绕音乐、美术、手工、科学等素质教育主题，进行线下短期支教。

截至2023年3月，“青少年科技素养提升计划”已在云南、广西、江西等27个地区的1039所乡村小学实施，捐赠科技读本约38.4万本，教具实验包10.32万套，1万余人次校长和教师接受了线上及线下培训，超31万学生受益。

资料来源：笔者访谈资料和企业官网等公开资料。

【案例】

上海市外企志愿服务联盟

上海市积极推动外资企业融入本地志愿服务体系，构建了一个以上海市精神文明办为核心，统筹规划与监督管理的组织框架。这一框架涵盖了上海市志愿者协会、志愿服务公益基金会以及外企志愿服务联盟，为外企志愿服务的稳健发展奠定了坚实的组织基石。

在多家在华外资企业的共同倡议下，“上海市外商投资协会外企志愿服务联盟”于2012年应运而生。该联盟分别接受上海市外商投资协会的领导和上海市志愿者协会的业务指导。其理事会作为决策核心，由理事长单位指派秘书长负责日常事务的协调与执行。目前，联盟已拥有27家外资企业作为理事单位，共同推动志愿服务事业的发展。

外企志愿服务联盟致力于促进上海市外资企业志愿服务工作的规范化与专业化，通过推广志愿服务理念，为社会创新管理和可持续发展贡献力量。为确保成员单位志愿服务工作的统一性，联盟制定了《上海市外商投资协会外企志愿服务联盟章程》和《上海市外商投资协会外企志愿服务联盟志愿者管理办法》。这些制度文件不仅规范了志愿服务队伍的建设，还优化了志愿服务项目的发展模式。

联盟的宗旨在于弘扬志愿精神，扩大志愿服务的影响力。为此，联盟定期举办论坛、沙龙等活动，加强外资企业间的交流与合作。同时，联盟还发挥着桥梁作用，连接企业、政府部门、公益组织以及社区、学校、医院等志愿服务基地，引导更多企业积极参与志愿服务工作。为进一步激发外资企业的志愿服务热情，2021年6月，外企志愿服务联盟推动成立了上海市外企志愿服务总队，为上海市企业志愿服务的发展注入了新的活力。

为确保志愿服务的可持续发展，上海市建立了一套长效的志愿服务运行机制。通过在线实时供需对接，员工志愿者能够更便捷地找到适合自己的志愿服务项目，同时场地和资金也得到了更有效的利用。此外，上海市还积极推动“一帮一”“多助一”等形式的对子机制，实现了企业志愿服务的长期化发展。这种机制使志愿者能够更深入地了解受助对象的需求，提供更具针对性的帮助，从而形成了良好的互助关系。

在推动外企志愿服务能力建设的过程中，上海市注重理念培训与技能激发相结合。通过理念培训，外企员工能够更深入地理解志愿服务的核心价值和发展历程，学习先进的志愿服务事迹，从而激发其对志愿服务的兴趣和热情。技能激发则侧重于培养外企志愿者的专业能力，鼓励他们将自己的技术与志愿服务相结合，为社区和公益组织提供有力支持。此外，上海志愿者协会还在线上提供了丰富的培训课程，方便外企志愿者随时学习志愿服务的知识和技能。

上海外企志愿服务联盟在促进外企员工志愿者个人才能发挥和志愿服务人才培养方面也发挥了积极作用。通过定期开展座谈交流会和经验分享活动，联盟为成员企业提供了一个相互学习、共同进步的平台。同时，联盟还积极与其他志愿组织合作交流，引进先进的志愿服务模式，并在成员企业间举办优秀案例培训会，推动外企志愿服务水平的不断提升。

资料来源：笔者访谈资料。

第三节　信任的逻辑

在企业志愿服务研究中，信任问题的考察是一个多维度的问题，主要涉及合作者信任、员工信任和公众信任这三个关键方面。合作者信任强调在合作关系中，各方对彼此能力及承诺的信赖，这种信任的建立是合作成功的基础，影响着资源共享、知识交流和长期合作关系的稳定性。员工信任关乎员工对企业管理层的信任度，包括对企业决策的透明度、公平性及其对员工利益的关注程度，是提高组织效能、促进员工持续参与的关键因素。公众信任关注企业志愿服务的社会影响，反映了社会公众对企业的整体印象，这不仅基于企业的经济表现，更包括其社会责任实践、道德标准和对社会贡献的认知。信任在企业志愿服务的各个层面上都发挥着至关重要的作用，不仅是促进内部协作和提升员工满意度的关键，也是构建企业外部声誉的基石。因此，深入探究合作者信任、员工信任和公众信任的形成机制、影响因素及其相互作用，对于理解和优化企业志愿服务策略具有重要意义。

一　合作者信任

在探究影响企业与合作者之间建立信任的各种因素时，以往的研究揭示了多元复杂的动因与机制。研究者从社会资本理论（Social Capital Theory）、道德权力理论（Moral Power Theory）、资源依赖理论、合作伙伴关系理论（Partnership Theory）等多个角度进行了研究和探索，并发现合作者信任取决于制度、文化、规范、共享资源等一系列要素。

信任的构建基于成功的项目合作和持续的互动交流，很多研究者都强调互动的质量和频次对建立信任的影响，以及通过具备战略意义的小规模项目来测试和增强双方的信任。一个重要的共识是，建立真正的合作关系应该超越简单赞助或捐赠，不但需要通过共同制定目标、资源共享及风险分担来构建坚实的信任基础①，也需要有效管理和协调双方的期望和目标，并辅以一定的工作技巧，如获得高层承诺、经常联络，并指派专人来推进工作。② 当企业能够与合作方进行持续、频繁的互动时，所营造出的透明且清晰的工作场景可以减少对外部环境不确定感，继而提升对彼此的信任感。③

关于合作者互动影响信任构建之间的机制，有研究发现，合作过程中的互动频率、稳定度、多重性与强度影响了合作关系，当连接性与介入程度越深，伙伴关系的正式化程度越高，且资产专属性越高，表示双方的合作关系就越稳定，组织也更愿意交换资源、资讯与知识，继而形成了一个更加紧密、更有凝聚力的社会网络，推动网络内部信任的构建。④

此外，还需要关注一些与企业合作有关的外部影响。研究者发现，一些非政府组织会通过揭露企业的道德瑕疵或责任缺失、行使道德权力来影响企业行为，此时如果企业对非政府组织关切积极响应并采取相应的社会责任改善措施，利用社会资源不断进行联结，反而能够有效利用这个契机，

---

① Austin, James E. "Strategic Collaboration Between Nonprofits and Businesses", *Nonprofit and Voluntary Sector Quarterly*, Vol. 29, No. 1(2000): 69-97; Sanzo, Luis I. Alvarez, Marta Rey, et al. "Business-Nonprofit Partnerships: a New Form of Collaboration in a Corporate Responsibility and Social Innovation Context", *Service Business* Vol. 9, No. 4(2015): 611-636.

② Googins, Bradley K., and Steven A. Rochlin. "Creating the Partnership Society: Understanding the Rhetoric and Reality of Cross-Sectoral Partnerships", *Business and Society Review*, Vol. 105, No. 1 (2000): 127-127.

③ Austin, J. E., & Seitanidi, M. M. "Collaborative Value Creation: A Review of Partnering Between Nonprofits And Businesses: Part I. Value Creation Spectrum And Collaboration Stages", *Nonprofit and Voluntary Sector Quarterly*, Vol. 41, No. 5, (2012): 726-758.

④ Hansen, Morten T. "The Search-Transfer Problem: the Role of Weak Ties in Sharing Knowledge across Organization Subunits", *Administrative Science Quarterly*, Vol. 44, No. 1(1999): 82-111.

增强双方之间的信任。[①] 当企业与外部组织的合作是基于一种前瞻性的考虑，此时的合作本就是建立在一致的价值观之上，成员之间由信任而发展为合作关系，此时制定详细的合作战略、相互学习、创造新的价值更有助于巩固这种信任关系。[②]

最后，我们还需要关注一些可能会削弱信任的负面因素。尽管正式契约在许多合作关系中起到巩固信任的作用，但它并不适用于所有情况。[③] 当合作双方为彼此提供的资源具有高度不可替代性时，非正式合作机制可能会降低控制程度，从而更有利于信任的建立和绩效的提升。[④] 这一点在非营利组织与企业合作中尤为明显，其中资源依赖和社会资本是提升合作绩效的关键因素。在市场化主体与政府合作过程中，负外部性常常无法避免，也无法单凭一方之力解决，当政府购买公共服务的成本需要通过市场机制转嫁给消费者时，消费者可能不愿意为原本可以免费享用的产品付费。这种“搭便车”问题常常使合作陷入困境，削弱双方之间的信任。[⑤]

为了应对这些挑战，合作双方需要寻找更为灵活和具有创新性的合作方式，以减轻负外部性的影响并增强信任。这可能包括建立更有效的沟通机制、制定更公平的成本分担方案以及提高消费者对公共服务价值的认识等措施。通过这些努力，合作双方可以建立更稳固的伙伴关系，共同推动

---

① Dahan, Nicolas M., Jonathan Doh, and Hildy Teegen. “Role of Nongovernmental Organizations in the Business-Government-Society Interface: Special Issue Overview and Introductory Essay”, *Business & Society*, Vol. 49, No. 1 (2010): 20 - 34; Doh, Jonathan P., and Hildy Teegen. “Nongovernmental Organizations as Institutional Actors in International Business: Theory and Implications”, *International Business Review,* Vol. 11, No. 6(2002): 665-684.

② London, Ted, and Stuart L. Hart. “Reinventing Strategies for Emerging Markets: Beyond the Transnational Model”, *Journal of International Business Studies*, Vol. 35, No. 5(2004): 350-370.

③ Nowak, Linda I., and Judith H. Washburn. “Marketing Alliances Between Non-Profits and Businesses: Changing the Public's Attitudes and Intentions Towards the Cause”, *Journal of Nonprofit & Public Sector Marketing* Vol. 7, No. 4(2000): 33 - 44; Gazley, Beth. “Beyond the Contract: the Scope And Nature of Informal Government-Nonprofit Partnerships”, *Public Administration Review*, Vol . 68, No. 1(2008): 141-154; Witesman, Eva M., and Sergio Fernandez. “Government Contracts with Private Organizations: Are there Differences Between Nonprofits and For-Profits?” *Nonprofit and Voluntary Sector Quarterly*, Vol. 42, No. 4(2013): 689-715.

④ 李健、陈淑娟：《如何提升非营利组织与企业合作绩效？——基于资源依赖与社会资本的双重视角》，《公共管理学报》2017 年第 2 期。

⑤ 王诗宗、杨帆：《政府治理志愿失灵的局限性分析——基于政府购买公共服务的多案例研究》，《浙江大学学报》（人文社会科学版）2017 年第 5 期。

社会公益事业的发展。

二　员工信任

员工信任是组织行为学里的一个经典的概念，是指员工基于对组织意图或行为的积极期望而容易受到组织行为影响的程度。[①] 在企业志愿服务的研究领域，员工信任主要指员工对企业提供的志愿服务机会的看法以及这些机会如何影响他们对企业的总体信任感。这种信任基于员工对企业的社会责任承诺的认可，以及他们对企业在组织、执行和支持志愿服务活动方面能力的信心，也有研究者将这一概念形象化地称作“员工的声音”（Employee Voice）。[②]

以往许多组织行为学研究都考察过企业社会责任工作中的员工信任问题。这些研究普遍认为，企业社会责任活动的最直接成果在于增强员工信任[③]，且信任进一步影响企业关心的重要结果——诸如员工绩效、工作满意度以及离职率等。换言之，通过积极履行社会责任，不仅能够提升员工对企业的信赖与归属感，还能间接优化员工在工作中的表现，提升他们的满意度，并有效降低离职率，从而实现企业内部环境的和谐稳定与长远发展。[④] 影响信任的因素大致分为三类：①组织因素，如组织文化、组织结构、管理风格、政策和程序；②关系因素，领导的角色和风格，同事之间的互动质量；③职能因素，员工对角色的满意度，对公正性的感知，以及

---

① Mayer, Roger C., James H. Davis, and F. David Schoorman. "An Integrative Model of Organizational Trust", *Academy of Management Review*, Vol. 20, No. 3(1995): 709-734.

② Dundon, Tony, Adrian Wilkinson, Mick Marchington, et al. "The Meanings and Purpose of Employee Voice", *The International Journal of Human Resource Management*, Vol, 15, No. 6(2004): 1149-1170.

③ Pivato, Sergio, Nicola Misani, and Antonio Tencati. "The Impact of Corporate Social Responsibility on Consumer Trust: The Case of Organic Food", *Business Ethics: A European Review*, Vol. 17, No. 1 (2008): 3-12.

④ Hansen, S. Duane, Benjamin B. Dunford, Alan D. Boss, et al. "Corporate Social Responsibility and the Benefits of Employee Trust: A Cross-Disciplinary Perspective", *Journal of Business Ethics*, Vol. 102, No. 1 (2011): 29-45; Rupp, Deborah E., Jyoti Ganapathi, Ruth V. Aguilera, et al. "Employee Reactions to Corporate Social Responsibility: An Organizational Justice Framework", *Journal of Organizational Behavior*, Vol. 27, No. 4(2006): 537-543.

自身对志愿服务工作的掌控感等。①

组织因素对员工信任度的影响最为明显。明确的组织架构有助于确保每个团队成员了解自己的职责和期望，从而增强责任感和归属感；② 在志愿服务项目中，企业常常需要进行跨部门的沟通和合作，开放的企业文化、透明的沟通方式能够激励员工分享信息、增强信任感，也能使员工感到自己的贡献被重视，从而加深对企业的信任。③

企业文化中对诚信、责任、尊重等核心价值的承诺，对开展志愿服务尤为关键。领导的角色和风格不仅是传递这种文化的重要渠道，更是构建员工信任的核心要素。以往的研究发现，真实领导（Authentic Leadership）通过与下属的密切互动（即自我意识），披露自己和分享信息来培养与下属之间的信任，并且，他们更倾向于在决策过程中整合员工的观点和所有相关信息，采纳引导其领导行为的积极道德视角，如诚实、公平和问责制。这样的领导方式能显著提升员工对组织的信任感。④

在企业志愿服务的具体实践中，提升员工信任感需着重关注管理行为的相关细节。特别是，当员工见证企业在志愿服务活动中展现出的诚实与负责任态度时，他们对企业的信任感会显著提升。例如，企业在遇到志愿服务项目的挑战或失败时，采取的是一种透明和负责任的态度，而非隐藏

① Hansen, S. Duane, Benjamin B. Dunford, Alan D. Boss, et al. "Corporate Social Responsibility and the Benefits of Employee Trust: A Cross-Disciplinary Perspective", *Journal of Business Ethics*, Vol. 102, No. 1(2011): 29-45; Gaudêncio, Pedro, Arnaldo Coelho, and Neuza Ribeiro. "The Role of Trust in Corporate Social Responsibility and Worker Relationships", *Journal of Management Development*, Vol. 36, No. 4 (2017): 478-492; Serrano Archimi, Carolina, Carolina, Emmanuelle Reynaud, Hina Mahboob Yasin, et al. "How Perceived Corporate Social Responsibility Affects Employee Cynicism: the Mediating Role of Organizational Trust", *Journal of Business Ethics*, Vol. 151, No. 4(2018): 907-921.

② Salas, Eduardo, Scott I. Tannenbaum, Kurt Kraiger et al. "The Science of Training and Development in Organizations: What Matters in Practice", *Psychological Science in the Public Interest*, Vol. 13, No. 2(2012): 74-101.

③ Kim, Hyosun, and Tae Ho Lee. "Strategic Csr Communication: A Moderating Role of Transparency in Trust Building", *International Journal of Strategic Communication*, Vol. 12, No. 2(2018): 107-124.

④ Walumbwa, Fred O., Bruce J. Avolio, William L. Gardner et al. "Authentic Leadership: Development and Validation of a Theory-Based Measure", *Journal of Management*, Vol. 34, No. 1(2008): 89-126; Walumbwa, Fred O., Amanda L. Christensen, and Fernanda Hailey. "Authentic Leadership and the Knowledge Economy: Sustaining Motivation and Trust Among Knowledge Workers", *Organizational Dynamics*, Vol. 40, No. 2(2011): 110-118.

或逃避问题的做法，能够有效提升员工对企业的信任。通过这样的管理实践，不仅传递了企业文化中的核心价值，也在员工心中奠定了信任的基础。

在个体感知层面，各种职能性的因素反映了员工志愿者对志愿服务工作的感知，也是影响员工信任度的重要因素。员工对组织的信任取决于他们怎样看待志愿工作，他们是否期望志愿工作与企业目标相联系，他们在志愿服务中感知的压力，以及管理者对他们参与志愿服务工作的奖赏和重视程度。[①] 同时，高层管理者和领导者的行为对企业文化的影响深远。他们在企业社会责任活动中的参与，展示了企业对社会责任的真正承诺，这对员工信任的培养至关重要。[②] 领导层的参与不仅提升了志愿服务的可见度，也向员工传递了一种明确的信息：企业真正关心社会，而非仅仅是为了形象或者利益。

三 公众信任

企业的公益形象，作为塑造其信誉的核心要素，对公众的认知和信任具有决定性影响。企业通过参与志愿服务项目积极投身社会公益，这种行为常被公众解读为企业履行社会责任的积极体现，从而有利于提升企业的整体形象。研究表明，企业的社会责任实践能够有效提升消费者对品牌的好感，进一步提升对品牌的忠诚度。[③] 企业的公益形象不仅与其市场表现和品牌价值紧密相关，还对长期财务绩效具有显著影响。[④]

---

① Memon, Khalid Rasheed, Bilqees Ghani, and Saima Khalid. "The Relationship Between Corporate Social Responsibility and Employee Engagement: A Social Exchange Perspective", *International Journal of Business Science & Applied Management*, Vol. 15, No. 1(2020): 1-16.

② Tourigny, Louise, Jian Han, Vishwanath V., et al. "Ethical Leadership and Corporate Social Responsibility in China: A Multilevel Study of Their Effects on Trust and Organizational Citizenship Behavior", *Journal of Business Ethics*, Vol. 158, No. 2(2019): 427-440.

③ Bhattacharya, Chitra Bhanu., and Sankar Sen. "Doing Better at Doing Good: When, Why, and How Consumers Respond to Corporate Social Initiatives", *California Management Review*, Vol. 47, No. 1 (2004): 9-24; Plewa, Carolin, Jodie Conduit, Pascale G. Quester et al. "The Impact of Corporate Volunteering on CSR Image: A Consumer Perspective", *Journal of Business Ethics*, Vol. 127, No. 3 (2015): 643-659.

④ Ameer, Rashid, and Radiah Othman. "Sustainability Practices and Corporate Financial Performance: A Study Based on the Top Global Corporations", *Journal of Business Ethics*, Vol. 108, No. 1(2012): 61-79.

公众对企业的信任不单基于其经济表现，更包括企业的道德标准和社会责任承担。志愿服务项目的策划、执行、透明度、成效及其可持续性等因素，还直接影响消费者和投资者对企业社会责任的评价。企业在志愿服务中展现出的真诚关怀和高效执行，促使公众更加信任并支持这些企业。若企业能持续地参与志愿活动，且这些活动反映企业核心价值和业务战略，公众更易将其视为企业文化的一部分，而不是仅用于维护公众形象和公共关系的“面子工程”①。

此外，公众信任的构建也与企业在社会责任活动中采取的沟通策略密切相关。有效沟通不仅需展示项目成果，还应诚实地讨论挑战和不足。通过透明、积极的沟通，企业能够提升公众对其社会责任活动的认知和评价。② 同时，企业所参与解决的社会问题类型也影响公众的信任感。选择与自身业务相关联且能够应对社会重大和紧迫问题的志愿服务项目，能让企业利用其专业优势，在公众中树立解决实际问题的积极形象。③

在面对自然灾害或经济动荡等社会危机时，企业通过实施志愿服务活动，可以修复或深化与公众之间的信任关系。以印度孟买为例，当地的企业在遭遇海啸灾难后，积极履行对社区的承诺，不仅捐赠资金和医疗用品，还主动参与到灾后的重建工作中。④ 同样，位于以色列的一些酒店行业的从业者，通过预先与社区建立的联系网络，在冲突期提供了逃难者所需的援助，包括安全的避难所、免费的食物和住宿服务，有效地缓解了灾难带来的影响。⑤ 这些志愿服务工作不仅体现了企业对社会责任的认识和承担，也展示了企业在紧急情况下能够发挥的积极作用，进而在公众心中树立起积

① Porter, Michael E., and Mark R. Kramer. “The Link Between Competitive Advantage and Corporate Social Responsibility”, *Harvard Business Review*, Vol. 84, No. 12(2006): 78-92.

② Du, Shuili, Bhattacharya C. B., and Sankar Sen. “Maximizing Business Returns to Corporate Social Responsibility(CSR): the Role of CSR Communication International”, *Journal of Management Reviews*, Vol. 12, No. 1(2010): 8-19.

③ Brammer, Stephen, Andrew Millington, and Bruce Rayton. “The Contribution of Corporate Social Responsibility to Organizational Commitment”, *The International Journal of Human Resource Management*, Vol. 18, No. 10(2007): 1701-1719.

④ Miyaguchi, Takaaki, and Rajib Shaw. “Corporate Community Interface in Disaster Management-A Preliminary Study of Mumbai, India”, *Risk Management*, Vol. 9, No. 4(2007): 209-222.

⑤ Poria, Yaniv, Manisha Singal, Richard E. Wokutch, and Michelle Hong. “Hotels' Social Responsiveness Toward a Community in Crisis”, *International Journal of Hospitality Management*, Vol. 39(2014): 84-86.

极的形象，增强了社会对其的信任和支持。通过这样的行动，企业不只是在经济上做出贡献，更在社会和人文层面展现了其价值和责任感。

企业开展志愿服务也需要避免一些负面因素的影响。例如，由于文化背景不同，跨国公司的社区参与行为常常不为本地社区居民所理解。[①] 换言之，文化特征影响了当地社区居民对企业社区参与合法性的态度以及信任的建立。因此，文化差异是一个在企业志愿服务中需要慎重考虑的问题。此外，企业能否通过开展志愿服务赢得公众信任，也和当地的资源、生态环境和生活条件息息相关。[②]

总而言之，企业的公益形象是构建和维护公众信任的关键。通过积极参与社会公益活动、展现真诚关怀、保持行动的透明度与一致性，以及采取有效的沟通策略，企业能够在公众心中塑造积极形象，促进信任的建立。这种信任对于企业的长期成功和可持续发展至关重要。

第四节　协同的挑战

在行动和战略层面，企业参与志愿服务等公益实践的方式呈现从单方面付出向协同发展的趋势，“协同参与”被视为一种“投资”，目的是获取可持续利益与合法性。[③] 与此同时，在多方参与的情况下，协同还可以确保资源在团队之间得到合理分配，从而减少冲突，增强团队合作。[④] 本章主要介绍企业志愿服务工作中多主体协同的两项挑战：多重代理问题，主要体现在参与各方——企业、政府、非营利组织和志愿者各自拥有不同的目标、期望和行为动机，这种多元化的代理结构可能导致目标不一致，从而提升项目协调的复杂性和成本；中心化问题，表现为决策权和资源控制过于集

---

① Worthington, Ian, Monder Ram, and Trevor Jones. “Exploring Corporate Social Responsibility in the Uk Asian Small Business Community”, *Journal of Business Ethics*, Vol. 67, No. 2(2006): 201-217.

② Lange, Siri, and Ivar Kolstad. “Corporate Community Involvement and Local Institutions: Two Case Studies from the Mining Industry in Tanzania”, *Journal of African Business*, Vol. 13, No. 2(2012): 134-144.

③ 田志龙等：《企业社区参与过程中的合法性形成与演化：百步亭与万科案例》，《管理世界》2014 年第 12 期；王毅杰、孙旌程：《造血式扎根：企业社区参与的驱动因素与现实路径》，《学习与实践》2023 年第 7 期。

④ Duhigg, Charles. *Smarter Faster Better: The Transformative Power of Real Productivity* (Random House, 2016).

中，继而导致信息流通不畅和参与方动力减弱。

一　多重代理问题

在企业与其他社会主体共同开展志愿服务的工作中，代理问题（Agency Hazards）呈现多维复杂性，在很大程度上削弱了组织之间的协同效率和合作成果。代理问题是指代理行为偏离委托人目标的情况。[①] 在多方联盟的志愿服务中，相关问题不仅涉及传统意义上的执行者与委托人之间的利益冲突，还包括跨界组织之间由于目标多样性和价值观差异而产生的复杂冲突。在企业参与的志愿服务工作中，有三类典型的代理冲突问题，包括合作伙伴目标不一致、管理层与执行层的目标偏差，以及外部受益人的利益考量。

目标不一致性在跨组织合作中是一个突出性的问题。企业、政府与非营利组织之间的本质差异导致了它们追求志愿服务目标的根本性区别。[②] 企业倾向于采用商业化的思维模式，注重提高工作效率、实现项目目标、提高员工绩效。政府机构则着眼于促进社会的经济增长和提升社会治理效能，相比效率，政府可能更加重视公平性。而非营利组织的核心驱动力是履行其社会使命，包括提升公共利益和解决社会问题。这些不同的思维方式和操作逻辑在资源分配、项目执行和成果评估等方面造成了一定的冲突。以一项绿色环保倡议为例，企业、政府机构和非营利组织合作以减少碳足迹，但它们的具体目标和操作逻辑存在显著差异。企业主要关注品牌形象和运营成本，政府机构重视社会可持续发展和公民生活质量的提升，而非营利组织致力于直接的环保成果，如保持生态多样性和减少污染。面对这一目标和逻辑的差异，通过建立一个跨部门的协调机制，明确项目初期的共同目标、期望和资源承诺，以及通过定期的会议和共享项目管理平台保持透明沟通，各方能够有效地解决冲突。此外，项目被分为多个阶段设计，每个阶段均设有满足不同合作伙伴需求的明确目标，从而在维护各自利益的

---

① Dalton, Dan R., Michael A. Hitt, S. Trevis Certo et al. "The Fundamental Agency Problem and Its Mitigation", *Academy of Management Annals*, Vol. 1, No. 1(2007): 1-64.

② Van Puyvelde, Stijn, Ralf Caers, Cind Du Bois, et al. "The Governance of Nonprofit Organizations: Integrating Agency Theory With Stakeholder and Stewardship Theories", *Nonprofit and Voluntary Sector Quarterly*, Vol. 41, No. 3(2012): 431-451.

同时，共同达成了广泛的社会和环境目标。这个例子展示了通过有效沟通、协调和项目设计，即使在目标和操作逻辑存在显著差异的情况下，不同组织也能找到合作的共同点。

代理冲突的另一表现是管理层与执行层之间的目标偏差，如管理层对志愿服务联盟的战略目标有全局的理解和规划，而执行层则更侧重于日常的项目执行和具体操作，以致执行层在没有充分理解整体战略的情况下，采取与管理层预期不符的行动。① 例如，在一项面向提高社区可持续性的企业与非营利组织合作项目中，管理层可能设计了一系列长期目标，包括增强社区环境意识、建立可持续发展的社区项目等。然而，执行层可能因为对这些长期目标缺乏完全理解，而将重点放在短期的活动成果上，如举办多次清洁活动或短期的环保宣传，但这些对长期的社区参与没有显著的提升作用。

此外，执行层的评价体系和激励机制如果与合作项目的长期目标不一致，也可能诱发执行者采取短期行为，损害合作多方的长期利益。例如，在一项旨在通过技术解决方案提高农村地区教育质量的合作项目中，管理层期望通过部署新技术和培训教师来实现长期的教育改进。但如果执行层的评价体系和激励机制仅仅关注于短期内能够观察到的技术部署数量，而没有考虑技术应用的实际效果和教师培训的质量，就可能导致项目资源被浪费在表面化的技术展示上，而没有真正改善教育质量，从而损害了项目的长期目标。

在志愿服务项目中，还必须考虑外部受益人，如目标社区及公众的利益。② 这些外部受益人对志愿服务项目成果的期望可能与企业、政府以及非营利组织的内部目标存在差异。例如，在一个垃圾分类治理的项目中，社区居民是重要的外部受益人，他们的关注点通常包括小区环境的改善和美化，以及他们是否可以更加便捷地参与垃圾分类；基层社区可

---

① Pepper, Alexander, and Julie Gore. "Behavioral Agency Theory: New Foundations for the Orizing about Executive Compensation", *Journal of Management*, Vol. 41, No. 4 (2015): 1045 - 1068; Siltaloppi, Jaakko Rajala, Risto and Hietala, Henri . "Integrating CSR with Business Strategy: A Tension Management Perspective", *Journal of Business Ethics*, Vol. 174, No. 3(2020): 507-527.

② Rivera-Santos, Miguel, Carlos Rufin, and Ulrich Wassmer. "Alliances Between Firms and Non-Profits: A Multiple and Behavioural Agency Approach", *Journal of Management Studies*, Vol. 54, No. 6(2017): 854-875.

能更关注垃圾分类设施的购买和维护费用是否能得到资助，非营利组织关注的是社区居民是否建立了自治能力，能更加积极地履行公民义务，企业则关注的是能否提升其品牌形象和影响力。如果忽视外部受益人的期望和需求，必然会导致公众信任的丧失，影响志愿服务联盟的社会合法性和持续性。

为有效解决志愿服务联盟中的代理冲突，最关键的是要在开始特定形式的合作之前，接受并尊重治理、社会和商业逻辑之间的差异，认识到组织之间的异质性不仅是风险的来源，也是利益和价值的来源，只有通过积极参与互动过程才能提升产生积极成果的可能性。[①] 在执行层面，委托人与代理人之间的合作协议可以明确代理人应该从事的具体活动，这类似于一套细致的标准操作程序，作为各方行动的纲领。当以提供公共物品为志愿服务项目的目标时，这种做法尤为重要，有助于应对结果评估中的挑战。同时，通过设定明确的规则和预定的活动，也可以避免偏袒一方目标而牺牲另一方目标的情况出现。然而，即便有了这些精细的行为规范来限制自主权，仍然可能无法解决与提供公共物品相关的深层次问题。因此，对短期目标和长期目标的达成情况进行定期的、阶段性的审查变得必不可少。这样的审查机制能够及时发现并纠正潜在的目标和期望不一致，确保志愿服务联盟能够持续、健康地发展。

二　中心化问题

在企业、政府、社会组织共同构成的公益联盟内，中心化问题（Problem of Centrality）显得尤为突出。这主要体现在决策权、资源控制以及信息流动的高度集中现象上。传统上，全球治理的视角认为政府是治理的中心，企业是价值创造的中心，其他的社会组织等处于辅助性的地位。[②] 然而，有研究者对此提出了不同的见解，他们认为在跨组织合作的框架内，实际上形成了一个更为整合的领域。这个领域的边界是动态变化的，不应

---

① Seitanidi, María May, and Annmarie Ryan. "Forms of Corporate Community Involvement: from Philanthropy to Partnerships", *International Journal of Nonprofit and Voluntary Sector Marketing*, Vol. 12, No. 3(2007): 247-266

② Simmons, Peter J. "Learning to Live With Ngos", *Foreign Policy*, No. 112(1998): 82-96; Mathews, J. T. "Power Shift", *Foreign Affairs*, Vol. 76, No. 1(1997): 50-66.

被僵化地划定。[1] 在这种情境下，中心化问题表现为拥有最多资源和影响力的组织（如大型企业或政府机构）享有决策权，其他较小组织的需求和声音在联盟决策过程中容易被边缘化或忽视。以企业与社会组织合作开展公益慈善活动为例，虽然在合作框架的制定及合作语言的使用上，两者的关系被定位为一种对称的关联活动，但在实际执行过程中，企业与社会组织分别扮演着“客户”和“投资者”的角色，是一种非对称的、中心—边缘化的合作模式。[2]

这种决策权和资源的不平衡分配，进一步加剧了信息不对称的问题，处于结构中心的组织相较于联盟中的其他成员拥有更多的信息资源，在项目规划和执行过程中扮演着主导角色，而其他组织则处于相对被动的参与状态。以一个城市垃圾分类志愿服务项目为例，政府作为项目的主导方，控制着政策上的决策权，以及各类资源的流向和使用效率；企业通过资金赞助，影响项目方向和形式；社会组织和志愿者虽然是执行方，负责具体工作的实施和推进，但其获得的社会荣誉由政府颁布，资金来自企业的资助。这种依赖关系，使得他们在表达意见和争取权益时面临着诸多结构性的制约因素。

这种中心化的网络架构，虽然在某些情况下可能提高决策和执行的效率，如在一个较短的时期内，通过“撤桶”运动和强制安装垃圾分类设施，可以快速提升城市整体的垃圾分类普及率。但这样的做法也会引发一系列管理挑战，包括合作动力的减弱和组织行动僵化等问题，从而影响联盟实现其公益目标的能力。

关于如何在跨组织的联盟中解决中心化的问题，一些研究者提出了可能的解决方案，包括利用企业的技术优势，开发共享的信息和决策系统，保证项目的透明度，促进信息获取的公平性，以及通过组织专业培训和相

① Seitanidi, María May, and Annmarie Ryan. “Forms of Corporate Community Involvement: from Philanthropy to Partnerships”, *International Journal of Nonprofit and Voluntary Sector Marketing*, Vol. 12, No. 3(2007): 247-266.

② Ryan, Annmarie, and John Fahy. “A Relationship Marketing Perspective on the Sponsorship of the Arts in Ireland: A Galway Arts Festival-Nortel Networks Case Study”, *Irish Marketing Review*, Vol. 16, No. 1 (2003): 31 - 42; Seitanidi, María May, and Annmarie Ryan. “Forms of Corporate Community Involvement: from Philanthropy to Partnerships”, *International Journal of Nonprofit and Voluntary Sector Marketing*, Vol. 12, No. 3(2007): 247-266.

关支持，帮助提升整个合作联盟的专业能力，同时向合作方公开承诺并定期报告，以提升企业行动的透明度和公众信任度，[①] 这些工作旨在建立一个透明、组织良好的中央机构去负责管理共同资产和资源，确保成员间在法律上的共同所有权。

此外，“编织社会结构的空间”也是解决中心化问题的关键，即在多方合作的空间中寻找和创造机会，以促进不同利益相关者之间的沟通和协作。这包括对话平台的建立、共同项目的发起以及跨部门协作机会的识别，从而使企业内外的各方能够共同参与到决策和执行过程中。这些做法不仅有助于打破组织内的信息孤岛，还能够促进外部利益相关者与企业之间的有效交流，加深对企业目标的共同认识和支持。这样的协作空间，有助于企业和合作伙伴建立信任、联系并提升对合作空间的归属感，它们是组织无形但至关重要的资产，也是实现要素协同和价值创造的基础。这些建议为解决中心化问题提供了一些有参考性的思路，但面对企业志愿服务所面临的挑战，还需对这些方案进行调整和优化，以适应不断变化的环境需求。

---

① Pirson, Michael, and Shann Turnbull. “Decentralized Governance Structures are Able to Handle CSR-Induced Complexity Better”, *Business & Society*, Vol. 57, No. 5(2018): 929–961; Jamali, D., Lund-Thomsen, P., & Khara, N. “CSR Institutionalized Myths in Developing Countries: An Imminent Threat of Selective Decoupling”, *Business & Society*, Vol. 56, No. 3(2017): 454–486.

第六章　反哺共赢：企业志愿服务的价值生产

越来越多的学者认可，企业的社会责任行为不仅仅是一种道德要求，还是保护企业经济基础、提升股东价值的重要前提。企业的价值创造过程需要被重新理解和界定。本书第二章介绍的利益相关者理论认为，企业与其利益相关者之间的和谐关系是企业长远成功的关键因素。① 尽管所有利益相关者都能以各自的方式影响企业绩效，但他们所产生的影响及作用机制却各不相同。市场型利益相关者，如员工、客户、供应商及债权人，他们的经济选择可能直接影响企业的经济收益。② 而非市场型利益相关者，如公众、媒体以及非政府组织，则更多地通过信息传递、舆论压力等方式间接地对企业产生影响。③ 不论是直接还是间接的影响，任何一个利益相关者群体的不满或负面反馈都可能对企业的经济租金构成威胁，进而危及企业的可持续发展。这种认识上的深刻转变预示着企业经营管理理念的持续革新与发展。企业在价值创造的过程中，正逐步摒弃过去那种单纯以股东利益为核心的经营模式，转而追求一种更为全面、均衡且富有包容性的利益相关者管理模式。这种新的管理模式不仅关注股东的经济回报，还注重维护员工、客户、供应商以及社会公众等多方利益相关者的权益，从而实现企业价值与社会价值的和谐共生。

---

① Barnett, M. L., & Robert M. Salomon. "Does It Pay to Be Really Good? Addressing the Shape of the Relationship Between Social and Financial Performance", *Strategic Management Journal*, Vol. 33, No. 11(2012): 1304-1320.

② Delmas, M. A., & Michael W. Toffel. "Organization Responses to Environmental Demands: Opening the Black Box", *Strategic Management Journal*, Vol. 29, No. 10(2008): 1027-1055.

③ Henriques, I., & Perry Sadorsky. "The Relationship Between Environmental Commitment and Managerial Perceptions of Stakeholder Importance", *Academy of Management Journal*, Vol. 42, No. 1 (1999): 87-99.

本章旨在探讨企业志愿服务的价值生产及评估，通过以下几个核心问题展开分析：志愿服务能否带来理想的员工、它如何转化为商业价值、在多大程度上能推动企业文化落地。每一个小节会先对这几个问题进行机制层面的分析，随后提出评估企业志愿服务价值的具体指标。通过这些分析，本章旨在为读者提供关于企业志愿服务在现代商业环境中创造多维价值的全面视角，以及如何更好地利用相关策略来促进企业的长期发展。

第一节　志愿服务能带来理想的员工吗？

一　理想员工的五个维度

商业竞争日益激烈，新技术的不断发展以及外部不确定性的提升，让很多企业意识到工作场所学习（Workplace Learning）的必要性，也即通过在企业内部开展教育培训，通过匹配学习情境和应用情境，提高员工的工作绩效。[①] 尽管内部轮岗、考察、培训、实习等手段在一定程度上满足了这些需求，但其制度化的特征从根本上限制了人力资源开发的效果。因此，多元化地、可持续地开发企业所需的人才资源仍然是企业面临的难题。随着越来越多的企业采用志愿服务作为一种替代传统人力资源培训的模式，通过派遣员工参与志愿服务合作项目，在现实情境中解决社会问题，已被公认为是一种提升员工的创造力、领导力和工作热情的有效方式。[②]

---

① Illeris, Knud. "Workplace Learning and Learning Theory", *Journal of Workplace Learning*, Vol . 15, No. 4(2003): 167-178.

② Geroy, Gary D., Philip C. Wright, and Laura Jacoby. "Toward A Conceptual Framework of Employee Volunteerism: An Aid for the Human Resource Manager", *Management Decision*, Vol. 38, No. 4 (2000): 280-287; Morgeson, Frederick P., Herman Aguinis, David A. Waldman, et al. "Extending Corporate Social Responsibility Research to the Human Resource Management and Organizational Behavior Domains: A Look to the Future", *Personnel Psychology*, Vol. 66, No. 4(2013): 805-824; Al Kerdawy, Mostafa Mohamed Ahmed. "The Role of Corporate Support for Employee Volunteering in Strengthening the Impact of Green Human Resource Management Practices on Corporate Social Responsibility in the Egyptian Firm", *European Management Review*, Vol. 16, No. 4(2019): 1079-1095; Traeger, Charlotte, and Kerstin Alfes. "High-Performance Human Resource Practices and Volunteer Engagement: the Role of Empowerment and Organizational Identification", *Voluntas: International Journal of Voluntary and Nonprofit Organizations*, Vol. 30, No. 5(2019): 1022-1035.

（一）求职意愿

随着企业志愿服务的持续演进与优化，许多管理者认识到，通过邀请潜在的求职者参与企业的志愿服务项目，可以更为真实、直观地评估其各项技能。这种评估方式不仅高效，而且有助于企业精准地选拔那些对业务发展具有积极贡献的专门人才。当潜在的求职者参与企业的志愿服务项目时，他们将在实际的工作环境中展示自己的技能、团队协作能力、问题解决能力以及应对压力的能力。这种基于实际表现的评估方式比传统的面试和简历筛选更能准确地反映求职者的真实能力。此外，通过志愿服务项目，企业还可以观察求职者是否具备与企业文化相契合的价值观和社会责任感，这对于企业的长远发展至关重要。例如，微软、谷歌等科技企业每年都会在全球征集有关数字化技术的公益计划，并择优进行资助，形式包括举办挑战赛、为公益计划链接外部慈善资源等。这些工作推动了科技赋能，解决了很多社会的痛点问题。另外，企业也可以在长达数月的赛程中对参与者的创新能力、技能水平、领导才能等有一个更加全面的考察。当参赛项目本身对企业的商业化运营或社会责任项目有重要价值时，相关的参赛者也顺理成章地成了企业的正式员工。

事实上，从“千禧一代”开始，求职者都很关注企业是否参与社区服务或是否开展企业志愿服务，甚至把企业在社会责任领域的表现作为其是否为目标企业的核心标准。2006 年，就有一项在美国开展的在线调查显示，“千禧一代”非常看重企业的社会责任表现，他们声称会根据对社会事业的承诺来奖励或惩罚公司，69%的受访者表示，如果企业在社会责任领域的表现欠佳，他们不会考虑到这些企业求职。① 此外，也有许多研究者证实了企业志愿服务对求职者的吸引力②，关于企业社会责任的信息会被认为是企业

① Cone: the 2006 Cone millennial cause study. 2014 - 4 - 3, http://www.conecomm.com/ 2006 - millennial-cause-study.

② Rodell, Jessica B., Heiko Breitsohl Melanie Schröder, and David J. Keating et al. "Employee Volunteering: A Review and Framework for Future Research", *Journal of Management*, Vol. 42, No. 1 (2016): 55-84.

价值观和声望的体现[①]，对应届的求职者而言，最希望听到的是公司高层解释如何将社会责任纳入公司战略。[②]

（二）工作技能

面对日益加剧的市场竞争，单一技能型人才不足以满足企业发展的需要。因此，为员工提供持续性的教育与培训，帮助他们提升综合素质，已成为人力资源管理的关键任务之一。在现代企业中，工作技能的基本概念涵盖认知维度、任务维度以及关系维度，这也反映和强调了综合技能在当代职场的重要性。[③]

以技能为基础的志愿服务（Skill-based Volunteerism）最近已成为彰显企业公民身份的重要指标之一。[④] 企业志愿服务作为一种创新的技能培训方式，通过强调对社会和环境问题的贡献，改变员工对工作的认知界限。它不仅拓展了员工的工作内容，还促进了员工在职场中的社交互动。这包括加强同事间的联系，以及与合作伙伴和志愿服务项目的受益者建立新的关系。这些收获对于提升员工的工作技能以及重返工作场所尤为关键。[⑤]

目前，已有很多公司将志愿服务和领导力培训等内容结合起来。例如，普华永道的尤利西斯项目（Project Ulysses）是一个旨在通过社区发展链接全球领导力培训的项目。自 2001 年启动以来，该项目将普华永道合伙人送往发展中国家，利用他们的商业专长来应对复杂的社会和经济挑战。这些跨文化的团队与非政府组织、社区基层组织和政府间机构合作，以志愿服务的形式免费工作 8 周，以应对贫困、冲突和环境退化等问题带来的影

---

① Jones, David A., Chelsea R. Willness, and Sarah Madey. "Why Are Job Seekers Attracted by Corporate Social Performance? Experimental and Field Tests of Three Signal-based Mechanisms", *Academy of Management Journal*, Vol. 57, No. 2(2014): 383-404.

② McGlone, Teresa, Judith Winters Spain, and Vernon McGlone. "Corporate Social Responsibility and the Millennials", *Journal of Education for Business*, Vol. 86, No. 4(2011): 195-200.

③ Wrzesniewski, Amy, and Jane E. Dutton. "Crafting a Job: Revisioning Employees as Active Crafters of Their Work", *Academy of Management Review*, Vol. 26, No. 2(2001): 179-201.

④ Chief Executives for Corporate Purpose. *Giving in Numbers: 2020 edition*, New York: CECP, 2020. Retrieved from: https: //cecp. co/home/resources/givingin-numbers/ Accessed Feb 29, 2024.

⑤ Bengtson, B. Reimagine Your Corporate Volunteer Program. *Harvard Business Review*. Retrieved from https: //hbr. org/2020/12/reimagine-yourcorporate-volunteer-program Accessed Feb 29, 2024.

响。[①] 多年以来，该项目一直被定位为“公司的战略支柱之一”，在入职培训中，公司会向新员工介绍普华永道战略背景下尤利西斯项目的总体愿景。[②] 诺华制药也为员工创设了类似的创业领导力计划，并将其定位为“一项基于行动的领导力发展计划，向新兴市场派遣全球人才团队，以帮助不同国家应对国民健康领域的挑战，制定针对性的解决方案。”[③]

研究者们发现，企业志愿服务在提升员工综合技能方面的价值体现在多个方面。首先，员工作为志愿者，经常需要与其他志愿者或公益组织的成员合作，提升了他们的领导力、沟通能力和责任感。[④] 其次，通过参与志愿服务，员工有机会在多样化的应用情境中提高职场所需的专业技能，如指导、激励他人，并进行清晰的发言和团队合作。[⑤] 此外，有研究者通过对来自波兰和芬兰的四个企业的志愿服务项目进行分析得出，员工在志愿服务项目中可以增进对本职工作的理解，认识社会多样性，并深入理解企业业务所处的外部环境。[⑥] 相较于传统的培训课程，组织员工参与志愿服务活动的成本更低，但效果依然显著。

总而言之，企业越来越重视志愿服务等企业公益形式在员工技能培养

① https: //www. synergos. org/news-and-insights/2004/pricewaterhousecoopers-project-ulysses-linking-global-leadership-training Accessed Feb 29, 2024.

② Pless, Nicola M., Thomas Maak, and Günter K. Stahl. “Promoting Corporate Social Responsibility and Sustainable Development through Management Development: What Can Be Learned from International Service Learning Programs?”*Human Resource Management*, Vol. 51, No. 6(2012): 873-903.

③ Pless, Nicola M., and Markéta Borecká. “Comparative Analysis of International Service Learning Programs”, *Journal of Management Development*, Vol. 33, No. 6(2014): 526-550.

④ Booth, J. E., Kyoung Won Park, and theresa M. Glomb. “Employer Supported Volunteering Benefits: Gift Exchange among Employers, Employees, and Volunteer Organizations”, *Human Resource Management*, Vol. 48, No. 2(2009): 227-249; Caligiuri, Paula, Ahsiya Mencin, and Kaifeng Jiang. “Win-win-win: the Influence of Company-sponsored Volunteerism Programs on Employees, NGOs, and Business Units”, *Personnel Psychology*, Vol. 66, No. 4(2013): 825-860; Mojza, Eva J., Sabine Sonnentag, and Claudius Bornemann. “Volunteer Work as a Valuable Leisure-time Activity: A Day-level Study on Volunteer Work, Non-work Experiences, and Well-being at Work”, *Journal of Occupational and Organizational Psychology*, Vol. 84, No. 1(2011): 123-152.

⑤ Jones, David A. “Widely Assumed But Thinly Tested: Do Employee Volunteers' Self-Reported Skill Improvements Reflect the Nature of Their Volunteering Experiences?”*Frontiers in Psychology*, Vol. 7 (2016): Article 184070.

⑥ Brzustewicz, Paweł, Iwona Escher, Akram Hatami, et al. “Emergence of Social Impact in Company-NGO Relationships in Corporate Volunteering”, *Journal of Business Research*, Vol. 140, No. C (2022): 62-75.

上的作用，通过让员工亲身在多样化的社会实践领域锻炼，拓宽他们的视野。这种做法不仅促进了员工的个人成长，也为企业培养了一支既具备专业技能又能够理解社会责任的人才队伍，为社会的可持续发展做出了贡献。

（三）积极环境构建

积极组织（Positive Organization）是一个新兴的研究领域，旨在理解、解释和预测组织内部的积极现象、动态和过程。其核心观点是，通过专注于人性的积极面（如复原力、意义感、勇气、创新），可以充分挖掘个人和组织的潜力，在组织内部形成新的动力，以不断培养卓越的个人和高绩效的组织。[①]

"蓬勃发展"（Flourishing）是积极组织研究领域的一个重要概念，指的是个人的最佳功能状态，具有这种状态的人往往具备一系列积极的品质，包括善良和复原力等，它代表个体在获得了自主感后形成的健康心理状态，是促使人们持久成长的动力源。[②] 因此，推动员工的"蓬勃发展"也意味着尽可能地释放员工的潜能。有学者提出，个人的"蓬勃发展"取决于当前的生活状态与自己的生活目标、与他人以及与自然世界的联系感。[③] 企业志愿服务为员工志愿者提供了蓬勃发展的平台，让他们有机会深刻体验与同事间的紧密联系。这种强烈的一体感（Oneness）进一步促进了个人和组织的共同成长，使"蓬勃发展"达到更高的境界。[④]

另外，与组织外的人（包括志愿服务的受益者）的互动，培养了员工的共情能力，也提升了他们的亲社会动机[⑤]和由自主动机带来的积极情绪。[⑥]

---

① Chaudhary, Richa, and Anuja Akhouri. "CSR Perceptions and Employee Creativity: Examining Serial Mediation Effects of Meaningfulness and Work Engagement", *Social Responsibility Journal*, Vol. 15, No. 1(2019): 61-74.

② Redelinghuys, Kleinjan, Sebastiaan Rothmann, and Elrie Botha. "Flourishing-at-Work: the Role of Positive Organizational Practices", *Psychological Reports*, Vol. 122, No. 2(2019): 609-631.

③ Eraslan-Capan, Bahtiyar. "Social Connectedness and Flourishing: the Mediating Role of Hopelessness", *Universal Journal of Educational Research*, Vol. 4, No. 5(2016): 933-940.

④ Glavas, Ante. "Employee Engagement and Sustainability: A Model for Implementing Meaningfulness at and in Work", *Journal of Corporate Citizenship*, Vol. 46(2012): 13-29.

⑤ Grant, Gabriel B. "Transforming Sustainability", *Journal of Corporate Citizenship*, Vol. 46 (2012): 123-137.

⑥ Grant, Adam M., and James W. Berry. "The Necessity of Others Is the Mother of Invention: Intrinsic and Prosocial Motivations, Perspective Taking, and Creativity", *Academy of Management Journal*, Vol. 54, No. 1(2011): 73-96.

在这样的环境中，员工的思维更开阔，对接收各种信息持开放态度，有能力创造新的综合性解决方案。并且，来自志愿服务工作的积极情绪可以为员工提供持久的知识资源（如建立新的思维方式）和社交资源（如与他人建立紧密联系）。[①]

员工从志愿服务活动中获得的积极心理体验还可以辐射到其他非志愿者员工中。[②] 有研究发现，那些经常参与志愿服务的员工会被同事定义为可靠的、热情的且具有奉献精神的人。他们能够在企业中获得认可，获得来自同事的帮助。这些积极的互动有助于构建一种和谐的工作氛围。[③]

与此同时，员工通过志愿服务项目，也获得了与当地社区和具体项目受益者之间的互动机会。研究发现，志愿者与受益者的接触强度——包括互动的频率、持续时间、身体距离、深度和广度——对于双方关系的建立和员工能力的发展至关重要。[④] 通过这些互动，志愿服务产生的感知效应增强了员工对受益者的情感承诺，同时也加强了他们在工作环境中的亲社会动机。[⑤]

（四）组织认同和组织承诺

组织认同是员工基于自身在组织中的角色所形成的自我概念，它既取

---

① Fredrickson, Barbara L. "What Good Are Positive Emotions?"*Review of General Psychology*, Vol. 2, No. 3(1998): 300-319.

② Muthuri, Judy N., Dirk Matten, and Jeremy Moon. "Employee Volunteering and Social Capital: Contributions to Corporate Social Responsibility", *British Journal of Management*, Vol. 20, No. 1 (2009): 75-89; Cao, Yinyin, Frits K. Pil, and Benn Lawson. "Signaling and Social Influence: the Impact of Corporate Volunteer Programs", *Journal of Managerial Psychology*, Vol. 36, No. 2(2021): 183-196.

③ Muthuri, Judy N., Dirk Matten, and Jeremy Moon. "Employee Volunteering and Social Capital: Contributions to Corporate Social Responsibility", *British Journal of Management*, Vol. 20, No. 1 (2009): 75-89.

④ Grant, Adam M. "Relational Job Design and the Motivation to Make a Prosocial Difference", *Academy of Management Review*, Vol. 32, No. 2(2007): 393-417.

⑤ Lavine, Marc. "Exploring the Relationship Between Corporate Social Performance and Work Meaningfulness", *Journal of Corporate Citizenship*, Vol. 46(2012): 53-70; Valéau, Patrick, Karim Mignonac, Christian Vandenberghe et al. "A Study of the Relationships Between Volunteers' Commitments to Organizations and Beneficiaries and Turnover Intentions", *Canadian Journal of Behavioural Science/Revue Canadienne Des sciences Du Comportement*, Vol. 45, No. 2(2013): 85-95.

决于员工对组织价值观的认知，也受到他们对组织情感依赖程度的影响，并外化为他们对组织的归属感和忠诚度。[①] 既往的研究发现，企业志愿服务可以有效提升企业的声誉。当一个组织声誉好时，成员因自己归属于这个组织而产生自豪感和组织认同[②]，会感觉自己拥有社会认可，进而提高了成员的组织认同[③]，同时更少在组织情境下做出反生产力行为。[④] 一项针对美国各地员工的线上抽样调查发现，具有志愿服务经历的员工会比其他员工更专注于工作，能够表现出更多的组织公民行为，且志愿服务带来的意义感与员工的工作投入和组织公民行为表现呈正相关关系。[⑤]

企业志愿服务对员工的影响在不同年龄段存在差异。对于更年轻的员工而言，参与企业的志愿服务活动对提升其组织公民行为具有更为显著的作用。这可能是因为，年青一代更加注重回馈社区，他们将参与志愿服务视为一种实现社会价值和个人成长的方式，通过积极参与，年轻员工能够体验到工作带来的成就感和满足感，从而对工作产生更加积极的态度，并增强留任企业的决心和意愿。[⑥] 因此，企业鼓励年轻员工参与志愿服务，不仅有助于塑造积极向上的企业文化，还能有效提升员工的工作满意度和忠

① 魏钧、陈中原、张勉.：《组织认同的基础理论、测量及相关变量》，《心理科学进展》2007年第6期。

② Breitsohl, Heiko, and Nathalie Ehrig. “Commitment Through Employee Volunteering: Accounting for the Motives of Inter-organisational Volunteers”, *Applied Psychology*, Vol. 66, No. 2(2017): 260-289; Jones, Stephanie M, Rebecca Bailey, and Robin Jacob. “Social-emotional Learning is Essential to Classroom Management”, *Phi Delta Kappan*, Vol. 96, No. 2(2014): 19-24.

③ Breitsohl, Heiko, and Nathalie Ehrig. “Commitment Through Employee Volunteering: Accounting for the Motives of Inter-organisational Volunteers”, *Applied Psychology*, Vol. 66, No. 2(2017): 260-289; Jones, Stephanie M, Rebecca Bailey, and Robin Jacob. “Social-emotional learning is Essential to Classroom Management”, *Phi Delta Kappan*, Vol. 96, No. 2(2014): 19-24; Yaakobi, Erez, and Jacob Weisberg. “Organizational Citizenship Behavior Predicts Quality, Creativity, and Efficiency Performance: the Roles of Occupational and Collective Efficacies”, *Frontiers in Psychology*, Vol. 11 (2020): Article 758.

④ Rodell, Jessica B. “Finding Meaning Through Volunteering: Why Do Employees Volunteer and What Does It Mean for Their Jobs?” *Academy of Management Journal*, Vol. 56, No. 5(2013): 1274-1294.

⑤ Yaakobi, Erez, and Jacob Weisberg. “Organizational Citizenship Behavior Predicts Quality, Creativity, and Efficiency Performance: the Roles of Occupational and Collective Efficacies”, *Frontiers in Psychology*, Vol. 11(2020): Article 758.

⑥ Hoerter, Jessica L. *the Impact of Employee Volunteer Programs on Intent to Stay, Job Satisfaction, and Organizational Commitment Among Young Professionals*(Disseration, University of Wisconsin-Stevens Point, College of Fine Arts and Communication, 2016), p. 39.

诚度。

组织承诺（Organisational Commitment）是一个和组织认同高度相关的概念，它反映了员工对组织的心理依恋[①]，它的情感维度被认为是提高员工工作绩效的一个预测因素。[②] 企业志愿服务可以作为一种基于情感维度的激励方式。同样是采用奖金、加薪、假期等途径进行激励，企业在支持员工开展志愿服务上的激励措施，如为员工感兴趣的志愿服务工作提供财务性支持，允许其灵活工作，表彰员工在企业社会责任领域的贡献等，可以使其和员工建立更强、更独特的情感联结，有助于加深员工对组织的依恋程度，提高员工的凝聚力和归属感，继而在未来更愿意投入工作。

（五）工作意义感

企业志愿服务也可以给予员工一个全新的视角去重新审视自己的工作，帮助他们找到自我价值的实现途径。在这个过程中，企业和员工之间的合作得到了增强，形成了企业、员工和社会三者共赢的局面。[③] 通过参与志愿服务，员工得以直观地感知企业的社会绩效，从而增强了工作的意义感，并且，企业对员工自发解决社会问题所给予的支持，也能帮助员工意识到工作的重要性，以及个人贡献在社会层面产生的实际效果。[④]

杰西卡·罗德尔提出的增强机制和补偿机制为理解企业志愿服务对工

---

① Meyer, John P., and Natalie J. Allen. "A Three-component Conceptualization of Organizational Commitment", *Human Resource Management Review*, Vol. 1, No. 1(1991): 61-89.

② Organ, Dennis W., and Katherine Ryan. "A Meta-analytic Review of Attitudinal and Ispositional Predictors of Organizational Citizenship Behavior", *Personnel Psychology*, Vol. 48, No. 4(1995): 775-802; Rhoades, Linda, Robert Eisenberger, and Stephen Armeli. "Affective Commitment to the Organization: the Contribution of Perceived Organizational Support", *Journal of Applied Psychology*, Vol. 86, No. 5(2001): 825-836.

③ Caligiuri, Paula, Ahsiya Mencin, and Kaifeng Jiang. "Win-win-win: the Influence of Company-sponsored Volunteerism Programs on Employees, NGOs, and Business Units", *Personnel Psychology*, Vol. 66, No. 4(2013): 825-860.

④ Grant, Adam M. "Relational Job Design and the Motivation to Make a Prosocial Difference", *Academy of Management Review*, Vol. 32, No. 2(2007): 393-417; Grant, Adam M. "Leading with Meaning: Beneficiary Contact, Prosocial Impact, and the Performance Effects of Transformational Leadership", *Academy of Management Journal*, Vol. 55, No. 2(2012): 458-476; Lavine, Marc. "Exploring the Relationship Between Corporate Social Performance and Work Meaningfulness", *Journal of Corporate Citizenship*, Vol. 46(2012): 53-70.

作意义感的影响提供了深刻的见解。[①] 结合工作意义感的五个维度——真实性（Authenticity）、自我效能感（Self-efficacy）、自尊（Self-esteem）、目的性（Purpose）和归属感（Belongingness）[②] ——我们可以进一步理解这两种机制如何在不同情境下激励员工参与志愿服务。

增强机制强调，具有高度意义感的活动能让员工在工作之外满足自己在价值观、信念和身份上的一致性需求，自主选择工作任务，建立效能感，提升自尊，通过与其他人建立情感联结，体验相互支持和团结，[③] 继而获得归属感。类似的，补偿机制解释了当员工在工作中感受到意义不足时，他们可能会通过参与志愿服务来寻求补偿，以满足他们对意义感和其他需求的追求。尤其当员工的工作意义感较低时，通过志愿服务体验到的意义感能显著提升他们的整体生活满意度和工作投入。[④]

这两种机制揭示了一个共同的主题：不论是通过提升已有的积极工作体验，还是补偿工作中的意义缺失，志愿服务都为员工提供了一个重要的平台，帮助员工实现自我成长和发展。与此同时，企业志愿服务通过上述多种机制，也可以使员工对自己充满信心，更愿意通过创造性地解决与工作相关的问题来努力取得更好的结果。[⑤]

---

① Rodell, Jessica B. "Finding Meaning Through Volunteering: Why Do Employees Volunteer and What Does It Mean for Their Jobs?" *Academy of Management Journal*, Vol. 56, No. 5(2013): 1274–1294.

② Baumeister, R. F., and Kathleen D. Vohs. "The Pursuit of Meaningfulness in Life", in C. R. Snyder & S. J. Lopez(eds.), *Handbook of Positive Psychology*(New York: Oxford University Press, 2002), pp. 608–618; Rosso, Brent D., Kathryn H. Dekas, and Amy Wrzesniewski. "On the Meaning of Work: A Theoretical Integration and Review", *Research in Organizational Behavior*, Vol. 30(2010): 91–127.

③ Pratt, Michael G., and Blake E. Ashforth. "Fostering Meaningfulness in Working and at Work", in K. Cameron, J. E. Dutton, & R. E. Quinn(eds.), *Positive Organizational Scholarship*(CA: Berrett-Koehler. 2003), pp. 309–327.

④ Rodell, Jessica B. "Finding Meaning Through Volunteering: Why Do Employees Volunteer and What Does It Mean for Their Jobs?" *Academy of Management Journal*, Vol. 56, No. 5(2013): 1274–1294.

⑤ Cohen-Meitar, Ravi, Abraham Carmeli, and David A. Waldman. "Linking Meaningfulness in the Workplace to Employee Creativity: The Intervening Role of Organizational Identification and Positive Psychological Experiences", *Creativity Research Journal*, Vol. 21, No. 4(2009): 361–375; Hodson, Randy. "Work Life and Social Fulfillment: Does Social Affiliation at Work Reflect a Carrot or a Stick?" *Social Science Quarterly*, Vol. 85, No. 2(2004): 221–239; Chaudhary, Richa, and Anuja Akhouri. "CSR Perceptions and Employee Creativity: Examining Serial Mediation Effects of Meaningfulness and Work Engagement", *Social Responsibility Journal*, Vol. 15, No. 1(2019): 61–74.

二 价值评估：基于理想员工的视角

从以上分析可以看出，企业志愿服务通过提升员工的求职意愿、工作满意度并促使其在工作场所产生积极行为，间接提升员工的生产效率和创新能力，从而为企业带来长期的商业价值。在此基础上，笔者进一步提出企业志愿服务在员工层面的价值评估框架。

（一）工作能力（Competence in the Workplace）

（1）领导力（Leadership）：员工分享或实施他们的想法以及他们追求新的方法或策略的情况。这包含冒险、自信和帮助他人发展技能等要素。

（2）团队合作（Teamwork）：员工在组织内的亲社会行为以及跨团队合作等领域的表现。

（3）社会网络（Networking）：员工进行关系网络搭建的意愿和实际情况。

（4）基于技能的学习能力（Skills-based Learning）：员工在专业技能领域的学习和应用能力。

（5）复原力（Resilience）：面对困难或突发情况时，员工的灵活性和解决问题的能力、对适应和/或处理压力的信心，以及从不同角度看待问题的能力。

（6）文化能力（Cultural Competence）：员工具备的文化常识，他们在不同文化情境中感到舒适的程度、他们适应跨文化沟通的能力。

（7）个人发展（Personal Development）：员工的创造力、社交技能、自学能力和意识、在工作场所之外的社区参与度。

（8）潜在市场洞察力（New Market Insights）：员工对潜在市场问题和需求的了解程度，以及对公司在该领域可发挥作用的认识。

（9）创意能力（New Ideas）：员工对改进企业的产品、服务或流程的新创意，以及可用于创造业务成果的新见解。

（二）组织认同（Organization Identification）

（1）招聘（Recruitment）：企业的潜在应聘者愿意前来应聘的程度。

（2）留任（Retention）：员工愿意继续在企业工作的意愿。

（3）认同（Identification）：员工的价值观与企业文化的一致性程度、员工对公司的积极看法。

（4）动机（Motivation）：员工愿意积极地了解公司的程度、表现自己以便争取更高绩效的意愿。

（5）满意度（Satisfaction）：员工认为自己在公司受到重视的程度、对能将所学知识融入工作程度的判断，以及在公司工作的满意度。

第二节　志愿服务可以转化为商业价值吗？

一　代理和战略的双重视角

围绕企业慈善能否转化为商业价值的讨论，存在两种争议性的观点。从代理理论（Agency Theory）来看，虽然企业的公益慈善事业可以在一定程度上提升企业的社会声誉[①]或带来私人性的回报[②]，但也可以视为一种迎合管理者的自我的外在方式（如根据商业上的考量来分配财务资源）。[③] 无论如何，公益慈善投资背后的管理动机始终是不透明的，且带来的大部分收益既不明显也难以量化，很多收益只有在长期才会显现。[④] 因此，企业对慈善公益领域的投入，本质上可视为一种代理成本。

相比之下，企业战略视角下的研究则认为，企业的公益慈善事业对企业价值有突出的积极贡献，因为它使得企业有机会积累难以获得或开发的资源。[⑤] 这一观点提出，当企业慈善事业产生的资源禀赋对竞争对手来说是

① Gardberg, Naomi A., and Charles J. Fombrun. "Corporate Citizenship: Creating Intangible Assets across Institutional Environments", *Academy of Management Review*, Vol. 31, No. 2(2006): 329-346.

② Porter, Michael E., and Mark R. Kramer. "The Link Between Competitive Advantage of Corporate Philanthropy", *Harvard Business Review*, Vol. 80, No. 12(2002): 56-68.

③ Cennamo, Carmelo, Pascual Berrone, and Luis R. Gomez-Mejia. "Does Stakeholder Management Have a Dark Side?" *Journal of Business Ethics*, Vol. 89, No. 4(2009): 491-507.

④ Galant, Adriana, and Simon Cadez. "Corporate Social Responsibility and Financial Performance Relationship: A Review of Measurement Approaches", *Economic Research-Ekonomska Istraživanja*, Vol. 30, No. 1(2017): 676-693; Kim, Kwang-Ho, MinChung Kim, and Cuili Qian. "Effects of Corporate Social Responsibility on Corporate Financial Performance: A Competitive-Action Perspective", *Journal of Management*, Vol. 44, No. 3(2018): 1097-1118.

⑤ Barnett, Michael L. "Stakeholder Influence Capacity and The Variability of Financial Returns to Corporate Social Responsibility", *Academy of Management Review*, Vol. 32, No. 3(2007): 794-816.

有价值的、罕见的和难以复制的时，商业价值就得到了创造。[①] 例如，海克·布鲁赫（Heike Bruch）和弗兰克·沃尔特（Frank Walter）就曾提出，“只有为受益人创造真正价值并提高公司经营业绩的公益慈善活动才是长期可持续的”,[②] 获得竞争优势始终是企业长期成功的关键，从事企业慈善事业只是实现这一目标的途径之一。[③] 也有研究提出，在商业关系中的价值共创理论介绍了整合参与者的不同资源以实现其价值潜力的过程[④]，新价值的本质是“相对于合作者互动产生的成本以及组织、个人和社会产生的成本而言的短暂和持久的利益”，它是一个多方向的价值动力系统。[⑤]

在这两种观点之间，存在几个关键的调节性因素。企业志愿服务与企业核心战略的一致性是一个重要的调节因素。当志愿服务活动与公司的长期目标和战略相吻合时，更有可能为企业带来正面的商业效益。此外，公司治理结构对于确保志愿服务活动的有效实施至关重要，如 CEO 的任期、外部董事的数量、公司治理的透明度等。[⑥] 尽管相关研究很多，但企业公益慈善和其商业价值（如财务绩效）的关联始终扑朔迷离，研究者的结论时

① Porter, Michael E., and Mark R. Kramer. “The Competitive Advantage of Corporate Philanthropy”, *Harvard Business Review*, Vol. 80, No. 12(2002): 56-68.

② Bruch, Heike., & Frank Walter. “The Keys to Rethinking Corporate Philanthropy”, *MIT Sloan Management Review*, Vol. 47, No. 1(2005): 49-55.

③ Porter, Michael E., and Mark R. Kramer. “The Link Between Competitive Advantage of Corporate Philanthropy”, *Harvard Business Review*, Vol. 80, No. 12(2002): 56-68; Wang, H., & Qian, C. “Corporate Philanthropy and Corporate Financial Performance: The Roles of Stakeholder Response and Political Access”, *Academy of Management Journal*, Vol. 54, No. 6(2011): 1159-1181.

④ Saarijärvi, Hannu, P. K. Kannan, and Hannu Kuusela. “Value Co-Creation: Theoretical Approaches and Practical Implications”, *European Business Review*, Vol. 25, No. 1(2013): 6-19.

⑤ Austin, James E., and M. May Seitanidi. “Collaborative Value Creation: A Review of Partnering between Nonprofits and Businesses: Part I. Value Creation Spectrum and Collaboration Stages”, *Nonprofit and Voluntary Sector Quarterly*, Vol. 41, No. 5 (2012): 726-758; Austin, James E., and M. May Seitanidi. “Collaborative Value Creation: A Review of Partnering Between Nonprofits and Businesses. Part II: Partnership Processes and Outcomes”, *Nonprofit and Voluntary Sector Quarterly*, Vol. 41, No. 6(2012): 929-968.

⑥ Su, Weichieh, and Steve Sauerwald. “Does Corporate Philanthropy Increase Firm Value? The Moderating Role of Corporate Governance”, *Business & Society*, Vol. 57, No. 4(2018): 599-635.

常是相反的，还有的结论揭示了两者之间的U形关系。①

无论如何，这些观点依然为理解企业志愿服务的价值提供了重要的角度和框架。从成本上来看，企业志愿服务的实施和管理需要消耗大量的资源，包括财务性的投入、员工的时间和公司的管理成本，如果没有得当的规划和执行，这些成本的价值转化效率会大打折扣。从收益上来看，企业志愿服务的商业价值体现在商业渠道建设、市场洞察力提升、商业生态优化三个维度上。

对初创型企业来说，搭建销售渠道是一个决定其生存继而发展的重要因素。一些企业会单独成立一个社会组织，并为社会组织提供资金、技术支持，帮助其扎根基层社区，允许社会组织借助企业技术专长为居民提供公益性服务，在提升企业品牌影响力的同时为企业打下了坚实的社会基础，进而帮助企业赢利和扩大规模，提升企业的市场影响力，同时也与政府和居民建立了互信关系，推动了社会治理，这种企业通过社区志愿服务实现商业反哺的方式也被研究者们称为“造血式扎根”。②

通过参与志愿服务活动，员工志愿者得以深入社区、接触用户，了解企业相关行业的发展动态和用户需求。这为企业提供了宝贵的市场洞察和用户反馈，有助于企业调整产品设计、改进服务，以满足市场需求。此外，企业在某些特殊的志愿服务项目中，也可以验证产品和服务的可行性和市场适应性，这些信息对企业制定行业标准、提供行业培训、开发新产品或服务等方面都具有重要意义，有助于提高企业的竞争力和创收能力。

企业参与志愿服务还可以建立积极的关系网络，有助于构建新的商业生态。通过参与并支持外部公益组织或其他企业的志愿服务活动，企业可以与这些组织建立良好的合作关系，促进资源共享、知识交流和商业合作，为企业创造新的商业机会，或通过与商业伙伴建立共识，升级行业的制度和规则。这种社会资本的积累和分享，对企业的长期发展具有积极的影响。

---

① Galant, Adriana, and Simon Cadez. “Corporate Social Responsibility and Financial Performance Relationship: A Review of Measurement Approaches”, *Economic Research-Ekonomska Istraživanja*, Vol. 30, No. 1(2017): 676-693.

② 王毅杰、孙旌程：《造血式扎根：企业社区参与的驱动因素与现实路径》，《学习与实践》2023年第7期。

以英特尔公司的 Education Service Corps 项目为例，该项目与 7 个非政府组织合作，派出员工运用英特尔的 Classmate PCs 系统来支持这些组织的运营。这些工作促进了英特尔公司的伙伴关系发展，并将自己的客户群体扩展到供应链和价值链组织中的其他组织。

【案例】

谷歌成长计划（Grow with Google）

Grow with Google 项目于 2017 年推出，旨在通过提供培训、工具和专业知识来缩小计算机科学教育领域的差距。该项目设立专门的 Grow with Google 网页，针对本土企业、求职者与学生、教育者、开发人员等群体设立不同板块，并由谷歌员工为他们提供工作所需的技术指导和技能培训，为有不同需求的人提供相关培训课程和专业证书：

——小企业主可以建立他们的在线形象并寻找新客户；

——求职者和学生可以学习工作所需的各项技能；

——退伍军人和军人家庭可以获得重新求职的工具和资源；

——教育工作者可以学习如何帮助他们的学生获得职业发展所需的技能；

——开发人员可以提高他们当前的技能并掌握新的技能；

——初创公司可以学习如何提升企业曝光率，增加线上宣传。

谷歌的职业证书包括网络安全、数据分析、数字营销和电子商务、信息技术支持、项目管理、用户体验设计六类。首先，参与者需要花费 3~6 个月的时间完成在线证书课程的学习，这些课程由谷歌相关领域的专家志愿者设计讲授。获得谷歌的职业证书后，学员即可访问 CareerCircle 网站，获得由谷歌数字教练（Digital Coach）提供的 1 对 1 辅导、面试和职业支持，如学习如何有效使用谷歌的各项产品帮助提升面试技能，并可直接与谷歌的职业证书雇主联盟中的 150 多家公司进行联系。自 2017 年以来，超过 900 万美国人在 Grow with Google 的培训和面对面研讨会的帮助下，获得职业和技能发展。

资料来源：笔者访谈资料。

最后，一些研究者通过实证分析发现，企业的公益慈善活动会通过提升企业声誉，推动股东价值（Shareholder Value）的提升。[①] 如果一个企业以利益至上、原则置后的方式运作，它将不得不面临更加严峻的挑战来维护自己的声誉。[②] 成功抵御声誉危机的企业往往能在公众眼中及其利益相关者心里积累“信誉资本”。换句话说，一个拥有稳固且良好声誉的企业在面临危机时，能够更加灵活地应对，因为它已经建立了足够的道德资本，以抵御对其声誉的威胁。这种道德资本通常也被称作“道德储备”。随着企业声誉的提升，这种信誉资本或道德储备发挥了类似保险的作用，且这种保护机制有助于提升股东财富。[③] 同样，对于那些知名度高、过去业绩良好的企业，其慈善行为与公司的财务绩效之间的正相关性更为显著，因为这些企业的慈善活动能够获得更广泛的认可和支持。[④]

综上所述，企业志愿服务能否转化为商业价值是一个复杂的议题，除了需要综合衡量企业志愿服务的表现外，还要考虑企业战略、公司治理等多种因素的调节性作用。通过精心地规划、管理和评估，企业志愿服务有潜力成为提升企业商业价值的重要途径。

二　共赢：创造共享价值

创造共享价值（Creating Shared Value，CSV）是由迈克尔·波特（Michael Porter）和马克·克莱默（Mark Kramer）于2011年提出，旨在重新定义企业与社会的关系。这一理论认为，企业活动不仅能为自身创造经济价值，同时也能为社会带来积极影响。[⑤] 与社会责任理论不同的是，创造

---

① Hogarth, Kate, Marion Hutchinson, and Wendy Scaife. “Corporate Philanthropy, Reputation Risk Management and Shareholder Value: A Study of Australian Corporate Giving”, *Journal of Business Ethics*, Vol. 151, No. 2(2018): 375-390.

② Atkins, Derek, Lynn Drennan, and Ian Bates. *Reputational Risk: A Question of Trust*. (London: Lessons Professional Publishing, 2006), p. 8.

③ Godfrey, Paul C., Craig B. Merrill, and Jared M. Hansen. “The Relationship Between Corporate Social Responsibility and Shareholder Value: An Empirical Test of the Risk Management Hypothesis”, *Strategic Management Journal*, Vol. 30, No. 4(2009): 425-445.

④ Wang, H., & Qian, C. “Corporate Philanthropy and Corporate Financial Performance: The Roles of Stakeholder Response and Political Access”, *Academy of Management Journal*, Vol. 54, No. 6 (2011): 1159-1181.

⑤ Porter, Michael E., and Mark R. Kramer. “The Big Idea: Creating Shared Value. How to Reinvent Capitalism— And Unleash a Wave of Innovation and Growth”, *Harvard Business Review*, Vol. 89, No. 1-2(2011): 62-77.

共享价值理论要求企业将社会福祉融入其核心商业模式和运营战略中，鼓励企业通过商业活动直接解决社会问题，从而创建新的市场机会和增长机会。这种方法强调通过创新解决社会问题，同时提高资源使用效率，创造经济价值。

作为一种新兴概念，创造共享价值的提出旨在重新定义资本主义并消除其固有弊端，因而被一部分研究者认为具有革命性的潜力。然而，这一概念提出后也引发了相当大的争议。商业伦理学者对其批评最甚，认为它不过是一种管理上的短暂风尚，是对现有商业模式的轻微调整，理论基础薄弱。[①] 然而，即便存在争议，关于创造共享价值的理论和实证研究仍然在不断推进。一些学者对理论框架进行了扩展和深化[②]，而其他研究则致力于收集关于企业如何有效实施创造共享价值的经验证据。[③] 研究者们认为，创造共享价值理论的贡献在于提出了基于社会声誉的价值创造方法，从而为企业带来合法的利益。[④]

尽管争议一直没有平息，但相关的讨论和实践为商业与社会的共同发展提供了新的可能性和方向。在对该领域的研究经过系统综述后，有研究

---

① Beschorner, T. & Hajduk, T. "Creating Shared Value", in Wieland, J. (ed.), *Creating Shared Value: Concepts, Experience, Criticism* (Cham: Springer, 2017), pp. 27-37; Crane, A., Guido Palazzo, Laura J. Spence et al. "Contesting The Value of 'Creating Shared Value'", *California Management Review*, Vol. 56, No. 2(2014): 130-153; de los Reyes, G. Jr and Markus Scholz. "The Limits of the Business Case for Sustainability: Don't Count on'Creating Shared Value' to Extinguish Corporate Destruction", *Journal of Cleaner Production*, Vol. 221(2019): 785-794; Jones, Stewart, and Christopher Wright. "Fashion or Future: Does Creating Shared Value Pay?" *Accounting & Finance*, Vol. 58, No. 4(2018): 1111-1139.

② de los Reyes, G. Jr, Markus Scholz and N. Craig Smith. "Beyond The 'Win-Win' Creating Shared Value Requires Ethical Frameworks", *California Management Review*, Vol. 59, No. 2(2017): 142-167; Moon, H. C. and Jimmyn Parc. "Shifting Corporate Social Responsibility to Corporate Social Opportunity Through Creating Shared Value", *Strategic Change*, Vol. 28, No. 2(2019): 115-122.

③ Alberti, F. G. and Federica Belfanti. "Creating Shared Value and Clusters: the Case of An Italian Cluster Initiative in Food Waste Prevention", *Competitiveness Review: An International Business Journal*, Vol. 29, No. 1(2019): 39-60; Jackson, I. and Lorraine Limbrick. "Creating Shared Value in an Industrial Conurbation: Evidence from the North Staffordshire Ceramics Cluster", *Strategic Change*, Vol. 28, No. 2(2019): 133-138; Collazzo Yelpo, Pablo, and Livia Kubelka. "Shared Value Clusters in Austria", *Competitiveness Review: An International Business Journal*, Vol. 29, No. 1 (2019): 61-76.

④ Beschorner, T. & Hajduk, T. "Creating Shared Value", in Wieland, J. (ed.), *Creating Shared Value: Concepts, Experience, Criticism* (Cham: Springer, 2017), pp. 27-37.

者进一步提出了实现共享价值的三个维度：①战略过程，即创造共享价值的社会项目不是一次性的，而是一系列有助于实现企业战略目标的行动或操作；②与价值链相一致，目标性的社会问题必与企业的核心价值链密切相关，与主营业务模式有比较近的联系；③经济收益，即解决社会问题的同时能为企业带来直接的经济利润。[①]

【案例】

星巴克（中国）的社区志愿服务

在进入全球的每一个市场时，星巴克都努力寻找企业文化与当地人文传统的结合点，通过“每人，每杯，每个社区”，立足于门店的空间优势，将本地文化元素融入门店和产品的设计中，以表达对当地文化的尊重。在志愿服务领域，星巴克（中国）秉持着“在中国，为中国”的理念，从社区建设着眼，致力于利用其自身在传播人文精神方面的优势，实现了公益价值与商业价值的共创。具体来说，星巴克（中国）从“咖啡、地球和人”三位一体的角度发挥其社会影响，通过在门店举办以咖啡知识为主题的活动（如“咖啡教室”），向社区居民科普生态环保、垃圾分类和关爱流浪动物等方面的知识，打造了一个有中国特色的“第三空间”。随后，星巴克（中国）进一步将门店的空间优势延伸到了周围的社区，充分利用员工在空间打造上的技能，以志愿服务的形式广泛开展墙体美化、垃圾清理、制作环保提示牌、旧物改造、装扮宿舍等活动，为老人、儿童和其他弱势群体提供了抚慰心灵的场所。目前，星巴克对社区志愿服务进行了更加清晰的界定：伙伴（星巴克门店员工）在星巴克相关规定的指引和组织下，不以获得报酬为目的（无偿），自愿（非强制性）奉献时间、智力、体力、技能等，向社会或他人提供公益性（有利于他人和社会）服务。

星巴克（中国）的志愿服务项目利用了企业以往在社区服务方面的国际化理念，又立足于中国社会的现实情况，实现了商业经营—公益活动—

① Menghwar, Prem Sagar, and Antonio Daood. “Creating Shared Value: A Systematic Review, Synthesis and Integrative Perspective”, *International Journal of Management Reviews*, Vol. 23, No. 4(2021): 466-485.

志愿服务—社区建设的路径转化，同时也将分散化的社区服务活动统筹到了企业战略之中，保障了企业志愿服务项目的可持续化发展。

资料来源：笔者访谈资料。

三　价值评估：基于商业价值的视角

进行商业价值的评估，核心在于对成本和收益的计算。项目成本包括有形成本（如人力、物资、资金投入等）和无形成本（如时间投入等），项目的总成本=项目每天的有形成本×项目开展的天数。此外，资金筹集和利用效率，反映了企业付出的管理成本，也是一个需要重点考虑的因素。如果企业能够以较低的成本筹集到足够的资金，那么可以认为该企业具有较高的资金筹集效率，也可以通过这些信息评估筹款活动的运营成本、宣传和推广费用、募捐活动的回报率。

基于前文的分析，企业志愿服务带来的商业收益可以分为间接收益（如和社区建立信任，从而拓展了商业渠道）和底线收益（在资产收益率和投资收益率中观察到的收益）两个类别。笔者认为，对企业志愿服务进行商业价值的评估，可以从以下6个维度展开。

（一）商业渠道建设（Business Channel Development）

评估企业通过社区参与和志愿服务活动在建立和扩展销售渠道、提升品牌影响力方面的效果。

——品牌认知度（Brand Awareness）：测量社区成员对企业品牌的认识程度；

——社区参与强度（Community Engagement Strength）：评估企业在基层社区建立的社会支持和根基的坚实程度；

——市场影响力（Market Influence）：企业在目标市场中的影响力和认可度；

——政府和居民互信（Mutual Trust with Government and Community）：企业与政府及居民建立的互信关系的质量。

（二）市场洞察获取（Market Insight Acquisition）

通过志愿服务深入社区，收集关于用户需求、行业趋势的信息，以及验证产品服务的市场适应性。

——用户需求理解（Customer Needs Understanding）：企业对目标市场用户需求的深入了解程度；

——行业趋势意识（Industry Trends Awareness）：企业对行业发展动态和趋势的感知能力；

——产品服务验证（Product/Service Validation）：志愿服务在检验产品或服务市场适应性方面的能力；

——市场反馈敏捷性（Market Feedback Responsiveness）：企业对市场反馈的收集和响应速度。

（三）商业生态构建（Business Ecosystem Construction）

通过志愿服务活动，企业能够建立起合作网络，促进资源共享、知识交流，创建新的商业机会。

——合作网络拓展（Collaborative Network Expansion）：企业通过志愿服务建立的合作关系数量和质量；

——资源共享能力（Resource Sharing Capability）：企业与合作伙伴之间资源共享的效率和效果；

——知识共享效率（Knowledge Efficiency）：通过志愿服务活动进行知识交流的频率和效果；

——商业机会创造（Innovation of Business Opportunities）：企业通过参与志愿服务活动发现或创造的新商业机会数量。

（四）战略性价值（Strategic Value）

（1）战略一致性（Strategic Alignment）：考察企业志愿服务活动在多大程度上与企业的长期战略目标和核心业务战略相一致。志愿服务项目是否反映和支持公司的核心业务目标和策略。

（2）可持续性（Sustainability）：评估企业是否设计并实施了一系列行动促进战略目标实现，这些工作旨在保证志愿服务及相关工作对企业自身的经济可持续性的贡献。

（五）价值链一致性（Congruence with Core Value Chain）

（1）资源共享（Resource Sharing）：评估企业如何利用其核心业务资源（如人力资源、技术、产品或服务）来支持志愿服务活动。这包括企业是否能有效地将其内部资源和能力转化为社会价值。

（2）技能传递（Skill Transfer）：评估企业员工通过志愿服务活动传递其专业技能和知识的程度，以及这些技能和知识如何与企业的核心业务领域相匹配。这反映了志愿服务活动如何利用和提升公司内部的专业能力以应对社会挑战。

（3）品牌价值提升（Brand Value Enhancement）：考量企业志愿服务活动如何提升其品牌价值，特别是这些活动如何与企业的品牌身份、核心价值观和市场定位保持一致。志愿服务是否促进了公众对企业核心价值的认知提升和接受。

（4）运营生产力提升（Operational Productivity Enhancement）：考察企业如何通过志愿服务项目正面影响其供应链和内部操作的各方面，包括推动可持续供应链管理实践和重新定义及设计价值链中的生产力元素。

（六）股东价值（Shareholder Value）

企业为其股东创造的经济价值反映了通过经营活动带给股东的直接经济利润。其具体的计算方法包括净资产收益率（Return on Equity，ROE）、经济增加值（Economic Value Added，EVA）、市场增加值（Market Value Added，MVA）和现金流量贴现（Discounted Cash Flow，DCF）等。

尽管本书尝试提出了一些有关企业公益活动创造商业价值的思考，但两者之间的关系始终是一个比较有争议性的问题。并非所有的企业志愿服务项目都能创造直接的商业价值，或者适合基于上述的指标体系进行验证。在实际情况下，还需要基于具体的情况进行分析考量，以避免企业公益的动机和本质被曲解，影响了受助者的利益和社会的福祉。

第三节　志愿服务可以推动企业文化落地吗?

一　企业文化的落地深植

在本书的第二章曾介绍了一些企业的文化基因对开展志愿服务的推动作用。反过来看，志愿服务也可以成为塑造和强化企业文化的一种手段。在以社会责任和可持续性为核心的企业文化建设中，企业志愿服务活动不仅是实现社会价值的具体行动，也是影响和改变员工价值观、态度和行为的关键途径。

志愿服务提供了一种实践平台，使员工能够直接参与社会服务和公益活动。通过这种亲身体验，员工能更深刻地理解和认同企业的社会责任和可持续性目标。这种参与感和认同感是企业文化内化的基础，能够激发员工的社会责任感和自我实现的需求，从而推动企业文化朝着更加积极的方向发展。同时，企业志愿服务活动通过提供多样化的志愿服务机会，促使员工能在不同的社会场景中发挥作用，促进员工对于社会责任的全面理解和深入思考。这些经历和反思进一步深化了员工对企业责任和可持续发展的认识，促使员工在日常工作中自觉实践这些理念。企业志愿服务活动还为员工提供了展示和发展个人能力的机会。在参与志愿服务的过程中，员工不仅能够运用和提升自己的专业技能，还能在团队合作、问题解决等方面获得成长。这种能力的提升不仅有利于个人的职业发展，也对企业内部的合作与创新有积极影响。员工通过志愿服务活动所获得的个人成长经验，能够在工作中产生正面的传导效应，进而影响企业文化。

有研究指出，广泛开展志愿服务可以在企业内形成一种独特的文化氛围，称为志愿服务文化气候①，它的出现意味着员工之间的互动产生了一种“氛围”，是一个感官制造的结果。在这个过程中，员工会将接触到的社会线索，用于解释和建构一些意义单元，如反思自身参与志愿服务的经历，或评价同事参与志愿服务的情况，并通过与同事的日常交流来加深思考。

---

① Rodell, Jessica B., Jonathan E. Booth, and John W. Lynch et al. “Corporate Volunteering Climate: Mobilizing Employee Passion for Societal Causes and Inspiring Future Charitable Action”, *Academy of Management Journal*, Vol. 60, No. 5(2017): 1662-1681.

关于工作场所志愿服务的信息可以直接来自公司或通过员工的个人经历。事实上，一些基于企业志愿服务的轶事证据和相关研究主题（如慈善和同情）的研究指出了企业志愿服务氛围形成的两个不同过程：企业推动的志愿服务实践和员工对志愿服务的主动参与。① 这种区别也反映出企业志愿服务研究的多层次性，即群体层面现象的出现既可以由系统内的具有影响力的人士自上而下推动，也可以自下而上，由基层员工主动汇聚和发起，从而形成一种集体现象。②

例如，公司层面的政策和程序，如志愿服务项目，反映了组织层面对志愿服务的影响，例如，企业采用“普遍范式”来决定社区参与的方式、规模和形式，这通常由高层管理者代表员工制定。③ 一些典型的支持性措施包括提供时间上的便利、财务支持和后勤支持。

根据文化气候的有关理论④，企业层面的实践和政策构成了志愿服务文化气候出现的基础。这些资源可以视为公司潜在文化的体现，向员工传达了组织的价值观。即使员工未直接参与志愿服务项目，这些政策和程序的存在也提醒着他们，志愿服务是组织文化的一部分。

然而，还有一些企业为了激励员工参与志愿服务，会开展运动式的动员，甚至将员工的志愿服务参与度纳入绩效评估体系，这种做法虽然试图用员工参与度来提升企业文化的渗透率，但这种半强制性的激励方式，扭曲了志愿服务的本质——自愿和公益性。员工可能仅仅出于对职业生涯的考虑参与服务活动，

① Booth, J. E., Kyoung Won Park, and Theresa M. Glomb. “Employer Supported Volunteering Benefits: Gift Exchange among Employers, Employees, and Volunteer Organizations”, *Human Resource Management*, Vol. 48, No. 2(2009): 227-249; Gatignon-Turnau, Anne-Laure, and Karim Mignonac. “(Mis) Using Employee Volunteering for Public Relations: Implications for Corporate Volunteers' Organizational Commitment”, *Journal of Business Research*, Vol. 68, No. 1(2015): 7-18.

② Kozlowski, Steve W. J., and Klein K. J. “A Multilevel Approach to Theory and Research in Organizations: Contextual, Temporal, and Emergent Processes'”, in K. J. Klein & S. W. J. Kozlowski (eds.) *Multilevel Theory, Research, and Methods in Organizations: Foundations, Extensions, and New Directions*(San Francisco, CA: Jossey-Bass, 2000). pp. 3-90.

③ Basil, Debra Z., Mary S. Runte, M. Easwaramoorthy et al. “Company Support for Employee Volunteering: A National Survey of Companies in Canada”, *Journal of Business Ethics*, Vol. 85, No. 2(2009): 387-398.

④ Schneider, B., Mark G. Ehrhart, and William H. Macey. Organizational Climate Research: Achievements and the Road Ahead, in *Handbook of Organizational Culture and Climate(2nd ed.)* (Thousand Oaks: SAGE. 2011), pp. 29-49.

而不是出于实践公司文化或真诚关心公益事业的目的。这种策略不仅可能影响志愿服务的真正效果，而且可能削弱企业文化对员工的影响力。尽管这种情况并不普遍，但已有研究者已经证实了这种情形之下的负面结果。例如，一项调研福特汽车（加拿大）的志愿服务项目发现，“尽管企业试图通过非正式调查和评价来确保员工的自愿参加”，但仍有一些员工感到自己必须自愿参加。① 另一项针对在澳大利亚银行工作的志愿者研究中也发现了高度的志愿强迫感，但有趣的是，员工却并没有因外部压力而产生怨恨或烦恼。② 关于企业志愿服务的强制性，仍是未来值得关注的研究内容。

总而言之，企业通过志愿服务，可以有效地培养和强化以社会责任和可持续性为核心的企业文化。这种文化的形成和发展，不仅依赖于企业对志愿服务活动的支持和鼓励，更需要员工在参与过程中的亲身体验、反思和实践。企业应该意识到，志愿服务活动不仅是履行社会责任的途径，也是塑造和发展企业文化的重要工具。通过这些活动，企业能够在内部建立一种积极、负责、可持续的工作环境，从而在长远的发展中获得竞争优势。

二　价值评估：基于企业文化的视角

企业志愿服务在推动企业文化落地上的价值，可以从多个维度进行评估。这些维度反映了志愿服务活动如何影响和改变员工的价值观、态度和行为，以及这些变化如何进一步促进企业文化的积极发展。

（一）员工参与度（Employee Engagement）

（1）参与志愿活动的员工比例（Volunteer Participation Rate）：反映员工对企业志愿服务活动的热衷程度。

（2）志愿参与率（Frequency of Volunteer Service Activities）：衡量企业组织志愿服务活动的频次。

（3）员工满意度（Employee Satisfaction）：通过调查了解员工对志愿服

① Bart, C., Baetz, M. C., & Pancer, S. M. “Leveraging Human Capital Through an Employee Volunteer Program: The Case of Ford Motor Company of Canada”, *Journal of Intellectual Capital*, Vol. 10, No. 1 (2009): 121-134.

② Zappala, Gianni, and Jennnfer McLaren. “A Functional Approach to Employee Volunteering: An Exploratory Study”, *Australian Journal on Volunteering*, Vol. 9, No. 1(2004): 41-54.

务活动的满意度。

（二）价值观一致性（Values Alignment）

（1）企业社会责任认同度（CSR Alignment）：员工对企业社会责任理念的认同度。

（2）企业文化认同度（Corporate Culture Alignment）：员工对企业文化的认同和内化程度。

（3）可持续性目标认同度（Sustainability Commitment）：员工对企业可持续性目标的认同程度。

（三）组织文化气候（Organizational Culture Climate）

（1）志愿服务文化气候（Volunteer Cultural Climate）：企业内部通过志愿服务形成的积极文化氛围。

（2）互动与沟通（Interaction and Communication）：员工之间在志愿服务活动中的互动和沟通质量。

（3）社会责任意识（Awareness of Social Responsibility）：员工个人社会责任感的提升。

通过这些维度和指标的评估，企业可以深入了解志愿服务活动如何促进企业文化的发展，提升员工的参与感和认同感，以及促进企业的社会责任和可持续发展目标的实现。这种评估不仅有助于企业优化志愿服务活动，更能够促进企业文化的积极发展，为企业带来长远的竞争优势。

第七章　边界：企业志愿服务的风险管理

本章旨在深入探讨企业志愿服务在履行其社会责任和应对潜在风险方面的问题。其中包括如何在企业志愿服务的常规活动中平衡社会福祉与商业利益，确定志愿服务活动的领域和范围时应考虑的因素有哪些，企业志愿服务如何影响公共服务的提供（例如，公共服务向市场化转变导致社区参与度的变化）以及这些变化背后的社会动力机制。在此基础上，本章还将探讨不同国家现行的志愿服务法律框架，以及如何在社会环境不断变化的背景下进行风险管理。通过对这些关键议题的讨论，本章旨在启发读者思考，如何应对企业志愿服务发展进程中出现的各类挑战。

第一节　公益承诺和商业目标的平衡

企业在开展志愿服务时，完全隔离商业与公益是不现实的。企业在开展志愿服务之初，常常会在商业利益和公益承诺之间寻找一个平衡点，但从公益的初心逐渐转向商业化的动机，通常是一个微妙而隐蔽的过程。商业组织的核心目标首先是创造经济价值，但当这一目标与公益活动混合时，就可能带来潜在的冲突和挑战。本节关注这一主题下的两个具体问题——技术赋能和人力资源开发之间的隐蔽边界，以及志愿服务与企业社会责任领域的契合度。

一　技术志愿服务的两面性

企业志愿服务的一个重要贡献在于改变了人们将志愿者等同于社会服务角色（如以捡拾垃圾为主的净滩行动）中无偿、利他，但技能水平较低的个体的刻板印象[1]，通过提供多元化的技术志愿服务（Skill-based Voluntary Service），进一步提升了志愿服务的社会价值。虽然前文的章节主要介绍了技术志愿服务的各种优势和价值，但正因为它与企业的战略或者核心技术相关，也更容易成为公益和商业之间的灰色地带，引发社会争议，下文将基于技术志愿服务的三种类别，对其争议性问题进行逐一分析。

第一种是企业员工利用自己的技术专长，匹配非营利组织的需求，无偿为对方提供服务，前文详细介绍过的 IBM 的全球志愿服务队、谷歌的研究员计划和普华永道的尤利西斯项目等都属于这一类型。这类项目本质上是一种工作技能的捐赠（Donation of Job-related Skills），常常和公司的内部培训（如领导项目）有紧密的联系，甚至是培训的一种变体和主要形式。这些项目格外强调其技能属性，且围绕着员工的技能开发展开，因而带来了一些争议性的问题。

强调志愿服务的技能属性虽然提高了管理效率，但也可能限制了志愿者与服务对象的直接互动，忽视了受助对象的真实需求，甚至影响了公众的社区参与。例如，有研究者通过对美国俄亥俄州非营利组织的研究得出结论，技术专长的概念主导了组织的服务观，导致忽视社区居民的生活经验，也不重视采纳居民的意见建议，因为对于“专业人士”来说，答案就在他们的脑子里。[2] 此外，企业在与非营利组织的合作中，还可能因为要适应与监管有关的法律规定，反而会使志愿服务工作偏离了最初的组织使命[3]，降低了志愿者的自主性和组织承诺。[4]

从志愿者的角度来说，这种对技能化的强调也可能会违背他们参与志愿服务的初衷。一位研究者曾采访了一位具有先进互联网技术的志愿者，他解释说，他和同伴想为无家可归的人无偿制作午餐，但当非营利组织了

---

① Lewis, L. K. “An Introduction to Volunteers”, in M. W. Kramer, L. K. Lewis, & L. M. Gossett(eds.), *Volunteering and Communication: Studies from Multiple Contexts (Vol. 1)* (New York: Peter Lang, 2013), pp. 1-24.

② Alexander, Jennifer, Renee Nank, and Camilla Stivers. “Implications of Welfare Reform: Do Nonprofit Survival Strategies Threaten Civil Society?” *Nonprofit and Voluntary Sector Quarterly*, Vol. 28, No. 4 (1999): 452-475.

③ Weisbrod, B. A. “The Pitfalls of Profits”, *Stanford Social Innovation Review*, Vol. 2(2004): 40-47.

④ Kreutzer, Karin, and Urs Jäger. “Volunteering versus Managerialism: Conflict over Organizational Identity in Voluntary Associations”, *Nonprofit and Voluntary Sector Quarterly*, Vol. 40, No. 4(2011): 634-661.

解到他们的技术技能时，他们的角色被其他人擅自更换了。他抱怨说："我只想在一个地方做三明治，但他们发现我擅于使用电子表格后就改变了我的工作内容，尽管这不是我的初衷。"①

第二种是企业为了改变负面的"商誉"，直接成立志愿服务队开展定向的便民服务，如国家电网为了改变"电老虎""电霸"的负面形象，积极落实党中央对企业提出的"改善民生、便民利民"要求，在全国各地成立了心连心共产党员服务队。② 还有一些企业会成立专门化的社会组织来开展和工作技能相关的志愿服务。在这种情况下，企业直接和社区合作，服务的对象主要是社区居民。例如，王毅杰和孙旌程对S市一家生活服务类公司参与社区治理的情况进行了研究，发现该企业基于自身生存发展需要，通过成立社会组织参与社区治理，在针对普通居民的"有偿"服务之外，为社区内的特殊人群（如空巢老人、低保人群及残障人群等）提供无偿服务。③

与第一种情形相比，这类项目大多是企业直接和社区合作，服务的内容严格围绕其主营业务，因存在有偿和无偿的"旋转门"，需小心应对引发的争议。无论是在企业内成立某种内嵌型的组织，还是专门成立一个独立机构，它们都天然地承担了一定的商业使命。有研究者发现，志愿者们会担心他们原本可收费、应获得尊重的技能因为免费而遭受贬低，最终影响了整个行业的商业生态。④

第三种是企业为了解决就业问题而对某些特殊群体开展的技能培训，如前文介绍过的谷歌成长计划、恒生银行的中国青少年金融素养提升计划等。这些企业的做法通常是为其员工提供了一个自愿参加非营利组织活动的机会，服务对象是一些正在找工作或仍在求学中的青年群体。一个相伴随的目的是增强社会整体的行业意识，在解决就业问题的同时，也拓展了

① Steimel, Sarah. "Skills-Based Volunteering as Both Work and Not Work: A Tension-Centered Examination of Constructions of Volunteer", *Voluntas: International Journal of Voluntary and Nonprofit Organizations*, Vol. 29, No. 1(2018): 133–143.

② 张翼主编《中国志愿服务发展报告（2021–2022）》，社会科学文献出版社，2022，第246~263页。

③ 王毅杰、孙旌程：《造血式扎根：企业社区参与的驱动因素与现实路径》，《学习与实践》2023年第7期。

④ Steimel, Sarah. "Skills-Based Volunteering as Both Work and Not Work: A Tension-Centered Examination of Constructions of Volunteer", *Voluntas: International Journal of Voluntary and Nonprofit Organizations*, Vol. 29, No. 1(2018): 133–143.

企业自身的人力资源库。[①]

然而，如果企业在进行技术赋能的同时，将参与者视为潜在的员工储备，这种行为可能会被公众解读为企业借助公益活动进行人才招募，从而损害企业的公益形象。笔者在访谈欧莱雅（中国）时，受访的管理人员曾特别提到，公司开展的公益类培训项目与企业日常的运营管理之间有严格的隔离墙制度。但对于很多其他企业来说，这种边界是模糊的，很容易成为商业目的的延伸。

总而言之，志愿者的职业化不仅是企业和非营利部门管理策略的变化，也是对员工志愿者身份和实践的重塑。[②] 通过采纳市场标准的做法，技术型的志愿服务可能实现一种新形式的赋权，但这也引发了对志愿服务本质和目的的深刻反思。企业仍需要谨慎平衡商业化考量与社区服务的核心价值，确保志愿服务活动不仅能帮助企业实现战略目标，也能够贴近并响应社会的真实需求。

二　志愿服务需要契合企业专长吗？

“到底要不要干自己不擅长的事儿”，是很多企业在志愿服务工作发展到一定阶段后会面临的问题。要回答这个问题，就不得不提到一个重要的概念——企业社会责任契合度（CSR Fit），它是指企业在社会责任工作中旨在解决的社会问题与企业自身的产品（如星巴克作为咖啡销售商扶持咖啡种植农户）、业务特定目标细分市场（如安利作为健康保健品的制造商资助大病儿童）的一致程度，以及与企业品牌过去在特定社会领域的行为所创造的企业形象的关联度（如阿里巴巴的“蚂蚁森林”及其在环保领域的投入）。

以往的研究发现，企业社会责任契合度是决定利益相关者归因（Attribution），继而影响企业社会责任效果的一个关键因素。研究发现，当

① Loosemore, Martin, and Jemma Bridgeman. “Corporate Volunteering in the Construction Industry: Motivations, Costs And Benefits”, *Construction Management and Economics*, Vol. 35, No. 10(2017): 641-653.

② Rose, Nikolas, Pat O'malley, and Mariana Valverde. “Governmentality”, *Annual Review of Law and Social Science*, Vol. 2(2006): 83-104; Hodgson, Damian. “Disciplining the Professional: the Case of Project Managemen”, *Journal of Management Studies*, Vol. 39, No. 6(2002): 803-821.

企业开展的社会责任工作有较高的企业社会责任契合度时，这些行动本身将会进展得更加顺利，外界质疑的声音也会更少；[①] 相反，那些企业社会责任契合度比较低的企业社会责任行动往往伴随着强烈的质疑，因为至少从表面上来看，由这些企业去做其不擅长的事儿总是不合适，或者是别有居心的。[②] 导致这种质疑和后续负面影响的心理机制是利益相关者的归因过程，内部归因是指认为企业开展志愿服务是出于一种真诚的、利他性的动机，如在第二章中提到的道德性动机；外部归因则被认为是迫于压力而实施的一种自我服务手段，如为了扭转企业的名声，或经营公共关系。[③] 心理学家认为，外部归因和内部归因耗费的认知资源是不一致的，所以归因可以分为两个阶段，第一阶段通常是内部归因，这个阶段不用耗费太多的认知资源，是一种自动化的归因过程；如果在第一阶段人们产生了某种认知失调，如归因的结论和各类参考性信息不相符，人们就会调动更多的心理资源细化认知，进入第二阶段的“纠正”过程，进行外部归因。[④]

这种由社会责任契合度引发的归因差异突出地反映在人们对“美德”企业与“罪恶”企业的社会责任行为的感知上。“美德”企业以改善社会福利为核心商业实践，而“罪恶”企业则涉及如酒精、烟草和游戏等具有争议性的产业。“罪恶”企业因其盈利模式的选择而常常面临负面声誉和污名

① Becker-Olsen, Karen L., B. Andrew Cudmore, and Ronald Paul Hill. “The Impact of Perceived Corporate Social Responsibility on Consumer Behavior”, *Journal of Business Research*, Vol. 59, No. 1 (2006): 46-53; Karaosmanoglu, Elif, Nesenur Altinigne, and Didem Gamze Isiksal. "Csr Motivation and Customer Extra-Role Behavior: Moderation of Ethical Corporate Identity", *Journal of Business Research*, Vol. 69, No. 10 (2016): 4161 - 4167; Ellen, Pam Scholder, Deborah J. Webb, and Lois A. Mohr. “Building Corporate Associations: Consumer Attributions for Corporate Socially Responsible Programs”, *Journal of the Academy of Marketing Science*, Vol. 34, No. 2(2006): 147-157.

② Becker-Olsen, Karen L., B. Andrew Cudmore, and Ronald Paul Hill. “The Impact of Perceived Corporate Social Responsibility on Consumer Behavior”, *Journal of Business Research*, Vol. 59, No. 1 (2006): 46-53.

③ Gatignon-Turnau, Anne-Laure, and Karim Mignonac. “Using Employee Volunteering for Public Relations: Implications for Corporate Volunteers' Organizational Commitment”, *Journal of Business Research*, Vol. 68, No. 1 (2015): 7 - 18; Du, Shuili, Chitrabhan B. Bhattacharya, and Sankar Sen. “Maximizing Business Returns to Corporate Social Responsibility (CSR): The Role of CSR Communication”, *International Journal of Management Reviews*, Vol. 12, No. 1(2010): 8-19.

④ Gilbert, D. T. Thinking Lightly About Others: Automatic Components of The Social Inference Process. in J. S. Uleman, J. A. Bargh, J. S. Uleman, & J. A. Bargh (eds.), *Unintended Thought* (New York, NY, US: Guilford Press, 1989), pp. 189-211.

化。为了应对这些挑战，它们倾向于发布更多的企业社会责任报告，旨在调整外界的看法并最小化由争议活动引发的负面后果。然而，这种以企业社会责任为手段的外部管理策略很容易被股东和公众所识破，反而对企业产生不利影响。[①] 相对而言，“美德”企业虽然同样是追求盈利的实体，但它们的核心商业实践与社会福利紧密相连。这些企业在社会责任方面拥有卓越的表现，且深深植根于它们的核心商业模式之中。因此，他们的社会责任行为很少被归因为外部动机，因为这些企业的内在价值已经与社会责任紧密相连。[②] 另一种可能性是，“美德”企业在开展企业社会责任行动时，能得到更多的社会信任和支持，因而执行得效率更高，效果更好，收到的积极评价也越多。

那么，企业的志愿服务项目是否可以延伸到专长之外呢？以往的研究表明，沟通与传播是影响企业履行社会责任效果的一个关键环节。学者 Shuili Du 及其合作者曾提出了一个关于社会责任沟通的框架[③]，对理解如何在企业志愿服务的传播和沟通中增进信任有一定的启发（见图 7-1），他们提出，消息的内容、来源渠道、一致性因素，以及企业的固有特征，都是影响社会责任沟通效果的重要因素。

结合前文的分析可以得出，利益相关者会审慎评估企业是否真正关心所服务的社会议题，抑或仅仅为了品牌形象提升或市场营销目标而行动。若企业的志愿服务被视为单纯的商业策略，而非针对社会问题的真诚关切，则可能引发利益相关者的质疑，及其他对企业不利的行为。影响和“引导”利益相关者的归因是确保企业志愿服务成功的关键，而这一工作需要企业在设计和传播志愿服务时更加谨慎。理想的情况下，企业的志愿服务主题最好能与企业的核心业务保持一致，这样企业只需要在传播过程中进一步

---

① Grougiou, Vassiliki, Emmanouil Dedoulis, and Stergios Leventis. “Corporate Social Responsibility Reporting and Organizational Stigma: The Case of‘ Sin’ Industries”, *Journal of Business Research*, Vol. 69, No. 2(2016): 905-914; Hong, Harrison, and Marcin Kacperczyk. “The Price of Sin: The Effects of Social Norms on Markets”, *Journal of Financial Economics*, Vol. 93, No. 1(2009): 15-36.

② Becker-Olsen, Karen L., B. Andrew Cudmore, and Ronald Paul Hill. “The Impact of Perceived Corporate Social Responsibility on Consumer Behavior”, *Journal of Business Research*, Vol. 59, No. 1 (2006): 46-53.

③ Du, Shuili, Chitrabhan B. Bhattacharya, and Sankar Sen. “Maximizing Business Returns to Corporate Social Responsibility(CSR): The Role of CSR Communication”, *International Journal of Management Reviews*, Vol. 12, No. 1(2010): 8-19.

强调企业社会责任的契合性即可。

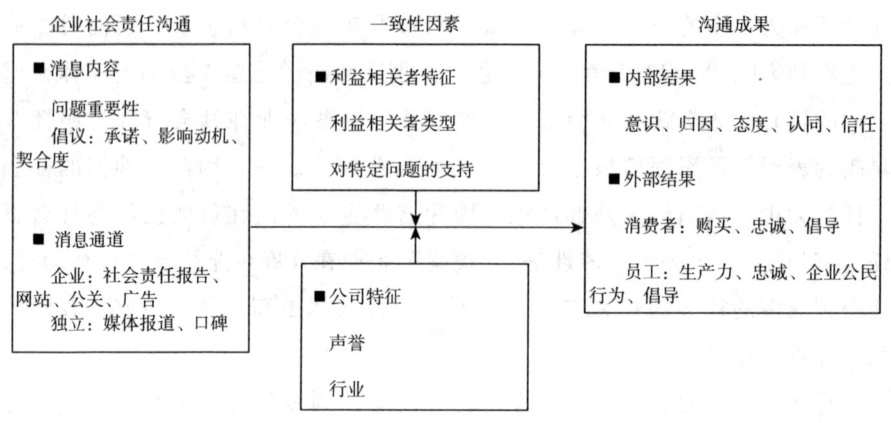

图 7-1　企业社会责任沟通的框架

但对于那些从业务属性上很难做到这一点的企业，以及希望在既有业务范畴之外探索公益创新机制的企业而言，则需要更加关注项目的实施和沟通环节。在实施环节，长期、持续的耕耘，以及带来大众可感知的社会价值始终是企业赢得信任的基石。例如，企业可以通过制定和遵循一套明确的工作准则，确保其志愿服务活动真正符合社会责任的标准，能显著改善受助者的困难，而非沦为推广产品和服务的工具。这样的准则也可以在事后用于检验利益相关者的反应，以评估志愿服务活动的真实效果。通过这些工作企业可以更加有底气地说明自身在推动解决相关社会问题上的成效，打消外界对各种风险问题的担忧。在沟通传播环节，细节和透明度同样至关重要。企业需要详细、清晰地向公众传达其志愿服务项目的目标、实施过程及取得的成果，以增强公众对项目的理解和信任，获得社会的广泛认可和支持。通过这两方面的努力，即使企业在非专长的领域开展志愿服务，也可以打破人们的惯性思维，重塑人们对契合度的感知和归因结果。

最后，如果企业确实很难建立这种契合度，坦诚地表达真实意图也是一种有效的沟通方式。研究者发现，利益相关者不会对企业社会责任的外在动机本身做出负面反应，而是对任何似乎具有操纵性或欺骗性的营销策略做出负面反应。因此，如果企业在社会责任沟通中承认其同时具有内部动机和外部动机，反而可以减少利益相关者的怀疑，提高企业社会责任信息的可信度，并产生商誉。①

第二节　企业退出的时机与策略

一　生命周期的视角

作为企业战略的一部分，企业的公益活动与其产品生命周期理论之间存在一种内在联系，这使得从产品生命周期的角度考察企业在公益领域的退出成为一种必要的视角。正如产品从推介、成长、成熟到衰退经历不同阶段，企业的公益活动也可能遵循类似的发展轨迹。在此框架下，企业在公益领域的退出可被视为一个不可避免的、周期性的发展阶段，它反映了外部环境的变化、资源分配的重整以及战略方向的调整。因此，正如产品需要在市场动态和消费者需求的变化下不断调整，公益活动也需要在社会需求、合作伙伴关系和企业自身目标中寻找新的平衡点。从产品生命周期的角度审视企业在公益领域的退出，不仅是对市场和社会动态的响应，也是企业战略规划和资源优化的重要组成部分。这种视角强调了企业需在公益项目的每个阶段进行持续的评估和调整，以确保其社会责任活动与长期业务战略保持一致，并有效地服务于社会和企业的共同利益。

正如第一节介绍的，影响企业决策最为重要的因素是战略一致性。企业的社会责任活动应与其核心业务战略和长期目标相协调。② 当公益活动与企业的主营业务不再保持一致、不再反映企业当前的战略重点时，或不再符合企业品牌形象或核心价值观时，企业需要重新评估其在该领域的参与情况。

成本效益分析是企业做出退出决策的另一个关键机制。长期的公益投

---

① Foreh, Mark R., and Sonya Grier. "When Is Honesty the Best Policy? The Effect of Stated Company Intent on Consumer Skepticism", *Journal of Consumer Psychology*, Vol 13, No. 3(2003): 349-356.

② Porter, Michael E., and Mark R. Kramer. "The Link Between Competitive Advantage and Corporate Social Responsibility", *Harvard Business Review*, Vol. 84, No. 12(2006): 78-92.

资要求企业承担相应的财务和人力资源成本。[①] 如果这些投资未能产生预期的社会回报，或者如果企业面临财务压力，需要重新分配资源以支持核心业务，退出某个公益领域可能成为必然选择。风险管理也是一个重要的考虑因素。公益活动可能带来诸如声誉风险、合规风险等潜在问题。[②] 企业在评估这些风险时可能发现，继续参与某个公益项目的潜在负面影响超过了其正面效果，从而导致退出的决策。

当企业决定退出公益项目时，还需要全面地评估其后果。企业的利益相关者——员工、合作伙伴、消费者可能已与公益活动建立了情感联系，或者依赖于这些活动提供的服务和资源。[③] 因此，退出可能损害企业的社会形象和品牌忠诚度。退出决策也可能对社区和受益者产生直接的负面影响。特别是在那些依赖企业支持的社区中，突然撤出可能导致服务中断，加剧了社区的脆弱性。[④] 此外，如果不能妥善处理与政府机构、非政府组织和其他合作伙伴的关系，也可能影响企业在其他领域的合作机会。[⑤] 从长远来看，退出决策还可能影响企业的社会责任声誉，虽然短期内退出可能基于合理的商业理由，但长期而言，这可能被视为企业对其社会责任承诺的背离。这种情况可能会对企业的整体声誉和利益相关者的信任产生负面影响。

总而言之，企业在公益领域的退出机制不仅关系到企业自身的战略调整，还涉及对社会、利益相关者和品牌声誉的影响。有效的退出机制应当考虑如何在保护企业利益的同时，最大限度地减少对公益项目受益者、合作伙伴和社会整体的负面影响。这包括对退出决策的透明沟通、确保公益项目平稳过渡以及寻找替代资源或合作伙伴以保障项目的持续性。此外，

---

① Carroll, Archie B., and Shabana Kareem M. "The Business Case for Corporate Social Responsibility: A Review of Concepts, Research and Practice", *International Journal of Management Reviews*, Vol. 12, No. 1(2010): 85-105.

② Lin-Hi, N., and Müller K. "The CSR Bottom Line: Preventing Corporate Social Irresponsibility", *Journal of Business Research*, Vol. 60, No. 10(2013): 1928-1936.

③ Bhattacharya, Chitra Bhanu, Daniel Korschun, and Sankar Sen. "Strengthening Stakeholder-Company Relationships Through Mutually Beneficial Corporate Social Responsibility Initiatives", *Journal of Business Ethics*, Vol. 85, No. 2(2009): 257-272.

④ Jamali, Dima, and Ramez Mirshak. "Corporate Social Responsibility(CSR): Theory and Practice in a Developing Country Context", *Journal of Business Ethics*, Vol. 72, No. 3(2007): 243-262.

⑤ Austin, J. E., and M. May Seitanidi. "Collaborative Value Creation: A Review of Partnering Between Nonprofits and Businesses: Part I. Value Creation Spectrum and Collaboration Stages", *Nonprofit and Voluntary Sector Quarterly*, Vol. 41, No. 5(2012): 726-758.

企业还需要评估退出决策对其长期品牌形象和社会责任声誉的影响。因此，企业在制定退出机制时，不仅要考虑商业逻辑，还要兼顾道德和社会责任，确保其行为与长远的企业价值观和社会期待相符合。这个过程不仅体现了企业对其社会责任的审慎态度，也是其战略规划能力的重要体现。

二　公共性的考量

企业的志愿服务活动是否全然为了履行社会责任，还是真正基于对公共利益的关注？这种差异可能对公共服务领域产生重要影响。许多企业通过参与志愿服务活动来展示其对社会责任的承诺。这种承诺往往体现在企业的使命声明和价值观中，成为其商业实践的一部分。例如，一些企业可能会在环保、教育或社区发展等领域提供志愿服务，以体现其对可持续发展和社会福祉的承诺，从而提高企业的品牌形象和市场声誉，同时满足消费者和投资者对企业社会责任的期望。然而，这种以企业社会责任为导向的志愿服务活动可能并不总是完全符合公共利益。在这种情况下，虽然志愿服务活动在形式上符合社会责任的框架，但在实质上可能无法有效地解决社会问题或提供高质量的公共服务。

在一些由政府主导的公共服务领域，企业的介入虽然注入了慈善资源，但也容易引发公共服务市场化的争议。市场化力量的介入通常预设着效率和创新方面的成效，特别是在资源配置和服务交付方面。企业倾向于采用市场导向的方法来管理和执行志愿项目，如利用其在管理、技术和市场营销方面的专业知识来优化流程，提供更为高效和吸引人的服务。但研究发现，在实际的情形中，因契约的不完全性与潜在的机会主义行为，降低了实际的效率产出。① 过度强调效率和成本效益，有时可能牺牲服务质量和可持续性。例如，企业可能通过短期项目或一次性活动来实现快速的社会影响，而不是通过长期的、深入的社会参与。这种做法可能削弱了公共服务的连续性和稳定性，影响其长远的社会效益。

市场化的另一个潜在影响是对公共服务公平性的挑战。即使在同一个领域，企业也更关注与其品牌形象相关的项目，而忽视了其他重要但较为

① 李学：《不完全契约、交易费用与治理绩效——兼论公共服务市场化供给模式》，《中国行政管理》2009 年第 1 期。

低调的社会议题，这可能会导致某些关键领域的公共服务缺乏必要的支持，或掩盖了隐蔽的真实问题，加剧资源分配的不均衡，对长期的社会福祉造成潜在影响。

最后，企业志愿服务介入公共服务，也可能对社区居民的参与度和对公共服务的期望产生影响。这种变化在企业志愿服务与传统的社区服务之间创造了一种新的互动模式，同时也带来了需求和供给关系上的变化。相比于大多数传统的公共服务提供方，企业具备更强的资源配置能力和专业技能，能够提供更高标准的服务。这种情况下，社区居民开始产生更高的期望，继而对提供传统服务的社区或非营利组织产生压力。

与此同时，企业志愿服务也可能强化他者的概念化或贫困的合理化①，以及降低社区居民的公共参与。当企业承担起提供某些公共服务的责任时，社区居民和当地组织可能减少他们自己的参与。这种“替代效应”削弱了社区内部的互助精神和自我管理能力。例如，如果一家企业在社区中提供了全面的环境治理服务，社区居民可能不再认为自己需要定期参与社区清洁活动。

因此，企业在策划及实施志愿服务活动时，须深入反思其活动对社会的影响以及对公共利益所做出的贡献。企业的职责不止停留在履行社会责任的承诺上，更重要的是确保所实施的志愿服务项目能够真正符合公共利益，有效地针对核心的社会问题进行干预。在此过程中，企业应主动与政府机构、非政府组织以及社区居民建立沟通与合作，依托社区居民及当地组织的力量，利用自身的资源优势，准确对接社区的具体需求。同时，企业应倡导和推动社区居民的积极参与，确保不会取代他们在公共服务中的主体地位。只有通过这种方式，企业的志愿服务才能真正成为公共服务体系的一部分，为其注入新的活力，而不是替代现有的服务。

第三节 合规风险的识别与管理

企业在实施志愿服务计划时，理解相关法律框架是一项至关重要的工

① Alhinho, Gil, Teresa Proença, and Marisa R. Ferreira. “Corporate Volunteering Impacts: A Tripartite Approach through the Employees' Perceptions”, *International Journal of Social Ecology and Sustainable Development(IJSESD)*, Vol. 14, No. 1(2023): 1-20.

作。这不仅能够为企业提供清晰的行动纲领，保障志愿服务活动在法律允许的范围内平稳推进，也有助于增进公众对企业志愿活动的理解与支持。然而，有关志愿服务的法律框架往往错综复杂，没有清晰的范畴，这使得企业在开展志愿服务时容易忽视一些潜在的风险因素。为了切实做好志愿服务的风险管理，企业应积极地防范和应对。具体而言，企业可以为员工志愿者购买责任保险，以减轻因意外事件带来的法律和经济压力。同时，可以制定一份详尽的志愿服务工作指南，涵盖志愿者的角色定位、组织招募、系统培训、入职流程、日常管理以及项目评估等各个环节的明确指导原则，能够为志愿服务的顺利开展提供坚实保障。虽然本书的第三章到第五章已经对如何开展高质量的志愿服务进行了介绍，但主要侧重于服务实施的角度。本章节将进一步从风险管理的视角出发，深入剖析企业在志愿服务过程中可能面临的风险和挑战，并提出相应的应对策略。

一　志愿服务政策法律的基本框架

企业志愿服务需要遵守的政策和法规可以分为专项政策法规和相关政策法规两个类别。专项政策法规是指专门针对志愿服务和志愿者的政策、公约和法规等，包括志愿服务的定义、组织、实施、监管以及志愿者的权益保护等，如志愿服务法、志愿者保护法、志愿服务认证和奖励制度等类别。这些法规专门处理与志愿服务相关的事宜，确保志愿服务活动的健康发展和志愿者的合法权益得到保障。例如，2001 年 1 月，在荷兰阿姆斯特丹举行的第 16 届世界志愿者大会上，《全球志愿者宣言》[①] 经国际志愿者协会理事会通过。该宣言提出，各个社会领域都应在志愿服务方面加强协作。相关的指导原则为国家在志愿服务法律框架的制定上提供了方向，鼓励各国在法规层面大力支持和发展志愿服务。此外，各国还有不同类别的相关法规。它们虽然不直接针对志愿服务，但对志愿服务的组织、实施有重要影响。这些法规涵盖广泛的领域，如劳动法、保险法、税法、合同法等，间接影响志愿服务活动的管理和运行。例如，劳动法是保护劳动者合法权

① https://view.officeapps.live.com/op/view.aspx?src=https%3A%2F%2Fwww.iave.org%2Fiavewp%2Fwp-content%2Fuploads%2F2015%2F04%2FThe-Universal-Declaration-on-Volunteering.doc&wdOrigin=BROWSELINK.

益的法律法规，一些国家的劳动法规定，企业员工有权利参与志愿服务活动，而雇主应当为员工的志愿服务参与提供必要的便利，以确保企业员工能够在不影响正常工作的情况下，有机会积极参与志愿服务。税法会对企业从事志愿服务所产生的相关支出（如慈善捐赠）给予一定的税收优惠政策，以鼓励企业积极参与志愿服务并履行社会责任。合同法则规定了企业和相关机构进行合作时的权利和义务，为志愿服务活动的合作与推进提供了法律保障。保险法则关乎志愿服务过程中可能出现的风险与意外。企业需要依据保险法为志愿者购买相应的保险，以确保志愿服务活动能安全与顺利地进行。

随着全球社会进步及企业社会责任、企业公益的不断发展，各国都出台了多项政策强调社会、环境和经济的可持续发展。企业需要研究政府在各领域的政策导向，并相应地调整自己的志愿服务策略，以适应新的法律法规，或是处理可能出现的、新的法律风险。例如，联合国全球契约组织（United Nations Global Compact），鼓励企业在运营过程中贯彻环保、社会和治理（ESG）原则。全球契约的原则涵盖人权、劳工权益、环境和反腐败，并倡导企业在全球范围内进行志愿服务以践行这些原则。我国 2023 年 3 月公布的《中华人民共和国国民经济和社会发展第十四个五年规划和 2035 年远景目标纲要》（简称《纲要》）在数字经济、碳达峰、乡村振兴、人口老龄化等方面制定了一系列新的战略规划与实施计划。这些内容的提出为企业细化志愿服务的方向和内容、落实企业社会责任提供了指引。

还有一些国家和地区在政策的支持和推动下，成立了一些新型机构。例如，加拿大的“社区贡献公司”（Community Contribution Company，简称 C3 或 CCC）是一种特殊的企业形态，主要存在于不列颠哥伦比亚省（British Columbia）等部分省份。这种企业形式是为了弥合传统的非营利组织和纯粹的商业企业之间的差距，旨在促进社会企业的发展，允许企业在追求盈利的同时，也能致力于社会和环境目标的实现。这种公司有一部分资产和利润被政府锁定，专门用于支持其完成社会或环境使命。即使在公司解散时，剩余的资产也必须捐赠给其他社会目标相似的组织。此外，社区贡献公司需要定期公开其社会和环境绩效，通过这种方式，它们为公众、投资者和其他利益相关者提供了实现社会目标的证据。

综合来看，企业在实施志愿服务计划时，必须全面考虑和遵循相关法律法规，以确保志愿服务活动的合法性、安全性和有效性。同时，企业也应积极利用法规所提供的优惠政策，推动志愿服务活动的发展，更好地履行社会责任，实现企业与社会的共赢。

二　各国在志愿服务领域的主要政策法规

（一）中国

2008 年的北京奥运为志愿服务在中国的发展带来了契机[①]，也让政府开始重视和鼓励企业等社会主体参与志愿服务。随着志愿服务的蓬勃发展，相关的立法工作也在稳步推进。2016 年第十二届全国人民代表大会第四次会议通过了《中华人民共和国慈善法》，对志愿服务活动的管理和运行产生了重要影响。2023 年 12 月第十四届全国人民代表大会常务委员会第七次会议通过了《关于修改〈中华人民共和国慈善法〉的决定》，修改后的《中华人民共和国慈善法》将于 2024 年 9 月 5 日起施行。2017 年，国务院颁布了第一部全国性的行政法规《志愿服务条例》，该条例不仅保障了志愿者、志愿者组织以及服务对象的合法权益，也进一步鼓励、规范了志愿服务行为，将志愿服务发展纳入法律保障系统。此外，各地方政府也根据实际情况制定并颁布了地方性的志愿服务法规。

与此同时，也有许多相关的政策法规涉及志愿服务工作。例如，2016 年由中共中央宣传部、中央文明办等八部门联合印发的《关于支持和发展志愿服务组织的意见》鼓励各类企事业单位建立志愿服务队伍，2017 年颁布的《中共中央国务院关于加强和完善城乡社区治理的意见》提出，社区志愿服务是社区治理中的一支重要力量，要大力发展社区志愿服务，倡导移风易俗，形成与邻为善、以邻为伴、守望相助的良好社区氛围。2019 年，民政部发布的《关于学习宣传贯彻习近平总书记志愿服务重要指示精神的通知》指出，要积极搭建志愿服务平台，推动志愿服务常态化，引导志愿服务组织应用项目化运作、社会工作者和志愿者协同服务、菜单式志愿服务等有效方法，建立志愿服务长效机制。2021 年末，第十三届全国人大常委会第三十二次会议对《中华人民共和国公司法（修订草案）》

① 邓国胜：《奥运契机与中国志愿服务的发展》，《北京行政学院学报》2007 年第 2 期。

进行了审议，并向社会公开征求意见。该草案新增第19条对公司社会责任规则进行进一步完善，包括详细地列举了公司社会责任可能涉及的利益相关者的利益和社会公共利益，并提出鼓励公司参与社会公益活动，公布社会责任报告。党的十九届五中全会审议通过的“十四五”规划建议明确提出“健全志愿服务体系，广泛开展志愿服务关爱行动。”[①] 党的二十大报告提出要“完善志愿服务制度和工作体系”[②]。这些政策和法规的颁布，从制度层面强化了我国志愿服务的体系建设，为我国企业志愿服务发展提供方向指引。

（二）美国

美国政府为志愿服务的发展提供了强有力的法律支撑和保障。1930年左右，美国就开启了志愿服务领域的立法，于1935年通过了《社会保障法案》等多项与志愿服务相关的法律法规，旨在鼓励公民参与志愿服务活动，并支持志愿服务组织的发展。[③]

随着时代的演进，美国政府进一步加强了对志愿服务的法律保障。1973年，美国国会通过了《国内志愿服务法》（Domestic Volunteer Service Act of 1973），随后在1976年对该法进行了修订，建立了由总统任命的国家志愿服务顾问委员会（National Voluntary Service Advisory Council），为联邦志愿服务计划确定了涉及定义、目标、管理、执行、拨款、志愿者权益等各个方面的法律依据，此后，针对环境、社会的变迁，该法案继续于1979年、1983年、1986年、1989年、1993年被持续修改和更新，以满足时代需要。[④]

1990年，《国家与社区服务法》（National and Community Service Act of 1990）[⑤] 出台，详细规定了专职和兼职志愿者的工作时间、年龄、报酬和培训要求，并引导企业在开展志愿服务活动时深入基层社区解决实际问题。1993年，该法案被进一步修订完善，规定在各州组建志愿服务委员会

---

① 《十九大以来重要文献选编》（中），中央文献出版社，2021，第804页。

② 习近平：《高举中国特色社会主义伟大旗帜　为全面建设社会主义现代化国家而团结奋斗——在中国共产党第二十次全国代表大会上的报告》，人民出版社，2022，第45页。

③ 高英东：《美国的社会保障政策及其改革》，《社会问题》2003年第3期。

④ https://www.congress.gov/bill/101st-congress/senate-bill/1430.

⑤ https://uscode.house.gov/view.xhtml?path=/prelim@title42/chapter129&edition=prelim.

(Commission on National Service)，对各州的企业志愿服务活动进行统筹管理。2003 年，由美国国际开发署主管和协调的“缔造繁荣志愿者”计划（Voluteers for Prosperity，VFP）出台，号召美国企业及民间组织招募具有技能的美国专业人士投身国际志愿服务，以支持美国为促进全球健康和繁荣而做出的努力。[①] 为了保护并鼓励公众参与志愿服务，美国国会于 1997 年在《志愿者保护法案》（Volunteer Protection Act）的基础上，提出了全国性的统一法案《联邦志愿者保护法》（The Federal Volunteer Protection Act，FVP)[②]，为志愿服务提供更为全面的法律保护。

美国政府还在许多政策上对参与志愿服务活动的个人和组织进行了激励和倾斜，激发个人和组织的志愿服务热情。例如，一些州的税收法案规定，对于参加应急服务的企业和志愿者在医疗保险、设备津贴、物业税、财产税等方面给予相应的税收优惠。2009 年 3 月，《爱德华·肯尼迪服务美国法》（Edward M. Kennedy Serve America Act)[③] 出台，成立“社会创新基金”（Social Innovation Fund)，资助企业及非营利组织为解决社区问题而进行的志愿服务，并设立“志愿者培育基金”（Volunteer Generation Fund)，赞助各州企业和非营利组织对志愿者的招募、管理与支持工作。此外，美国政府还制定了多项计划，如“老年志愿者计划”“服务美国志愿队”“美国志愿者海外服务队”等，以鼓励各个年龄层的公民参与志愿服务，并提供相应的支持和保障。

总体而言，美国在志愿服务领域的立法情况体现了对志愿者和志愿服务工作的高度重视，通过建立健全的法律法规体系，为志愿服务事业的健康发展提供了有力的保障。这些法律和政策不仅保障了志愿者的权益，也为志愿服务组织的成长和发展创造了良好的法律环境。

（三）英国

英国在志愿服务领域的立法具有悠久的历史。早在 1601 年，英国就颁布了《济贫法》（The Poor Law)，主要依赖宗教团体和市民社团为穷人提供

---

① 徐彤武：《联邦政府与美国志愿服务的兴盛》，《美国研究》2009 年第 3 期。

② https://www.govinfo.gov/content/pkg/PLAW-105publ19/pdf/PLAW-105publ19.pdf.

③ https://www.congress.gov/111/plaws/publ13/PLAW-111publ13.pdf.

志愿服务，这是全世界最早关于社会福利和志愿服务的立法之一。[①] 1853年，为了取缔欺诈性信托，政府颁布了《慈善信托法》[②]，并成立慈善调查团，处理受托人违反捐赠人意愿的纠纷，体现了英国对于慈善和志愿服务活动的监管和规范。

这些历史法案的颁布奠定了英国在慈善和志愿服务领域的重要地位，也为理解当代志愿服务工作提供了重要的历史参考。

目前，虽然英国没有一个专门名为“志愿者权利法案”的法律，但志愿者的权利依然通过多种法律和指导原则得到保护，志愿者的权利和义务通常在各个组织的志愿者政策中被明确规定。例如，2010年颁布的《平等法案》(Equality Act)[③] 是英国的一部重要法律，旨在提供全面的反歧视保护，促进机会平等，消除歧视，并保护人们不受骚扰和受害。尽管《平等法案》主要针对雇佣关系中的歧视行为，但它的精神和原则也广泛适用于志愿服务领域，倡导志愿组织和慈善机构都致力于营造一个包容和无歧视的环境，为志愿者的招募、培训和管理实践遵守平等原则提供依据。例如，制定平等和多样性政策，提供反歧视和平等机会培训，对防止骚扰和反歧视行为提供必要的支持等，都可用于指导有关满足不同背景和能力的志愿者的需要。

针对志愿服务组织的权力保护，英国也出台了许多相关法案。1998年，英国首相布莱尔签署了“政府与志愿及社区组织合作框架协议”。[④] 该协议在志愿组织、咨询和政策评估、政府采购、志愿活动、社区五个方面确立了合作原则，同时也适度放宽了一些政府补助的政策限制。并且，这份协议明文规定志愿服务团体应保持其独立性，不隶属于任何政党，只与政府维持协同合作关系，这为志愿服务组织与政府之间的合作提供了明确的指

① https://www.parliament.uk/about/living-heritage/evolutionofparliament/2015-parliament-in-the-making/get-involved1/2015-banners-exhibition/rachel-gadsden/1601-poor-law-gallery/#: ~: text = Henry%20VIII's%20dissolution%20of%20the, people%20who%20could%20not%20work.

② https://api.parliament.uk/historic-hansard/acts/charitable-trusts-act-1853.

③ https://www.legislation.gov.uk/ukpga/2010/15/contents.

④ https://assets.publishing.service.gov.uk/government/uploads/system/uploads/attachment_data/file/61169/the_20Compact.pdf.

导和支持。2001年，英国政府进一步推出了“区域策略伙伴关系”（LSP）计划[①]，作为前述协议的灵活补充。该计划主张在地方治理中跨越行政界限，促进各参与主体的深度合作。2012年，英国政府继续推出了《社会价值法》（Social Value Act）[②]，要求公共服务的采购者在决策过程中考虑经济、社会和环境的影响，在一定程度上鼓励了企业通过开展志愿服务等各种公益行动来产生社会价值。

（四）德国

德国在志愿服务领域的立法情况相当完善，且历史悠久。早在1964年，德国就制定了以“提高媒介社会经验和公益责任与意识”为目标的《促进志愿社会年法》，随后在1993年，又颁布了《促进志愿生态年法》，这两部法律都鼓励本国青年加入志愿服务队伍，并为志愿者提供教育辅导，增加其在服务领域的知识储备，同时规定志愿者可以享受一定的优惠政策。[③] 然而，由于这两部法律在内容方面存在较多重合，基于立法简明、系统的原则，德国在2008年废止了上述两部法律，取而代之的是同年5月颁布的《促进青年志愿服务法》，作为本国志愿服务体系的统一法律规范。相对于其他国家的志愿服务立法，这部法律的范围较为狭窄，将志愿者的法律认定范围限定为不满27周岁的青年志愿者。[④]

为了推进全民志愿服务计划的广泛开展，德国联邦政府进一步努力，向议会提交了《联邦志愿服务法（草案）》，并于2011年4月获得议会通过，从2011年7月起正式生效，与《促进青年志愿服务法》共同构成了德国志愿服务法律体系的基础。这两部法律扩大了志愿服务范围，除原有的社会服务之外，有志参与法定志愿服务的青少年，还可选择提供体育、文

① Bailey, Nick. “LocalStrategic Partnerships in England: The Continuing Search for Collaborative Advantage, Leadership and Strategy in Urban Governance”, *Planning Theory & Practice*, Vol. 4, No. 4 (2003): 443-457.

② https://www.gov.uk/government/publications/social-value-act-information-and-resources/social-value-act-information-and-resources#:~:text=The%20Public%20Services%20(Social%20Value，social%2C%20economic%20and%20environmental%20benefits.

③ 吴小平：《福利国家与欧洲志愿服务发展》，《中国志愿服务研究》2021年第1期。

④ 吴皓月、宣朝庆：《支持与激活：乡村志愿服务体系建设的德国经验》，《中国志愿服务研究》2022年第4期。

化（如图书馆、博物馆或音乐会）或古迹维护方面的服务，也可以选择到欧洲以外的地区从事志愿服务。①

此外，德国还通过其他单行法律来加强对志愿服务的保障，如明确对志愿者进行赔偿和意外事故保险的责任范围，将志愿者服务纳入医疗、劳动市场、信息、法律咨询等各领域立法中。德国对于志愿者服务也采用了准入门槛，即对机构和志愿者分别规定了相应的标准，并对达标的组织及志愿者予以认证。

总的来说，德国在志愿服务领域的立法情况体现了对志愿者权益的重视和保护，通过不断完善法律法规体系来推动志愿服务事业的健康发展。

（五）澳大利亚

澳大利亚的志愿服务文化非常浓厚，志愿者在社区服务、环境保护、紧急救援、体育和文化活动等多个领域发挥着重要作用。基于澳大利亚本土志愿服务的研究指出，志愿服务不仅对社会产生积极影响，也为志愿者本人提供了个人成长、技能发展和社交的机会。②

澳大利亚政府和非政府组织都高度重视志愿服务，提供各种资源、培训和支持服务，以促进志愿活动的发展。此外，澳大利亚还设有特定的活动和奖项，如国家志愿者周和澳大利亚年度志愿者奖，以表彰和感谢志愿者的贡献。

在立法方面，从联邦到各州层面都有相应的法规和政策来规范和促进志愿服务的发展。澳大利亚财政部于 2003 年颁布了《联邦志愿者保护法》（Commonwealth Volunteers Protection Act 2003），旨在保障志愿者在提供服务过程中的权益和安全。③ 此外，联邦政府还通过税务优惠政策来激励个体参与志愿服务，允许志愿者将与志愿服务相关的花费报税，从而降低他们的个人所得税负担，这种税务上的支持和减免措施为志愿者提供了实质性的帮助。

与此同时，各州也根据自己的实际情况制定了与志愿者相关的法律。

---

① 吴皓月、宣朝庆：《支持与激活：乡村志愿服务体系建设的德国经验》，《中国志愿服务研究》2022 年第 4 期。

② https://www.volunteeringaustralia.org/research/volunteering-in-australia-research/.

③ https://www.legislation.gov.au/C2004A01087/2009-07-01/text.

例如，维多利亚州、南澳洲都有专门的志愿者立法①，而昆士兰州则将志愿服务纳入《民事责任法》中，为志愿者提供了免责规定②。这些州级法律进一步细化了志愿者的权利和义务，确保了志愿服务活动的有序进行。其中，各个州的《工作健康与安全法》（Work Health and Safety Act）非常重要，其共同目的是保护工作场所中所有人的健康与安全，法案明确规定了组织必须确保志愿者在参与活动时的安全，提供适当的培训和设备，并采取措施预防事故和意外伤害。③

此外，澳大利亚政府还注重与社会组织的合作，通过签署全国性协议来明确双方的合作关系和职责。2010 年，澳大利亚总理陆克文代表联邦政府在议会正式签署了"澳大利亚政府和第三部门的国家契约"（National Compact between the Australian Government and Third Sector），确立了政府与社会组织合作的八大要素和十大共同原则。④ 在这些协议的指导下，政府选择与社会机构签署合同来完成某些社会福利任务，特别是在政府难以直接介入的领域，社会机构凭借其资源和能力成为执行这些任务的重要力量。这种合作模式不仅明确了社会机构的权益和法律职责，也促进了政府与社会组织之间的有效协作和资源整合。

（六）日本

在过去的几十年间，日本志愿服务组织数量大幅增加，从传统的卫生医疗、老年关怀、教育培训、宗教服务、社区发展，到生态保护、国际援助等新兴领域均活跃着众多志愿者。这些志愿团体在推动社会进步、增进社会福利、促进文化交流等方面发挥了积极作用。相应地，政府也颁布了一系列政策法规，用来规划志愿服务活动，保障志愿者的权利。

日本政府于 1998 年通过《特定非营利活动促进法》（也称 NPO 法），

---

① https://www.volunteeringvictoria.org.au/zh-hans/%e5%85%b3%e4%ba%8e%e7%bb%b4%e5%a4%9a%e5%88%a9%e4%ba%9a%e5%bf%97%e6%84%bf%e6%9c%8d%e5%8a%a1/; https://www.sa.gov.au/topics/family-and-community/volunteering/rights-and-protection.

② https://www.legislation.qld.gov.au/view/html/inforce/current/act-2003-016.

③ https://www.safeworkaustralia.gov.au/system/files/documents/1702/volunteer-organisations-guide-chs.pdf.

④ https://parlinfo.aph.gov.au/parlInfo/search/display/display.w3p; query = Id:%22media/pressrel/XP6W6%22.

该法案以简便、迅速的程序，赋予了市民团体法人资格，以促进特定非营利活动即公益事业的健全发展。[①] 这是日本志愿服务领域的一部重要法律，为志愿服务组织的成立和发展提供了法律依据。该法案的主要特点包括：对非营利性活动进行了界定，明确了志愿服务工作的定义和范围，将其与任何基于劳动、公职或商业关系的给薪式劳务形式划清了界线；法案的附件《志愿者权利与义务一览表》可用于区别志愿者与受雇劳工，明确了志愿者的权利和义务；明确规定了一系列有利于推动志愿服务工作的措施，对社会价值予以肯定和推动。

针对非营利机构、公共利益非营利机构以及特别公共利益非营利机构的注册登记和运行管理，日本政府于 2006 年颁布了《公益法人认定法》,[②] 为规范和保障志愿服务组织的运行管理提供了政策支撑。

总的来说，日本在志愿服务领域的立法和基本情况体现了政府对志愿服务的重视和支持，通过建立健全的法律保障体系和社会支持机制，为志愿服务事业的健康发展创造了良好的法律环境和社会氛围。

（七）韩国

韩国在志愿服务领域的立法主要聚焦于保障志愿者的权益、设立专门的志愿服务管理机构，以及依靠行政力量推动全国性的志愿服务组织和支持型组织的建立与运作。这些立法举措特别关注“志愿韩国”和“志愿服务中心”等特定主体，并明确了政府在促进志愿服务事业发展方面的责任和义务。然而，对于一般的非营利性民间志愿服务组织，韩国的立法并未给予过多关注。

韩国于 2006 年首次颁布了与志愿活动相关的官方法规——《志愿服务活动框架法》(Framework Act on Volunteer Activities)。[③] 该法规旨在激励企业、社会团体和公众积极参与志愿活动，为此特别成立了一个名为国家志

---

① https：//www. npo-homepage. go. jp/about/npo-kisochishiki/nposeido-gaiyou， Accesed Jan 30, 2024；胡澎：《日本“官民协作”的危机治理模式及其启示》，《日本学刊》2020 年第 2 期。

② 俞祖成：《日本社会企业：起源动因、内涵嬗变与行动框架》，《中国行政管理》2017 年第 5 期。

③ https: //www. vkorea. or. kr/contents/english_3. html?sm = 8_3.

愿活动发展委员会的机构，汇聚了政府和民间的代表。根据该法规，国家和地方政府有责任确保志愿活动在安全的环境中进行，并为志愿者提供必要的保险，以覆盖可能的伤害和财产损失。在明确了志愿服务、志愿者及志愿组织等核心概念后，该法规通过设立全国志愿活动推广委员会、志愿活动之家以及志愿服务中心等关键机构和团体，进一步加大了志愿活动的推广力度。

此后，韩国政府分别于 2008 年、2014 年、2016 年、2017 年对《志愿服务活动框架法》进行了不同程度的修订。[①] 一些比较大的变化是，新法的第一条明确阐述了其立法宗旨：“为规范志愿服务的相关基本事项，以促进志愿服务活动的开展和推动幸福社会的建设。”在界定了志愿服务、志愿者、志愿服务组织及志愿服务中心等基本概念后，新法通过成立由官员和专家组成的全国志愿服务促进委员会、志愿韩国以及志愿服务中心等志愿服务管理机构、行业组织和具有强政府背景的志愿服务支持型组织，来积极推动志愿服务的发展。在志愿者方面，新法要求国家和地方政府应尽力为志愿者提供安全的志愿服务环境及相应的保障措施，并签署总统令对志愿者的教育、培训、安全保护和奖励等制度进行具体规定，以保护和激励志愿者。第 18 条的准用性规则直接引用了《非营利性私人组织支持法》的相关规定，共包含 13 条法条及附则，详细规定了立法目的、非营利性私人组织的概念及设立条件、登记程序等内容。同时，新法规还规定了政府为非营利性私人组织提供资助、补贴的内容和程序，并特别提及了税收、邮资减免等优惠政策，同时也针对提供虚假信息等违法行为提出了具体的惩罚措施。[②]

三　志愿服务的合规风险及其管理

企业在积极履行社会责任的同时，必须严格遵守各项相关法律法规。如前文介绍，这些法律法规涵盖广泛，包括但不限于劳动法、健康与安全法规、保险法规，以及专门针对志愿服务活动的法律。遵守法律法规不仅

① https://elaw.klri.re.kr/eng_mobile/viewer.do?hseq=47214&type=part&key=10#:~:text=The%20purpose%20of%20this%20Act,to%20building%20a%20happy%20community.

② 许莲丽：《论我国志愿服务的法律适用》，《青年探索》2019 年第 3 期。

是企业应尽的义务，更是其积极承担社会责任的体现。即使志愿服务本身具有公益性质，但一旦企业违反相关法律法规，仍将面临严重的后果。尤其对跨国企业而言，在不同司法管辖区开展志愿服务时，对当地法律环境的深入了解并做出充分准备显得尤为重要。这些企业必须时刻关注并适应各国在数据保护法、志愿者权益法等方面的独特要求，以确保其志愿服务活动的合法性和合规性。综合来看，企业开展志愿服务工作，应格外注意以下几方面的合规性风险。

（一）志愿者的安全防护

开展志愿服务工作时，企业负有确保其员工在参与志愿活动中的安全的责任，这不仅是法律要求，也是维护企业声誉和员工福祉的重要方面。对志愿者安全方面的风险分析包括以下几个。

（1）志愿服务活动的环境分析：评估志愿者活动所处的环境，包括场地、地理位置、气候条件等因素，以确定是否存在潜在的危险或风险。

（2）参与志愿者的人员分析：评估志愿者参与人员的能力、经验和培训水平，以确定他们是否具备应对潜在风险的能力。

（3）活动过程分析：评估志愿服务活动的具体过程和步骤，识别可能存在的风险点和潜在危险，包括志愿服务活动中的物理风险、人员安全风险、交通安全风险等。

（4）任务和活动风险分析：评估志愿服务活动中特定任务和活动的风险程度，包括高风险任务、紧急情况处理、危险工具使用等，以确定是否需要额外的措施来降低风险。

（5）紧急情况和灾害风险分析：评估志愿服务活动所处地区的紧急情况和灾害风险，包括自然灾害、公共卫生事件等，以制定相应的应急计划和措施。

（6）法律和法规合规分析：评估志愿服务活动是否符合相关的法律法规和行业标准，包括安全要求、劳动法规定、保险要求等，以确保合法合规。

从风险管理的角度来看，在开展志愿服务之前，有必要设立安全标准和规范：制定详细的操作规程和安全指南，确保志愿服务活动符合相关的法律法规和行业标准，保障志愿者和受益人的权益和安全。志愿者的安全管理包括对志愿者进行必要的安全培训，如安全操作、急救知识、紧急情况处理等方面的培训，以增强和提升志愿者的安全意识和应对能力。此外，提供适当的安全装备和保护措施也是保障志愿者安全的关键。在某些高风险的志愿活动中，如灾区援助或紧急救援，确保志愿者的安全显得尤为重要。除了物理安全，保护志愿者免受精神和情感伤害同样重要。这可能涉及为面临创伤情境的志愿者提供心理支持和辅导。在必要时，为志愿者提供保险也是一项重要的风险管理措施，以应对可能发生的意外伤害或健康问题。一旦出现意外，应立即启用紧急响应机制，联络紧急联系人，开展紧急救援流程等，以处理志愿服务过程中发生的突发事件和紧急情况，保障志愿者和受益人的安全。此外，志愿服务工作的组织者还需要定期对志愿服务活动进行检查和评估，及时发现和解决潜在的风险问题，确保活动的安全性和可持续性。

（二）数据安全与隐私

在管理志愿服务活动中涉及的个人数据时，企业必须严格遵守隐私保护方面的法律。相关数据包括但不限于志愿者的个人信息，如姓名、联系方式、健康状况等。例如，在某些服务类别中，组织方可能需要收集志愿者的健康信息，如过敏史或特定健康条件。在这种情况下，企业必须确保这些敏感信息的处理符合相关法律规定。不同国家和地区的数据保护法律可能存在差异，企业需要了解并遵守这些法律规定。例如，在中国境内，全国人民代表大会常务委员会于 2021 年 6 月颁布了《中华人民共和国数据安全法》，在欧盟地区，一般数据保护条例（GDPR）是企业处理个人数据时需要遵循严格的规定。而在美国，数据保护法律可能更加依赖于各州的规定，如加利福尼亚州的消费者隐私法案（CCPA）。

需要注意的是，隐私法规要求企业在收集和处理个人信息时必须有明确的目的，并且只能在获得数据主体同意的情况下进行。因此，组织方需要与相关主体签订同意书，来确保志愿者同意数据的收集和使用。

此外，随着技术的发展，企业还需关注网络安全和数据隐私的风险，确保在数字化处理志愿者信息时的合法性和安全性。例如，当使用云存储服务时，企业需要确保选择的服务提供商遵守相应的数据保护法规，并且能提供足够的安全保障措施。当志愿服务需要收集一些公众的敏感信息时，企业需要采取相应加密技术来保护存储的数据，使用安全的网络来传输信息，还需要对参与志愿服务的员工进行数据保护和隐私方面的培训，减少操作不当导致的数据泄露风险。

总而言之，企业在管理志愿服务活动中涉及的个人数据时，需要谨慎处理数据，遵守法律规定，并采取适当的安全措施来保护志愿者的隐私。同时，考虑到法律规定的地区差异和技术发展带来的新挑战，企业需要不断更新其数据保护和隐私保障措施。

（三）第三方责任

当企业的志愿服务活动涉及与第三方机构合作时，明确责任划分变得尤为重要。这些第三方可能包括非政府组织、其他企业或社区组织。合作协议中需要明确各方在志愿服务活动中的角色、责任和义务，并评估与第三方合作可能带来的法律风险，尤其是在责任划分不清晰或合作方未能遵守相关法律规定时。为此，企业应进行充分的尽职调查，确保合作方有能力并且愿意遵守相关法律和标准。

与此同时，企业还需要考虑在合作过程中可能出现的问题，如合作方的违规行为或管理不善，这些都可能影响企业的声誉，并导致其承担相应的法律责任。

第八章　高质量发展新机遇和新挑战

随着全球经济进入高质量发展阶段，企业的运营模式和价值观正在发生深刻变革。企业志愿服务，作为企业履行社会责任的重要组成部分，也逐渐成为企业公民形象和社会影响力的重要体现。在这个阶段，企业志愿服务如何适应新的社会环境，抓住新的发展机遇，同时应对由此带来的新挑战，成为学界和业界共同关注的焦点。本章将围绕企业志愿服务在高质量发展阶段的新机遇和新挑战展开讨论，首先探讨企业志愿服务在社会治理中的角色，分析企业如何通过志愿服务参与多元共治，实现与政府、非政府组织的协同治理。随后，本章将从可持续发展的角度，审视企业志愿服务在环保、社会公正等领域的实践，揭示其面临的挑战和未来的发展趋势；最后，本章将讨论企业志愿服务如何在影响力投资这种新的理念下寻找发展机会。通过对这些内容的介绍，本章旨在激发读者深入思考企业如何通过志愿服务实现社会价值与经济价值的最大化。

第一节　企业志愿服务与社会治理

一　社会治理的理念及其发展

社会治理是一个涉及多个层面的复杂现象，旨在保护公众权益，同时充分发挥多方参与者的能力。它强调通过强化社会福利体系、提升民众生活水平、解决社会冲突和促进社会公正，推动社会朝着和谐有序的方向发展。[①] 与传统上依赖于国家主导的一元治理模式不同，社会治理的现代理念强调从“政府本位”向“社会本位”的转变。在市场经济背景下，一元治

① 周红云：《社会治理》，中央编译出版社，2015，第 24 页。

理面临“政府失灵”和“市场失灵”的双重问题，即政府难以满足社会的个性化需求，而市场体制也未能有效解决某些强外部性资源的配置问题。因此，采纳多元主体参与治理的范式变得尤为重要。正如萨拉蒙等人所指出的，只有在社会、国家与商业领域之间建立相互支持和高度合作的关系，全球范围内的民主和经济增长才可能实现。[①]

社会治理的多元参与模式强调政府、商业实体和社会参与者之间的互动，以及非国家行动者（如民间组织、社区及其他利益相关者）在治理过程中的重要作用。这种治理模式通过建立结构化的联系网络、统一的愿景和共有的价值体系，以及多方认同的行为标准和体系，旨在实现共享共治的格局。在多元治理格局下，社群机制发挥着关键作用，其运作的核心在于构建信任、共创价值和促进多元发展。多方行动者通过分工协作，利用各自的比较优势，形成互补嵌合的治理格局，这不仅提高了治理体系的运转效率，也显著提升了治理的民主性，提升了公众的参与感和认同感。然而，这种治理模式也面临挑战，如确保各个主体之间的协同和合作，避免资源浪费和冲突，以及保证治理的公正性和公平性，防止某些强势主体的“垄断”。这些挑战要求我们在实践中不断地探索和完善治理策略，以推进民主和共同富裕。[②]

第三次分配理念的兴起对社会治理产生了深远的影响，它为社会治理的转型提供了重要的契机和支撑。传统的第一次和第二次分配主要关注资源的公平分配，而第三次分配则聚焦于资源的合理配置，致力于实现社会的共同繁荣。[③] 第三次分配不仅涉及传统的生产和分配方式，更通过各种社会政策和机制，推动资源和利益的再分配。[④] 这种分配方式强调自下而上的社会参与和主体性的提升，旨在构建和提升公共性[⑤]，有效调节和平衡各主体的权益，确保治理的公正与公平。例如，借助税收和转移支付制度，国家能够有针对性地调配资源，扶持弱势群体和地区；而社会保障和福利制

---

① 〔美〕莱斯特·萨拉蒙、赫尔穆特·安海尔：《公民社会部门》，《社会》1997 年第 2 期。

② 顾昕：《共同富裕的社会治理之道——一个初步分析框架》，《社会学研究》2023 年第 1 期。

③ 白光昭：《第三次分配：背景、内涵及治理路径》，《中国行政管理》2020 年第 12 期。

④ 江亚洲、郁建兴：《第三次分配推动共同富裕的作用与机制》，《浙江社会科学》2021 年第 9 期。

⑤ 王名、蓝煜昕、王玉宝等：《第三次分配：理论、实践与政策建议》，《中国行政管理》2020 年第 3 期。

度则有助于减少社会的不平等与不公正现象。此外，第三次分配为社会治理的转型提供了坚实的制度保障和资源支持。它有助于调和各主体间的利益冲突，为多元主体的协同合作创造有利条件。同时，通过引导和激励各主体参与治理，国家能够更有效地实现治理目标，彰显治理价值。

党的十六届四中全会以来，国家开始强调探索“党委领导，政府负责，社会协同，公众参与”的社会管理新格局。[①] 党的十八届三中全会、党的十九大报告对社会治理理念进行了进一步深化。在这些宏观因素的影响下，中国的社会治理模式正逐步从传统的集中式管理转向在党的领导下的多方参与治理模式[②]，旨在实现政府管理与社会自主调节、居民自我管理的和谐互动。

在这一背景下，志愿服务的社会功能进一步凸显。它不仅与社会治理的现代化进程紧密相连，更是实现国家发展、社会进步和人民福祉的关键所在。坚持以人民为中心的发展思想，顺应新时代中国社会主要矛盾的发展变化，不断改革完善治理体制、提升治理能力，是实现持续良性互动和社会和谐有序又充满活力的有效治理的必由之路。[③] 在这个过程中，志愿服务将持续发挥其独特的作用，推动社会治理向更高水平迈进。

二　企业志愿服务在社会治理中的角色

随着社会国家的持续进步与发展，社会治理的社会化和公共服务的市场化已成为显著的趋势，标志着治理模式的创新和变革。政府与社会的关系随之被重塑，由过去政府主导一切的模式逐步转变为更加开放、多元和协同的治理格局。以购买社会服务为例，通过这种方式，政府将部分职能和服务交还给企业和社会组织，激发社会多元主体的参与热情，共同承担社会治理的责任。这种转变不仅优化了资源配置，提高了服务效率，还促进了政府与社会各界之间的紧密合作，形成了一种市场与社会深度融合、

① 何轩、马骏：《被动还是主动的社会行动者？——中国民营企业参与社会治理的经验性研究》，《管理世界》2018 年第 2 期。

② 李友梅：《中国社会治理的新内涵与新作为》，《社会学研究》2017 年第 6 期。

③ 李建伟、王伟进：《理解社会治理现代化：内涵、目标与路径》，《南京大学学报》（哲学·人文科学·社会科学）2021 年第 5 期。

市场深入嵌入社会的独特模式。①

在这一新型治理模式中，企业扮演着举足轻重的角色，通过积极开展志愿服务等公益行动，企业能够与社区、政府和非政府组织等多元社会主体建立紧密的合作关系，共同推动社会治理的创新与发展。具体而言，企业在社会治理中扮演了多重角色。首先，企业是桥梁与媒介，能够有效沟通政府与社会各界的需求和资源，促进信息共享和协同行动。其次，企业是资源提供者，能够为社会治理提供资金、技术和人力等关键资源支持。此外，企业还是创新推动者，通过引入先进的管理理念和技术手段，推动社会治理体系的不断完善和创新。最后，企业还扮演着社会参与示范和教育治理的角色，通过自身的实践行动引领社会各界积极参与社会治理，共同营造和谐稳定的社会环境。

（一）桥梁与媒介

在中国的社会治理体系中，企业志愿服务展现出其独特性，成为促进社会协调与进步的关键力量。这一独特性源于企业能够跨越不同部门，建立起公共、私人以及非利益部门间的联系，通过其资源和影响力，促进各级目标与资源的整合，从而激发合作与协同作用。② 企业志愿服务通过促进政府、基层社区以及非营利组织之间的有效沟通，为政策的精确制定与实施提供了支持，同时，也加强了非营利组织与私人部门之间的合作，扩大了社会影响力。

企业志愿服务在社会治理中的桥梁与媒介作用不仅限于传统的力量平衡和资源分配，它还借助于现代平台企业的特点，通过流量治理模式，创新了社会组织的动员与管理方法，这一模式利用平台企业的社群连接性，实现了对公益组织的有效聚合与动员，展现了一种非传统的、基于网络影响力的社会治理方式。③ 此外，企业还扮演着信息传递者的角色，确保各利益相关方都能够有效参与到社会治理的决策过程中，提高了治理的透明度

---

① 寸洪斌、曹艳春：《“市场”与“社会”关系探究：社会政策研究路向思考——基于卡尔·波兰尼的“嵌入性”理论》，《思想战线》2013 年第 1 期。

② 朱健刚：《慈善组织在我国公共服务体系建设中的参与路径——以残疾人社会组织为例》，《社会保障评论》2023 年第 7 期。

③ 刘学：《流量治理：平台企业如何将公益组织起来?》，《新视野》2021 年第 1 期。

和参与度。

通过这种多方面的参与协作，企业志愿服务强化了社会组织在中国特有的非正式与非制度化环境中的作用，证明了其在促进多元合作治理和关系网络嵌入中的价值。这不仅加深了我们对中国社会组织复杂现象的理解，也为如何利用企业资源来参与社会治理提供了新的视角。

（二）资源供给

企业作为经济和社会的重要力量，掌握的丰富知识、前沿技术和人力资源，在应对社会挑战和推动社会治理创新中扮演着不可或缺的角色。企业通过资金援助、技术创新或人才支持等方式，为公益项目提供必要的资源支持，解决环境保护、公共健康、教育等领域的问题。尤其是数字平台企业，通过技术驱动，创新参与社会治理，为传统难题提供新解，如通过数字化手段优化乡村管理、助力打击拐卖儿童等，构建了效率高、参与面广、协作性强的新型治理模式。同时，企业员工以志愿者身份贡献专业技能，直接促进社区发展，加强企业与社区的联系，实现互利共赢。

除此之外，企业还能通过资源的重新整合与配置，履行更大的社会责任。以平台型企业为例，它们能够依托自身的商业生态系统，采用策略性的平台化行动，优化资源配置，共同应对社会关切的问题。[①] 例如，淘宝利用其电商平台，推动商家和用户参与公益活动，加强平台内外资源的整合与协同。此外，企业可通过其商业模式建立针对特定社会问题的平台，促进多方利益相关者的合作，迎接社会挑战。通过这种资源整合，企业不仅能提高自身的社会贡献度，也能利用庞大的用户基础，集中社会力量，放大其对社会的积极影响。[②]

（三）创新推动

企业在市场经济体系中不仅是核心驱动力，还是创新和适应变化的引领者。在社会治理中，企业将其创新思维应用于解决社会问题，在兼顾商

---

① 肖红军：《企业社会责任议题管理：理论建构与实践探索》，经济管理出版社，2017，第180页。

② 汪旭晖、张其林：《平台型电商声誉的构建：平台企业和平台卖家价值共创视角》，《中国工业经济》2017年第11期。

业发展的同时追求社会目标，实现社会价值和商业价值的平衡统一。有别于传统的公益模式，企业的社会创新活动更加重视效率与实效，展现出对社会问题的快速响应能力和探索实验性解决方案的积极态度。面对环保、减贫或公共卫生挑战等重要的社会治理问题，企业可以通过创新服务模式、开发创新技术等方式来提供解决方案，开辟解决社会问题的新途径。

企业社会创新活动强调知识资源的关键作用，包括创新思维的培养、知识的转化应用和实践经验的积累。[①] 这些知识资源集成了企业在隐性知识（如经验、技能和直觉）与显性知识（如专利、技术和市场分析）上的优势，为社会创新奠定坚实的基础。企业高度重视知识资产，将其作为社会创新的重要推动力，不断探索将这些知识整合进产品开发、业务流程和服务提供中，旨在更好地应对社会和经济挑战，提升人们的生活品质和社会整体的福祉。

此外，企业社会创新的实践还鼓励跨界合作和多方参与。通过与政府机构、非营利组织、社区和其他利益相关者的合作，企业可以扩大其社会创新项目的影响力，共同寻找更具包容性、可持续性的解决方案，促进社会公正和环境保护。这种协作不仅加深了企业与社会的联系，也为企业找到了新的业务机会和增长领域，从而实现社会效益和商业效益的双赢。

（四）社会参与示范

企业作为市场和社会的重要参与者，当它们积极投身于社会治理和公共服务领域时，其行动具有强大的示范作用，能够激励其他企业、组织乃至个人积极参与，共同促进社会公益事业的发展。特别是在平台化经济时代，企业通过集结并整合平台内外的多元资源，不仅有效提升了社会治理的质量和效率，还形成了广泛的社会价值创造合力。这种模式展示了如何将商业动力与社会责任相结合，推动了社会主体间的资源共享和协同创新。[②]

一些龙头企业的社会责任实践，如通过创新的商业模式和技术手段解

---

① 高腾飞、黄艳、孙世强：《企业社会创新：概念辨析、演化规律与分析框架》，《商业经济研究》2021 年第 21 期。

② 肖红军、李平：《平台型企业社会责任的生态化治理》，《管理世界》2019 年第 4 期。

决社会问题，不仅为社会提供了新的解决方案，也树立了新典范。当他们公开其成功的社会责任项目时，这种行为不只是展示了企业的社会影响力，也能够广泛激发行业内外其他组织和个体采取行动，加入公共服务事业。这样的连锁效应，不仅能增强社会治理的整体能力，还能够促进一种全社会积极参与社会公益、共同承担社会责任的良好风尚。

（五）反馈与评估

通过利用先进的评估工具，企业能够客观、精确地分析和评价其参与的社会志愿服务项目的效果，这不仅提高了社会项目的透明度和可信度，更为其他组织提供了参考和学习的范例。

企业的积极参与和反馈，不仅有助于政府和非政府组织优化策略和政策，还提升了政策制定过程的开放性和包容性。通过志愿服务项目的实践与评估，企业能够发现并分享成功的社会创新案例，为解决类似社会问题提供了切实可行的路径和范例，从而实现了从企业到社会的知识转移和经验共享。这种跨界的合作与分享，不仅提升了社会项目的整体效能，更有助于构建一个更加互联、互助的社会治理生态系统。

在这个过程中，企业不是简单地适应外部环境，而是能够积极地与之互动，通过战略性的合作和机会主义行动，突破制度约束，对制度环境产生影响。[①] 并且，企业能够运用其在政治、社会及经济领域积累的资源和影响力，为政策制定和社会治理提供关键的反馈和建议，[②] 共同推动社会的进步和发展。因此，企业的志愿服务不仅是对社会的贡献，更是对社会治理体系的重要补充。

---

① Oliver, Christine. "Strategic Responses to Institutional Processes", *Academy of Management Review*, Vol. 16, No. 1(1991): 145-179.

② Hillman, Amy J., and Michael A. Hitt. "Corporate Political Strategy Formulation: A Model of Approach, Participation, and Strategy Decisions", *Academy of Management Review*, Vol. 24, No. 4(1999): 825-842; Hillman, Amy J., Gerald D. Keim, and Douglas Schuler. "Corporate Political Activity: A Review and Research Agenda", *Journal of Management*, Vol. 30, No. 6(2004): 837-857; Jia, Nan. "Are Collective Political Actions and Private Political Actions Substitutes or Complements? Empirical Evidence from China's Private Sector", *Strategic Management Journal*, Vol. 35, No. 2(2014): 292-315; 张建君、张志学：《中国民营企业家的政治战略》，《管理世界》2005年第7期。

三　企业参与社会治理的领域与案例

（一）犯罪治理

进入数字化时代，我国总体犯罪态势发生了传统犯罪与网络犯罪此消彼长、从“城市吸引犯罪”到“网络吸引犯罪”的结构性变化。[①] 犯罪模式的转变使得犯罪治理从政府主导逐渐成为一个涉及多方参与和协同努力的复杂系统。企业所掌握的数字化技术手段，在犯罪治理领域中具有重要作用。互联网技术与其所赋予的信息更新、交换、记录和传递能力在提高各社会主体间的协作效率方面具有至关重要的作用。

当前犯罪治理的不足往往与组织调控失灵、信息流通不畅以及分析能力薄弱等问题密切相关，而大数据技术正是解决这些问题的有力武器。企业利用大数据技术，能够从海量信息中提取、整合、管理和分析有价值的信息，突破时间和空间的限制，更快、更准确地响应犯罪治理的需求。例如，智能算法的应用使得企业能够在短时间内高效地收集和分析大规模犯罪数据，并确保关键信息能够及时传递给相关部门和社区。这种高效的信息反馈机制不仅提高了反应速度，还使得犯罪预防和打击更加有针对性。

数字技术的快速发展，特别是大数据和云计算技术的融合应用，不仅在信息获取和分析方面发挥了重要作用，还在信息传播和扩散方面展现出巨大潜力。企业利用互联网的开放性和社交媒体的去中心化趋势，能够集结更广泛的犯罪信息，打破地理限制，促进信息的广泛传播和共享。这不仅有助于形成全社会共同参与的犯罪治理格局，还为政府决策提供了更加全面、准确的信息支持。

另外，科技企业的 AI 技术在犯罪治理领域也发挥着日益重要的作用。结合大数据和云计算技术，AI 技术可以应用于智能搜索、人像识别和安全预警等领域。这些技术的应用不仅提高了犯罪治理的效率和准确度，还降低了人力成本和资源消耗。随着这些技术的不断发展和完善，我们可以预见企业将在未来的社会治理和犯罪打击中将发挥更加积极和关键的作用。

综上所述，企业在以志愿服务的方式参与犯罪治理的过程中，通过运

① 单勇：《数字平台与犯罪治理转型》，《社会学研究》2022 年第 4 期。

用数字化技术手段、构建信息交流平台、利用大数据和AI技术等方式，为犯罪治理的高效进行提供了有力支持。这些举措不仅提升了犯罪治理的整体效率和水平，还为构建更加安全、和谐的社会环境奠定了坚实基础。

【案例】

IBM的防止人口贩卖项目

人口贩卖是近年来增长速度最快的一种犯罪模式。虽然世界各地政府、非营利组织都在努力追踪和打击人口贩运，但现有举措低效且分散：参与追踪的机构掌握着不同领域有关人口贩卖的信息，但往往彼此间缺乏交流，加上人口贩卖一般涉及跨地区、跨国界的交易，因此凭借单个组织的力量很难实现有效的抓捕行动。

在此背景下，Traffik分析中心（TAHub）应运而生。Traffik是互联网龙头企业IBM与非营利组织Stop the Traffik在2019年合作搭建的一个全球数据共享和分析平台。借助IBM的数字技术和强大的分析能力，Traffik能够为金融机构、非政府组织、执法机构等参与组织提供一个可靠安全且值得信任的环境，使它们能够在平台上共享有关人口贩卖的数据，进而从源头上掌握并破坏人口贩运网络。

相比传统人口贩卖的追查模式，在Traffik分析中心支持下的人口贩卖追踪系统呈现流程化、组织化、高效性的特点。首先，只有经过身份验证的合作伙伴才能访问平台的数据中心，他们可以通过平台上传与人口贩运有关的信息，也能够获取经平台筛选后的数据信息。其次，平台会利用IBM Watson系统来进行数据的分类和处理，该技术能够从海量信息中识别其中与人口贩运有关的术语和事件，并按照“黄金标记”架构进行结构化处理。最后，平台会对所有的有效数据进行汇总、联结和结构化，不仅使得原本分散的数据集合为一个通用的可操作的数据池，而且能够对复杂的数据进行可视化处理（生成图形或表格）并附上解释性的说明分析。在此基础上，政府、非营利机构等组织就可以利用所需数据信息，高效且有针对性地开展打击行动。

由此可见，互联网新技术不仅大大提高了志愿服务的专业度和效率，还可以利用技术赋能让志愿服务填补公共服务中的“灰色地带”，促进社会可持续发展目标的稳步实现。

资料来源：IBM 企业官网和其他公开资料。

（二）应急治理

应急志愿服务在公共突发事件中的迅速响应彰显其时效性和灵活性。[①]然而，单兵作战的方式难以充分发挥其潜在的社会功能和资源优势，这促使学者们将合作治理理论引入公共危机研究，形成了“公共危机合作管理”的概念。该理念强调政府、非政府机构、商业实体和普通公民在危机管理中的主动组织与合作，利用现代技术整合管理系统中的各个元素，以提高危机管理的效率和有序性。[②]

在灾害应对中，企业已成为一支重要的救援力量。[③] 2008 年汶川地震和南方暴雪的经验显示，我国已形成以政府为主导、多元主体协同参与的应急救援模式。[④] 尤其在 2020 年新冠疫情期间，许多企业利用人力资源优势快速响应，协助地方政府和应急管理部门为公众普及自救知识、增强其公共安全意识，有效缓解公众恐慌。

尽管如此，应急志愿服务面临诸多挑战，如信息传递不畅、组织机制不健全和专业人员缺乏等，限制了其响应速度。《国家突发公共事件总体应急预案》的提出，强调了建立完善的应急志愿服务管理机制的重要性，并指出专业知识和技能的培训需求。

在应急治理领域，企业起到了不可或缺的作用。一方面，企业与政府、红十字会以及其他相关机构的紧密合作为其提供了更加及时和精确的救灾信息，依赖自身的物流渠道进行应急物资的储备和供应，在短时间内调动大量的物资，如食品、饮用水、医疗用品等，以满足突发事件的应对需求；

① 莫于川、梁爽：《社会应急能力建设与志愿服务法制发展——应急志愿服务是社会力量参与突发事件应对工作的重大课题》，《行政法学研究》2010 年第 4 期。

② 李昊青、郭其云、夏一雪：《构建公共危机应急救援力量体系的理论支撑》，《中国应急救援》2011 年第 4 期。

③ 宋青励、张勤、肖大恒：《社区应急志愿服务效能的影响因素探析》，《科学决策》2023 年第 6 期。

④ 王名、蔡志鸿、王春婷：《社会共治：多元主体共同治理的实践探索与制度创新》，《中国行政管理》2014 年第 12 期。

另一方面，企业的技术优势和人才储备可以有效地补给应急救援力量，这使它们在应对突发事件时，能够运用如无人机、大数据分析等设备和技术手段，对灾害现场进行快速评估和救援，通过招募员工组建应急志愿服务队伍，在医疗救助、现场安全评估等领域迅速展开救援行动。除了即刻的应急响应，企业还可以通过志愿服务在灾后重建和恢复阶段提供长期的支持，并利用其合作网络，在多方资源整合、跨界合作中起到桥梁作用，为灾后的重建工作提供便利。

【案例】

日本的突发公共事件应急体系

据不完全统计，日本每年地震次数高达1500次，在常年抗灾救灾的实践中，日本形成了一套政府、居民、民间企业、非政府组织、非营利团体、志愿者相互合作的“公救”“共救”“自救”相结合的突发公共事件应急体系。

与传统的志愿服务相比，应急志愿服务在日本的发展面临多元主体协调难、服务需求难把握、组织间救援情况信息共享的及时性不足等困境和挑战。为此，日本防灾科学技术研究所（NIED）、日本信息通信研究机构（NICT）、天气新闻公司（WNI）以及LINE公司，在由内阁府科学、技术和创新委员会领导的战略创新创建计划（SIP）支持下，开发防灾聊天机器人SOCDA，用以在重大灾情来临时利用SNS与AI技术的结合应对灾情。

在该项目中，LINE公司积极发挥软件技术优势，协助开发SOCDA机器人。作为日本普及率最高的社交媒体软件，LINE拥有超过6200万的活跃用户（2016年数据）。SOCDA机器人以LINE App为媒介，在灾难发生后，及时收集和公开灾区受灾状况，使得具有相关专业能力的民间志愿组织能够在第一时间关注到灾区的实际需求，及时投入到对于灾区的帮扶工作中。而且，LINE平台兼有的OpenChat功能为志愿组织间的信息共享提供了高效的解决方案，志愿服务资源得以在这一平台的作用下得到有效统筹分工。此外，SOCDA可以向定位于灾区的LINE用户发送信息，询问用户当前的情况，根据处于危难或受困状况的用户的回复，了解事故详情判断救援需求。

从社交App LINE与SOCDA机器人的结合可见，企业的技术支持能够在相当程度上化解应急志愿服务在人力资源调动、精准救助、信息交换方面所面临的困境。应急志愿服务的时效性和专业性在互联网新技术的影响下迎来了显著的提高。

资料来源：企业官网和其他公开资料。

（三）乡村治理

在我国现代化的社会治理体系中，乡村治理是推动社会进步和维护社会稳定的关键。然而，内生动力不足、人才流失、参与度有限、共识缺失等问题，在一定程度上阻碍了乡村的可持续发展。[①] 在这样的背景下，企业凭借其在资源、技术和创新机制上的优势，可以为乡村注入新的活力。

在乡村治理的多元化合作框架内，具备较为丰富的资本和技术资源的大型和中型企业，在推动乡村治理现代化方面具有不可替代的作用，尤其可以有效支持乡村基础设施建设和社区发展，从而推动乡村进入新的发展阶段。同时，企业的品牌和社会影响力也有助于动员社会资源，并与各利益相关方建立合作，共同促进乡村治理。企业可与地方政府、非营利组织等建立紧密的伙伴关系。这种合作模式不仅涉及资金支持和项目执行，还包括治理模式的设计、实施、监督和反馈等多个环节。企业、非政府组织和地方政府之间的互补和协同作用，共同推动乡村治理的现代化进程。

此外，企业在市场经济中培养的创新意识和灵活性，也为乡村治理带来了新的活力。例如，2021 年 5 月，农业农村部与腾讯公司签署“耕耘者”振兴计划战略合作协议，计划 3 年投入 5 亿元，聚焦乡村治理骨干和新型农业经营主体带头人开展培训，并为基层治理骨干免费开发和提供数字化工具，助力乡村基层有效治理。截至 2023 年 6 月，该计划已在全国 29 个省（区、市）落地，累计开班 352 期，培训总人数达 4.1 万人。项目设计开发

---

① 陆益龙：《乡村社会治理创新：现实基础、主要问题与实现路径》，《中共中央党校学报》2015 年第 5 期。

的“村级事务管理平台”覆盖全国 3.4 万个村庄，服务村民 455 万余人。[①] 这种企业的参与方式有助于调整乡村产业结构，使其更适应市场需求，并利用企业品牌优势，提高乡村产品的市场竞争力和农民收入。

需要注意的是，乡村治理目前仍依赖于国家主导的外部推动型整合。如缺乏乡村社会内在的自组织机制，乡村治理主体的发育依然面临困难，一旦外部整合机制变化，可能引发治理危机。企业在此过程中，可以利用其管理经验，引入新的管理理念和方法，强化乡村基层党组织和村民自治组织的建设，促进乡村社会的内部整合。

【案例】

快手支持乡村建设系列项目

2018 年，快手的“5 亿流量”计划正式启动，该计划通过流量倾斜来帮助农民推广和销售农产品，使得农村的每一个人都有更多被看见的机会。这不仅打破了传统志愿者局限于村内特定群体的局面，还激发了更多人参与到志愿服务中。这种流量支持的公益方式提升了农产品的曝光度，同时也有助于改变人们对农村志愿者的固有认知，进一步推动了志愿服务的发展。

同年，快手还发起了“幸福乡村带头人”计划，该计划旨在为返乡创业的职业农民提供教育资源。通过线上线下相结合的方式，快手成功汇集了一群面向返乡创业者提供服务的志愿者群体。这些志愿者自愿分享自己的经验，与创业者共同成长，为乡村振兴贡献力量。这种互助社区的形式不仅提供了实用的农事知识和商业管理技能，还强化了创业者之间的联系和合作。

总的来说，快手在促进农村发展和志愿服务方面进行了积极的探索。通过创新的方式和平台，快手不仅赋能农业，还鼓励更多人参与到志愿活动中，对于建立美丽新乡村和推动志愿服务的持续发展具有重要意义。

---

① 吕鹏：《为村耕耘者：基层治理数字化的中国智慧》，微信，https：//mp. weixin. qq. com/s? __biz=MjM5MTExMTMwOQ==&mid=2705877037&idx=2&sn=10aab75c14edf44a088a7adbe4113882&chksm=820649cfb571c0d90c0461f74e30b9fcf0522d9358a73f4cd2a42b010c8fb55c2a135f90ef07&scene=27。

资料来源：笔者访谈资料和其他公开资料。

【案例】

三星分享村庄项目

自2014年起，三星（中国）携手中国扶贫基金会，共同启动了“美丽乡村——三星分享村庄项目”。该项目旨在结合中国农村的实际状况，精准而有力地推动志愿服务工作，助力农村焕发新生。其工作内容包括以下几方面。

建立竞争性的遴选机制。三星（中国）先期投入少量资金，支持候选村庄启动乡村建设。随后，组织专家和产业团队实地考察，以乡村面貌的改善程度和发展潜力为标准，进行严格的多轮次、分阶段评估选拔。这种竞争与阶梯式升级的制度设计，确保了资金和资源能够精准投放到最具发展潜力的村庄，最大化志愿服务的成效。

挖掘并发挥农村的自然与文化资源优势。通过深入调研，三星（中国）因地制宜地制定帮扶策略，为贫困地区量身打造特色扶贫产业。例如，四川省盐源县拥有得天独厚的自然条件和丰富的农业资源，三星通过引入先进的农业技术和管理经验，帮助当地农民提升苹果种植水平，打造高品质的苹果品牌。这不仅提高了农民的收入，还带动了当地苹果产业的快速发展，更激发了村民脱贫的内生动力，实现了可持续的产业扶贫。

保障农民合法权益。为了推动集体经济的壮大和共同富裕的实现，项目坚持以村级集体经济组织为平台，以股权为纽带，引导农村建立股份制合作机制。农户以土地、劳动力等生产要素入股，合作社的收益按比例分配给村民、合作社自身以及乡村公共事业和弱势群体。这一创新模式不仅提升了村民的整体生活水平，还提升了农户与外部企业的合作紧密度，保障了农民的法律权益。

高度重视乡村人才的培养。通过邀请乡村基层干部出国考察培训、与国内外专家交流等方式，为他们注入新思维、新理念，激活产业链的发展潜力。这种对村庄带头人的重点培养，为农村的持续发展注入了强大的内生动力。

“美丽乡村——三星分享村庄项目”通过精准投放资源、挖掘自然优势、推动集体经济和培养乡村人才四个方面的综合施策，有效地推动了中国农村地区的发展和振兴。

资料来源：笔者访谈资料和其他公开资料。

（四）基层治理

近年来，基层治理的模式已从党政主导的单一权威主体，逐步转变为党政主导、多元主体协同的治理模式。① 在这一转变中，企业凭借其独特的资源和丰富的经验，成为基层治理中不可或缺的力量。除了提供了资金和技术支持外，企业通过分享先进的管理和运营经验，为基层治理注入了新的活力和创新元素。如企业员工积极参与社区环境建设、文化传承等志愿服务活动，不仅提升了社区居民的自治意识和能力，增强了社区的凝聚力和向心力，也提升了基层治理的效能。

随着整体社会风险的增加，基层治理所面临的问题也日益复杂化和多样化。特别是在新冠疫情等突发公共卫生事件的冲击下，基层治理对治理精细化和精准化的需求愈发迫切。② 在这一背景下，企业可以充分发挥其数字化和技术优势，为基层治理提供有力支持。例如，通过开发社区志愿服务平台、移动应用程序等创新工具，企业能够帮助基层更加高效、精准地提供公共服务信息和资源，从而优化公共服务的供给模式，提升服务质量和效率。

企业对于基层治理中的人才培养和发展也有着积极的作用。凭借现代化的管理经验，企业可以为基层干部提供专业培训和实践机会，帮助他们提升实践能力和领导水平。通过派遣经验丰富的专家作为志愿者导师，与基层干部进行经验分享，企业不仅能够增强基层的治理能力，还能够进一步巩固和深化企业与社区之间的联系。

总的来说，企业在基层治理中的作用已经远远超越了简单的资源和技术提供者角色。他们的专业知识、创新能力以及对社区的深厚情感都使其

---

① 陈家刚：《基层治理：转型发展的逻辑与路径》，《学习与探索》2015 年第 2 期。

② 柳望春、徐昌洪、程翔宇等：《基层社会治理与重大疫情应对研究》，《社会政策研究》2021 年第 1 期。

在基层治理中发挥着关键的推动作用。

【案例】

华润万家“红色驿站”

2021 年，华润万家推出的“红色驿站”是一个融合党建阵地、服务群众、共建共治共享等功能于一体的党建品牌。华润万家以实现党建与业务深度融合为目标，以整合资源实现共建、共治、共享为理念，充分发挥华润红色文化优势，以本企业党组织与相邻社区、街道、学校等党组织互联互通为纽带，以开展便民服务、公益帮扶、门店销售进社区为主要形式，加强党群联系，践行央企责任担当，确保“我为群众办实事”实践活动落地见效。

华润万家各地分公司积极与社区合作建立“红色驿站”，并通过红色驿站，组织员工党员参与社区志愿服务活动。以华润万家京津公司为例，该分公司天津一区党支部在开发区泰达街道康翠里社区设立红色驿站。驿站内党员志愿者在 2021 年开展了“中华慈善日”“重阳节社区慰问”“新春大拜年”等多项公益志愿活动，并与社区内 5 户老年家庭建立“一帮一结对子”服务，为老人提供免费送货服务。通过与社区党组织的合作，华润万家实现了党建共建、互联互通、资源共享，进一步推动了基层社区的共治和社会治理的新思维。这些努力夯实了基层战斗堡垒，促进了人人共同参与、共同管理的社会治理模式的实践。

资料来源：《红色驿站，聚焦发力，用心用情，服务万家》，网易网，https：//www. 163. com/dy/article/GM9HT5UA0525ADMJ. html。

（五）教育治理

教育治理是通过一定的机构设置和制度安排，协同各类社会组织、利益群体和公民个体，共同管理教育公共事务、推动教育发展的过程。[①] 教育治理不仅仅涉及政府的制度安排和行政管理，也包括国家机关、社会组织、

① 褚宏启、贾继娥：《教育治理中的多元主体及其作用互补》，《教育发展研究》2014 年第 19 期。

利益群体，以及公民个体之间，通过特定的制度构建，进行的互动与合作。多元主体的民主参与也是教育治理优越性的体现。现代化的教育治理，需要广泛反映和满足各类教育需求，对教育方针、策略和法规都经过深入的分析和辩证，剔除了个人主观意愿的直接或潜在影响。①

当前，我国教育治理面临的首要问题是教育不平等。缩小城乡间、区域间、学校间的教育质量差距和教育投入差距是当前一段时期的重要目标。② 党的十九届四中全会提出，要构建服务全民终身学习的教育体系，包括推动学前教育公益普惠发展，深化义务教育城乡一体化发展，进一步普及特殊教育和高中阶段教育，巩固职业教育改革扩招成果，加快发展继续教育、成人教育和老年教育，解决好教育供给能力问题，打造面向每个人的教育。③ 在面向不同人群、不同阶段的教育工作中，企业通过其人才和资源优势，积极参与到教育治理中，建立了许多创新性的工作机制。

在技术驱动的浪潮下，教育系统的制度体系和运行逻辑正在发生深刻的变革。面对从知识教育到智慧教育的转变，教育治理也需要从根本上刷新其既有的“秩序”与治理模式，提升智能时代教育制度优势转化为教育治理效能的效率。④ 一部分企业通过开发在线教育平台，提供丰富的在线学习资源和工具，使教育变得更为便捷和普惠；同时，利用大数据技术深度挖掘和分析教育数据，为教育的决策与治理提供更为科学的依据；并通过开展公益性的远程教育项目，在一定程度上缓解了农村地区、落后地区、薄弱学校、弱势群体的教育资源不足问题，缩小了地区之间、人群之间的教育资源差异。

总的来说，企业通过志愿服务的方式参与教育治理，不仅丰富了教育的内容和形式，也为教育公平、普惠与现代化提供了有力的支撑。

---

① 褚宏启：《教育治理：以共治求善治》，《教育研究》2014 年第 10 期。

② 褚宏启、贾继娥：《教育治理中的多元主体及其作用互补》，《教育发展研究》2014 年第 19 期。

③ 参见陈宝生《推进教育治理体系和治理能力现代化》，中华人民共和国教育部，http：//www. moe. gov. cn/jyb_xwfb/moe_176/201912/t20191220_412762. html。

④ 查建国、陈炼：《推进新时代教育治理现代化》，中国社会科学网，https：//www. cssn. cn/skgz/bwyc/202208/t20220822_5480257. shtml。

【案例】

三星西部阳光V行动

自2004年起，三星（中国）便与西部阳光农村发展基金会携手，共同发起了一项意义深远的活动——“三星西部阳光V行动”。每年，该项目都在全国范围内招募约一千名大学生志愿者，利用暑假深入中西部的农村地区，为当地的孩子们提供为期两周的支教服务，用知识的力量点亮他们的未来。随着时间的推移，越来越多的三星员工也深受感染，纷纷加入到支教志愿者的行列中。

随着对乡村儿童需求的深入了解，传统的“短期支教”模式逐渐显露出其局限性。为了更好地适应乡村教育的实际情况，从2015年开始，“三星西部阳光V行动”进行了创新性的变革，推出了以“乡村夏令营”为核心的新模式。这一模式聚焦于儿童权利保障和社会情感发展两大核心议题，通过阅读、游戏、运动会等多样化的活动形式，提升孩子们的表达能力、阅读兴趣和社会交往能力，全方位支持他们的成长与发展。在这一过程中，项目还注重提升乡村儿童的自我接纳度和身份认同感，让他们在快乐中学习、在成长中自信。

经过多年的探索与实践，“三星西部阳光V行动”已经建立起了一套完善的工作体系和课程案例库，为项目的持续深入发展奠定了坚实的基础。同时，志愿者培训案例的丰富也使得项目的执行更加专业和高效。

2018年，三星（中国）进一步加大了对扶贫事业的投入力度，宣布将投入1.5亿元用于“精准扶贫”和“科普创新”两大领域。其中，“西部阳光”项目作为三星（中国）扶贫新战略下教育扶贫的重要组成部分，得到了进一步的深化和拓展。通过与“希望小学”“助学启能”“智慧教师培训”“三星中国青少年足球训练营”等项目的有机结合，“西部阳光”项目为贫困地区的孩子们带去了更多的知识与希望，助力他们在成长的道路上勇往直前。

资料来源：笔者访谈资料和其他公开资料。

四　治理契机与挑战

在全球化不断深化、科技高速发展及社会责任理念广泛传播的背景下，企业在社会治理中的作用和参与方式正处于深刻转型之中。结合前文的分析来看，企业需进一步关注技术驱动、复杂协同、战略导向和伦理挑战这几个方面。

（一）技术驱动的社会治理

技术驱动的社会治理指的是运用科技创新，包括但不限于数字技术，来解决社会问题并提高治理效率和效果。随着工业化、城镇化和信息化的加速发展，社会结构和利益格局经历了深刻的变化，这促使国家治理模式从传统的总体性治理转向更为精细化的技术型治理。[①] 除了数字化、互联网和人工智能，技术的应用范围还扩展到了生物技术、材料科学、能源技术等多个领域，为创新社会治理模式、应对社会转型、协调利益关系提供了新的可能。

例如，大数据分析不仅能帮助企业精确地了解社区需求，提供更有针对性的服务，还能对灾难响应、疫情防控等工作进行迅速、及时的回应；物联网技术能助力智能城市管理，提升城市运营效率和居民的生活质量；人工智能的应用能够优化资源管理和调度，提高社会项目的执行效率；生物技术在健康和农业领域的应用，材料科学在建设和制造业中的应用，以及能源技术在可持续发展领域的应用，都展现了技术对于社会治理现代化的深远影响。

企业在这一过程中扮演着关键角色，新技术的应用不仅拓宽了技术应用的领域，也促进了社会治理模式的进一步演进，使之更加高效、透明和公平。然而，从长期的视角来看，技术的快速发展同时也带来了新的挑战。技术解决方案的成功不仅取决于其自身的先进性，还高度依赖于公众的理解和接受度。一个技术方案如果没有得到广泛的公众支持，可能会因为缺乏参与或被直接反对而难以长期实施。此外，随着新技术的快速迭

① 渠敬东、周飞舟、应星：《从总体支配到技术治理——基于中国 30 年改革经验的社会学分析》，《中国社会科学》2009 年第 6 期。

代，技术过时导致的资源浪费、现有的政策和法规体系滞后带来的障碍和限制，以及过分依赖技术解决方案而忽视的人文关系都可能影响治理效果的持久性和全面性。面对这些挑战，企业需要一个全面的视角和综合性的策略，以确保技术在社会治理中的应用既高效又公平，能够满足社会的长期需求。

（二）复杂协同的治理模式

随着中国改革开放的深入推进，经济发展取得显著成就，社会面临着产业结构调整、经济体制转型，以及社会形态与治理结构的重大变革。这些变革引发了一系列挑战，包括制度转型问题、资源污染与约束的矛盾，以及既得利益主体结构的调整等，这些情况都促使法治基础上的多元主体共治成为深化改革的必然选择。[①] 企业、政府、非政府组织以及公众构建了一个多方协同的治理网络，通过共享信息、资源和经验，集体应对社会挑战。这种多方协同模式不仅整合了各方资源，还提升了社会治理的合法性和可信度，促进了社会创新和可持续发展。

在协同治理模式下，企业作为一个关键的参与者，不仅通过资金和物资的投入展现其对社会责任的承担，还通过专业知识和创新能力的共享，担当起协同者和创新者的角色，推动治理知识与实践经验的共享。从长短期视角审视，在企业参与社会治理的过程中，既面临挑战也蕴含机遇。

短期而言，企业能够迅速动员资源，对社会紧急问题做出反应，通过技术和创新快速实现问题的解决，展现出企业的社会价值和品牌形象。然而，这种短期介入也可能因利益相关者之间的利益冲突、文化差异及沟通障碍而面临挑战，这些因素可能阻碍项目的快速推进和效果实现，需通过建立有效的沟通和协调机制来克服。长期而言，企业参与社会治理的机遇在于通过持续的合作，能够建立起稳定的伙伴关系，促进社会资本的累积和信任的构建，为企业带来持久的社会影响力和商业价值。同时，长期参与也要求企业面对持续变化的社会需求和政策环境，具备高度的适应性和

① 王名、蔡志鸿、王春婷：《社会共治：多元主体共同治理的实践探索与制度创新》，《中国行政管理》2014 年第 12 期。

前瞻性，以应对由此产生的战略和操作上的挑战。此外，长期协同合作中的利益平衡更加复杂，需要企业在维护自身利益的同时，也充分考虑到合作伙伴和社会整体的福祉，实现真正的共赢。

（三）战略导向下的社会责任深化

在当代社会，公众对企业的社会行为和价值观寄予了更高的期望，不再满足于企业仅通过捐款、赞助或慈善活动来展示其社会责任。现代企业面临的挑战是如何在追求利润的同时，也能承担起对社会和环境的责任。公众期待企业展现出更高的道德和伦理标准，将社会责任融入其核心经营哲学和文化中。

企业开始在其战略规划、决策制定和运营过程中持续考虑对社会和环境的影响，追求可持续发展和共享价值的目标。这种转变要求企业将社会责任视为一种长期承诺，并通过志愿服务、社区投资和环保行动等多种形式，积极贡献于社会，同时提升自身的社会形象和声誉。

然而，确保企业社会活动的真实性和有效性，同时平衡经济效益与社会责任，是一项持续的挑战。面对利益相关者和公众的期待，企业可能会选择参与同其核心业务和价值观不一致的志愿服务项目，以迎合短期公关需求，而忽略了对社会问题的深入理解和持久解决，有时甚至可能产生负面的社会影响。

为避免短期公关效应牺牲长期社会价值的风险，企业应明确界定其核心价值观和使命，并将社会责任整合为其商业战略的一部分。通过建立透明的决策、监督和问责机制，公开社会责任行动和成果，并接受公众监督。同时，企业应积极与政府、非政府组织、社区和消费者等利益相关者对话，深入理解他们的需求，确保其社会治理活动的真实性和有效性，从而在追求经济利益的同时，实现社会目标与商业目标的和谐统一。

（四）技术发展与伦理挑战

在新的技术条件和社会组织结构条件下，新兴的技术主体已然成为治理领域的重要参与者甚至主角，2020 年新冠疫情发生，许多新技术企业大规模参与公共危机防控和治理，成为应对突发性公共卫生事件的现象级事件。[①] 尽管新技术的应用在极大程度上丰富了公共治理的工具，但长期来看，它们也同时引入了一系列伦理挑战，特别是在数据隐私、人工智能决策的透明性以及“数字鸿沟”（Digital Divide）方面。

在大数据的背景下，个人信息的收集和处理常常会超出原始目的，发生“功能潜变”（Function Creep），即信息的使用目的被悄然扩展，而参与者并不完全知情。企业必须确保在数据收集和处理过程中保护个人隐私，避免滥用个人信息，以维护其社会项目的公信力和有效性。在人工智能的应用中，企业需要保证所使用的算法和模型是公正、可解释的，并且不会对个人或群体产生不公平的影响。此外，由于信息资源已成为一种基础社会资产，类似于基本生活需求（如衣食住行）以及医疗和教育资源，其公正分配的重要性日益凸显。[②] 数字鸿沟的扩大，即技术进步带来的利益未能公平分配，加剧了社会的不平等，这敦促企业关注信息技术的普遍性、可接入性问题。

因此，企业在志愿服务项目中积极引入技术解决方案时，也必须确保这些项目能够体现和促进公平、包容与可持续性原则。在设计和实施技术驱动的志愿服务项目时，深入考虑这些项目如何能够促进社会公正，如何让边缘化群体受益，以及如何确保项目的长期可持续性。通过这样的努力，企业不仅在社会治理领域扮演着技术创新者的角色，更重要的是，它们成为推动社会正义和平等的积极参与者，展现出企业的社会责任和道德承诺。

第二节　企业志愿服务与可持续发展

随着可持续发展已经成为 21 世纪全球的核心议题，国际社会对于志愿

---

① 樊鹏：《中国共产党的政治领导力——从“摸着石头过河”到“系统整体设计推动改革”》，《云南社会科学》2021 年第 1 期。

② 邱仁宗、黄雯、翟晓梅：《大数据技术的伦理问题》，《科学与社会》2014 年第 1 期。

服务在推动实现可持续发展目标（SDGs）方面的重要功能和角色也达成了共识。[①] 志愿者在发挥跨领域影响力、促进社会参与和增强社区凝聚力上的能力，以及在全球伙伴关系中的独特角色，都被视为推动可持续发展的关键因素。[②] 尽管志愿服务的贡献在 SDGs 的规划中还没有被明确强调，联合国志愿人员组织（UNV）和国际志愿服务发展论坛等已经提升了志愿服务在可持续发展中的可见性和认可度。然而，要充分释放志愿服务的潜力，还需进一步加强整个社会对志愿服务贡献的认识，确保志愿服务在实现可持续发展目标的规划和执行中获得更多的支持。本节旨在重点分析企业志愿服务在推动实现可持续发展目标上的实践路径、成效和面临的挑战。

一　可持续发展框架

（一）可持续发展的背景和定义

20 世纪 70 年代，由于人们对全球生态危机的日益关注，可持续发展的种子开始萌芽。1972 年的斯德哥尔摩人类环境大会显示了环境问题在全球政治议程中的重要性。“可持续发展”（Sustainable Development）这一术语最早出现在国际自然及自然资源保护联盟（International Union for Conservation of Nature and Natural Resources，IUCN）1980 年发布的《世界保护策略》（World Conservation Strategy）。IUCN 提出的保护策略旨在通过对生物资源的保护实现可持续发展这一总体目标。

为了应对日益严重的环境和经济问题，探寻破解之道，联合国于 1983 年 12 月成立了世界环境与发展委员会（World Commission on Environment and Development，WCED）。该委员会于 1987 年 3 月发表了报告《我们共同

---

① UNGA(2015b): United Nations General Assembly: Transforming Our World: The 2030 Agenda for Sustainable Development, Outcome Document for the UN Summit to Adopt the Post - 2015; Development Agenda, UNGA A/69/L. 85, New York: United Nations; United Nations TICFD (2015): Outcome Document of the Third International Conference on Financing for Development, Addis Ababa Action Agenda, A/CONF. 227/L. 1, Addis Ababa, 13 - 16 July 2015, http://www. un. org/esa/ffd/wp-content/ uploads/ 2015/08/ AAAA _ Outcome. pdf (Accessed on April 7th, 2016); UNV(2011): Assessing the Contribution of Volunteering to Development. Handbook for UN Volunteers, Programme Officers and Managers.

② Haddock, Megan, and Peter Devereux. “Measuring the Contribution of Volunteering to the Sustainable Development Goals: Challenges and Opportunities”, *Voluntaris*, Vol. 4, No. 1(2016): 68-100.

的未来》(*Our Common Future*)。这份报告正式使用了可持续发展的概念，并将其定义为“满足当代人的需要，而又不对后代人满足其需要的能力构成危害的发展”[①]。该定义被广泛接受使用，强调两个基本观点：首先是需要的概念，即将全世界各国人民的基本需要放在发展的首位；其次是限制性的理念，也即基于对未来需求的考虑，在当前的技术状况和社会组织结构内，对环境的利用进行限制，以确保既能满足当代人的需求，也不会损害未来世代的利益。

可持续发展的理念包含四项基本原则。

第一，公平性原则。公平性包括代际公平和代内公平以及公平分配资源。代际公平指的是，人类赖以生存的自然资源和环境容量都是有限的，需要与子孙后代共享资源和环境。因此，实现代际公平的核心是使自然资源的拥有量稳定在某一水平上。代内公平指人与人之间、国与国之间、人与其他生物种群之间是平等的，应互相尊重。人类的发展不应该危及其他物种的生存，各国有权根据需要开发本国自然资源，同时确保不对其他国家的环境造成损害，并把消除贫困作为可持续发展进程中优先考虑的问题。

第二，协调性原则。以经济、社会和生态效益的相互协调为目标，要求人们根据维系生态系统持续性的条件因子和限制因子调整自己的生活方式和对资源的要求，确保经济和社会的发展不超越资源和环境的承载能力。

第三，共同性原则。由于地球的整体性和相互依存性，某个国家不可能独立实现其本国的可持续发展，需要国际合作、共同努力才有可能解决发展问题。可持续发展是全球发展的总目标，要在尊重各国主权和利益的基础上，制定各国都可以接受的全球性目标和政策。

第四，阶段性原则。可持续发展是一个由低级阶段向高级阶段推进的过程，由于世界各国、各地区所处的经济和社会发展阶段不同，在可持续发展的目标及承担的责任方面表现出明显的差异。发展中国家仍以经济发展为主要目标。发达国家在资源与环境保护方面应承担更多的责任和义务。

为响应联合国的可持续发展计划，1994 年 3 月 25 日，《中国 21 世纪议程》在国务院第十六次常务会议中得到批准。这一策略为中国的可持续发展设定了四大核心目标：在经济持续增长的背景下，依赖科技创新和劳

① WCED. *Our Common Future*(Oxford: Oxford University Press, 1987).

动者技能提升，进一步提升发展质量；推进社会的均衡进步，为持续发展奠定稳固的社会基石；对环境污染进行有效控制，改进生态状况，确保资源的持续使用；逐渐构建国家持续发展的政策结构、法律架构以及综合决策和管理协同体系。1997 年，党的十五大提出："在现代化建设中必须实施可持续发展战略"[①]，并强调这一发展战略聚焦于社会、生态和经济三个维度。

（二）联合国可持续发展目标（SDGs）简介

在 2015 年 9 月的一次具有历史意义的联合国峰会上，全球领导人共同通过了《2030 年可持续发展议程》，并宣布该协议自 2016 年 1 月 1 日起正式生效。[②] 这一议程旨在应对世界面临的一系列重大挑战，如贫困、饥饿、教育不平等、气候变化和环境破坏等，力求在 2030 年前推动实现 17 项可持续发展目标（SDGs），覆盖社会、经济和环境三个方面。

17 项具体目标囊括消除贫困、饥饿，确保良好健康与福祉，提供优质教育，实现性别平等，改善清洁饮水与卫生设施，推广廉价和清洁能源，创造体面工作和经济增长，工业、创新和基础设施，缩小差距，构建可持续城市和社区，促进负责任的消费和生产，采取气候行动，保护水下生物和陆地生物，维护和平、正义与强大的机构，并通过伙伴关系促进这些目标的实现。

SDGs 的核心原则是"不让任何人掉队"，强调在发展中确保所有人的福祉和权利，并呼吁所有国家（不论该国是贫穷、富裕还是中等收入）行动起来，在促进经济繁荣的同时保护地球。作为一个全球范围的呼吁，SDGs 需要政府、企业、民间社会和个人的共同努力。各国政府需要制定相应的政策和计划，企业需要采取可持续的商业实践，民间社会需要参与和推动可持续发展的倡议，而个人则可以通过改变自己的生活方式和行为来支持这一目标。总而言之，它体现了一种全球性的合作和长远的视角，旨在实现面向未来社会福祉的可持续发展。

---

① 《十五大以来重要文献选编》（上），人民出版社，2000，第 28 页。

② 联合国：可持续发展目标，https：//www. un. org/zh/59104/page/82393。

（三）三大支柱：经济、社会、环境的交互与平衡

可持续性指的是在适应性权衡过程上的效益最大化，不计算特定目标对目标系统的影响，而是以实现所有目标的可持续性为根本遵循。① 经济、社会和环境相互影响，构成可持续发展的三大支柱。

经济可持续性是指在经济发展的前提下，实现资源的合理利用和保护，不降低环境质量和不破坏世界自然资源，不断提高经济效益和竞争力，同时考虑到未来的发展需求，不给后代留下负担。不仅重视经济数据的增长，更追求质量的改善和效益的提高。改变“高投入、高消耗、高污染”的传统生产方式，积极倡导清洁生产和适度消费，以减少对环境的压力。经济的健康发展为社会提供了资源和机会，为环境保护和可持续利用提供了资金和技术支持。

社会可持续性是指在不越出维持生态系统涵容能力的情况下，提高人类的生活质量，强调可持续发展的最终落脚点是人类社会，即改善人类的生活质量、提高人类健康水平，创造一个人人享有平等、自由的社会环境。社会可持续性最为关注的是人的福祉，包括提高社会的公正性和平等性，保障人权和尊重文化多样性，同时实现人与人之间的和谐和共享。社会的稳定和公正是经济和环境可持续发展的前提，同时也是实现可持续发展目标的核心。

环境可持续性旨在追求一种最佳的生态系统以支持生态的完整性和人类愿望的实现，使人类的生存环境得以持续。环境可持续性包括环境保护和资源利用两个方面。环境保护涉及气候变化、生物多样性、水资源管理、能源转型等问题，特别是保证以持续的方式使用自然资源。资源的合理利用和环境的持续稳定是经济和社会可持续发展的基础，同时也是保护地球和未来世代的责任。

在创造价值的过程中，任何组织都不能将某种价值单独分开考虑。组织应该综合考虑经济目标、社会效应和环境效益，制定发展策略，以实现

① Barbier, Edward B. “The Concept of Sustainable Economic Development”, *Environmental Conservation* , Vol. 14, No. 2 (1987): 101 - 110; Holmberg, Johan, and Richard Sandbrook. “Sustainable Development: What Is to be Done?” in Holmberg, J. (ed), *Policies for a Small Planet* (London: Routledge, 1992), pp. 19-38.

效益最大化。此时有三个机制相互耦合：其一，经济、社会和环境三个子系统相互关联，其中一个系统的发展变化必然会影响其他两个系统的变化；其二，任何一个因素的变化都会导致整个综合价值系统发生变化，即牵一发而动全身；其三，可持续发展需要以社会可持续发展为目标，以经济可持续发展作为条件，以生态的可持续发展作为基础。[①] 只有这三个支柱实现平衡，才能实现可持续发展的目标。

二　企业志愿服务在可持续发展领域的实践

联合国制定的 17 项可持续发展目标（SDGs）覆盖了经济、社会和环境等广泛领域，众多企业已依据这些目标进行分类，并结合自身实际情况，积极开展了相关的志愿服务项目。为了更加生动地展示企业志愿服务在推进可持续发展目标方面的努力与成就，下文将这 17 个目标划分为五大类，并详细介绍了各个类别下企业志愿服务的具体实践案例。这一分类和介绍旨在突出企业如何通过志愿服务项目为可持续发展做出贡献，展现其在实现全球可持续发展目标上的积极参与和显著成效。

（一）环境保护与可持续管理

面对 SDG 13（气候行动）、SDG 14（水下生物）、SDG 15（陆地生物）等关键目标，许多企业已经动员员工参与植树造林、湿地保护、海滩清理等一系列生态保护志愿服务活动，旨在守护和复兴自然生态系统。此外，它们还认识到向消费者推广可持续实践不仅能够发挥教育的作用，还能够为企业自身带来长期的竞争优势。例如，笔者在调研欧莱雅公司时了解到，该公司发现中国年轻消费者对于可持续发展有着清晰的见解，他们倾向于支持那些致力于可持续行为的品牌，如使用可持续包装材料和提升消费者参与度等，将这些品牌视为行业的引领者。因此，欧莱雅把推广可持续生活方式作为其志愿服务的核心目标之一，通过组织垃圾捡拾、城市环境治理和生物多样性科普等志愿活动，倡导采纳节约资源、循环使用、互惠共赢、适度规模、多样性以及分享剩余等可持续生活的核心理念，鼓励公众

---

① Santos, Filipe M. "A Positive Theory of Social Entrepreneurship", *Journal of Business Ethics*, Vol. 111, No. 3(2012): 335-351.

改变生活习惯，积极实践可持续的生活方式。并且，欧莱雅也很重视向公众介绍环境保护的重要性，教授环保技巧，促进公众的环保意识增强和积极参与。2017 年，欧莱雅（中国）携手生态环境部宣传教育中心，共同发起首个聚焦于美妆行业的“绿色消费倡议”，鼓励民众选购有责任感的企业生产的产品、合理使用能源和水资源、减少垃圾生产并尽可能将其回收等。欧莱雅旗下品牌，如兰蔻、科颜氏等，陆续在线下门店提供空瓶回收服务。以兰蔻为例，至 2021 年 4 月，其在中国的 300 多家门店都启动了空瓶回收项目，回收了近 200 万个空瓶。①

【案例】

顺丰森林项目

“顺丰森林”以“推动绿色生活、实现个人碳中和”为项目理念，解决部分志愿者出于工作忙碌等原因无法参与线下公益活动的痛点，通过“线上养苗，线下植树”的方式，抵消自身产生的二氧化碳排放量，实现二氧化碳“零排放”。

“顺丰森林”项目包括线上和线下两部分。首先，顺丰公益基金会于 2021 年 1 月 20 日在顺丰办公系统上线“顺丰森林”公益微应用，并于 2022 年 9 月面向顺丰员工和参与“反哺计划”的伙伴开放“顺丰森林”微信小程序。顺丰志愿者登录应用或小程序后，系统会自动测算用户在一定时间内直接或间接产生的温室气体排放总量，志愿者可以捐赠、领取中和相应碳排放的公益树苗，通过捐赠步数等形式来购置营养水，在线养成树苗，顺丰公益基金会则在线下推动公益林种植。

“顺丰森林”线下活动由顺丰集团、顺丰公益基金会与中国绿色碳汇基金会等组织共同开展。项目会组织志愿者到各地林场和自然保护区，参与刺柏、油松的种植活动，并在活动过程中学习应对气候变化、自然保护地、自然生态系统保护和修复的相关知识，加深对于公益环保的理解，从而呼吁更多人加入到环保行动中去，共同为地球的未来做出贡献。

---

① 《化妆品企业“盯上”可持续是真环保还是另有所图》，新华网，http：//www.xinhuanet.com/fashion/2021-04/23/c_1127360925.htm。

至2023年1月，顺丰公益基金会累计投入3100万元种植顺丰碳中和林，“顺丰森林”项目得到46243位志愿者和336个团队的支持，线上领养树苗37762棵，捐赠收入25万余元。

资料来源：顺丰企业官网和其他公开资料。

针对SDG 6（清洁饮水和卫生设施）、SDG 7（清洁能源），一些企业利用自身的技术和创新能力，通过提高能源使用效率来减少能源消耗。企业采用先进的节能设备和技术，优化生产流程，减少能源浪费。例如，为响应国家“双碳”目标，国网庆阳供电公司成立领导小组，以建设高效清洁能源体系为目标，积极落实新能源发展相关政策，周密部署以新能源为主题的新型电力系统建设任务，打造光伏绿色产业链，并不断完善服务体系，有效融入社会责任理念、工具和方法，通过能源企业、政府、电网等多方沟通、协调联动，积极推动能源大数据中心建设，有效推动区域能源行业低碳转型。在落实企业社会责任之外，国网庆阳供电公司还积极开展了以清洁能源为主题的科普志愿服务。2023年8月15日，在全国首个生态日之际，国网庆阳供电公司组织连心桥（庆阳南梁）共产党员服务队、青年志愿者和驻村工作队分别在庆阳市宁县九龙广场、白桦林主题公园、帮扶村电力爱心超市、该公司各营业厅等多处设置宣传“摊位”，通过悬挂横幅、展示宣传展板、发放宣传资料等多种形式开展清洁能源知识宣传志愿服务活动，提升民众对于节能减排的认识，为实现“双碳”目标、有序推动绿色低碳发展贡献力量。①

【案例】

国家电网：低碳大篷车点亮振兴路

天津市蓟州区山地众多，大多数村民缺乏科学节约用电、践行低碳环保理念的意识。2014年，国网天津蓟州供电公司组建“大山里行走的红马甲”青年志愿服务队，启动“低碳大篷车点亮振兴路”志愿服务项目。志

① 《国网庆阳供电公司：保护生态环境 奉献清洁能源》，新浪财经，https：//finance. sina. com. cn/jjxw/2023-08-16/doc-imzhkaxi3086687. shtml。

愿者走村入户，通过节约用电宣传、电能替代一站式服务、乡村美育课等，帮助村民养成环保理念，形成绿色低碳的生活方式，助力乡村振兴。

面向蓟州农村的老人、青年和儿童群体，国网青年志愿服务队积极推广低碳的生产生活方式，形成“为老人宣贯方法带家庭、对青年转变意识促节能、从小孩树立理念打基础”的志愿服务模式。

面向山区老人，“大山里行走的红马甲”青年志愿服务队的志愿者到老人家中，为他们更换节能灯、清洁空调滤网，让老人感受到低碳生活的好处。自项目实施以来，志愿者已累计为村民更换节能灯泡1100余个，帮助327户老人清洁空调滤网。

面向回乡创业的年轻人，志愿服务队开展了“常态宣传—重点咨询—样板打造—以少带多”的一站式服务。志愿者将低碳大篷车开进蓟州区旅游资源集中的乡镇民宿、农家院，为回乡创业青年提供综合能源改造方案，帮助他们利用家中的闲置空间安装光伏板，传递低碳理念。此外，志愿者还会推广节能家电下乡，讲解光伏发电、电采暖等相关优惠政策，推动提升乡村电气化水平。

面向山区儿童，志愿服务队于2018年设计推出“绿色低碳乡村之美”美育课，旨在让孩子们直观理解“绿水青山就是金山银山”的环保理念。在活动中，志愿者会带领孩子们去室外写生，记录家乡美景，并和孩子们一起捡垃圾，培养他们的环保意识，让孩子们成为大山里的绿色宣传使者。活动开展5年来，志愿服务队累计为4个帮扶村78名儿童开设了42节美育课。

资料来源：企业官网和其他公开资料。

针对SDG 12（可持续消费和生产），一些企业致力于资源和材料的循环再利用，以推动循环经济的发展，如在企业内外推广循环经济理念和实践，或与供应链合作伙伴合作，组织员工实施废物回收和再利用计划，将废弃物转化为可再生资源，减少废弃物的产生，并减少对自然资源的消耗。例如，天丝集团在2022年组织“天丝时刻”志愿者前往泰国南部开展主题为“照顾拉廊，一起处理垃圾”的志愿服务活动，实践垃圾“循环经济”理念，促进民众理解支持收集各种包装物进行回收利用，以实现“可持续包装”。天丝集团还与世界自然保护联盟（IUCN）联合制定三年长期目标，打造包装物收集和垃圾综合处理模式原型，以延伸生产商对消费后饮料包装物的处理责任。[1]

总的来说，环境保护和可持续管理建立在生态环境良性循环的基础之上，有助于构建生态与经济协调发展的可持续经济。[2] 随着可持续性的重要性日益凸显，许多企业选择将志愿服务与环境保护相结合，通过各种方式推动绿色经济的发展。以下是一些常见的方式。

（1）环境保护类志愿服务项目：组织员工志愿者参与清洁能源推广、垃圾分类、植树造林等，继而增强员工的环境保护意识，促进绿色生活方式的普及，并为社区创造更健康和可持续的环境。

（2）绿色技术培训：开展有关绿色技术培训的志愿服务项目，为员工或公众提供关于可持续发展和绿色经济的知识和技能，增强组织和个人进行绿色技术创新和应用的动机和意识，减少对传统高碳能源的依赖。

（3）绿色营销和消费教育：开展绿色营销和消费教育活动，通过与社区合作，开展环保倡议类志愿服务项目，如推动社区垃圾减量计划、支持可再生能源项目等，提高消费者对绿色产品和可持续消费的认知，推动环保意识的增强和绿色经济在社区层面的发展。

（4）制定和推动环境保护政策和标准：企业与政府、非政府组织和其他利益相关者合作，通过制定行业标准等方式，呼吁整个行业的共同参与，为绿色经济的发展提供政策保障。

（二）可持续食品系统与农业

对应 SDG 1（减贫）、SDG 2（零饥饿）、SDG 3（良好健康与福祉）三项目标，一些企业从生产者和销售者入手，推动可持续农业实践。面向生产者，企业组织农业技术培训和教育志愿服务活动，邀请相关领域的专家向农民传授可持续农业的知识和技能，包括有机农业、农药使用安全等，以提高他们的农业生产能力和可持续发展意识。

例如，佳沃集团作为国内领先的现代农业食品产业领航者，在持续推动农业现代化进程中展现出了强大的责任感和使命感。为了进一步将自身

---

① 《“天丝时刻”激发环境保护潜能 促进循环经济理念推动可持续发展 邀请志愿者与社区共同学习处理回收垃圾以重新创造效益》，天丝集团官网，https://www.tcp.com/ch/news/2564/04apr/tcp-spirit-lae-mueang-raenong/。

② 崔如波：《绿色经济：21 世纪持续经济的主导形态》，《社会科学研究》2002 年第 4 期。

的产业实践优势和资源优势转化为推动农业发展的强大动力，该集团在2022年决定成立ESG委员会，旨在引领产业实现数智化农业的重大变革和全面进步，进而与整个产业链的生态伙伴们共同分享这一发展成果。佳沃集团采取了双管齐下的策略，一是深入田间地头，对广大农户进行智慧种植技能和现代农业知识的义务培训，旨在培养现代化、专业化的农业技术人才；二是通过引入先进的技术和管理模式，持续降低能源消耗，减少资源浪费，为乡村产业注入现代化的活力和效能。通过这两大方面的努力，佳沃集团不仅展现了其作为国内农业领军企业的风采，更为整个农业产业的可持续发展和乡村振兴贡献了自己的力量。[①]

面向消费者，企业鼓励员工志愿者响应减少食品浪费和资源回收利用的倡议，通过捐赠剩余食物、推广食品回收和再利用等活动，以减少食品浪费。此外，还有一些企业与当地的食品银行或慈善机构合作，将剩余食物捐赠给有需要的人群，减少浪费并能够帮助社区中的弱势群体。

【案例】

安利在儿童营养领域的企业社会责任项目

安利（中国）根植于企业的产业特色，选择以儿童营养作为企业履行社会责任的重点。作为一家营养保健品企业，安利（中国）在营养领域有一条完整的产业链，涵盖从产品研发、生产到销售的全过程。安利立足自身的品牌优势，从改善贫困地区儿童营养状况的角度切入，提出营养扶贫战略（2011~2020年），根据贫困地区不同年龄段儿童的特点，有针对性地推出营养改善的品牌项目。安利（中国）在儿童营养问题上开展了春苗营养计划、“为5加油”以及纽崔莱儿童营养公益研究院三大项目。

1. 春苗营养计划

2011年，安利公益基金会和中国关心下一代工作委员会（简称关工委）共同发起春苗营养计划。该计划以学校的供餐体系为切入点，通过为农村贫困地区寄宿制学校配备厨房设备、培训厨房管理员等方式来改善贫困地

① 《微光成炬，佳沃集团“一场一站”助农公益行动继续启航》，搜狐网，https://roll.sohu.com/a/709856066_121676494。

区留守儿童的营养状况。

春苗营养计划在各地的执行落地主要是关工委负责。而安利公益基金会在项目中出资提供全套厨房设备、营养培训及厨房管理员培训。为了确保资金、资源的有效利用，安利（中国）组建了一支由900多名员工志愿者组成的督导队，每年对春苗营养计划的各项目点进行督查：首先对志愿者进行项目的针对性培训，在完成培训后将志愿者分配到不同的项目点，对每一间投入使用的厨房进行督导检查，填写督导问卷，最后生成督导报告。

2. “为5加油”

在实施春苗营养计划的过程中，安利公益基金会发现很多孩子会把学校的饭菜带回家里去给弟弟妹妹吃。

在此背景下，安利公益基金会联合中国发展研究基金会、中国营养学会等机构在2015年合作启动“为5加油”儿童早期营养干预项目。该项目从营养干预、营养教育、社会倡导三方面发力，帮助中国贫困地区3~5岁儿童拥有健康成长环境。在开展“为5加油”项目的过程中，安利（中国）不只是提供资金捐助，还派出员工督导，帮助贫困地区儿童的健康成长。

3. 纽崔莱儿童营养公益研究院

除了通过公益项目及时满足儿童的营养需求外，安利也不断推出新的思路和新的模式。2016年5月，安利公益基金会与中国营养学会签署《纽崔莱儿童营养公益研究院战略合作协议》，双方合办创立纽崔莱儿童营养公益研究院。

作为国内第一个针对儿童营养问题的专业项目与研究资助平台，纽崔莱儿童营养公益研究院会对具有创新性、前瞻性的儿童营养公益项目和研究课题进行支持，致力于提高家长科学育儿的能力，降低孕产妇死亡率、新生儿出生缺陷率及6岁以下儿童患病率。目前，纽崔莱儿童营养公益研究院的主要工作包括制作中国儿童营养地图、开展儿童营养相关研究、编写中国儿童营养健康与发展报告等。

在该项目中，安利公益基金会的主要功能是向研究院提供经费支持，包括项目经费和日常工作经费，并监管捐赠财产的使用情况，提出意见和建议。中国营养学会在儿童营养领域提供智力支持，负责科研项目的具体实施并向安利公益基金会提供项目进度报告和总结。

纽崔莱儿童营养公益研究院的设立，使得安利可以借助中国营养学会的专家人才优势，通过课题研究、设计方案等方式对儿童营养问题进行研究，准确地把握儿童营养问题的关键，做出更有针对性的投资决策。通过这些项目，安利公益基金会在儿童营养与健康领域已经形成了一套较为系统的项目方案，在项目的执行过程中有专业的管理方法和评估方式，并基于这些项目形成了一个有机生态圈，彼此配合、相互补充推动产生更大的社会价值。

资料来源：笔者访谈和其他公开资料。

（三）可持续城市发展与基础设施

针对 SDG 9（工业、创新和基础设施）、SDG 11（可持续城市和社区），一些企业派遣员工志愿者参与城市基础设施的建设和维护工作，如修建公园、修缮道路、植树造林等，为城市提供更好的基础设施和环境。例如，临沂城建集团以创优美环境、优良秩序、优质服务为三项主要志愿服务工作，组织集团的党员志愿者引导交通、劝阻不文明行为、清扫道路垃圾。[①] 通过这些志愿服务活动，企业积极参与到城市建设的工作中，改善城市的基础设施和公共服务，以提高社会的公平性和包容性。

企业与当地社区的合作在推动社区发展和增强企业社会责任感方面扮演着至关重要的角色。通过参与社区建设类志愿服务项目，企业不仅能够为居民创造更优质的生活环境，还能深化与社区的联系，实现双方的共赢。以北京市海淀区上地街道为例，为进一步促进地区企业与社区深度融合，2023 年 3 月 3 日，上地街道团工委在上地公园组织开展“青春之光”志愿服务队授旗暨 2023 年度“学雷锋”志愿服务活动。在活动中，来自上地地区的百度公司志愿服务队、滴滴志愿服务队、启明星辰志愿服务队等 6 支企业志愿服务队与 6 个社区完成结对共建。[②] 这种形式发挥了企业志愿服务的优势，积极寻求社区需求侧与企业供给侧的平衡点，扎实开展各类社区志

① 《临沂城建集团党员志愿者助力全国文明城市创建》，百家号·齐鲁晚报，https：//baijiahao. baidu. com/s？ id = 1742769880658658655&wfr = spider&for = pc。

② 《海淀区上地街道 6 支企业志愿服务队与社区完成结对共建》，首都文明网，https：//www. bjwmb. gov. cn/dongtai/haidian/10023946. html。

愿服务活动，实现企业与社区的共同发展。

（四）社会责任与包容性增长

针对 SDG 4（优质教育）、SDG 5（性别平等）、SDG 10（减少不平等），一些企业围绕不同弱势群体的需求，如老人儿童妇女，根据他们的需求，开展相应的志愿服务活动。例如，星巴克（中国）面向乡村妇女推出“星绣未来”乡村女性经济赋能与非遗传承项目。该项目旨在帮助非遗女性传承者研发生活场景化产品，并配备设计导师和创业导师提供长期指导。此外，项目还邀请非遗传承人到星巴克非遗概念门店，举办非遗沙龙，与市民分享非遗创作故事。除了帮扶乡村妇女，星巴克（中国）为促进心智障碍者就业，于 2021 年推出了“展心计划”项目，旨在通过促进“校、企、社、政”合作的示范性试点模式，帮助心智障碍者实现融合就业。学校端通过研发共创适合心智障碍者就业的职业样本，比如餐厅和酒店服务员、西式面点师、花卉园艺工等，从企业端带动更多爱心企业参与，为学生提供机会去企业实习试岗。①

还有一些企业通过开展针对性的志愿服务培训，如大数据和编程技术等社会发展关键技能的培训，助力青年更好地适应社会需求，提升其在就业市场中的竞争力。通过这些培训，参与者得以增强自身适应多变行业和工作环境的能力，从而提高了就业潜力。企业利用自身人才资源的优势，提供技术、职业技能，分享创业故事，提供商业计划指导以及专业知识培训，不仅有效提升了受益者的就业率，还为他们开辟了更多元化的职业道路和收入渠道。

在这个领域，IBM 公司进行了很多尝试，基于 STEM（科学、技术、工程、数学教育）理念推出“AI 启蒙季”项目、为拓宽职业教育学生的成长路径的 P-TECH 项目，搭建了旨在帮助所有乡村地区老师和学生有效获取学习资源的新领学习公益平台。② 这些工作面向不同的群体，以技术教育为载体进行赋能，有助于构建一个更加包容、平等的社会。

---

① 《星巴克的公益故事：“心”青年找到工作 乡村阿妈绣出美好生活》，百家号·环球网财经，https://baijiahao.baidu.com/s?id=1773013480960071071&wfr=spider&for=pc。

② 《“国际志愿者日”IBM 在行动：专长服务社会，技术推动变革》，百家号·金融界，https://baijiahao.baidu.com/s?id=1751453010421477619&wfr=spider&for=pc。

【案例】

腾讯：数字支教（企鹅看客员）项目

腾讯SSV数字支教实验室基于腾讯会议、IOA、文档、乐享等基础功能，在2022年规划并建设数字支教系统“企鹅支教”，研发高质量教育内容，联合内外部公益志愿者和行业生态伙伴，凭借信息化、数字化能力，为乡村孩子提供优质的教育资源。

“企鹅支教”系统能够实现志愿者服务流程和全部教学流程的标准化、在线化。借助该系统，企业员工、大学生等群体可以志愿者讲师的身份，为偏远乡村地区儿童提供在线双语课堂。“企鹅支教”系统还可以协助线上支教的师生方便快捷地完成报名遴选、资质核验、培训备课、教学审核、智能排课、学情评估、考核激励等流程；同时，针对乡村学校的软硬件条件，该项目设计了“接地气”的适配技术架构，确保乡村学校“学得会、用得好”，保障线上支教活动的稳定与安全。

该项目以“五育并举”为基本理念搭建课程体系，共设计27门课程，力求开齐课表内非学科课程，推动学科融合，如推出艺术·美术、艺术·音乐、体育、信息科技、科学课程，同时研发素养类课程，如职业启蒙课、健康与幸福课。在线课堂的实施模式是线上支教教师借助国家中小学智慧教育平台的优质资源准备教学材料，通过“企鹅支教”系统与学生远程教学和互动，在地老师负责协助线上支教讲师，组织学生线下分组讨论、抢答，并给予学生激励和辅导。

截至2022年12月，腾讯SSV数字支教实验室通过双师课堂进行线上远程支教，联合3000多名志愿者老师，为300余所乡村小学、近10000名乡村儿童带去了5000多节丰富多彩的素质类课程。

资料来源：笔者访谈资料。

【案例】

华为（中国）的企业志愿服务实践

华为公司于2008年启动“种子计划”，旨在培养各国信息通信技术（ICT）人才，推动ICT产业发展。“种子计划”包括海外培训和在华实习两方面内容。海外培训旨在帮助世界各地青年在华为的指导下学习ICT相关知识，提升他们的职业技能。在华实习则是为了让这些青年有机会在华为的工作环境中学习和实践，积累工作经验。例如，针对孟加拉国的“未来种子”计划，通过在华为总部举行培训和提供在中国进行跨文化交流的机会，旨在促进孟加拉国信息通信技术人才的发展，并助力地区信息通信技术生态系统的完善。此外，华为也推出“未来种子2.0”计划，作为华为在全球范围内推行的数字化人才培养计划。华为总共计划投入1.5亿美元用于数字化人才培养，帮助在校大学生和年轻人提升数字化技能。

目前，“种子计划”已经在全球范围内累计培训了近20万名学生，帮助他们提升了职业技能，开阔了视野，也增强了他们对ICT产业的理解和兴趣。作为华为企业社会责任战略的一次具体实践，“种子计划”一方面通过投资于人力资本，对建设数字化社会做出积极贡献；另一方面，培养具备ICT技能的当地人才，也促进当地社区的经济发展和社会进步。

资料来源：公开资料。

（五）可持续商业实践与治理

针对SDG 8（体面工作和经济增长）、SDG 16（和平、正义与强大机构）、SDG 17（合作伙伴关系目标），一些企业将志愿服务与企业的核心业务进行整合，寻找志愿服务与企业产品或服务之间的关联点。还有一些企业积极探索和创新商业模式，将志愿服务作为一种价值创造的手段，通过为客户提供可持续性解决方案来实现商业利益。

以金融类企业为例，银行可以发挥自身在金融领域的专长，以金融知识宣传和金融服务为重点，打造金融机构的特色志愿服务。目前国内的多家银行都在金融知识普及方面开展了分众化的志愿服务活动，旨在实现金融知识的广泛普及。

例如，交通银行股份有限公司面向青少年、银发族、农民工分别设计了有针对性的金融安全教育宣传活动：在护苗行动中，交行志愿者深入各大院校、聋哑儿童学校、农民工子弟学校等开讲金融安全知识，并利用金融教育基地、营业网点厅堂向青少年开展财商教育；在银发行动中，交行志愿者走进社区、老年大学、养老机构，为老年人讲解现代金融服务，帮助他们更好地应用现代智能技术；在护乡行动中，交行志愿者来到乡村、工地、外卖配送点等，向农民、外来务工人员等群体讲解如何识别假币、如何防范电信网络诈骗、如何保护好个人金融信息等内容，提升他们的防骗和自我保护能力。①

可持续供应链管理是企业可持续发展实践的核心组成部分，它要求企业在管理供应链时，不仅考虑经济效益，更加重视环境保护和社会责任。通过识别并关注供应链中可能影响经济、环境和社会绩效的关键环节，企业致力于提升供应链的整体可持续表现，实现上下游企业的协同管理。这种管理策略旨在促进供应链中各方的利益共享及风险共担，确保生产过程的公平与环境友好。②

企业通过志愿服务项目，能够加强与供应链伙伴间的合作，共同推动更可持续的生产实践。这包括合作探索减少资源浪费、促进公平贸易的方法，共同努力改善供应链中的环境与社会影响。志愿服务项目不仅能够帮助企业与供应链伙伴共同优化生产流程、提高能源与资源的利用效率，还促进了合规性与透明度的提升，降低了潜在的可持续发展风险。此外，企业志愿服务还可提供技术支持和培训，助力供应链伙伴改进生产条件，向更可持续的生产方式转型。这种跨界合作不仅促进了地区乃至全球的社会经济发展，更为构建公平、均衡、可持续的经济体系做出了贡献。

同时，随着中国企业"走出去"战略的实施，许多企业积极参与到跨国的社会责任活动中，涉及教育、扶贫、健康等多个社会问题。这些跨境志愿服务项目通过培训当地员工、建立合作伙伴关系、促进社区参与等方式，在志愿者完成服务后仍能持续产生积极影响，推动可持续发展目标的实现。

三　未来趋势与挑战

（一）业务目标与可持续发展目标的匹配度

企业的业务目标与可持续发展目标存在冲突是未来的挑战之一。例如，

① 《交通银行开展金融联合教育宣传活动》，中国银行业协会，https：//www.china-cba.net/Index/show/catid/35/id/40016.html。

② 朱庆华：《可持续供应链协同管理与创新研究》，《管理学报》2017年第5期。

对于许多企业来说，志愿服务项目可能需要大量的初期投入，而其经济回报可能是长期和非直接的。这与企业追求短期经济效益的策略可能产生矛盾。此外，企业在进行志愿服务时可能会面临如何在公益性与商业性之间找到平衡的挑战。过度追求经济效益可能会导致项目失去其公益性，而过分注重公益性又可能使企业难以获得与其投入相匹配的回报。

虽然志愿服务项目本身是义务性的，但启动大型的公益项目仍需要初始的人力和资金投入。然而，受限于财务和人力资源，对大部分中小企业来说，都很难承担长期的或大规模的可持续发展项目。并且，随着可持续发展目标的进展，需要新的技术和创新解决方案来应对日益复杂的社会和环境问题。企业在这方面的研发和应用，尤其是与核心业务不直接相关的新技术，可能需要额外的投入和努力。这就需要企业更加合理地分配资源，确保志愿服务项目与企业的核心业务相辅相成，避免资源错配和目标偏离。更为重要的是，企业需要认识到可持续价值的长期性和渐进性，通过建立长期监测和评估体系，持续跟踪志愿服务项目的执行效果和社会影响，确保企业的志愿服务活动能够在推动可持续发展目标实现的同时，实现企业自身的长期价值增长。例如，企业通过参与环保志愿服务和推动绿色实践，往往能够在短期内迅速提升其对外的环保形象，吸引越来越多关注企业环保承诺的消费者。然而，长期来看，这种形象和信誉的建立需要持续的努力和一贯的环保行动，如果没有持续性的工作，可能适得其反，被质疑为形象工程或变相营销，反而降低了公众和消费者的信任和忠诚度。

（二）在地关系和合规性挑战

在企业开展志愿服务以促进可持续发展目标时，与当地政府和其他利益相关者的关系可能会遭遇一系列的挑战。以下是其中的一些关键内容和其潜在原因。

在不同的地区和国家，政府对于企业社会责任和志愿服务的理解和期望可能存在差异。这些差异源自地区间的文化、社会背景、经济发展水平以及政府的政策重点和优先事项等的不同。企业可能会发现当地政府的法规与其总部或其他地区的政策不一致，从而导致冲突。因此，企业在开展志愿服务之前，需要对当地的文化和法规进行深入了解，包括了解当地政府对企业社会责任和志愿服务的理解和期望，以及相关的法规和政策，并根据这些政策要求调整其社会责任和志愿服务的实践。

企业采用一种特定的合作模式和战略方向来实现其可持续发展目标，也可能与当地政府或其他利益相关者的期望和策略不符。例如，当地政府和社区希望从企业的志愿服务项目中获得更多的实际利益，如资金支持或就业机会。但企业在项目实施过程中需要考虑多个因素，包括市场需求、竞争环境、可行性和长期发展战略等。因而并未提供与其期望一致的资源。这种分歧可能是由不同的利益诉求和优先级观点所引起的。当地政府和社区更关注当地居民的利益和社会福利，而企业可能更注重自身的商业目标和可持续发展。并且，由于文化、语言或价值观的差异，企业与当地政府、社区之间的沟通可能存在障碍。如果之前存在负面事件或误解，重建信任可能需要时间和努力。为此，企业需要展示持久的承诺和耐心，坚持长期发展战略，持续与当地政府和社区保持合作，并根据实际情况调整沟通和合作策略。通过持续的努力和建设性的合作，企业可以逐渐克服文化差异和误解，建立起稳固的合作关系，实现可持续发展的目标。

企业在志愿服务项目初期没有制定明确的长期规划，致使当地政府和社区对企业志愿服务项目的长期效益和持续性存在疑虑。政府担心企业仅仅将志愿服务项目作为一次性的宣传活动，相应的资源和支持会随着项目的完结逐渐减少或中断。尤其是当两者形成了一种依赖关系时，一旦企业退出或减少参与，将无法维持项目的正常运作。因此，企业最好能在项目开始前就制定明确的规划，并与当地政府和社区签订合同或建立契约，确保项目能够在结束后持续发展。此外，企业应该积极鼓励和促进当地社区的参与。通过培养当地居民的能力和意识，让他们能够在项目结束后继续管理和维护项目，确保项目的长期效益和可持续性。

（三）可持续价值的评估

在推进志愿服务时，企业需要进行可持续价值的评估，即评估志愿服务活动对企业、社会和环境的影响。然而，许多志愿组织在进行结果评估时只是搜集了有关项目产出的数据，并没有分清“产出”（outputs）和“结果”（outcomes）两个概念的差异。这一现象的原因是志愿组织内部缺乏相关技术和资源，组织的评估能力较低[①]，而且志愿服务项目评估人员的专业性也受到资金和时间的限制。[②] 为此，企业可以寻求外部专业评估机构的支持，并对内部企业志愿服务专员进行培训，提升他们的项目评估能力。

可持续价值的评估是一个复杂的过程，需要综合考虑经济、社会和环境三个方面的影响。这三个方面相互交织、相互关联，难以通过单一的指标或数据来全面衡量。因此，企业在进行可持续价值评估时需要建立一个包含环境影响评估（考虑项目对环境保护和可持续性的影响）、社会影响评估（考虑项目对当地社区和利益相关者的影响）和经济影响评估（考虑项目对经济增长和盈利能力的影响）在内的综合性评估框架，以确保全面考虑不同维度的影响，并权衡不同利益相关方的利益。有研究者曾经对如何衡量志愿服务之于可持续发展的价值进行了详细的分析，指出这包含几个重要的步骤：首先通过分解志愿服务工作，建立它和可持续发展的具体目标之间的对应关系，例如将志愿服务工作的内容与各国的职业分类制度联系起来；其次是评估志愿服务活动在实践可持续发展目标上的有效性；最后是详细说明志愿服务工作的投入、活动、产出、结果或影响，并将其与可持续发展目标和指标进行对应，系统地跟踪志愿者的贡献。[③]

第三节　企业志愿服务与影响力投资

一　影响力投资的起源

"影响力投资"（Impact Investing）也称社会价值投资、社会效应投资，是一个有着悠久历史的现象，并始终以新的迭代形式出现。早在17世纪，英格兰的贵格会推行具有社会价值的投资业务，以提升投资活动的价值。20世纪70年代的美国，经济增速放缓、社会收入差距扩大。在此背景下，1971年福特基金会的"共同基金"资助孟加拉国经济学家穆罕默德·尤努

① Adams, Jeffery, and Pauline Dickinson. "Evaluation Training to Build Capability in the Community and Public Health Workforce", *American Journal of Evaluation*, Vol 31, No. 3(2010): 421-43.

② Cutt, James, and Vic Murray. *Accountability and Effectiveness Evaluation in Nonprofit Organizations. Vol.* 2, Routledge, 2000.

③ Haddock, Megan, and Peter Devereux. "Measuring the Contribution of Volunteering to the Sustainable Development Goals: Challenges and Opportunities", *Voluntaris*, Vol. 4, No. 1(2016): 68-100.

斯开展格莱珉银行的“普惠金融”模式成为社会影响力投资产生的标志性事件。[①] 20世纪80年代的反种族隔离撤资运动以及后来倡导的公平贸易消费品等也进一步推动了这一理念的形成。2007年，洛克菲勒基金会首次在意大利的Bellagio会议中引入了“影响力投资”这一术语。2010年，摩根大通与洛克菲勒基金会共同发布了一篇题为《影响力投资：新型资产阶级的崛起》（*Emerging Significance of Impact Investments*）的研究文章，首次提出了影响力投资与传统投资手段之间的区别。

从动力机制上来看，影响力投资的产生源于对传统经济理论的质疑，且顺应了新兴慈善家的投资需求。传统经济理论采纳的“经济人”假设依托于自利原则，认为“经济人”活动的主要动机是追求个人私利最大化，要满足个人利益只能利用市场机制和其他人交换产品和服务。但在现实世界中，人类行为多样，且受信仰、选择和行为模式等多维因素的影响。影响力投资的理念强调投资人在动机和目标上的多样化，有些人追求社会价值和经济回报的结合，希望在投资中实现积极的社会效应。这种趋势反映了新兴慈善家同时追求善款使用效率和经济回报的需求。[②]

“消费型慈善”的缺点和固有问题，也是影响力投资兴起的原因之一。主流的非营利领域理论提出，私营市场和政府在作为“共同资源”的提供方上都有其固有的缺陷，而非营利领域的出现是对“市场无效”和“政府不足”的一个响应。然而，非营利机构在解决社会和生态问题时也面临众多挑战。学者萨拉蒙在描述“非营利失效”理论时提到，以募捐为主要方式的非营利机构内部有很多矛盾。作为共有资源的提供者，这些机构的关键问题之一就是慈善的不足，导致它们在资金和资源上不能充分应对工业化社会中人们所面临的服务挑战。[③] 此外，慈善的家长式作风将权力授予控制慈善资源的人群，穷人只能依赖他人的慷慨行为，缺乏选择的权利。[④] 非营利组织往往更注重项目而忽视自身的可持续性和组织建设。影响力投资

① 李实：《公平与效率视角下的影响力投资》，《中国物价》2015年第4期。

② 李艳：《公益慈善与金融投资的整合：影响力投资的定义、缘起及挑战》，《北京电子科技学院学报》2017年第1期。

③ 参见〔孟〕穆罕默德·尤努斯《新的企业模式：创造没有贫困的世界》，鲍小佳译，中信出版社，2008，第9页。

④ 〔美〕莱斯特·M. 萨拉蒙：《公共服务中的伙伴》，田凯译，商务印书馆，1998，第49~50页。

的兴起也是为了解决这些问题，将经济回报与社会价值相结合，实现可持续的社会影响。[①]

此外，日益严峻的社会问题和解决这些问题的传统方案效能低下二者之间形成了固有矛盾，也推动了影响力投资理念的发展。21 世纪以来，人口老龄化、种族歧视、经济疲软、环境污染、生态破坏、资源短缺、贫困等公共社会问题日渐成为各国发展的阻碍。有效应对和解决这些社会问题，需要大量的资金投入。然而，政府资源和慈善捐赠都无法提供充足的资金来从根本上解决这些问题。2008 年金融危机后，公众对金融业的信心受到严重影响。为了重新树立公众形象，投资者采取的策略之一是投资与社会相关的项目。[②] 在投融资领域，特别是公共产品和社会服务的提供上，传统的政府、市场和第三部门各自存在明显的效率局限。“三方效能缺失”已被公认为是一个现实问题，这些体系普遍遭遇了观念难题、资金难题、缺乏刺激以及绩效表现不佳的挑战。[③] 影响力投资，作为一个创新的投资方法和合作管理策略，开辟了新路径，使得大量的私有资金可以实现社会效益，为当前的公共治理提供了新的策略工具。

目前，影响力投资的实践已经在全球得到了一定发展。2010 年 9 月，英国社会筹资组织推出了世界上首个名为“彼得伯勒社会影响力债券”（Peterborough Social Impact Bond）的社会影响力投资项目，为英国东部城市彼得伯勒的短期服刑人员提供服务，目的是降低他们出狱后的再犯罪率。除了个人与社会组织外，各国政府在推动社会影响力投资方面起到重要作用，通过资金支持、政策引导和法律规范为其发展创造了良好条件。例如，日本政府在 2010~2012 年推出了“新公共性”政策，投入 2.1 亿美元资助社会创新。此外，英、美、法等国纷纷通过立法和法案承认和规范社会影响力投资的参与主体，并提供金融和财税配套措施，为社会影响力投资的发展提供有力支持。目前，影响力投资正在吸引越来越多的关注。全球影

---

① 李艳：《公益慈善与金融投资的整合：影响力投资的定义、缘起及挑战》，《北京电子科技学院学报》2017 年第 1 期。

② Benedikter, Roland, and James Giordano. “The Outer and the Inner Transformation of the Global Social Sphere Through Technology: The State of Two Fields in Transition”, *New Global Studies*, Vol. 5, No. 2(2011): Article 4.

③ 许继芳、周义程：《公共服务供给三重失灵与我国公共服务供给模式创新》，《南京农业大学学报》（社会科学版）2009 年第 1 期。

响力投资网络（GIIN）首次确定市场规模，确定影响力投资战略在2019年管理的全球资产超过5000亿美元。①

影响力投资策略与公益事业尤其相关，为基金会一类的社会主体提供了一个强大的补充，使其能够在传统赠款之外产生更大的影响力。② 在投资的影响下，慈善基金会有机会根据其使命调整其策略，利用商业投资实现基于市场的解决方案，从传统来源释放额外资本，或利用现有资本做更多工作，以解决他们关心的社会问题。③

影响力投资在中国起步较晚，但中国政府也在多层面展开探索尝试：通过向开发性、政策性金融机构和公益性企业投入财政资金，促使它们成为资金中介，提供社会产品和服务。例如，中国人民银行在2015年向国家开发银行注资480亿美元，用于保障性住房和城市改造等城镇化项目。一些政府和社会资本合作项目也具有社会影响力投资属性。在这种模式下，政府鼓励私人资本和民营资本参与公共基础设施建设，如交通、能源和环保领域。2016年，中国发行了首单社会影响力债券，即山东省沂南县扶贫社会效应债券。该债券采用非公开定向发行方式，募集资金用于扶贫特色产业项目、扶贫就业点、扶贫光伏电站、扶贫公共服务和基础设施配套等工程。除了政府的努力推动，近年来，中国国内专项社会影响力投资基金的设立进程加速。许多投资机构，如“LGT公益创投”、世界资源研究所和友成企业家扶贫基金会等纷纷涌现。同时，第三方机构如深圳市创新企业社会责任促进中心也应运而生，使得整个社会影响力投资链条更加完善。④

二　影响力投资的核心概念

全球影响力投资网络将影响力投资定义为“旨在实现社会与环境上的

---

① Mudaliar, Abhilash, and Hannah Dithrich. 2019. Sizing the Impact Investing Market. New York. https://doi.org/10.1007/978-3-319-66556-6_4.

② Mair, Johanna, and Lisa Hehenberger. “Front-stage and Backstage Convening: The Transition from Opposition to Mutualistic Coexistence in Organizational Philanthropy”, *Academy of Management Journal*, Vol. 57, No. 4(2014): 1174-1200.

③ Roundy, Phillip, Hunter Holzhauer, and Ye Dai. “Finance or Philanthropy? Exploring the Motivations and Criteria of Impact Investors”, *Social Responsibility Journal*, Vol. 13, No. 3(2017): 491-512.

④ 曹堂哲、陈语：《社会影响力投资：一种公共治理的新工具》，《中国行政管理》2018年第2期。

积极改变、可以被量化，并带有财务收益预期的投资行为"[①]，同时提出了影响力投资者的四个特征：①投资伊始就有实现积极影响回报的意向和具体愿望，而不是在回顾中注意到；② 利用现有的影响数据设计有可能产生积极影响的投资方法，而不是假设可能发生的情况；③按照预期的影响结果管理影响绩效，基于测量、反馈循环进行调整；④通过进行行业观察，并结合经验数据开展分析，促进行业增长，以便其他人可以复制并谨慎关注未来的影响力投资。[②] 影响力投资包含三个核心概念，分别是混合价值、意向性以及测量与报告。

（一）混合价值

影响力投资围绕混合价值重新定位，强调利用资本作为工具，倡导采用商业策略来应对社会挑战、弥补公共服务的缺失并促进社会共治。[③] 与传统的投资策略相比，这种投资模式更加强调对人和环境的关注，通过市场机制有效地配置资源，促进产品革新，提升服务的效率，将对金融、社会或环境目的的追求结合起来，以此超越独立运作的市场和慈善事业。这意味着，在做出投资决策时使用影响力视角，所有的目标具有同等的重要性，投资的目标是利用资本在多个方面实现综合价值最大化。[④]

混合价值这一理念重新定义了对价值的认知，它强调价值是经济、社会和环境三大要素紧密结合、不可分割的产物。混合价值的实现并非简单地将各组成部分相加，它超越了三重底线分析中各部分的简单累加；相反，它代表了一种需要深入理解、精确衡量和积极追求的独特组合。同时，混合价值的形成并不意味着其价值创造的构成要素会丧失各自独特的属性和特征。它并非将各个独立部分简单地编织在一起，而是对这些核心要素进

① Bugg-Levin, Antony, and John Goldsetein. "Impact Investing: Harnessing Capital Markets to Solve Problems at Scale", *Community Development Investment Review*, Vol. 5, No. 2(2019): 30-41.

② Zolfaghari, Badri, and Geraldine Hand. "Impact Investing and Philanthropic Foundations: Strategies Deployed When Aligning Fiduciary Duty and Social Mission", *Journal of Sustainable Finance & Investment*, Vol. 13, No. 2(2023): 962-989.

③ 刘蕾、陈绅：《社会影响力投资——一种社会创新的工具》，《中国第三部门研究》2017 年第 2 期。

④ 安国俊、訾文硕、贾馥玮：《影响力投资发展现状、趋势及建议》，《金融理论与实践》2020 年第 9 期。

行重新组合，让它们之间自然融合，从而形成一个全新的、更加强大且更为精妙的组织和资本结构。混合价值体现了一种深刻的洞见：资本、社区和商业能够共同创造出远超过三者各自独立存在时的价值总和。它并非一场零和的数学游戏，而是一个关乎组织结构、人力资源以及地球上不断扩大的投资领域的物理方程式。

从这个逻辑上去理解，当投资产生的社会效应仅仅是主要商务活动的附带结果时，这类投资就不能严格满足影响力投资的标准，尽管这些投资有时也被标识为“具有影响的投资”。[①] 影响力投资倡导的社会价值不仅涉及为人类进步创造的物质和精神财富，还涵盖人与自然的和谐共生、改进居住环境、扶持贫困、有效使用资源等正面的观念和价值。社会贡献和对社会的承诺被视为评估个人和公司成长的重要标准。影响力投资的创新性在于它打破了仅追求经济利益而忽略环境和社会利益的传统投资方法。[②]

（二）意向性

在投资领域中，意向性特指投资者在投资过程中主动寻求对社会和环境问题提出解决方案的意图，并通过精确地测量和报告其投资在社会与环境层面产生的影响，以保证投资的有效性与透明度。这种投资方式与环境、社会及治理（ESG）投资，社会责任投资以及传统投资形式相区别，强调投资者不仅追求财务回报，同时也致力于实现积极的社会及环境变化。

根据布瑞恩·特雷斯塔德（Brian Trelstad）在其 2016 年的论文《影响力投资：一个简短历史》[③] 及《哈佛商业评论》中的文章《解读多种形式的影响力投资》[④] 中的观点，投资者在执行影响力投资时，通常会从以下三个关键方面进行综合考虑。

---

① 社会影响力投资特别工作组：《G8 社会影响力投资报告第一部分总报告：看不见的市场之心》，北京大学公民社会研究中心翻译，北京论坛发布，2016，第 34 页。

② 曹堂哲、陈语：《社会影响力投资：一种公共治理的新工具》，《中国行政管理》2018 年第 2 期。

③ Trelstad, Brian. “Impact Investing: A Brief History”, *Capitalism & Society*, Vol. 11, No. 2(2016): Article 4.

④ Trelstad, Brian. “Making Sense of the Many Kinds of Impact Investing”, *Harvard Business Review*, https: //hbr. org/2016/01/making-sense-of-the-many-kinds-of-impact-investing Accessed 29, Feb, 2024.

一是影响偏好（Impact Preferences），即投资者希望通过其资金实现何种影响，以及这些影响针对的对象。不同的投资者可能会侧重于不同的领域和群体。考虑影响偏好时，一种方法是遵循五个“P”原则，即投资于某个特定地点（Place），如城市或农村；特定群体（People），如老年人或儿童；对社会有益的产品（Products），如助残设施；对地球友好的策略（Planet），如低碳能源；促成范式转变（Paradigm）的策略。

二是影响风险/回报（Impact Risk/Return），即投资者期望的改变程度与他们愿意承受的失败风险之间的平衡。某些投资者可能寻求根本性变化的机会，这种变化对于达到其希望的社会或环境影响至关重要，即便这意味着承担更高的风险。

三是影响力投资策略（Impact Investment Strategy），即投资者考虑其投资如何能产生预期的影响。有些投资者可能会采取传统的金融投资方法，规避竞争性风险，提升财务回报，同时通过行使投票权或提供管理支持来产生社会影响；而有些投资者可能愿意为了促进社会或环境影响而承担较大的财务风险，或接受潜在的低财务回报，因为这些投资需要“耐心资本”，甚至可能需要有意识地重新分配资金，进行再投资。

（三）测量与报告

为了证明和增强其影响，影响力投资通常需要对投资在社会和/或环境方面的效果进行定期的测量和报告。这主要基于三个维度——风险、回报和影响力，其中影响力的实现必须有对社会和环境方面的可靠评估。[①]

由于影响力投资的产品采用了标准化的工具和策略，其价值评估更为可靠和明晰。[②] 这种量化测量意味着对那些旨在解决社会问题的产品和服务的绩效（即目标关联性、成本、产出、结果和影响）进行科学化的估值，从而衡量投资带来的社会效应和环境影响，并发布绩效信息。这样做的目的是确保投资的社会和环境影响是可衡量和可验证的。在影响力投资项目的策划和资金投资准备阶段，需要对项目所关注社会问题的目标对象的规

① 社会影响力投资特别工作组：《G8 社会影响力投资报告第一部分总报告：看不见的市场之心》，北京大学公民社会研究中心翻译，北京论坛发布，2016，第 31 页。

② 林永青：《“影响力投资”与“资本向善”：2020 年资本市场新旋律》，《金融博览》2020 年第 5 期。

模、成本、产品和服务绩效等进行量化和估值。根据项目目标和估量结果，确定所需的投资规模和与之相关的经济回报率，以确保资金充足并降低投资风险。在项目运行过程中，需要对项目数据进行测量并及时公开，以确保项目运行的透明化，以便及时解决问题，提高项目的成功率。①

一般来说，量化评估影响力投资需要关注以下几个关键要素：是否制定了明确的社会及环境投资目标，并且将这些目标清晰地传达给投资者；是否建立了完善的考核体系或标准，并配套了相应的标准化评分机制；是否对投资对象进行了持续的监控和管理；是否已经将投资的社会和环境影响明确报告给相关投资者了解。②

这样的做法为协同治理、效率、责任、公开和可问责等善治理念的实现提供了技术支撑。③ 例如，政府可以根据这些绩效信息建立购买服务的标准体系和价格体系，实现绩效监管，做出投资决策。投资者可以根据这些信息确定合理的投资回报率，为资源的合理配置提供决策依据，保证投资的透明与财务的安全。同时将考核结果反馈给投资管理人，也可对其及时调整投资组合起到指导作用。服务提供商可以通过实现绩效目标、引入企业家精神、技术革新、管理创新等手段节约成本、提高服务质量，促进公益事业的可持续发展。

目前，我国企业在进行影响力投资评估时主要使用国际通用指标，但国际指标在设计上缺乏差异化，并未充分考虑地域差异和各国实际国情。与国际指标相比，中国在地域差异、行业特点和 ESG 信息披露等方面存在独特性，因此需要进行差异化的指标设计，充分考虑中国的特殊国情和市场环境，制定适合中国实际情况的影响力投资评估指标体系。

在设计影响力投资评估指标体系时，应遵循以下原则。④

——国际标准延续：基于国际标准和最佳实践，如联合国责任投资原

① 刘蕾、邵嘉婧：《社会影响力投资综合价值实现机制研究》，《中国科技论坛》2020 年第 10 期。

② 唐娟、程万鹏、刘晓明：《影响力投资及其对我国政府投资的借鉴意义》，《商业经济研究》2016 年第 8 期。

③ 曹堂哲、陈语：《社会影响力投资：一种公共治理的新工具》，《中国行政管理》2018 年第 2 期。

④ 安国俊、訾文硕、贾馥玮：《影响力投资发展现状、趋势及建议》，《金融理论与实践》2020 年第 9 期。

则（PRI），构建一个基本框架。这样可以确保评估指标体系与国际接轨，并继承国际标准的核心要义。

——地域差异化考虑：考虑中国的地域差异和特殊情况，对国际指标进行调整和补充。根据不同地区的经济、社会和环境状况，设计具有中国特色的指标，以更准确地反映中国市场的实际情况。

——数据披露要求：针对中国市场的数据披露情况，设计适合的指标。考虑到中国市场的信息披露程度和可获得的数据，合理确定评估指标的数据要求，确保可行性和可操作性。

结合中国实际情况进行指标设计，可以更准确地评估影响力投资的效果和影响。这样的量化评估指标体系将为中国的影响力投资提供有针对性的指导和支持，促进可持续发展和社会责任的实践。此外，制定具有中国特色的指标体系也有助于提升中国影响力投资的国际认可度和竞争力。

需要特别指出的是，这三个核心概念——混合价值、意向性、测量与报告都建立在一个事实前提下：影响力投资源于更宏观的社会责任投资（SRI）理念，即投资者们意识到，他们可以通过经济和环境手段，在社会、政治层面发挥积极作用。[①] SRI 的成功实践表明，企业需要超越“避免伤害”的传统策略，转而积极寻求负责任的投资策略。[②]

影响力投资与 SRI 有着相同的目标，即在决策过程中融合环境、社会和道德目标，但在评估投资的社会层面时，影响力投资更注重意向性。[③] 企业社会责任活动的核心目的是塑造积极的企业形象，最大限度地减少业务运营可能带来的任何潜在负面影响，并将社会和环境问题纳入业务运营中，以超越仅对股东负责的范畴。影响力投资的早期倡导者曾将其视为一种新

① Berry, Thomas C., and Joan C. Junkus. “Socially Responsible Investing: An Investor Perspective”, *Journal of Business Ethics*, Vol. 112, No. 4 (2013): 707 - 720; Giamporcaro, Stéphanie, and Jean-Pascal Gond. “Calculability as Politics in the Construction of Markets: The Case of Socially Responsible Investment in France”, *Organization Studies*, Vol. 37, No. 4(2016): 465-495.

② Louche, Cé lin, Daniel Arenas, and Katinka C. van Cranenburgh. “From Preaching to Investing: Attitudes of Religious Organizations Towards Responsible Investment”, *Journal of Business Ethics*, Vol. 110, No. 3(2012): 301-320.

③ Ebrahim, Alnoor, and V. Kasturi Rangan. “What Impact? A Framework for Measuring the Scale and Scope of Social Performance”, *California Management Review*, Vol. 56, No. 3(2014): 118-141.

的资产类别[①]，但因为它并不具备统一且独特的风险和波动特征，所以并不能算作一种独立的资产类别。相反，它更像是一种投资策略，可以灵活应用于多种资产类别中，而不会随着时间的推移损害财务绩效。

三 影响力投资对企业志愿服务的影响

影响力投资的理念，以其对长期社会和环境效益的强调，正在逐步深化企业志愿服务的战略定位、工作重点和执行方式。这种以结果为导向的投资方法，促使企业在策划和实施志愿服务项目时，更加注重创新、合作和可持续性，有助于企业志愿服务有效响应时代的变迁和社会的需求。随着影响力投资理念的进一步普及和实践的不断深入，将对企业的社会责任战略产生持续而深远的影响，引领企业志愿服务在提升社会价值创造与促进社会进步方面扮演更加积极的角色。这不仅标志着企业参与社会责任的方式正在发生根本性变化，也预示着企业在社会创新和可持续发展领域将拥有更大的影响力。

（一）策略重塑

在当前的商业环境中，企业不仅追求经济利益，更被期待在履行社会和环境责任方面扮演积极的角色。影响力投资的理念强调通过投资带来社会和环境正面效益的企业或项目，认为财务回报与社会环境效益并重，展示了一种高效的资源利用方式。这种投资不仅关注其长期效益，而且通过支持具有持续发展潜力的项目，推动社会发展和环境保护。该理念的发展促使企业重新思考其志愿服务策略，将传统的企业志愿服务与影响力投资的理念相结合，通过重塑其实施策略，促进企业战略的全面升级和社会责任的深化实践。

在这一过程中，资本的作用变得至关重要。在制定企业志愿服务的工作策略时，企业需进一步思考如何实现对资本的有效利用，以便通过志愿服务获得综合价值的最大化，这包括识别和选择那些能够同时提供社会效

---

① O'Donohoe, Nick, Antony Bugg-Levine, Christina Leijonhufvud, Yasemin Saltuk, and Margot Brandenburg. *Impact Investments: An Emerging Asset Class*（New York: JP Morgan Social Finance, 2010）. p. 8.

益、环境效益及经济效益的项目，并开发一套评估机制，以量化志愿服务活动的影响力等。同时，企业应鼓励员工积极参与到这些活动中，通过提供培训和资源支持，增强员工对影响力投资和可持续发展目标的理解和承诺。

在这种市场驱动的趋势下，企业志愿服务的策略需要重塑，以适应这一变化。企业不再是单一的资金捐赠者，而是变成了公益项目的参与者和推动者，通过与社会企业、慈善超市和公益银行等新兴业态的合作，企业能够将其志愿服务活动更深入地融入社会问题的解决过程中。[①] 这不仅增强了企业志愿服务的实际影响力，还为企业提供了新的商业机会和社会价值创造的路径。

重塑企业志愿服务策略的关键在于寻找与这些新兴公益业态的合作点，利用企业的专业技术和人力资源，支持这些组织的运营和发展，同时也探索可持续的商业模式来确保公益活动的长期效果。例如，企业可以通过提供专业培训、技术支持或市场推广等方式，帮助社会企业提高运营效率和市场竞争力，或者与慈善超市和公益银行合作，开发新的筹资渠道和金融产品，为公益项目提供更稳定的资金支持。此外，企业还需要通过建立合作网络、参与政策制定和公众教育等方式，推动公益慈善领域的整体发展，提高社会对于公益慈善重要性的认识，促进更广泛的社会参与。

（二）长期主义和社会共赢

影响力投资理念对企业志愿服务的另外一个影响是使其更加重视通过优化资源配置和多方协同，实现长期社会价值和共享成功。在企业志愿服务中，员工贡献时间、技能和努力，为影响力投资项目提供实地调研、社会影响评估及项目监测等核心支持。这些举措有助于投资者更深刻地理解社会和环境挑战，进而确保投资的有效性和持久性。特别是在教育扶持、技能培训和生态保护等领域，企业志愿者的积极参与不仅缓解了公益项目的人力资源紧张问题，更凸显了其在推动社会创新中所扮演的不可或缺的角色。

---

① 王名：《中国公益慈善：发展、改革与趋势》，《中国人大》2016 年第 7 期。

与此同时，影响力投资为致力于解决社会难题的公益组织和项目提供了资金后盾。这种资金支持不仅有助于降低因资金链断裂而带来的风险，[①]更推动了创新和可持续解决方案的落地生根，促进了社会和环境的持续改善。通过扩展企业志愿服务的触及范围和深化其影响，更多的社会问题得以迎刃而解。这种相辅相成的机制，不仅助力企业实现社会责任与商业价值的和谐统一，更为社会的可持续发展和繁荣注入了新的活力。[②]

企业志愿服务与影响力投资的协同作用，激励企业探索更加新颖的合作模式。例如，通过建立社会创新基金、合作创办社会企业等方式，将商业目标与社会价值紧密结合，保障了财务的可持续性。相较于传统的企业慈善行为，这些新模式更注重资源利用的高效性和项目的财务自给自足能力，为社会企业的规模化发展铺平了道路，通过市场力量吸引更多资源和资金，从而在更广泛的层面上产生积极的社会影响。[③] 需要注意的是，投资战略的实施可能会受到以下各种因素的挑战，包括：法律是否允许通过投资来抵消纳税等企业经营成本，投资者是否在其资产类别中应用影响力投资策略；志愿服务的实施主体是否能够合法接受相应的资金，企业是否具备设计、实施和管理影响力投资的专业知识；等等。[④] 因此，企业在开展志愿服务工作时，需要关注自身和合作者在多大程度上遇到了这些挑战，并尝试在部署影响力投资战略时应对这些挑战。

此外，为提升社会影响评估的效率和降低成本，企业应致力于开发新型的软件应用和会计技术，以简化评估流程。通过建立统一的评估标准和指标体系，并精准地收集、分析和利用数据，以便更准确地衡量和展示项

---

① 刘蕾、邵嘉婧：《社会影响力投资综合价值实现机制研究》，《中国科技论坛》2020年第10期。

② Jackson, Edward T. "Evaluating Social Impact Bonds: Questions, Challenges, Innovations, and Possibilities in Measuring Outcomes in Impact Investing", in *Innovative Measurement and Evaluation of Community Development Practices*(New York: Routledge, 2017), pp. 92-100; Margolis, Joshua D., and James P. Walsh. "Misery Loves Companies: Rethinking Social Initiatives by Business", *Administrative Science Quarterly*, Vol. 48, No. 2(2003): 268-305.

③ 邓国胜、朱绍明：《第三次分配视角下企业慈善责任的新路径》，《中国非营利评论》2021年第2期。

④ Ormiston, Jarrod, Kylie Charlton, M. Scott Donald, and Richard G. Seymour. "Overcoming the Challenges of Impact Investing: Insights from Leading Investors", *Journal of Social Entrepreneurship*, Vol. 6, No. 3(2015): 352-378.

目在社会和环境方面的成果，进而提升项目的透明度和公众信任度，同时为企业决策提供有力支持。

综上所述，影响力投资理念使企业志愿服务更加注重长期主义和合作共赢。通过优化资源配置、多方协同合作以及创新合作模式，企业志愿服务在追求长期社会价值和共享成功方面取得了显著成效。这种合作共赢的机制不仅有助于解决社会问题、推动社会创新，更为企业的可持续发展和社会的繁荣进步注入了新的动力。

（三）持续创新

随着经济社会的不断发展，新兴社会问题和挑战不断出现。企业志愿服务作为支撑社会变革的力量之一，也需要不断自我革新，以适应不断变化的社会需求。影响力投资的理念对企业志愿服务的动态调整起到了监督和推动作用，使其更加重视获得最新的社会洞察，通过建立与利益相关者、社会组织和领域专家的合作关系，以及开展员工培训、研讨会，建立知识共享平台等方式，激励员工和合作伙伴进行深入交流与学习，提高对市场和社会趋势的适应能力。在此基础之上，确保志愿服务项目目标与社会需求高度契合，实现对社会需求的最大满足。

影响力投资与企业志愿服务的紧密结合，不仅需要企业内部的多元化协作，还需跨越传统界限，与不同国家的政府机构、市场参与者共同努力。这种多方协作，能够帮助企业更有效地理解和适应各地政策环境，获得政策上的支持，确保其社会创新项目的合规性和可持续性。[①]

影响力投资涉及许多利益相关者，如银行、作为投资者的高净值个人、机构投资者、受益人。[②] 此外，影响力投资作为一种联系纽带，也将企业、非营利组织、基金会和社会公众等各类社会治理主体卷入其中。这种模式有助于企业的志愿服务工作突破原有合作模式中对参与对象的限制，鼓励

① Claeyé, Frederik, and Terence Jackson. "The Iron Cage Re-revisited: Institutional Isomorphism in Non-profit Organisations in South Africa", *Journal of International Development*, Vol. 24, No. 5 (2012): 602-622; DiMaggio, Paul J., and Walter W. Powell. "The Iron Cage Revisited: Institutional Isomorphism and Collective Rationality in Organizational Fields", *American Sociological Review*, Vol. 48, No. 2(1983): 147-160.

② Ashta, Arvind. "Co-creation for Impact Investment in Microfinance", *Strategic Change: Briefings in Entreperneurial Finance*, Vol. 21, No. 1/2 (2012): 71-81.

和引导各方力量参与，共同分担项目风险，实现平等合作和优势互补，发挥各主体的最大协同作用。[①] 通过与不同利益相关者保持密切合作关系，企业可以整合各方的信息与资源，推动企业志愿服务在社会创新领域产生更大影响。

通过以上措施，企业志愿服务与影响力投资相互促进，共同关注社会创新的动态性和持续性，使企业能够在短期内迅速响应社会需求，在长期内促进社会和环境的持续进步和可持续发展。

① 刘蕾、邵嘉婧：《社会影响力投资综合价值实现机制研究》，《中国科技论坛》2020年第10期。

参考文献

一　中文专著

《马克思恩格斯列宁哲学经典著作导读》编写组：《马克思恩格斯列宁哲学经典著作导读》，人民出版社，2014。

〔法〕埃米尔·涂尔干：《社会分工论》，渠敬东译，生活·读书·新知三联书店，2017。

〔美〕R. 爱德华·弗里曼：《战略管理：利益相关者方法》，王彦华、梁豪译，上海译文出版社，2006。

〔美〕W. 理查德·斯科特：《制度与组织：思想观念与物质利益》，姚伟、王黎芳译，中国人民大学出版社，2010。

〔美〕彼得·德鲁克：《管理的实践》，齐若兰译，机械工业出版社，2020。

〔美〕彼得·德鲁克：《卓有成效的管理者》，许是详译，机械工业出版社，2020。

〔美〕霍华德·R. 鲍恩：《商人的社会责任》，肖红军、王晓光、周国银译，经济管理出版社，2015。

〔美〕莱斯特·M. 萨拉蒙：《公共服务中的伙伴》，田凯译，商务印书馆，1998。

〔美〕穆罕默德·尤努斯：《新的企业模式：创造没有贫困的世界》，鲍小佳译，中信出版社，2008。

〔美〕乔治斯·蒂纳、约翰·斯蒂纳：《企业、政府与社会》，张志强等译，华夏出版社，2002。

〔美〕韩德林：《行善的艺术：晚明中国的慈善事业》，吴士勇、王桐、史桢豪译，江苏人民出版社，2015。

翟燕：《专业志愿服务理论与实践》，中国人民大学出版社，2023。

梁其姿：《变中谋稳：明清至近代的启蒙教育与施善济贫》，上海人民出版社，2017。

吕鹏、房莉杰等：《寻找“座头鲸”：中国企业是如何进行社会创新的?》，社会科学文献出版社，2020。

马敏：《商人精神的嬗变——近代中国商人观念研究》，华中师范大学出版社，2001。

马伊里、杨团主编《公司与社会公益》，华夏出版社，2002。

世界资源研究所、联合国环境规划署、联合国开发计划署：《世界资源报告 1992~1993》，中国环境科学出版社，1993。

周红云：《社会治理》，中央编译出版社，2015。

二 中文期刊论文

安国俊、訾文硕、贾馥玮：《影响力投资发展现状、趋势及建议》，《金融理论与实践》2020 年第 9 期。

白光昭：《第三次分配：背景、内涵及治理路径》，《中国行政管理》2020 年第 12 期。

曹堂哲、陈语：《社会影响力投资：一种公共治理的新工具》，《中国行政管理》2018 年第 2 期。

陈锋、陈涛：《社会工作的“社会性”探讨》，《社会工作》2017 年第 3 期。

陈家刚：《基层治理：转型发展的逻辑与路径》，《学习与探索》2015 年第 2 期。

陈校：《志愿服务的管理模式研究：前置承诺与后置强制》，《中国青年研究》2009 年第 8 期。

陈仕华、马超：《企业间高管联结与慈善行为一致性——基于汶川地震后中国上市公司捐款的实证研究》，《管理世界》2011 年第 12 期。

褚宏启、贾继娥：《教育治理中的多元主体及其作用互补》，《教育发展研究》2014 年第 19 期。

褚宏启：《教育治理：以共治求善治》，《教育研究》2014 年第 10 期。

戴璐：《组织弹性与企业总部的动态能力》，《中南财经政法大学学报》

2019 年第 1 期。

崔如波：《绿色经济：21 世纪持续经济的主导形态》，《社会科学研究》2002 年第 4 期。

单勇：《数字平台与犯罪治理转型》，《社会学研究》2022 年第 4 期。

邓国胜：《奥运契机与中国志愿服务的发展》，《北京行政学院学报》2007 年第 2 期。

邓国胜、朱绍明：《第三次分配视角下企业慈善责任的新路径》，《中国非营利评论》2021 年第 2 期。

范慧、彭华民：《互嵌式社区治理：社会工作机构与市场共治逻辑——基于机构市场化服务项目的实证研究》，《安徽师范大学学报》（人文社会科学版）2020 年第 3 期。

樊鹏：《中国共产党的政治领导力——从“摸着石头过河”到“系统整体设计推动改革”》，《云南社会科学》2021 年第 1 期。

高腾飞、黄艳、孙世强：《企业社会创新：概念辨析、演化规律与分析框架》，《商业经济研究》2021 年第 21 期。

高腾飞：《企业社会创新：概念、测量方法与情境展望》，《财会月刊》2021 年第 23 期。

顾昕：《共同富裕的社会治理之道——一个初步分析框架》，《社会学研究》2023 年第 1 期。

何辉：《如何理解我国的企业社会责任现状：政府和企业关系的视角》，《中国社会科学院研究生院学报》2013 年第 3 期。

何轩、马骏：《被动还是主动的社会行动者？——中国民营企业参与社会治理的经验性研究》，《管理世界》2018 年第 2 期。

侯怀霞：《企业社会责任的理论基础及其责任边界》，《学习与探索》2014 年第 10 期。

黄晓星、蒋婕：《治理现代化与社会建设：社区志愿服务发展的分析进路》，《中国志愿服务研究》2020 年第 2 期。

贾明、向翼、王鹤丽、张喆：《从企业社会责任（CSR）到企业可持续商业（CSB）：反思与未来》，《管理评论》2023 年第 5 期。

贾生华、陈宏辉：《利益相关者的界定方法述评》，《外国经济与管理》2002 年第 5 期。

江亚洲、郁建兴：《第三次分配推动共同富裕的作用与机制》，《浙江社会科学》2021年第9期。

金碚：《社会企业的机理逻辑及对认识现代市场经济的启示》，《中国工业经济》2022年第3期。

康晓光、韩恒：《行政吸纳社会——当前中国大陆国家与社会关系再研究》，《中国社会科学》2007年第2期。

李昊青、郭其云、夏一雪：《构建公共危机应急救援力量体系的理论支撑》，《中国应急救援》2011年第4期。

李健、陈淑娟：《如何提升非营利组织与企业合作绩效？——基于资源依赖与社会资本的双重视角》，《公共管理学报》2017年第2期。

李建伟、王伟进：《理解社会治理现代化：内涵、目标与路径》，《南京大学学报》（哲学·人文科学·社会科学）2021年第5期。

李实：《公平与效率视角下的影响力投资》，《中国物价》2015年第4期。

李学：《不完全契约、交易费用与治理绩效——兼论公共服务市场化供给模式》，《中国行政管理》2009年第1期。

李彦龙：《企业社会责任的基本内涵、理论基础和责任边界》，《学术交流》2011年第2期。

李艳：《公益慈善与金融投资的整合：影响力投资的定义、缘起及挑战》，《北京电子科技学院学报》2017年第1期。

李友梅：《中国社会治理的新内涵与新作为》，《社会学研究》2017年第6期。

李佑颐、赵曙明、刘洪：《人力资源管理研究述评》，《南京大学学报》（哲学·人文科学·社会科学）2001年第4期。

厉以宁：《论共同富裕的经济发展道路》，《北京大学学报》（哲学社会科学版）1991年第5期。

林永青：《“影响力投资”与“资本向善”：2020年资本市场新旋律》，《金融博览》2020年第5期。

刘豪兴、徐珂：《探寻第三域的主导力量——上海市社区党员志愿者活动的调查研究》，《江苏社会科学》2001年第1期。

刘蕾、陈绅：《社会影响力投资——一种社会创新的工具》，《中国第三部门研究》2017年第2期。

刘蕾、邵嘉婧：《社会影响力投资综合价值实现机制研究》，《中国科技论坛》2020年第10期。

刘学：《流量治理：平台企业如何将公益组织起来?》，《新视野》2021年第1期。

刘追、池国栋：《员工志愿行为的过程机理研究——基于“动机-行为-结果”动态性视角的案例研究》，《中国人力资源开发》2019年第1期。

柳望春、徐昌洪、程翔宇等：《基层社会治理与重大疫情应对研究》，《社会政策研究》2021年第1期。

芦青、宋继文、夏长虹：《道德领导的影响过程分析：一个社会交换的视角》，《管理学报》2011年第12期。

陆益龙：《乡村社会治理创新：现实基础、主要问题与实现路径》，《中共中央党校学报》2015年第5期。

莫于川、梁爽：《社会应急能力建设与志愿服务法制发展——应急志愿服务是社会力量参与突发事件应对工作的重大课题》，《行政法学研究》2010年第4期。

彭华民：《中国社会工作学科：百年论争、百年成长与自主性研究》，《社会科学》2017年第7期。

邱仁宗、黄雯、翟晓梅：《大数据技术的伦理问题》，《科学与社会》2014年第1期。

渠敬东、周飞舟、应星：《从总体支配到技术治理——基于中国30年改革经验的社会学分析》，《中国社会科学》2009年第6期。

宋青励、张勤、肖大恒：《社区应急志愿服务效能的影响因素探析》，《科学决策》2023年第6期。

唐娟、程万鹏、刘晓明：《影响力投资及其对我国政府投资的借鉴意义》，《商业经济研究》2016年第8期。

田耘：《经济全球化背景下的企业社会责任》，《社会科学战线》2006年第6期。

田志龙、程鹏璠、杨文、柳娟：《企业社区参与过程中的合法性形成与演化：百步亭与万科案例》，《管理世界》2014年第12期。

汪旭晖、张其林：《平台型电商声誉的构建：平台企业和平台卖家价值共创视角》,《中国工业经济》2017年第11期。

王凌云、张龙:《利益相关者对企业战略成功的影响》,《经济管理》2003年第14期。

王名、蔡志鸿、王春婷:《社会共治:多元主体共同治理的实践探索与制度创新》,《中国行政管理》2014年第12期。

王名、蓝煜昕、王玉宝等:《第三次分配:理论、实践与政策建议》,《中国行政管理》2020年第3期。

王名:《中国公益慈善:发展、改革与趋势》,《中国人大》2016年第7期。

王诗宗、杨帆:《政府治理志愿失灵的局限性分析——基于政府购买公共服务的多案例研究》,《浙江大学学报》(人文社会科学版)2017年第5期。

王艳:《社区志愿服务组织与激励的制度分析》,《社会》2003年第1期。

王毅杰、孙旌程:《造血式扎根:企业社区参与的驱动因素与现实路径》,《学习与实践》2023年第7期。

魏钧、陈中原、张勉:《组织认同的基础理论、测量及相关变量》,《心理科学进展》2007年第6期。

魏培晔、魏娜:《时间银行中混合志愿服务的生成机制:基于多重制度逻辑视角》,《公共管理与政策评论》2024年第1期。

文军、吕洁琼、刘雨航:《企业志愿服务模式:类型比较与优化策略——以无锡市X区为例》,《中国志愿服务研究》2021年第4期。

鲜祖德、巴运红、成金璟:《联合国2030年可持续发展目标指标及其政策关联研究》,《统计研究》2021年第1期。

肖红军、李平:《平台型企业社会责任的生态化治理》,《管理世界》2019年第4期。

许莲丽:《论我国志愿服务的法律适用》,《青年探索》2019年第3期。

徐彤武:《联邦政府与美国志愿服务的兴盛》,《美国研究》2009年第3期。

许继芳、周义程:《公共服务供给三重失灵与我国公共服务供给模式创新》,《南京农业大学学报》(社会科学版)2009年第1期。

杨宝：《治理式吸纳：社会管理创新中政社互动研究》，《经济社会体制比较》2014年第4期。

杨典：《国家、资本市场与多元化战略在中国的兴衰——一个新制度主义的公司战略解释框架》，《社会学研究》2011年第6期。

张建君、张志学：《中国民营企业家的政治战略》，《管理世界》2005年第7期。

张冉：《中国社会组织市场导向的本土建构：一个多案例分析》，《西南大学学报》（社会科学版）2018年第5期。

张燕玲、张晓红：《国外志愿服务发展趋势》，《北京城市学院学报》2012年第6期。

张艳娥：《关于乡村治理主体几个相关问题的分析》，《农村经济》2010年第1期。

赵建建：《志愿服务参与第三次分配的理论逻辑、历史逻辑和实践逻辑》，《中国志愿服务研究》2021年第2期。

赵琼：《国外企业社会责任理论述评——企业与社会的关系视角》，《广东社会科学》2007年第4期。

赵文红、尉俊东、周密：《企业与非营利组织合作的战略选择：维度、影响因素和研究框架》，《管理评论》2008年第6期。

赵小平、毛佩瑾：《公益领域中的“市场运作”：社会组织建构社区社会资本的机制创新》，《中国行政管理》2015年第11期。

周艳、吴彦彰、戴炳元等：《志愿公益组织与专业社工机构融合发展的驱动因素及优势分析——以苏南C市L义工协会与LH社工机构为例》，《东吴学术》2019年第1期。

周毅之：《从韦伯关于官僚制的苦恼议及治理理论——以非人格秩序神话背后的真实故事为观察点》，《江海学刊》2007年第5期。

周祖城：《企业社会责任与企业伦理关系分析》，《管理学报》2022年第2期。

朱健刚：《慈善组织在我国公共服务体系建设中的参与路径——以残疾人社会组织为例》，《社会保障评论》2023年第7期。

朱庆华：《可持续供应链协同管理与创新研究》，《管理学报》2017年第5期。

三 外文文献

Ackerman, Robert W. *The Social Challenge to Business*, MA: Harvard University Press, 1975.

Adams, Jeffery, and Pauline Dickinson. " Evaluation Training to Buildcapability in the Community and Public Health Workforce", *American Journal of Evaluation*, Vol. 31, No. 3, 2010.

Aguilera, Ruth V., Deborah E. Rupp, and Cynthia A. Williams et al. "Putting the S Back in Corporate Social Responsibility: A Multilevel Theory of Social Change in Organizations", *Academy of Management Review*, Vol. 32, No. 3, 2007.

Alberti, F. G. and Federica Belfanti (2019) . Creating Shared Value and Clusters: the Case of an Italian Cluster Initiative in Food Waste Prevention. *Competitiveness Review: An International Business Journal*, Vol. 29, No. 1, 2019.

Alhinho, Gil, Teresa Proença, and Marisa R. Ferreira. "Corporate Volunteering Impacts: A Tripartite Approachthrough the Employees' Perceptions." *International Journal of Social Ecology and Sustainable Development (IJSESD)*, Vol. 14, No. 1, 2023.

Al Kerdawy, Mostafa Mohamed Ahmed. "The Role of Corporate Support for Employee Volunteering in Strengthening The Impact of Green Human Resource Management Practices on Corporate Social Responsibility in The EgyptianFirms. " *European Management Review*, Vol. 16, No. 4, 2019.

Allan, Blake A. Cassondra Batz-Barbarich, and Haley M. Sterling et al. "Outcomes of Meaningful Work: A Meta-analysis", *Journal of Management Studies*, Vol. 56, No. 3, 2019.

Alexander, Jennifer, Renee Nank, and Camilla Stivers. " Implications of Welfare Reform: Do Nonprofit Survival Strategies Threaten Civil Society?"*Nonprofit and Voluntary Sector Quarterly* Vol. 28, No. 4, 1999.

Ameer, Rashid, and Radiah Othman. "Sustainability Practicesand Corporate Financial Performance: A Study Based on the Top Global Corporations. "*Journal of Business Ethics*, Vol. 108, No. 1(2012) .

Aquino, Karl, and Americus Reed II. "The Self-importance of Moral Identity", *Journal of Personality and Social Psychology*, Vol. 83, No. 6, 2002.

Arnold, M. B. *Emotion and Personality. Volume II: Neurological and Physiological Aspects*, New York: Columbia University Press, 1960.

Ashforth, Blake E., Glen E. Kreiner, and Mel Fugate. "All in a Day's Work: Boundaries and Micro Role Transitions", *Academy of Management Review*, Vol. 25, No. 3, 2000.

Ashkanasy, Neal M., and Ronald H. Humphrey. "Current Emotion Research in Organizational Behavior", *Emotion Review*, Vol. 3, No. 2, 2001.

Ashta, Arvind. "Co-creation for Impact Investment in Microfinance", *Strategic Change: Briefings in Entreperneurial Finance*, Vol. 21, No. 1/2, 2012.

Ashton-James, Claire E., and Neal M. Ashkanasy. "Affective Events Theory: a Strategic Perspective", *Emotions, Ethics and Decision-making. Vol.* 4, UK: Emerald Group Publishing Limited, 2008.

Ashton-James, Claire E., and Neal M. Ashkanasy. "What Lies Beneath? A Process Analysis of Affective Events Theory", in Ashkanasy, N. M., Zerbe, W. J. and Härtel, C. E. J. (eds.) *The Effect of Affect in Organizational Settings* (Research on Emotion in Organizations, Vol. 1), UK: Emerald Group Publishing Limited, 2005.

Austin, J. E. "Strategic Collaboration between Nonprofits and Businesses." *Nonprofit and Voluntary Sector Quarterly*, Vol. 29, No. 1, 2000.

Austin, J. E., and M. May Seitanidi. "Collaborative Value Creation: A review of Partnering Between Nonprofits and Businesses: Part I. Value Creation Spectrum and Collaboration Stages", *Nonprofit and Voluntary Sector Quarterly*, Vol. 41, No. 5, 2012.

Austin, James E., and M. May Seitanidi. "Collaborative Value Creation: A Review of Partnering Between Nonprofits and Businesses", Part II: Partnership Processes and Outcomes. Nonprofit and Voluntary Sector Quarterly, Vol. 41, No. 6 (2012).

Bagnoli, Mark, and Susan G. Watts . "Selling to Socially Responsible Consumers: Competition and the Private Provision of Public Goods", *Journal of*

Economics & Management Strategy, Vol. 12, No. 3, 2003.

Baker, Ted, Anne S. Miner, and Dale T. Eesley. "ImprovisingFirms: Bricolage, Account Giving and Improvisational Competencies in the Founding Process. " *Research Policy* Vol. 32, No. 2, 2003.

Baker, Ted, and Reed E. Nelson. "Creating Something from Nothing: Resource Construction through Entrepreneurial Bricolage. "*Administrative Science Quarterly*, Vol. 50, No. 3(2005) .

Balmer, John MT, and Stephen A. Greyser. "Corporate Marketing: Integrating Corporate Identity, Corporate Branding, Corporate Communications, Corporate image and Corporate Reputation", *European Journal of Marketing*, Vol. 40, No. 7/ 8, 2006.

Barnard, Jayne W. "Corporate Philanthropy, Executives' Pet Charities and The Agency Problem", *NYLS . Law Review*. Vol. 41, No. 3, 1997.

Barnett, Michael L. "Stakeholder Influence Capacityand the Variability of Financial Returns to Corporate Social Responsibility. "*Academy of Management Review*, Vol. 32, No. 3, 2007.

Barbier, Edward B. "The Concept of Sustainable Economic Development", *Environmental Conservation* , Vol. 14, No. 2, 1987.

Barnett, M. L., & Salomon, R. M. "Does It Pay to Be Really Good?Addressing The Shape of the Relationship Between Social and Financial Performance", *Strategic Management Journal*, Vol. 33, No. 11, 2012.

Barsade, S. G., and Donald E. Gibson"Group Emotion: A View from Top and Bottom. " in D. Gruenfeld, E. A. Mannix, & M. A. Neale (eds.), *Research on Managing Groups and Teams*, Stamford, CT: JAI Press.Vol. 1, 1998.

Barsade, Sigal G. "The Ripple Effect: Emotional Contagion and Its Influence on Group Behavior", *Administrative Science Quarterly*, Vol. 47, No. 4, 2002.

Barsade, Sigal G., and Donald E. Gibson. "Group Affect: Its Influence on Individual and Group Outcomes", *Current Directions in Psychological Science*, Vol. 21, No. 2, 2012.

Barsade, Sigal G., and Donald E. Gibson. " Why Does Affect Matter in Organizations?"*Academy of Management Perspectives*, Vol. 21, No. 1, 2007.

Bart, C., Baetz, M. C., & Pancer, S. M. "Leveraging Human Capital Through An Employee Volunteer Program: The Case of Ford Motor Company of Canada". *Journal of Intellectual Capital*, Vol. 10, No. 1, 2009.

Bartlett, Dean. "Embedding Corporate Responsibility: the Development of a Transformational Model of Organizational Innovation", *Corporate Governance: The International Journal of Business in Society*, Vol. 9, No. 4, 2009.

Bartel, Caroline A., Richard Saavedra, and Linn Van Dyne. " Design Conditionsfor Learning in Community Service Contexts. "*Journal of Organizational Behavior: The International Journal of Industrial, Occupational and Organizational Psychology and Behavio*r, Vol. 22, No. 4, 2001.

Basil, Debra Z., Mary S. Runte, M. Easwaramoorthyet al. "Company Support for Employee Volunteering: A National Survey of Companies in Canada", *Journal of Business Ethics*, Vol. 85, No. 2, 2009.

Bass, Bernard M. " Two Decades of Research and Development in Transformational Leadership. " *European Journal of Work and Organizational Psychology,* Vol. 8, No. 1, 1999.

Batson, C. Daniel, Jakob Håkansson Eklund, and Valerie L. Chermok et al. "An Additional Antecedent of Empathic Concern: Valuing the Welfare of the Person in Need", *Journal of Personality and Social Psychology*, Vol. 93, No. 1, 2007.

Batson, C. Daniel, Karen Sager, and Eric, Garst et al. "Is Empathy-induced Helping Due to Self-other Merging?"*Journal of Personality and Social Psychology*, Vol. 73, No. 3, 1997.

Baumeister, R. F., and Kathleen D. Vohs. "The Pursuit of Meaningfulness in Life". in C. R. Snyder & S. J. Lopez(eds.) , *Handbook of Positive Psychology*, New York: Oxford University Press, 2002.

Baur, Dorothea, and Hans Peter Schmitz. " Corporations and NGOs: WhenAccountability Leads to Co-optation. " *Journal of Business Ethics* Vol. 106, No. 1, 2012.

Becker-Olsen, Karen L., B. Andrew Cudmore, and Ronald Paul Hill. "The Impactof Perceived Corporate Social Responsibility on Consumer Behavior. "

Journal of Business Research, Vol. 59, No. 1, 2006.

Bekkers, René, and Pamala Wiepking. "A Literature Review of Empirical Studies of Philanthropy: Eight Mechanisms That Drive Charitable Giving", *Nonprofit and Voluntary Sector Quarterly*, Vol. 40, No. 5, 2011.

Bekkers, René. "Participation in Voluntary Associations: Relations with Resources, Personality, and Political Values", *Political Psychology* , Vol. 26, No. 3, 2005.

Benedikter, Roland, and James Giordano. "The Outer and the Inner Transformation of the Global Social Sphere Through Technology: The State of Two Fields in Transition", *New Global Studies*, Vol. 5, No. 2, 2011.

Berry, Thomas C., and Joan C. Junkus. "Socially Responsible Investing: An Investor Perspective. "*Journal of Business Ethics,* Vol. 112, No. 4, 2013.

Beschorner, T. & Hajduk, T. "Creating Shared Value. A Fundamental Critique" . in Wieland, J. (ed.), *Creating Shared Value: Concepts, Experience, Criticism*. Cham: Springer, 2017.

Besser, Terry L., and Nancy J. Miller. "The Risksof Enlightened Self-Interest: Small Businesses and Support for Community. " *Business & Society,* Vol. 43, No. 4, 2004.

Bhattacharya, Chitra Bhanu., and Sankar Sen. "Doing Better at Doing Good: When, Why, and How Consumers Respond to Corporate Social Initiatives", *California Management Review*, Vol. 47, No. 1, 2004.

Bhattacharya, Chitra Bhanu, Daniel Korschun, and Sankar Sen. "Strengthening Stakeholder-company Relationships Through Mutually Beneficial Corporate Social Responsibility Initiatives", *Journal of Business Ethics*, Vol. 85, No. 2, 2009.

Bies, Robert J., Jean M. Bartunek, and Timothy L. Fort et al. "Corporations as Social Change Agents: Individual, Interpersonal, Institutional, and Environmental Dynamics", Academy of Management Review, Vol. 32, No. 2, 2007.

Blau, Peter M. "Social Mobility and Interpersonal Re*lations*", *American Sociological Review*, Vol. 21, No. 3, 1956.

Booth, J. E., Kyoung Won Park, and Theresa M. Glomb. "Employer Supported Volunteering Benefits: Gift Exchange among Employers, Employees, and Volunteer

Organizations. "*Human Resource Management*, Vol. 48, No. 2, 2009.

Bowen, Frances, Aloysius Newenham-Kahindi, and Irene Herremans. "When Suits Meet Roots: The Antecedents and Consequences of Community Engagement Strategy. "*Journal of Business Ethics,* Vol, 95, No. 2(2010).

Bowen, Howard R. *Social responsibilities of the Business*man, Lowa City: University of Iowa Press, 2013.

Boulouta, Ioanna, and Christos N. Pitelis. "Who Needs CSR? The Impact ofCorporate Social Responsibility on National Competitiveness", *Journal of business ethics,* Vol. 119, No. 3 2014.

Brammer, Stephen, and Andrew Millington. "Corporate Reputation and Philanthropy: An Empirical Analysis", *Journal of Business Ethics*, Vol. 61, No. 1, 2005.

Brammer, Stephen, and Stephen Pavelin. "Corporate Reputation and an Insurance Motivation for Corporate Social Investment." Journal of Corporate Citizenship Vol. 20, 2005.

Brammer, Stephen, Andrew Millington, and Bruce Rayton. "The Contribution of Corporate Social Responsibility to Organizational Commitment", *The International Journal of Human Resource Management*, Vol. 18, No. 10, 2007.

Breitsohl, Heiko, and Nathalie Ehrig. "Commitment Through Employee Volunteering: Accounting for the Motives of Inter-organisational Volunteers", *Applied Psychology*, Vol. 66, No. 2, 2017.

Brown, Michael E., and Linda K. Treviño. "Ethical Leadership: A Review and Future Directions", *The leadership Quarterly*, Vol. 17, No. 6, 2006.

Brown, Michael E., Linda K. Treviño, and David A. Harrison. "Ethical leadership: A Social LearningPespective for Construct Development and Testing", *Organizational Behavior and Human Decision Processes,* Vol. 97, No. 2, 2005.

Bruch, Heike., & Frank Walter. The Keys to Rethinking Corporate Philanthropy. *MIT Sloan Management Review*, Vol. 47, No. 1, 2005.

Brzustewicz, Paweł, Iwona Escher, Akram Hatami, et al. "Emergence of Social Impact in Company-NGO Relationships in Corporate Volunteering. "*Journal of Business Research*, Vol. 140, No. C, 2022 .

Bugg-Levin, Antony, and John Goldsetein. "Impact Investing: Harnessing Capital Markets to Solve Problems at Scale." *Community Development Investment Review* Vol. 5, No. 2, 2019.

Burke, L., and Jeanne M. Logsdon. "How Corporate Social Responsibility Pays Off," *Long Range Planning*, Vol. 29, No. 4, 1996.

Bussell, Helen, and Deborah Forbes. "How UKUniversities Engage with Their Local Communities: A Study of Employer Supported Volunteering." *International Journal of Nonprofit and Voluntary Sector Marketing* Vol13, No. 4, 2008.

Caligiuri, Paula, Ahsiya Mencin, and Kaifeng Jiang. "Win-win-win: The Influence of Company-sponsored Volunteerism Programs on Employees, NGOs, and Business Units", *Personnel Psychology*, Vol. 66, No. 4, 2013.

Cao, Yinyin, Frits K. Pil, and Benn Lawson. "Signaling and Social Influence: the Impact of Corporate Volunteer Programs", *Journal of Managerial Psychology*, Vol. 36, No. 2, 2021.

Carmeli, Abraham. "Positive Work Relationships, Vitality, and Job Performance", in Härtel, C. E. J., Ashkanasy, N. M. and Zerbe, W. J. (eds.) *Emotions in Groups, Organizations and Cultures*, UK: Emerald Group Publishing Limited, 2009.

Carroll, Archie B. "A Three-dimensional Conceptual Model of Corporate Performance", *Academy of Management Review*, Vol. 4, No. 4, 1979.

Carroll, Archie B. "The Pyramid of Corporate Social Responsibility: Toward the Moral Management of Organizational Stakeholders", *Business Horizons*, Vol. 34, No. 4, 1991.

Carroll, Archie B., and Shabana Kareem M. "The Business Case for Corporate Social Responsibility: A Review of Concepts, Research and Practice", *International Journal Of Management Reviews*, Vol. 12, No. 1, 2010.

Cennamo, Carmelo, Pascual Berrone, and Luis R. Gomez-Mejia. "Does Stakeholder Management Have A Dark Side?" *Journal of Business Ethics*, Vol. 89, No. 4, 2009.

Chadwick, Clint, and Peter Cappelli. "Alternatives to Generic Strategy Typologies in Strategic Human Resource Management", *Research in Personnel and*

Human Resources Management, Supplement, Vol. 4, 1999.

Chaudhary, Richa, and Anuja Akhouri. "CSR Perceptions and Employee Creativity: Examining Serial Mediation Effects of Meaningfulness and Work Engagement", *Social Responsibility Journal,* Vol. 15, No. 1, 2019.

Cheney, George, Daniel J. Lair, Dean Ritz, and Brenden E. Kendall. *Just a Job? Communication, Ethics and Professional Life,* Oxford, UK: Oxford University Press, 2010.

Claeyé, Frederik, and Terence Jackson. "The Iron Cage Re-revisited: Institutional Isomorphism in Non-profit Organisations in South Africa", *Journal of International Development*, Vol. 24, No. 5, 2012.

Clarkson, Max E. "A Stakeholder Framework for Analyzing and Evaluating Corporate social Performance", *Academy of Management Review,* Vol. 20, No. 1, 1995.

Cohen-Meitar, Ravi, Abraham Carmeli, and David A. Waldman. "Linking Meaningfulness in the Workplace to Employee Creativity: The Intervening Role of Organizational Identification and Positive Psychological Experiences", *Creativity Research Journal.* Vol. 21, No. 4, 2009.

Collazzo Yelpo, Pablo, and Livia Kubelka. "Shared Value Clusters in Austria", *Competitiveness Review: An International Business Journal*, Vol. 29, No. 1, 2019.

Comer, Debra R., and Elizabeth A. Cooper. "A Model of Employees' Responses to Corporate 'Volunteerism'", *Re-Imaging Business Ethics: Meaningful Solutions for a Global Economy*, UK: Emerald Group Publishing Limited, Vol. 4, 2002.

Committee for Economic Development. *Social Responsibilities of Business Corporations* , New York: New York, 1971.

Cova, Bernard, Stefano Pace, and Per Skålén. "Brand Volunteering: Value Co-Creationwith Unpaid Consumers. "*Marketing Theory*, Vol. 15, No. 4, 2015.

Crane, A., Guido Palazzo, Laura J. Spence et al. "Contesting The Value of 'Creating Shared Value'". *California Management Review*, Vol. 56, No. 2, 2014.

Cutt, James, and Vic Murray. *Accountability and Effectiveness Evaluation in*

Nonprofit Organizations. Vol. 2, London ; New York: Routledge, 2000.

Cyert, Richard, and *James March. A Behavioral Theory of the Firm*, Englewood Cliffs: Prentice Hall, 2015.

Dahan, Nicolas M., Jonathan Doh, and Hildy Teegen. " Roleof Nongovernmental Organizations in the Business—Government—Society Interface: Special Issue Overview and Introductory Essay. " *Business & Society* Vol. 49, No. 1, 2010.

Dalton, Dan R., Michael A. Hitt, S. Trevis Certo et al. "The Fundamental Agency Problem and Its Mitigation." *Academy of Management Annals* Vol. 1, No. 1, 2007.

Das, Tushar K., and Bing-Sheng Teng. "A Resource-based Theory of Strategic Alliances. "*Journal of Management*, Vol. 26, No. 1, 2000.

Deci, Edward L., and Richard M. Ryan. "The General Causality Orientations Scale: Self-determination in Personality", *Journal of Research in Personality*, Vol. 19, No. 2, 1895.

De George, R. Corporations and Morality. in H. Curtler (ed.), *Shame, Responsibility, and the Corporation,* New York: Haven Publishing Company, 1986.

De Hoogh, Annebel H. B., and Deanne N. Den Hartog. "Ethical and Despotic Leadership, Relationships with Leader's Social Responsibility, Top Management Team Effectiveness and Subordinates' Optimism: A Multi-method Study", *The Leadership Quarterly*, Vol. 19, No. 3, 2008.

De Jong, Menno DT, and Mark van der Meer. "How Does It Fit?Exploring the Congruence between Organizations and Their Corporate Social Responsibility(Csr) Activities. " *Journal of Business Ethics*, Vol. 143, No. 1, 2017.

Delery, John E., and D. Harold Doty. " Modes of Theorizing in Strategic Human Resource Management: Tests of Universalistic, Contingency, and Configurational Performance Predictions", *Academy of Management Journal*, Vol. 39, No. 4, 1996.

Delmas, M. A., & Michael W. Toffel. " Organization Responses to Environmental Demands: Opening the Black Box", *Strategic Management Journal*, Vol. 29, No. 10, 2008.

Dempsey-Brench, Kiera, and Amanda Shantz. "Skills-Based Volunteering: A Systematic Literature Review of The Intersection of Skills and Employee Volunteering." *Human Resource Management Review*, Vol. 32, No. 4 (2022): Article. 100874.

de los Reyes, G. Jr and Markus Scholz . "The Limits of the Business Case for Sustainability: Dont Count on 'Creating Shared Value' to Extinguish Corporate Destruction", *Journal of Cleaner Production*, Vol. 221, 2019.

de los Reyes, G. Jr, Markus Scholz and N. Craig Smith. "Beyond The 'Win-Win' Creating Shared Value Requires Ethical Frameworks" . *California Management Review*, Vol. 59, No. 2, 2017.

Den Hond, Frank, and Frank GA De Bakker. "Ideologically Motivated Activism: How Activist Groups Influence Corporate Social Change Activities." *Academy of Management Review*, Vol. 32, No. 3, 2007.

Denning, Stephen. *The Leader's Guide to Radical Management: Reinventing the Workplace for the 21st Century*, Hoboken: John Wiley & Sons, 2010.

Derue, D. Scott, and Susan J. Ashford. "Who will Lead and Who will Follow? A Social Process of Leadership Identity Construction in Organizations", *Academy of Management Review*, Vol. 35, No. 4, 2010.

de Tormes Eby, Lillian Turner, and Tammy D. Allen. *Personal Relationships: The Effect on Employee Attitudes, Behavior, and Well-being*, London ; New York : Routledge, 2012.

Dewsbury, Guy, , Mark Rouncefield, and Karen Clarke. "Depending on Digital Design: Extending Inclusivity", *Housing Studies*, Vol. 19, No. 5, 2004.

DiMaggio, Paul J., and Walter W. Powell. "The Iron Cage Revisited: Institutional Isomorphism and Collective Rationality in Organizational Fields", *American Sociological Review* , Vol. 48, No. 2, 1983.

Doh, Jonathan P., And Hildy Teegen. "Nongovernmental Organizations as Institutional Actors in International Business: Theory and Implications." *International Business Review*, Vol. 11, No. 6, 2002.

Dreesbach-Bundy, Suska, and Barbara Scheck. "Corporate Volunteering: A Bibliometric Analysis from 1990 to 2015", *Business Ethics: A European Review*,

Vol. 26, No. 3, 2017.

Du, Shuili, Bhattacharya C. B., and Sankar Sen. " Maximizing Business Returns to Corporate Social Responsibility(CSR) : The Role of CSR Communication International", *Journal of Management Reviews*, Vol. 12, No. 1, 2010.

Duhigg, Charles. *Smarter Faster Bbetter: the Transformative Power of Real Producti*vity, New York: Random House, 2016.

Dutton, Jane. *E. Energize Your Workplace: How to Create and Sustain High-Quality Connections at Work*, Hoboken: John Wiley & Sons, 2003.

Dutton, Jane E., Monica C. Worline, and Peter J. Frost et al. "Explaining Compassion Organizing", *Administrative Science Quarterly*. Vol. 51, No. 1, 2006.

Dutton, Jane E, Susan J. Ashford, and Regina M. Oneill et al. "Reading the Wind: How Middle Managers Assess the Context For Selling Issues to Top Managers", *Strategic Management Journal*, Vol. 18, No. 5, 1997.

Ebrahim, Alnoor, and V. Kasturi Rangan. "What Impact? A Framework for Measuring the Scale and Scope of Social Performance. " *California Management Review*, Vol. 56, No. 3, 2014.

Edmondson, Amy C. *Teaming: How Organizations Learn, Innovate, and Compete in the Knowledge Economy*, Hoboken: John Wiley & Sons, 2012.

Edmondson, Diane R., and Stefanie L. Boyer. "The Moderating Effect of the Boundary Spanning Role on Perceived Supervisory Support: A Meta-analytic Review", *Journal of Business Research*, Vol. 66, No. 11, 2013.

Eisenberg, E. M., and Beth Eschenfelder. Applied Communication in Non-profit Organizations. in L. Frey & K. Cissna(eds.), *Routledge Handbook of Applied Communication* , New York, NY: Routledge, 2009.

Elfenbein, Hillary Anger. " 7 Emotion in Organizations: A Review and Theoretical Integration", *The Academy of Management Annals*, Vol. 1, No. 1, 2007.

Ellen, Pam Scholder, Deborah J. Webb, and Lois A. Mohr. " Building Corporate Associations: Consumer Attributions for Corporate Socially Responsible Programs. "*Journal of the Academy of Marketing Science*, Vol. 34, No. 2, 2006.

Eraslan-Capan, Bahtiyar. " Social Connectednessand Flourishing: The Mediating Role of Hopelessness. " *Universal Journal of Educational Research*,

Vol. 4, No. 5, 2016.

Escher, Iwona, and Pawel Brzustewicz. "Inter-organizational Collaboration on Projects Supporting Sustainable Development Goals: The Company Perspective", *Sustainability*, Vol. 12, No. 12, 2020.

Fong, Christina M. "Evidence from an Experiment on Charity to Welfare Recipients: Reciprocity, Altruism and the Empathic Responsiveness Hypothesis", *The Economic Journal*, Vol. 117, No. 522, 2007.

Foreh, Mark R., and Sonya Grier. "When Is Honestythe Best Policy? The Effect of Stated Company Intent on Consumer Skepticism." *Journal of Consumer Psychology*, Vol 13, No. 3, 2003.

Foreman, Peter, and David A. Whetten. "Members' Identification with Multiple-identity Organizations", *Organization Science*1, Vol. 3, No. 6, 2002.

Forgas, Joseph P. "Mood and Judgment: the Affect Infusion Model(AIM)", *Psychological bulletin*1, Vol. 117, No. 1, 1995.

Fredrickson, Barbara L. "The Broaden-and-Build Theory of Positive Emotions", in F. A. Huppert, N. Baylis & B. Keverne(eds.), The Science of Well-Being(New York: Oxford University Press, 2005).

Fredrickson, Barbara L. "What Good Are Positive Emotions?" *Review of General Psychology*, Vol. 2, No. 3, 1998.

Freeman, R. Edward. *Strategic management: A Stakeholder Approach*, Cambridge: Cambridge University Press, 2010.

Friedman, Milton. "The Social Responsibility of Business Is to Increase Its Profits", *Corporate Ethics And Corporate Governance*. Heidelberg: Springer Berlin Heidelberg, 2007.

Fry, Louis W., Gerald D. Keim, and Roger E. Meiners. "Corporate Contributions: Altruistic Or For-profit?"*Academy of Management Journal*, Vol. 25, No. 1, 1982.

Galant, Adriana, and Simon Cadez. "Corporate Social Responsibilityand Financial Performance Relationship: A Review of Measurement Approaches." *Economic Research-Ekonomska Istraživanja*, Vol. 30, No. 1, 2017.

Galbreath, Jeremy. "Corporate Social Responsibility Strategy: Strategic Options, Global Considerations", *Corporate Governance: The International Journal of*

Business in Society, Vol. 6, No. 2, 2006.

Ganesh, S. The Myth of The Non-governmental Organization: Governmentality and Transnationalism in An Indian NGO, in G. Cheney & G. Barnett (eds.), *International and Multicultural Organizational Communic*ation, Creskill, NJ: Hampton Press, Vol. 7, 2005.

Ganesh, Shiv, and Kirstie McAllum. "Volunteering and Professionalization: Trends inTension?"*Management Communication Quarterly,* Vol. 26, No. 1, 2012.

Gardberg, Naomi A., and Charles J. Fombrun. "Corporate Citizenship: Creating Intangible Assetsacross Institutional Environments." *Academy of Management Review*, Vol. 31, No. 2, 2006.

Gatignon-Turnau, Anne-Laure, and Karim Mignonac. "(Mis) Using Employee Volunteering for Public Relations: Implications for Corporate Volunteers Organizational Commitment", *Journal of Business Research*, Vol. 68, No. 1, 2015.

Gaudêncio, Pedro, Arnaldo Coelho, and Neuza Ribeiro. "The Role of Trust in Corporate Social Responsibility and Worker Relationships."*Journal of Management Development,* Vol. 36, No. 4, 2017.

Gault, Barbara A., and John Sabini. "The Roles of Empathy, Anger, and Gender in Predicting Attitudes Toward Punitive, Reparative, and Preventative Public Policies", *Cognition & Emotion,* Vol. 14, No. 4, 2000.

Gautier, Arthur, and Anne-Claire Pache. "Research On Corporate Philanthropy: A Reviewand Assessment."*Journal of Business Ethics,* Vol. 126, No. 3, 2015.

Gazley, Beth. "Beyond The Contract: The Scope and Nature of Informal Government-Nonprofit Partnerships." *Public Administration Review*, Vol .68, No. 1, 2008.

Geroy, Gary D., Philip C. Wright, and Laura Jacob. "Toward a Conceptual Framework of Employee Volunteerism: An Aid for the Human Resource Manager", *Management Decision*, Vol. 38, No. 4, 2000.

Giamporcaro, Stéphanie, and Jean-Pascal Gond. "Calculability as Politics in the Construction of Markets: The Case of Socially Responsible Investment in France."*Organization Studies*, Vol. 37, No. 4, 2016.

Giessner, Steffen R., Van Quaquebeke N., and Van Gil S. et al. "In the Moral

Eye of The Beholder: The Interactive Effects of Leader and Follower Moral Identity on Perceptions of Ethical Leadership and LMX Quality", *Frontiers in Psychology*, Vol. 6, 2015.

Gilbert, D. T. Thinking Lightly About Others: Automatic Components of The Social Inference Process. in J. S. Uleman, J. A. Bargh, J. S. Uleman, & J. A. Bargh (eds.), *Unintended Thought*, New York, NY, US: Guilford Press, 1989.

Gill, Michael J. "Understanding the Spread of Sustained Employee Volunteering: How Volunteers Influence Their Coworkers Moral Identity Work", *Journal of Management*, Vol. 49, No. 2, 2023.

Glavas, Ante. "Employee Engagement and Sustainability: A Model For Implementing Meaningfulness at and in Work", *Journal of Corporate Citizenship*, Vol. 46, 2012.

Glińska-Neweś, Aldona and Beata Glinka. *Corporate Volunteering, Responsibility and Employee Entrepreneurship*, London; New York: Routledge, 2021.

Glińska-Neweś, Aldona, Akram Hatami, and Jan Hermes et al. "Employee Competence Development in Corporate Volunteering", *Social Responsibility Journal*, Vol. 18, No. 4, 2022.

Godfrey, Paul C., and Nile W. Hatch. "Researching Corporate Social Responsibility: An Agenda For the 21st Century", *Journal of Business Ethics*, Vol. 70, No. 1, 2007.

Godfrey, Paul C., Craig B. Merrill, and Jared M. Hansen. "The Relationship between Corporate Social Responsibility and Shareholder Value: An Empirical Test of the Risk Management Hypothesis." *Strategic Management Journal*, Vol. 30, No. 4(2009).

Goetz, Jennifer L., Dacher Keltner, and Emiliana Simon-Thomas. "Compassion: An Evolutionary Analysisand Empirical Review", *Psychological Bulletin*, Vol. 136, No. 3, 2010.

Goi, Hoe Chin, Muhammad Mohsin Hakeem, and Kuok Kei Law. "Application ofLearning Organization 2.0: A Case Study of Ricoh Ena Forest Japan." *The Learning Organization*, Vol 29, No. 5, 2022.

Golant, Benjamin D., John AA Sillince, Charles Harvey, et al. "Rhetoric of

Stability and Change: The Organizational Identity Work of Institutional Leadership. "*Human Relations* Vol. 68, No. 4, 2015.

Googins, Bradley K., and Steven A. Rochlin. "Creating the Partnership Society: Understanding the Rhetoric And Reality of Cross-Sectoral Partnerships." *Business and Society Review*, Vol. 105, No. 1, 2000.

Gordon, Pamela Ann, and Brett Anthony Gordon. "The Roleof Volunteer Organizations in Leadership Skill Development." *Journal of Management Development* Vol. 36, No. 5, 2017.

Grant, Adam M. "Giving Time, Time After Time: Work Design and Sustained Employee Participation in Corporate Volunteering", *Academy of Management Review*, Vol. 37, No. 4, 2012.

Grant, Adam M. "Leading with Meaning: Beneficiary Contact, Prosocial Impact, and the Performance Effects of Transformational Leadership", *Academy of Management Journal*, Vol. 55, No. 2, 2012.

Grant, Adam M. "Relational Job Design and the Motivation to Make a Prosocial Difference", *Academy of Management Review*, Vol. 32, No. 2, 2007.

Grant, Adam M., and James W. Berry. "The Necessity of Others Is the Mother of Invention: Intrinsic and Prosocial Motivations, Perspective Taking, and Creativity", *Academy of Management Journal*, Vol. 54, No. 1, 2011.

Grant, Adam M., and John J. Sumanth. "Mission Possible? The Performance of Prosocially Motivated Employees Depends On Manager Trustworthiness", *Journal of Applied Psychology*, Vol. 94, No. 4, 2009.

Grant, Adam M., Jane E. Dutton, and Brent D. Rosso. "Giving Commitment: Employee Support Programs and the Prosocial Sensemaking Process", *Academy of Management Journal*, Vol. 51, No. 5, 2008.

Grant, Gabriel B. "Transforming sustainability", *Journal of Corporate Citizenship*, Vol. 46, 2012.

Greiner, L. E. "Evolution and Revolution as Organizations Grow", Harvard Business Review, Vol. 50, No. 4, 1972.

Greiner, L. E. "Evolution and Revolution as Organizations Grow", Harvard Business Review, Vol. 76, No. 3, 1998.

Grougiou, Vassiliki, Emmanouil Dedoulis, and Stergios Leventis. "Corporate Social Responsibility Reporting and Organizational Stigma: The Case of " Sin "Industries. "*Journal of Business Research*, Vol. 69, No. 2, 2016.

Haddock, Megan, and Peter Devereux. " Measuring the Contribution of Volunteering to the Sustainable Development Goals: Challenges and Opportunities. " *Voluntaris*, Vol. 4, No. 1(2016).

Hager, Mark A., and Jeffrey L. Brudney. "In Searchof Strategy: Universalistic, Contingent, and Configurational Adoption of Volunteer Management Practices. " *Nonprofit Management and Leadership* Vol. 25, No. 3, 2015.

Hansen, Morten T. "The Search-Transfer Problem: The Roleof Weak Ties in Sharing Knowledge across Organization Subunits. "*Administrative Science Quarterly* Vol. 44, No. 1, 1999.

Hansen, S. Duane, Benjamin B. Dunford, Alan D. Boss, et al. " Corporate Social Responsibility and the Benefits of Employee Trust: A Cross-Disciplinary Perspective. " *Journal of Business Ethics*, Vol. 102, No. 1, 2011.

Hao, Yunhong, Qamar Farooq, and Yanni Zhang. "Unattended Social Wants and Corporate Social Responsibility of Leading Firms: R Elationship of Intrinsic Motivation Of Volunteering in Proposed Welfare Programs and Employee Attributes", *Corporate Social Responsibility and Environmental Management*, Vol. 25, No. 6, 2018.

Haski-Leventhal, Debbie, Andrew Kach, and Mehrdokht Pournader. "Employee Need Satisfaction and Positive Workplace Outcomes: The Role of Corporate Volunteering", *Nonprofit and Voluntary Sector Quarterly*, Vol. 48, No. 3, 2019.

Haslam, S. Alexander, Stephen D. Reicher, and Mark Levine. *The Social Cure*, London: Psychology Press, 2012.

Hendriks, Michelle CP, and Ad JJM Vingerhoets. "Social Messages of Crying Faces: Their Influence on Anticipated Person Perception, Emotions and Behavioural Responses", *Cognition and Emotion*, Vol. 20. No. 6, 2006.

Henriques, I., & Perry Sadorsky. "The Relationship between Environmental Commitment and Managerial Perceptions of Stakeholder Importance", *Academy of*

Management Journal, Vol. 42, No. 1, 1999.

Hillman, Amy J., and Michael A. Hitt. "Corporate Political Strategy Formulation: A Model of Approach, Participation, and Strategy Decisions", *Academy of Management Review*, Vol. 24, No. 4, 1999.

Hillman, Amy J., Gerald D. Keim, and Douglas Schuler. "Corporate Political Activity: A Review and Research Agenda", *Journal of Management*, Vol. 30, No. 6, 2004.

Hochschild, Arlie Russell. "The Managed Heart", *Working in America*, London: New York : Routledge, 2022.

Hodson, Randy. "Work Life and Social Fulfillment: Does Social Affiliation at Work Reflect a Carrot or a Stick?"*Social Science Quarterly*, Vol. 85, No. 2, 2004.

Hodgson, Damian. "Disciplining the Professional: the Case of Project Management. "*Journal of Management Studies*, Vol. 39, No. 6, 2002.

Hoerter, Jessica L. *The Impact of Employee Volunteer Programs on Intent to Stay, Job Satisfaction, and Organizational Commitment among Young Professionals*, Dissertation. University of Wisconsin-Stevens Point, College of Fine Arts and Communication, 2016.

Hogarth, Kate, Marion Hutchinson, and Wendy Scaife. "Corporate Philanthropy, Reputation Risk Managementand Shareholder Value: A Study of Australian Corporate Giving. "*Journal of Business Ethics*, Vol. 151, No. 2, 2018.

Holmberg, Johan, and Richard Sandbrook. "Sustainable development: what is to be done?"In Holmberg, J(ed) , London: Routledge, 1992.

Holmes, Sara, and Palie Smart. "Exploring Open Innovation Practice in Firm-Nonprofit Engagements: A Corporate Social Responsibility Perspective. " *R&d Management*, Vol 39, No. 4(2009) .

Hong, Harrison, and Marcin Kacperczyk. "The Price of Sin: The Effects of Social Norms on Markets. "*Journal of Financial Economics*, Vol. 93, No. 1, 2009.

Homans, George C. "Social Behavior as Exchange", *American Journal of Sociology*, Vol. 63, No. 6, 1958.

Hu, Jia, Kaifeng Jiang, Shenjiang Mo, Honghui Chen, and Junqi Shi. "The Motivational Antecedents and Performance Consequences of Corporate

Volunteering: When Do Employees Volunteer and When Does Volunteering Help Versus Harm Work Performance?" *Organizational Behavior and Human Decision Processes*, Vol. 137, No. C, 2016.

Husted, Bryan W. "Governance Choices for Corporate Social Responsibility: to Contribute, Collaborate or Internalize?"*Long Range Planning*, Vol. 36, No. 5, 2003.

Husted, B. W. and David. B Allen. "Strategic Corporate Social Responsibility and Value Creation Among Large Firms", *Long Range Planning*, Vol. 40, No. 6, 2007.

Huy, Quy Nguyen. "Emotional Balancing of Organizational Continuity and Radical Change: The Contribution of Middle Managers", *Administrative Science Quarterly*, Vol. 47, No. 1, 2002.

Illeris, Knud. " WorkplaceLearning and Learning Theory. " *Journal of Workplace Learning*, Vol . 15, No. 4 2003.

Im, Seunghee, and Yang Woon Chung. " Employee Volunteering Meaningfulness and Organizational Citizenship Behavior: Exploring the Effects of Organizational Support, Pride, and Trust", *Sustainability*, Vol. 10, No. 12, 2018.

Jackson, Edward T. "Evaluating Social Impact Bonds: Questions, Challenges, Innovations, and Possibilities in Measuring Outcomes on Impact Investing. " in *Innovative Measurement and Evaluation of Community Development Practices*, Routledge, 2017.

Jackson, I. and Lorraine Limbrick. "Creating Shared Value in An Industrial Conurbation: Evidence from the North Staffordshire Ceramics Cluster". *Strategic Change*, Vol. 28, No. 2, 2019.

Jamali, Dima, and Ramez Mirshak. "Corporate Social Responsibility (CSR): Theory and Practice in a Developing Country Context", *Journal of Business Ethics*, Vol. 72, No. 3, 2007.

Jamali, Dima, Peter Lund-Thomsen, and Navjote Khara. CSR Institutionalized Myths in Developing Countries: An Imminent Threat of Selective Decoupling. *Business & Society*, Vol. 56, No. 3, 2017.

Jia, Nan. " Are Collective Political Actions and Private Political Actions Substitutes or Complements? Empirical Evidence from China's Private Sector. "

Strategic Management Journal, Vol. 35, No. 2, (2014).

Jones, David A. "Does Serving the Community Also serve the Company? Using Organizational Identification and Social Exchange Theories to Understand Employee Responses to a Volunteerism Programme", *Journal of Occupational and Organizational Psychology*, Vol. 83, No. 4, 2010.

Jones, David A., Chelsea R. Willness, and Ante Glavas. "When Corporate Social Responsibility (CSR) Meets Organizational Psychology: New Frontiers in Micro-CSR Research, and Fulfilling a Quid Pro Quo Through Multilevel Insights." *Frontiers in Psychology*, Vol. 8, 2017.

Jones, David A. "Widely Assumed But Thinly Tested: Do Employee Volunteers' Self-Reported Skill Improvements Reflect the Nature of Their Volunteering Experiences?" *Frontiers in Psychology* Vol. 7, 2016.

Jones, David A., Chelsea R. Willness, and Sarah Madey. "Why Are Job Seekers Attracted By Corporate Social Performance? Experimental and Field Tests of Three Signal-based Mechanisms", *Academy of Management Journal*, Vol. 57, No. 2, 2014.

Jones, Stephanie M, Rebecca Bailey, and Robin Jacob. "Social-emotional learning is essential to classroom management", *Phi Delta Kappan*, Vol. 96, No. 2, 2014.

Jones, Stewart, and Christopher Wright. Fashion or Future: Does Creating Shared Value Pay? *Accounting & Finance*, Vol. 58, No. 4, 2018.

Kalshoven, Karianne, Deanne N. Den Hartog, and Annebel H. B. De Hoogh. "Ethical Leadership at Work Questionnaire (ELW): Development and Validation of a Multidimensional Measure", *The Leadership Quarterly*, Vol. 22, No. 1, 2011.

Kaptein, Muel. "The Effectiveness of Ethics Programs: The Role of Scope, Composition, and Sequence", *Journal of Business Ethics*, Vol. 132, No. 2, 2015.

Kark, Ronit, and Abraham Carmeli. "Alive and Creating: The Mediating Role of Vitality and Aliveness in the Relationship Between Psychological Safety and Creative Work Involvement", *Journal of Organizational Behavior: The International Journal of Industrial, Occupational and Organizational Psychology and Behavior*, Vol. 30, No. 6, 2009.

Karaosmanoglu, Elif, Nesenur Altinigne, and Didem Gamze Isiksal. " Csr Motivation and Customer Extra-Role Behavior: Moderation of Ethical Corporate Identity. "*Journal of Business Research*, Vol. 69, No. 10, 2016.

Kelly, R. Janice, and Sigal G. Barsade. "Mood and Emotions in Small Groups and Work Teams", *Organizational Behavior and Human Decision Processes*, Vol. 86, No. 1, 2009.

Kemper, Jan, Oliver Schilke, and Martin Reimann et al. " Competition-motivated Corporate Social Responsibilit. ", *Journal of Business Research*, Vol. 66, No. 10, 2013.

Kerzner, Harold. *Project Management: A Systems Approach to Planning, Scheduling, and Controlling*, Hoboken: John Wiley & Sons, 2017.

Keyes, Corey L. M, and Shane J. Lopez. *Toward a Science of Mental Healt*h, Oxford Handbook of Positive Psychology 2, New York: Oxford University Press. 2009.

Kickul, Jill, LK Gundry, SD Barbosa, L Whitcanack, et al. "Intuition versus Analysis? Testing Differential Models of Cognitive Style on Entrepreneurial Self-efficacy and the New Venture Creation Process. " *Entrepreneurship Theory and Practice* Vol. 33, No. 2, 2009.

Kidder, Deborah L., and Ann K. Buchholtz. "Can E*xcess Bring Success? CEO Compensa*tion and the Psychological Contract", *Human Resource Management Review*, Vol. 12, No. 4, 2002.

Kim, Hae-Ryong, Moonkyu Lee, and Hyoung-Tark Lee et al."Corporate Social Responsibility and Employee-company Identification", *Journal of Business Ethics* Vol. 95, No. 4, 2010.

Kim, Hyosun, and Tae Ho Lee. "Strategic Csr Communication: A Moderating Role of Transparency in Trust Building. " *International Journal of Strategic Communication*, Vol. 12, No. 2, 2018.

Kim, Kwang-Ho, MinChung Kim, and Cuili Qian. "Effects of Corporate Social Responsibility on Corporate Financial Performance: A Competitive-Action Perspective. "*Journal of Management*, Vol. 44, No. 3, 2018.

Klimkiewicz, Katarzyna, and Victor Oltra. " Does CSR Enhance Employer

Attractiveness? The Role of Millennial Job Seekers' Attitudes. " *Corporate Social Responsibility and Environmental Management* Vol. 24, No. 5, 2017.

Kolk, A., Hong P., and van Dolen W. "Corporate Social Sesponsibility in China: An Analysis of Domestic and Foreign Retailers' Sustainability Dimensions", *Business Strategy Environment*, Vol. 19, No. 5, 2010.

Kreiner, Glen E., Elaine C. Hollensbe, And Mathew L. Sheep. "On the Edge of Identity: Boundary Dynamics at the Interface of Individual and Organizational Identities", *Human Relations*, Vol. 59, No. 10, 2006.

Kreutzer, Karin, and Urs Jäger. "Volunteering versusManagerialism: Conflict over Organizational Identity in Voluntary Associations. " *Nonprofit and Voluntary Sector Quarterly* Vol. 40, No. 4, 2011.

Kozlowski, Steve W. J., and Klein K. J. A multilevel Approach to Theory and Research in Organizations: Contextual, Temporal, and Emergent Processes. in *Multilevel Theory, Research, and Methods in Organizations: Foundations, Extensions, and New Directions, San Francisco*, CA: Jossey-Bass, 2000.

Lange, Siri, and Ivar Kolstad. "Corporate Community Involvementand Local Institutions: Two Case Studies from the Mining Industry in Tanzania. " *Journal of African Business*, Vol. 13, No. 2, 2012.

Lavine, Marc. " Exploring the Relationship BetweenCorporate Social Performance and Work Meaningfulness ", *Journal of Corporate Citizenship*, Vol. 46, 2012.

Lawler, Edward J., and Shane R. Thye. " Bringing Emotions into Social Exchange Theory", *Annual Review of Sociology*, Vol. 25, No. 1, 1999.

Lee, Michael D. "Three Case Studies in the Bayesian Analysis of Cognitive Models", *Psychonomic Bulletin & Review* Vol. 15, No. 1, 2008.

Lerner, Jennifer S., and Dacher Keltner. "Beyond Valence: Toward a Model of Emotion-specific Influences on Judgement and Choice", *Cognition & emotion*, Vol. 14, No. 4, 2000.

Lev, Baruch, Christine Petrovits, and Suresh Radhakrishnan. "Is Doing Good Good for You? How Corporate Charitable Contributions Enhance Revenue Growth", *Strategic Management Journal*, Vol. 31, No. 2, 2010.

Li, Dongwei, Han Lin, and Ya-wen Yang. "Does the Stakeholders-Corporate Social Responsibility (CSR) Relationship Exist in Emerging Countries? Evidence from China", *Social Responsibility Journal,* Vol. 12, No. 1, 2016.

Lilius, Jacoba M., Monica C. Worline, and Jane E. Dutton et al. "Understanding Compassion Capability", *Human Relations,* Vol. 64, No. 7, 2011.

Lin-Hi, N., and Müller K. "The CSR Bottom Line: Preventing Corporate Social Irresponsibility", *Journal of Business Research*, Vol. 60, No. 10, 2013.

Liu, Gordon, Teck-Yong Eng, and Wai-Wai Ko. " Strategic Direction of Corporate Community Involvement. " *Journal of Business Ethics*, Vol. 115, No. 3, 2013.

Loewenstein, George. " Out of Control: Visceral Influences on Behavior", *Organizational Behavior and Human Decision Processes,* Vol. 65, No. 3, 1996.

London, Ted, and Stuart L. Hart. " Reinventing Strategiesfor Emerging Markets: beyond the Transnational Model. " *Journal of International Business Studies*, Vol. 35, No. 5, 2004.

Loosemore, Martin, and Jemma Bridgeman. "Corporate Volunteering In The Construction Industry: Motivations, Costs And Benefits. "*Construction Management and Economics,* Vol. 35, No. 10, 2017.

Louche, Cé lin, Daniel Arenas, and Katinka C. van Cranenburgh. " From Preaching to Investing: Attitudes of Religious Organizations Towards Responsible Investment. "*Journal of Business Ethics*, Vol. 110, No. 3, 2012.

Lu, Jintao, LiCheng Ren, and Chong zhang et al. " Corporate Social Responsibility and Mmployee Behavior: Evidence from Mediation and Moderation Analysis", *Corporate Social Responsibility and Environmental Management,* Vol. 27, No. 4, 2020.

Mackie, Diane M., Thierry Devos, and Eliot R. Smith. "Intergroup Emotions: Explaining Offensive Action Tendencies in an Intergroup Context", *Journal of Personality and Social Psychology*, Vol. 79, No. 4, 2000.

Maignan, I., and Ferrell O. C. " Corporate Social Responsibility and Marketing: An integrative Framework", *Journal of the Academy of Marketing Science*, Vol. 32, No. 6, 2004.

Mair, Johanna, and Lisa Hehenberger. "Front-stage and Backstage Convening: The Transition from Opposition to Mutualistic Coexistence in Organizational Philanthropy. "*Academy of Management Journal* Vol. 57, No. 4, 2014.

Margolis, Joshua D., and James P. Walsh. " Misery Loves Companies: Rethinking Social Initiatives by Business ", *Administrative Science Quarterly*, Vol. 48, No. 2, 2003.

Mathews, J. T. "Power shift", *Foreign Affairs*, Vol. 76, No. 1, 1997.

Maxfield, Sylvia. " Reconciling Corporate Citizenship and Competitive Strategy: Insights from Economic Theory", *Journal of Business Ethics,* Vol. 80, No. 2, 2008.

Mayer, David M, Karl Aquino, and Rebecca L. Greenbaum et al. " Who Displays Ethical Leadership, and Why Does It Matter? An Examination of Antecedents and Consequences of Ethical Leadership", *Academy of Management Journal*, Vol. 55, No. 1, 2012.

Mayer, Roger C., James H. Davis, and F. David Schoorman. "An Integrative Modelof Organizational Trust. " *Academy of Management Review*, Vol. 20, No. 3, 1995.

McCallum, Shelly, Melissa Ann Schmid, and Lawrence Price. "CSR: A Case for Employee Skills-Based Volunteering. " *Social Responsibility Journal*, Vol. 9, No. 3, 2013.

McGlone, Teresa, Judith Winters Spain, and Vernon McGlone. " Corporate Social Responsibility and the Millennials", *Journal of Education for Business*, Vol. 86, No. 4, 2011.

Mc, Williams Abagail, and Donald Siegel. "Corporate Social Responsibility: A theory of the Firm Perspective", *Academy of Management Review*. Vol. 26, No. 1, 2001.

Memon, Khalid Rasheed, Bilqees Ghani, and Saima Khalid. "The Relationship between Corporate Social Responsibility and Employee Engagement: A Social Exchange Perspective. " *International Journal of Business Science & Applied Management,* Vol. 15, No. 1, 2020.

Mitchell, Ronald K., Bradley R. Agle, and Donna J. Wood. "Toward a Theory of Stakeholder Identification and Salience: Defining the Principle of Who and What Really Counts", *Academy of Management Review*, Vol. 22, No. 4, 1997.

Miyaguchi, Takaaki, and Rajib Shaw. "Corporate Community Interface in Disaster Management-A Preliminary Study of Mumbai, India. "*Risk Management*, Vol. 9, No. 4, 2007.

Moir, Lance. "What Do We Mean by Corporate Social Responsibility?" *Corporate Governance: The International Journal of Business In Society*, Vol. 1, No. 2 (2001): 16-22.

Mojza, Eva J., Sabine Sonnentag, and Claudius Bornemann. "Volunteer Work As a Valuable Leisure-time Activity: A Day-level Study on Volunteer Work, Non-work Experiences, and Well-being at Work", *Journal of Occupational and Organizational Psychology*, Vol. 84, No. 1, 2003.

Morgeson, Frederick P., Herman Aguinis, David A. Waldman, et al. "Extending Corporate Social Responsibility Research to The Human Resource Management and Organizational Behavior Domains: A Look to The Future." *Personnel Psychology*, Vol. 66, No. 4, 2013.

Moon, H. C. and Jimmyn Parc. "Shifting Corporate Social Responsibility to Corporate Social Opportunity Through Creating Shared Value". *Strategic Change*, Vol. 28, No. 2, 2019.

Muller, Alan R. Michael D. Pfarrer, and Laura M. Little. "A Theory of Collective Empathy in Corporate Philanthropy Decisions", *Academy of Management Review*, Vol. 39, No. 1, 2014.

Muthuri, Judy N., Dirk Matten, and Jeremy Moon. "Employee Volunteering and Social Capital: Contributions to Corporate Social Responsibility", *British Journal of Management*, Vol. 20, No. 1, 2009.

Natalias, Krzysztofk. "A Human Rights-Based Approch to the Social Good in Social Marketing". *Journal of Business ethics*, Vol. 155, No. 3, 2019.

Nejati, Mehran, Michael E. Brown, and Azadeh Shafaei et al. "Employees Perceptions of Corporate Social Responsibility and Ethical Leadership: Are They Uniquely Related to Turnover Intention?" *Social Responsibility Journal* Vol. 17, No. 2, 2021.

Nelson, Tenneisha, and Vicki Squires. " Addressing Complex Challenges Through Adaptive Leadership: A Promising Approach to Collaborative Problem Solving", *Journal of Leadership Education,* Vol. 16, No. 1, 2017.

Nesbit, Rebecca, Robert K. Christensen, and Jeffrey L. Brudney. "The Limits And Possibilities of Volunteering: A Framework for Explaining The Scope of Volunteer Involvement in Public and Nonprofit Organizations. " *Public Administration Review,* Vol. 78, No. 4, 2018.

Nowak, Linda I., and Judith H. Washburn. " Marketing Alliances Between Non-Profits and Businesses: Changing the Public's Attitudes and Intentions Towards The Cause. " *Journal of Nonprofit & Public Sector Marketing* Vol. 7, No. 4, 2000.

ODonohoe, Nick, Antony Bugg-Levine, Christina Leijonhufvud, Yasemin Saltuk, and Margot Brandenburg. *Impact Investments: An Emerging Asset Class*, New York: JP Morgan Social Finance, 2010.

Oliver, Christine. "Strategic Responses to Institutional Processes", *Academy of Management Review*, Vol. 16, No. 1, 1991.

Organ, Dennis W., and Katherine Ryan. " A Meta-analytic Review of Attitudinal and Ispositional Predictors of Organizational Citizenship Behavior", *Personnel Psychology*, Vol. 48, No. 4, 1995.

Ormiston, Jarrod, Kylie Charlton, M. Scott Donald, and Richard G. Seymour. 2015. "Overcoming the Challenges of Impact Investing: Insights from Leading Investors. "*Journal of Social Entrepreneurship*, Vol. 6, No. 3, 2015.

Ormiston, Jarrod, and Richard Seymour. " Understanding Value Creation in Social Entrepreneurship: The Importance of Aligning Mission, Strategy and Impact Measurement", *Journal of Social Entrepreneurship*, Vol. 2, No. 2, 2011.

Oveis, Christopher, Elizabeth J. Horberg, and Dacher Keltner. " Compassion, Pride, and Social Intuitions of Self-other Similarity", *Journal of Personality and Social Psychology,* Vol. 98, No. 4, 2010.

Pearce, Jone L. *Volunteers: The Organizational Behavior of Unpaid Workers,* London, UK: Routledge, 1993.

Peloza, John, and Derek N. Hassay. "Intra-organizational Volunteerism: Good

Soldiers, Good Deeds and Good Politics", *Journal of Business Ethics,* Vol. 64, No. 4, 2006.

Peloza, John, Simon Hudson, and Derek N. Hassay. "The Marketing of Employee Volunteerism", *Journal of Business Ethics*, Vol. 85, No. 2, 2009.

Pepper, Alexander, and Julie Gore. "Behavioral Agency Theory: New Foundationsfor Theorizing about Executive Compensation." *Journal of Management*, Vol. 41, No. 4, 2015.

Peterson, Dane K. "Benefits of Participation in Corporate Volunteer Programs: Employees' Perceptions", *Personnel Review*, Vol. 33, No. 6, 2004.

Pfeffer, Jeffrey, and Gerald Salancik. "External Control of Organizations—Resource Dependence Perspective." Organizational Behavior 2. (UK, Oxfordshire: Routledge, 2015).

Pirson, Michael, and Shann Turnbull. "Decentralized Governance Structuresare Able to Handle CSR-Induced Complexity Better." *Business & Society*, Vol. 57, No. 5, 2018.

Pivato, Sergio, Nicola Misani, and Antonio Tencati. "The Impact of Corporate Social Responsibility on Consumer Trust: The Case of Organic Food." *Business Ethics: A European Review*, Vol. 17, No. 1, 2008.

Pless, Nicola M., and Markéta Borecká. "Comparative Analysisof International Service Learning Programs." *Journal of Management Development*, Vol. 33, No. 6, 2014.

Pless, Nicola M., Thomas Maak, and Günter K. Stahl. "Promoting Corporate Social Responsibilityand Sustainable Development through Management Development: What Can Be Learned from International Service Learning Programs?" *Human Resource Management*, Vol. 51, No. 6, 2012.

Plewa, Carolin, Jodie Conduit, Pascale G. Quester et al. "The Impact of Corporate Volunteering on CSR Image: A Consumer Perspective", *Journal of Business Ethics*, Vol. 127, No. 3, 2015.

Popielarz, Pamela A. "Voluntary Association: A multilevel Analysis of Gender Segregation in Voluntary Organizations", *Gender & Society*, Vol. 13, No. 2, 1999.

Poria, Yaniv, Manisha Singal, Richard E. Wokutch, and Michelle Hong.

"Hotels Social Responsiveness Toward A Community in Crisis." *International Journal of Hospitality Management*, Vol. 39(2014).

Porter, Michael E., and Mark R. Kramer. "The Competitive Advantage of Corporate Philanthropy", *Harvard Business Review*, Vol. 80, No. 12, 2002.

Porter, Michael E., and Mark R. Kramer. The Big Idea: Creating Shared Value. How to Reinvent Capitalism—And Unleash A Wave of Innovation and Growth. *Harvard Business Review*, Vol. 89, No. 1-2, 2011.

Porter, Michael E., and Mark R. Kramer. "The Link Between Competitive Advantage and Corporate Social Responsibility", *Harvard Business Review*, Vol. 84, No. 12, 2006.

Pratt, Michael G., and Blake E. Ashforth. "Fostering Meaningfulness in Working and at Work", In K. Cameron, J. E. Dutton, & R. E. Quinn(eds.), *Positive Organizational Scholarship*, CA: Berrett-Koehler. 2003.

Putnam, R. D. *Bowling Alone: The Collapse and Revival of American Community*, New York, NY: Simon & Schuster, 2000.

Rast III, David E. "Leadershipin Times of Uncertainty: Recent Findings, Debates, and Potential Future Research Directions." *Social and Personality Psychology Compass*, Vol. 9, No. 3, 2015.

Rawlins, Brad. "Give the Emperor a Mirror: Toward Developing a Stakeholder Measurement of Organizational Transparency", *Journal of Public Relations Research*, Vol. 21, No. 1, 2008.

Redelinghuys, Kleinjan, Sebastiaan Rothmann, and Elrie Botha. "Flourishing-at-Work: The Role of Positive Organizational Practices." *Psychological Reports*, Vol. 122, No. 2, 2019.

Rhoades, Linda, and Robert Eisenberger. "Perceived Organizational Support: A Review of the Literature", *Journal of Applied Psychology*, Vol. 84, No. 4, 2002.

Rhoades, Linda, Robert Eisenberger, and Stephen Armeli. "Affective Commitment to The Organization: The Contribution of Perceived Organizational Support", *Journal of Applied Psychology*, Vol. 86, No. 5, 2001.

Rimé, Bernard. "The Social Sharing of Emotion as an Interface Between Individual And Collective Processes in the Construction of Emotional Climates",

Journal of Social Issues, Vol. 63, No. 2, 2007.

Rivera-Santos, Miguel, Carlos Rufin, and Ulrich Wassmer. "Alliances between Firms and Non-Profits: A Multiple and Behavioural Agency Approach. "*Journal of Management Studies*, Vol. 54, No. 6(2017).

Rodell, Jessica B. " Finding Meaning Through Volunteering: Why Do Employees Volunteer and What Does It Mean for Their Jobs?" *Academy of Management Journal*, Vol. 56, No. 5, 2013.

Rodell, Jessica B., Jonathan E. Booth, and John W. Lynch et al. "Corporate Volunteering Climate: Mobilizing Employee Passion for Societal Causes and Inspiring Future Charitable Action", *Academy of Management Journal,* Vol. 60, No. 5, 2017.

Rodell, Jessica B., Heiko Breitsohl Melanie Schröder, and David J. Keating et al. "Employee Volunteering: A Review and Framework for Future Research", *Journal of Management*, Vol. 42, No. 1, 2016.

Rondinelli, Dennis A., and Ted London. "How Corporationsand Environmental Groups Cooperate: Assessing Cross-Sector Alliances and Collaborations. "*Academy of Management Perspectives* Vol. 17, No. 1, 2003.

Rose, Nikolas, Pat O'malley, and Mariana Valverde. " Governmentality. " *Annual Review of Law and Social Science*. Vol. 2, 2006.

Rosso, Brent D., Kathryn H. Dekas, and Amy Wrzesniewski, "On the Meaning of Work: A Theoretical Integration and Review", *Research in Organizational Behavior,* Vol. 30, 2010.

Rothaermel, Frank T., and Warren Boeker. " Old Technology Meets New Technology: Complementarities, Similarities, and Alliance Formation. " *Strategic Management Journal* Vol. 29, No. 1, 2008.

Roundy, Phillip, Hunter Holzhauer, and Ye Dai. "Finance or Philanthropy? Exploring the Motivations and Criteria of Impact Investors. "*Social Responsibility Journal*, Vol. 13, No. 3, 2017.

Rupp, Deborah E., Jyoti Ganapathi, Ruth V. Aguilera, et al. " Employee Reactionsto Corporate Social Responsibility: An Organizational Justice Framework. "*Journal of Organizational Behavior*, Vol. 27, No. 4, 2006.

Ryan, Annmarie, and John Fahy. "A Relationship Marketing Perspectiveon The Sponsorship of the Arts in Ireland: A Galway Arts Festival-Nortel Networks Case Study. "*Irish Marketing Review,* Vol. 16, No. 1, 2003.

Ryan, Richard M., and Edward L. Deci. "Self-determination Theory and the Facilitation of Intrinsic Motivation, Social Development, and Well-being", *American psychologist,* Vol. 55, No. 1, 2000.

Ryan, Richard M., and Edward L. Deci. "To Be Happy or to Be Self-fulfilled: A Review of Research on Hedonic and Eudaimonic Well-being", *Annual Review of Psychology,* Vol. 52, No. 1, 2001.

Ryan, Richard M., Edward L. Deci, and Wendy S. Grolnick. "Autonomy, Relatedness, and the Self: Their Relationto Development and Psychopathology", in Developmental psychopathology: Theory and Methods, New York: Wiley, 1995.

Saarijärvi, Hannu, P. K. Kannan, and Hannu Kuusela. "Value Co-Creation: Theoretical Approachesand Practical Implications. " *European Business Review,* Vol. 25, No. 1, 2013.

Salas, Eduardo, Scott I. Tannenbaum, and Kimberly et al. "The Science of Training and Development in Organizations: What Matters in Practice", *Psychological Science in the Public Interest,* Vol. 13, No. 2, 2012.

Sanchez-Burks, Jeffrey, and Quy Nguyen Huy. "Emotional Aperture and Strategic Change: The Accurate Recognition of Collective Emotions", *Organization Science,* Vol. 20, No. 1, 2009.

Sanjay, Sharma, and Harrie Vredenburg. "Proactive Corporate Environmental Strategy and the Development of Competitively Valuable Organizational Capabilities", *Strategic Management Journal,* Vol. 19, No. 8, 1998.

[396] Santos, Filipe M. "A Positive Theory of Social Entrepreneurship", *Journal of Business Ethics,* Vol. 111, No. 3, 2012.

Sanzo, Luis I. Alvarez, Marta Rey, et al. "Business-Nonprofit Partnerships: a New form of Collaboration in a Corporate Responsibility and Social Innovation Context. "*Service Business,* Vol. 9, No. 4, 2015.

Serrano Archimi, Carolina, Carolina, Emmanuelle Reynaud, Hina Mahboob Yasin, et al. "How Perceived Corporate Social Responsibility Affects Employee

Cynicism: the Mediating Role of Organizational Trust. "*Journal of Business Ethics*, Vol. 151, No. 4, 2018.

Scherer, Andreas Georg, and Guido Palazzo. "The New Political Role of Business in a Globalized World: A Review of a New Perspective on CSR and Its Implications for the Firm, Governance, and Democracy", *Journal of Management studies*, Vol. 48, No. 4, 2011.

Schneider, B., Mark G. Ehrhart, and William H. Macey. Organizational Climate Research: Achievements and the Road Ahead, in *Handbook of Organizational Culture and Climate(2nd ed.)*, Thousand Oaks: SAGE. 2011.

Seitanidi, Maria May, and Annmarie Ryan. "A Critical Review of Forms of Corporate Community Involvement: from Philanthropy to Partnerships. " *International Journal of Nonprofit and Voluntary Sector Marketing* Vol. 12, No. 3, 2007.

Selsky, John W., and Barbara Parker. "Cross-Sector Partnerships to Address Social Issues: Challenges to Theory And Practice. " *Journal of Management*, Vol. 31, No. 6, 2005.

Seitanidi, María May, and Annmarie Ryan. "Forms of Corporate Community Involvement: from Philanthropy to Partnerships. A Critical Review. "*International Journal of Nonprofit and Voluntary Sector Marketing*, Vol. 12, No. 3, 2007.

Sen, Sankar, Chitra Bhanu Bhattacharya, and Daniel Korschun. "The Role of Corporate Social Responsibility in Strengthening Multiple Stakeholder Relationships: A Field Experiment", *Journal of the Academy of Marketing Science*, Vol. 34, No. 2, 2006.

Seok, Sohn Yong, Jin K. Han, and Sung-Hack Lee. "Communication Strategies for Enhancing Perceived Fit in the CSR Sponsorship Context", *International Journal of Advertising*, Vol. 31, No. 1, 2012.

Shao, Ruodan, Karl Aquino, and Dan Freeman. "Beyond Moral Reasoning: A Review of Moral Identity Research and Its Implications for Business Ethics", *Business Ethics Quarterly*, Vol. 18, No. 4, 2008.

Siltaloppi, Jaakko, Risto Rajalaand Henri Hietala, Integrating CSR with Business Strategy: A Tension Management Perspective. *Journal of Business Ethics*,

Vol. 174, No. 3, 2020.

Skurak, Henrieta Hamilton, Sanna Malinen, and Joana C. Kuntz et al. "The Relevance of Self-Determination for Corporate Volunteering Intentions", *VOLUNTAS: International Journal of Voluntary and Nonprofit Organizations*, Vol. 30, No. 5, 2019.

Shore, Lynn McFarlane and Sandy J. Wayne. "Commitment and Employee Behavior: Comparison of Affective Commitment and Continuance Commitment with Perceived Organizational Support", *Journal of Applied Psycholog*, Vol. 78, No. 5, 1993.

Sims, Ronald R. *Ethics and Corporate Social Responsibility: Why Giants Fall*, Greenwood Publishing Group, 2003.

Simmons, Peter J. " Learningto Live With Ngos. " *Foreign Policy*, No. 112, 1998.

Siltaloppi, Jaakko, Rajala, Risto and Hietala, Henri . Integrating CSR with Business Strategy: A Tension Management Perspective. *Journal of Business Ethics*, Vol. 174, No. 3, 2020.

Skurak, Henrieta Hamilton, Sanna Malinen, Joana C. Kuntz, and Katharina Näswall. " The Relevance of Self-Determination for Corporate Volunteering Intentions. " *Voluntas: International Journal of Voluntary and Nonprofit Organizations*, Vol. 30, No. 5, 2019.

Smith, Eliot R., Charles R. Seger, and Diane M. Mackie. "Can Emotions Be Truly Group Level? Evidence Regarding Four Conceptual Criteria", *Journal of Personality and Social Psychology*, Vol. 93, No. 3, 2007.

Snyder, M.. Psychology of Volunteerism. in N. J. Smelser & P. B. Baltes (eds.), *International Encyclopedia of the Social And Behavioral Sciences*, Amsterdam, Netherlands: Elsevier, 2001.

Snyder, Mark, and Allen M. Omoto. "Volunteerism: Social Issues Perspectives and Social Policy Implications", *Social Issues and Policy Review,* Vol. 2, No. 1, 2008.

Steimel, Sarah. "Skills-Based Volunteering as Both Work and Not Work: A Tension-Centered Examination of Constructions of ' Volunteer'." *VOLUNTAS:*

International Journal of Voluntary and Nonprofit Organizations, Vol. 29, No. 1, 2018.

Su, Weichieh, and Steve Sauerwald. "Does Corporate Philanthropy Increase Firm Value? The Moderating Role of Corporate Governance." *Business & Society*, Vol. 57, No. 4, 2018.

Taylor, Shelley E., Gian C. Gonzaga, and Laura Cousino Klein et al. "Relation of Oxytocin to Psychological Stress Responses and Hypothalamic-Pituitary-Adrenocortical Axis Activity in Older Women", *Psychosomatic Medicine* , Vol. 68, No. 2, 2006.

Teegen, Hildy, Jonathan P. Doh, and Sushil Vachani. "The Importance of Nongovernmental Organizations(NGOs) in Global Governance and Value Creation: An International Business Research Agenda." *Journal of International Business Studies*, Vol. 35, No. 6, 2004.

Tims, Maria, and Arnold B. Bakker. "Job Crafting: Towards a New Modelof Individual Job Redesign." *South African Journal of Industrial Psychology*, Vol. 36, No. 2, 2010.

Toor, Shamas-ur-Rehman, and George Ofori. "Ethical Leadership: Examining the Relationships with Full Range Leadership Model, Employee Outcomes, and Organizational Culture", *Journal of Business Ethics*, Vol. 90, No. 2, 2009.

Tourigny, Louise, Jian Han, Vishwanath V., et al. "Ethical Leadership and Corporate Social Responsibility in China: A Multilevel Study of Their Effects on Trust and Organizational Citizenship Behavior." *Journal of Business Ethics*, Vol. 158, No. 2, 2019.

Traeger, Charlotte, and Kerstin Alfes. "High-Performance Human Resource Practices and Volunteer Engagement: The Role of Empowerment and Organizational Identification." *VOLUNTAS: International Journal of Voluntary and Nonprofit Organizations*, Vol. 30, No. 5, 2019.

Trelstad, Brian. "Impact Investing: A Brief History", *Capitalism & Society*, Vol. 11, No. 2, 2016.

Trelstad, Brian. "Making Sense ofthe many kinds of impact investing." *Harvard Business Review* (website) (January 28, 2016) .

Treviño, Linda Klebe, Laura Pincus Hartman, and Michael Brown. "*Moral Person and M*oral Manager: How Executives Develop a Reputation for Ethical Leadership", *California Management Review,* Vol. 42, No. 4, 2000.

Treviño, Linda Klebe, Michael Brown, and Laura Pincus Hartman. " A Qualitative Investigation of Perceived Executive Ethical Leadership: Perceptions From Inside and Outside the Eexecutive Suite", *Human Relations,* Vol. 56, No. 1, 2003.

Tricker, B. *Corporate Governance*, Oxford: Blackwell Publishing Limited, 1984.

Trout, John D. *The Empathy Gap: Building Building bridges to the Good Life and the Good Society*, New York: Penguin, 2009.

Tschirhart, Mary. "Employee Volunteers Programs", in J. L. Brudney (ed.) *Emerging Areas of Volunteering*, Indianapolis, IN: ARNOVA, 2005.

Tumasjan, Andranik, Maria Strobel, and Isabell Welpe "Ethical Leadership Evaluations After Moral Transgression: Social Distance Makes the Difference", *Journal of Business Ethics* Vol. 99, No. 4, 2011.

Turner, Teri L., Elisa A. Zenni, Dorene F. Balmer, and J. Lindsey Lane. "How Full Is Your Tank? A Qualitative Explorationof Faculty Volunteerism in a National Professional Development Program." *Academic Pediatrics*, Vol. 21, No. 1, 2021.

Turban, Daniel B., and Daniel W. Greening. "Corporate Social Performance and Organizational Attractiveness to Prospective Employees", *Academy of management journal*, Vol. 40, No. 3, 1997.

Turner, Rodney, Ann Ledwith, and John Kelly. "Project Management in Mmall to Medium-sized Enterprises: Matching Processes to the Nature of the Firm", *International Journal of Project Management,* Vol. 28, No. 8, 2010.

Valéau, Patrick, KarimMignonac, Christian Vandenberghe et al. "A Study of the Relationships Between Volunteers' Commitments to Organizations and Beneficiaries and Turnover Intentions", *Canadian Journal of Behavioural Science/ Revue Canadienne Des sciences Du Comportement*, Vol. 45, No. 2, 2013.

Van Puyvelde, Stijn, Ralf Caers, Cind Du Bois, et al. "The Governance of Nonprofit Organizations: Integrating Agency Theory With Stakeholder and

Stewardship Theories. " *Nonprofit and Voluntary Sector Quarterly*, Vol. 41, No. 3, 2012.

Van Schie, Susan, Arthur Gautier, and Anne Claire Pache et al. "What Keeps Corporate Volunteers Engaged: Extending the Volunteer Work Design Model with Self-determination Theory Insights ", *Journal of Business Ethics,* Vol. 160, No. 3, 2019.

Walsh, James P. " Book Review Essay: Taking Stock of Stakeholder Management", *Academy of Management Review*, Vol. 30, No. 2, 2005.

Walumbwa, Fred O., and John Schaubroeck. "Leader Personality Traits and Employee Voice Behavior: Mediating Roles of Ethical Leadership and Work Group Psychological Safety", *Journal of Applied Psychology,* Vol. 94, No. 5, 2009.

Wang, Hai-Jiang, Evangelia Demerouti, and Pascale Le Blanc, Transformational Leadership, Adaptability, and Job Crafting: The Moderating Role of Organizational Identification, *Journal of Vocational Behavior,* Volume 100, 2017.

Wang, H., & Qian, C. " Corporate Philanthropy and Corporate Financial Performance: The Roles of Stakeholder Response and Political Access". *Academy of Management Journal*, Vol. 54, No. 6, 2011.

WCED. *Our Common Future*, Oxford: Oxford University Press, 1987.

Weber, Manuela. "The Business Case for Corporate Social Responsibility: A Company-level Measurement Approach for CSR", *European Management Journal*, Vol. 26, No. 4, 2008.

Weisbrod, B. A. "The Pitfalls of Profits". *Stanford Social Innovation Review*, Vol. 2, 2004.

Weiss, H. M., and R. Cropanzano, " Affective Events Theory: A Theoretical Discussion of the Structure, Causes and Consequences of Affective Experiences at Work", in B. M. Staw, & L. L. Cummings (eds.), *Research in Organizational Behavior: An Annual Series of Analytical Essays and Critical Reviews,* Greenwich, CT: JAI Press, 1996.

Weiss, Joseph W. *Business Ethics: A Stakeholder and Issues Management Approach*, San Francisco: Berrett-Koehler Publishers, 2021.

Wilson, John, and Marc A. Musick. “Work and Volunteering: The Long Arm of the Job”, *Social Forces* Vol. 76, No. 1, 1997.

Wilson, John. “Volunteering”, *Annual Review of Sociology*, Vol. 26, No. 1, 2000.

Winterich, Karen Page, Karl Aquino, and Vikas Mittal et al. “When Moral Identity Symbolization Motivates Prosocial Behavior: The Role of Recognition and Moral Identity Internalization”, *Journal of Applied Psychology* Vol. 98, No. 5, 2013.

Witesman, Eva M., and Sergio Fernandez. “Government Contracts with Private Organizations: Are There Differences Between Nonprofits and For-Profits?” *Nonprofit and Voluntary Sector Quarterly*, Vol. 42, No. 4, 2013.

Wood, Donna J. “Corporate Social Performance Revisited”, *Academy of Management Review*, Vol. 16, No. 4, 1991.

Wood, E. What about Me?The Importance of Under Standing The Perspective of Non-Managerial Employees in Research on Corporate Citizenship. in F. Den Hond, F. G. A. De Bakker, & P. Neergaard (eds.), *Managing Corporate Social Responsibility in Action: Talking, Doing And Measuring*, Hampshire, UK: Ashgate, 2007.

Wrzesniewski, Amy, and Jane E. Dutton. “Crafting a Job: Revisioning Employees as Active Crafters of Their Work”, *Academy of Management Review*, Vol. 26, No. 2, 2001.

Wymer Jr, Walter W., and Sridhar Samu. “Dimensions of Business and Nonprofit Collaborative Relationships.” *Journal of Nonprofit & Public Sector Marketing*, Vol. 11, No. 1, 2003.

Van den Heuvel, Machteld, Evangelia Demerouti, and Maria CW Peeters. “The Job Crafting Intervention: Effectson Job Resources, Self-Efficacy, and Affective Well-Being.” *Journal of Occupational and Organizational Psychology*, Vol. 88, No. 3(2015).

Yaakobi, Erez, and Jacob Weisberg. “Organizational Citizenship Behavior Predicts Quality, Creativity, and Efficiency Performance: The Roles of Occupational and Collective Efficacies”, *Frontiers in Psychology*. Vol. 11, 2020.

Zack, Michael H., and James L. McKenney. “Social Context and Interaction in

Ongoing Computer-supported Management Groups", *Organization Science,* Vol. 6, No. 4, 1995.

Zappala, Gianni, and Jennnfer McLaren. "A Functional Approach to Employee Volunteering: An Exploratory Study. "*Australian Journal on Volunteering*, Vol. 9, No. 1, 2004.

Zolfaghari, Badri, and Geraldine Hand. "Impact Investing and Philanthropic Foundations: Strategies Deployed When Aligning Fiduciary Duty and Social Mission. "*Journal of Sustainable Finance & Investment* Vol. 13, No. 2, 2023.

图书在版编目(CIP)数据

企业志愿服务的理论与实践 / 陈咏媛著. -- 北京：社会科学文献出版社，2024.5

ISBN 978-7-5228-3641-6

Ⅰ.①企… Ⅱ.①陈… Ⅲ.①企业-志愿-社会服务-研究 Ⅳ.①F272-05

中国国家版本馆 CIP 数据核字(2024)第 092319 号

企业志愿服务的理论与实践

著　　者 / 陈咏媛

出 版 人 / 冀祥德
责任编辑 / 岳梦夏
责任印制 / 王京美

出　　版 / 社会科学文献出版社
地址：北京市北三环中路甲 29 号院华龙大厦　邮编：100029
网址：www.ssap.com.cn
发　　行 / 社会科学文献出版社（010）59367028
印　　装 / 三河市尚艺印装有限公司

规　　格 / 开 本：787mm × 1092mm 1/16
印 张：22.75　字 数：374 千字
版　　次 / 2024 年 5 月第 1 版　2024 年 5 月第 1 次印刷
书　　号 / ISBN 978-7-5228-3641-6
定　　价 / 128.00 元

读者服务电话：4008918866